TODO LO QUE DEBE SABER SOBRE LA
SEGUNDA GUERRA MUNDIAL

TODO LO QUE DEBE SABER SOBRE LA
SEGUNDA GUERRA MUNDIAL

Jesús Hernández

Conoce toda la colección en:
Books.AmericanBookGroup.com

**TODO LO QUE DEBE SABER SOBRE
LA SEGUNDA GUERRA MUNDIAL**

Fecha de publicación: Mayo 2023

Autor: © Jesús Hernández

Elaboración de textos: Santos Rodríguez

Copyright del editor de la presente edición:
© 2023 American Book Group

Copyright del editor original:
© 2023 Ediciones Nowtilus, S.L.

Fotografía de cubierta: © Romannerud / Dreamstime.com

Cualquier forma de reproducción, distribución, comunicación pública o transformación de esta obra solo puede ser realizada con la autorización de sus titulares, salvo excepción prevista por la ley.
Para solicitar permisos, contactar con el editor en info@trialtea.com.

ISBN ABG: 978-1681656-56-4

Impreso en los Estados Unidos de América

AmericanBookGroup.com

Índice

Introducción	19
Capítulo 1: El camino a la guerra	21
El Tratado de Versalles	21
Hitler sube al poder	22
La expansión del Tercer Reich	24
El pacto de Munich	26
Objetivo: Polonia	26
Escenarios	28
Protagonistas	28
Filmografía	30
Capítulo 2: El pacto germano-soviético	31
Acercamiento entre Berlín y Moscú	32
Ceremonia en el Kremlin	35
Desconcierto entre los comunistas	36
Los escenarios	37
Protagonistas	37
Filmografía	38
Capítulo 3: La invasión de Polonia	39
La guerra relámpago	40
Ultimatum británico	42
Continúa el avance	43
El ataque soviético	44

  La caída de Varsovia 45
  Escenarios 45
  Protagonistas 46

Capítulo 4: La *Drôle de guerre* 49
  La inacción francesa 50
  La Línea Maginot 51
  La guerra en el mar 53
  El hundimiento del Graf Spee 54
  Siguiente objetivo: Francia 56
  Escenarios 57
  Protagonistas 58
  Filmografía 59

Capítulo 5: La guerra de invierno 61
  Finlandia, atacada 62
  Incompetencia soviética 62
  Los finlandeses piden la paz 63
  Escenarios 64
  Protagonistas 65
  Filmografía 66

Capítulo 6: Ataque a Noruega 67
  Noruega, en el punto de mira 68
  Retirada de Narvik 70
  Un error estratégico 70
  Escenarios 72
  Protagonistas 73
  Filmografía 74

Capítulo 7: Guerra relámpago en el oeste 75
  Vuelve el Plan Schlieffen 76
  Ataque en el oeste 79
  El "golpe de hoz" 80
  Escenarios 81
  Protagonistas 82
  Filmografía 83

Capítulo 8: El "bendito milagro" de Dunkerque 85
  Los panzer, detenidos 85

En manos de la Luftwaffe	87
La Operación Dynamo	87
Escenarios	91
Protagonistas	91
Filmografía	92

Capítulo 9: La caída de Francia 93
    Italia entra en la guerra 94
    París, en manos alemanas 94
    Se firma el armisticio 96
    Hitler cumple su sueño 97
    Escenarios 98
    Protagonistas 98
    Filmografía 99

Capítulo 10: Operación León Marino 101
    Gran Bretaña, indefensa 102
    Las islas anglonormandas 103
    El cruce del Canal 105
    El plan de invasión 106
    Escenarios 110
    Protagonistas 111
    Filmografía 111

Capítulo 11: La Batalla de Inglaterra 113
    El "Día del Águila" 113
    Londres bajo las bombas 116
    El vuelo de Rudolf Hess 121
    Hitler admite su derrota 122
    Escenarios 123
    Protagonistas 124
    Filmografía 125

Capítulo 12: La campaña de los Balcanes 127
    El ataque a Yugoslavia 128
    La Operación Marita 129
    La esvástica, en el Partenón 132
    Escenarios 134
    Protagonistas 135
    Filmografía 135

Capítulo 13: Paracaidistas sobre Creta.. 137
    Ofensiva aerotransportada 137
    La hora de los paracaidistas... 138
    Evacuación aliada 142
    Una victoria pírrica 144
    Escenarios 145
    Protagonistas 146
    Filmografía... 146

Capítulo 14: Operación Barbarroja 147
    Preparativos para la invasión... 148
    Tres ofensivas simultáneas 150
    Sebastopol, bombardeada 153
    Declaración de guerra.. 154
    Los panzer, en marcha 156
    Escenarios 157
    Protagonistas 158
    Filmografía... 159

Capítulo 15: A las puertas de Moscú.. 161
    El General Invierno 162
    Asalto final a Moscú 165
    Reacción soviética 167
    El fracaso de Barbarroja 168
    Escenarios 169
    Protagonistas 170
    Filmografía... 170

Capítulo 16: Pearl Harbor: El "Día de la infamia" 171
    La Carta del Atlántico 171
    Ataque por sorpresa 172
    Mañana tranquila en Hawai... 173
    "¡Tora, Tora, Tora!" 175
    El "Día de la Infamia" 178
    Alemania declara la guerra.. 179
    Escenarios 180
    Protagonistas 180
    Filmografía... 181

Capítulo 17: Guerra relámpago en el Pacífico 183
    La caída de Singapur 183
    Capitulación británica 186
    Japón encadena victorias 187
    Psicosis en la costa oeste 189
    MacArthur: "Volveré" 190
    China resiste la presión nipona 191
    Escenarios 192
    Protagonistas 193
    Filmografía 194

Capítulo 18: La Batalla del Atlántico 195
    Los acorazados de bolsillo 196
    Superioridad británica 196
    Apuesta por los U-Boot 197
    Duelo en el Atlántico 198
    El hundimiento del Bismarck 199
    La guerra submarina llega a América 200
    Los británicos sufren el bloqueo 202
    Acaban los "tiempos felices" 203
    Escenarios 204
    Protagonistas 206
    Filmografía 206

Capítulo 19: La guerra llega a África 207
    Derrota en Etiopía 208
    Ofensiva contra Egipto 209
    Desbandada italiana 210
    Llega el *Afrika Korps* 211
    La defensa de Tobruk 214
    Escenarios 215
    Protagonistas 215
    Filmografía 216

Capítulo 20: Asalto a Tobruk 217
    Maestro del engaño 219
    Ataque contra Tobruk 221
    Escenarios 222
    Protagonistas 223
    Filmografía 224

Capítulo 21: Dieppe: el ensayo del Día-D 225
    Operación Rutter 226
    Operación Jubilee 227
    El asalto a las playas 227
    Un triste balance 230
    Operación Chariot 231
    Escenarios 232
    Protagonistas 233
    Filmografía 233

Capítulo 22: Midway, la batalla decisiva 235
    La batalla del Mar del Coral 236
    La batalla definitiva 237
    Indecisión nipona 239
    Desembarco en Guadalcanal 240
    La estrategia aliada 241
    Escenarios 242
    Protagonistas 242
    Filmografía 243

Capítulo 23: Duelo en el Alamein 245
    La batalla de los suministros 245
    Objetivo: Destruir a Rommel 246
    La Primera Batalla de El Alamein 247
    La Segunda Batalla de El Alamein 248
    Escenarios 251
    Protagonistas 252
    Filmografía 252

Capítulo 24: Operación Antorcha 253
    Los planes de desembarco 253
    Se lanza la Operación Antorcha 254
    La Operación Anton 256
    La Conferencia de Casablanca 257
    Rommel no se rinde 258
    Escenarios 259
    Protagonistas 259
    Filmografía 260

Capítulo 25: Stalingrado 261
    Avance hacia el Cáucaso 262
    Stalingrado resiste el ataque alemán 263
    La Operación Urano 266
    El VI Ejército alemán, cercado 267
    Intentos de rescate 269
    Los alemanes, sentenciados 269
    Punto de inflexión 271
    Escenarios 272
    Protagonistas 273
    Filmografía 274

Capítulo 26: Lucha a muerte en el Pacífico 275
    La conquista de Tarawa 276
    Luchando por cada isla 277
    Japón toma la iniciativa 278
    Escenarios 280
    Protagonistas 281
    Filmografía 281

Capítulo 27: Desembarcos en Italia 283
    Objetivo: Sicilia 284
    Desembarco en la isla 285
    Avance hacia el norte 287
    La trampa italiana 288
    Operación Avalanche 290
    Pausa invernal 292
    Desembarco en Anzio 293
    Escenarios 294
    Protagonistas 295
    Filmografía 296

Capítulo 28: La batalla de Montecassino 297
    Destrucción de la abadía 298
    El asalto definitivo 298
    Los norteamericanos entran en Roma 300
    Escenarios 303
    Protagonistas 303
    Filmografía 304

Capítulo 29: La batalla de Kursk 305
    La masacre de Katyn 305
    La batalla del Kuban 307
    El saliente de Kursk 307
    Maniobra en tenaza 309
    Comienza la batalla 309
    La carnicería de Prokhorovka 311
    Fracaso alemán 312
    Escenarios 313
    Protagonistas 315
    Filmografía 315

Capítulo 30: El cerco de Leningrado 317
    Comienza el asedio 317
    La Guerra de Continuación 319
    Hambre y frío 320
    El diario de Tania 324
    La División Azul 324
    Leningrado, liberada 325
    Escenarios 326
    Protagonistas 327
    Filmografía 328

Capítulo 31: Los crímenes nazis 329
    La "muerte piadosa" 331
    Las primeras matanzas 331
    La masacre de Babi Yar 332
    Un nuevo método de asesinato 333
    La conferencia de Wannsee 336
    Los campos de exterminio 337
    Auschwitz, fábrica de muerte 340
    Las estadísticas del horror 341
    Robo de niños 343
    Escenarios 344
    Protagonistas 346
    Filmografía 347

Capítulo 32: Asalto a la "Fortaleza Europa" 349
    El Muro del Atlántico 349
    Una compleja operación 351

    Esperando el momento idoneo 352
    Eisenhower: "¡Allá vamos!" 353
    Overlord, en marcha 357
    Escenarios 357
    Protagonistas 359

Capítulo 33: El desembarco de Normandía 361
    Las primeras horas del Día-D 362
    Tardía reacción alemana 362
    Combates en las playas 363
    Carnicería en Omaha 364
    Británicos y canadienses, sin oposición 365
    La respuesta alemana 368
    Escenarios 369
    Protagonistas 371
    Filmografía 371

Capítulo 34: París, liberada 373
    Objetivos: Cherburgo y Caen 374
    La bolsa de Falaise 375
    La Operación Dragón 376
    Avance hacia París 378
    Escenarios 380
    Protagonistas 380
    Filmografía 381

Capítulo 35: Las "Armas de represalia" 383
    La V-1 384
    Bombas volantes contra Amberes 385
    Incidente en Margival 388
    La V-2 389
    La V-3 391
    Operación Paperclip 393
    Escenarios 393
    Protagonistas 394
    Filmografía 394

Capítulo 36: La resistencia 395
    La Resistencia francesa 395
    Partisanos en el este 396

    Alemanes contra Hitler 397
    Escenarios 400
    Protagonistas 402
    Filmografía 403

Capítulo 37: Operación Bagration.. 405
    Finlandia se rinde... 405
    La gran ofensiva soviética 406
    El Levantamiento de Varsovia 407
    Varsovia, arrasada 408
    Escenarios 410
    Protagonistas 410
    Filmografía 411

Capítulo 38: Un puente lejano... 413
    Operación Market Garden 414
    Contraataque en Arnhem 414
    Escenarios 417
    Protagonistas 417
    Filmografía 418

Capítulo 39: La batalla de las Ardenas... 419
    La batalla del bosque de Hürtgen 420
    Ofensiva en las Ardenas.. 421
    La Operación Greif 423
    Bastogne resiste 424
    El canto del cisne del Ejército alemán 425
    Escenarios 427
    Protagonistas 427
    Filmografía 428

Capítulo 40: El Ejército Rojo en Varsovia 429
    Resistir en el Vístula 430
    Comienza la ofensiva.. 430
    Los soviéticos, en el Oder... 432
    Escenarios 433
    Protagonistas 433
    Filmografía 434

Capítulo 41: La Conferencia de Yalta 435
    Stalin, el más fuerte 435
    Reunión en Yalta 436
    Stalin consigue sus objetivos 438
    Escenarios 440
    Protagonistas 440
    Filmografía 441

Capítulo 42: Alemania bajo las bombas 443
    Un millar de aviones 444
    La ayuda norteamericana 444
    Hitler, ausente 445
    Una ola de destrucción 446
    El bombardeo de Dresde 447
    La ofensiva aérea, ¿éxito o fracaso? 450
    Escenarios 451
    Protagonistas 452
    Filmografía 453

Capítulo 43: Tenaza sobre el Reich 455
    El puente de Remagen 455
    El cruce del Rin 456
    Tragedia en el este 457
    Avance hasta el Elba 460
    Berlín, cercado por los soviéticos 461
    Encuentro en el Elba 462
    Escenarios 463
    Protagonistas 464
    Filmografía 464

Capítulo 44: El hundimiento 465
    Hitler asume la derrota 466
    El final de Mussolini 468
    El último acto 469
    Huída del búnker 470
    V-E: Victoria en Europa 472
    Escenarios 474
    Protagonistas 475
    Filmografía 476

Capítulo 45: La derrota japonesa 477
    Iwo Jima y Okinawa 477
    Una decisión transcendental 480
    Hecatombe nuclear 482
    Bomba sobre Nagasaki 483
    La voz del Emperador 485
    Rendición de Japón 486
    Escenarios 487
    Protagonistas 487
    Filmografía 488

Capítulo 46: Los retos de la posguerra 489
    La Carta de las Naciones Unidas 489
    La Conferencia de Potsdam 490
    El problema de los desplazados 492
    El Proceso de Nuremberg 493
    Alemania, dividida 496
    El Nuremberg japonés 497
    Escenarios 498
    Protagonistas 498
    Filmografía 499

Cronología 501

Bibliografía 507

Introducción

En el año 2006 publiqué en esta misma editorial *Breve Historia de la Segunda Guerra Mundial*, un libro que sigue gozando de una buena acogida en sus sucesivas reediciones. No obstante, pese a estar satisfecho del resultado, el formato de la colección obligaba a ofrecer una visión necesariamente sintética del conflicto.

El 70º aniversario del inicio de la Segunda Guerra Mundial (1939-2009) era el mejor momento para acometer de nuevo el reto de intentar concentrar en un solo volumen todas las claves para conocer y entender el capítulo más importante de la historia del siglo XX. Por tanto, tomando como base el trabajo publicado en 2006, ofrezco ahora al lector esta obra renovada y ampliada, ya sin los límites propios de aquel formato.

En *Todo lo que debe saber sobre la Segunda Guerra Mundial* el lector encontrará la información necesaria para conocer en profundidad aquella conflagración. La estructura de la obra invita a su lectura ininterrumpida, pero a la vez permite ser utilizada como libro de consulta.

Así pues, al concluir cada uno de los capítulos, he ofrecido un panorama de los vestigios históricos que pueden reconocerse en la actualidad y, en todo caso, de los escenarios en que los hechos descritos con anterioridad tuvieron lugar. Del mismo modo, incluyo una breve semblanza biográfica de los principales protagonistas del episodio. Teniendo en cuenta la importancia creciente del mundo audiovisual, he creído pertinente referir las películas que pueden ofrecer una visión complementaria a los hechos relatados en el capítulo.

Con todo ello, este libro aspira a cubrir un hueco en la bibliografía actual. Pese al elevado número de libros publicados sobre la Segunda Guerra Mundial, estos suelen centrarse en hechos o periodos concretos, o bien, cuando la tratan en su conjunto, acostumbran a presentar un nivel historiográfico que les aleja del interés del gran público.

Así pues, la presente obra pretende acercar estos hechos históricos al lector no especializado. Sin embargo, el libro no renuncia a atraer la atención de aquéllos que ya conocen suficientemente los hechos, pero que desean contar con una herramienta que permita un acceso fácil y rápido a los datos más destacados de esta contienda.

Espero que *Todo lo que debe saber sobre la Segunda Guerra Mundial* ayude a satisfacer la creciente demanda de información sobre este conflicto. Este interés popular demuestra que los irrepetibles hechos que entonces se vivieron no han quedado arrinconados en los archivos, sino que siguen despertando sentimientos de todo tipo. Nos siguen admirando sus historias de heroísmo, de superación personal, de resistencia, de valor; pero a la vez sentimos conmiseración por las infinitas historias de padecimiento, dolor, miedo y destrucción que tuvieron lugar durante aquella época de sangre y fuego.

Aunque hayan pasado siete décadas desde el inicio de aquella pesadilla de la humanidad, con la invasión de Polonia por las tropas alemanas el 1 de septiembre de 1939, la Segunda Guerra Mundial sigue muy presente, ya sea en forma de películas, documentales, libros o noticias relacionadas con la contienda. El hecho de que las referencias actuales al conflicto de 1939-45 se vean regularmente salpicadas por la polémica y la controversia es la prueba de que aun hoy, setenta años después, sus traumáticas consecuencias no han sido todavía superadas.

Capítulo 1
El camino a la guerra

Europa había vivido entre 1914 y 1918 una tragedia terrible, que había supuesto la muerte de más de diez millones de personas. Al final de la Gran Guerra, el viejo continente se sumió en una frustrante sensación de futilidad, al comprender que esa colosal pérdida de vidas no había servido para nada. Pero a la vez surgía la esperanza de que esa catástrofe sirviese, al menos, como indeleble lección para que nunca más volviera a repetirse.

Sin embargo, la generación que había padecido en primera línea la hecatombe de la Primera Guerra Mundial volvería a repetir los mismos errores que cometieron los que condujeron a sus naciones al abismo.

La mayoría de protagonistas de la Segunda Guerra Mundial —Hitler, Göring, Rommel, Churchill, De Gaulle, Patton o Truman, entre muchos otros— habían combatido en las trincheras durante la contienda de 1914-18 y conocían perfectamente el desastre al que se enfrentaba el continente europeo en caso de que estallase otra conflagración. Pero, aun así, las principales potencias acabaron enfrentadas en una lucha encarnizada que dejaría atrás algunos de los límites que existieron en el anterior conflicto, como fue el ataque indiscriminado a las poblaciones civiles, quedando este ampliamente rebasado durante la Segunda Guerra Mundial.

El Tratado de Versalles

El origen del conflicto que estallaría en 1939 con la invasión de Polonia por parte de las tropas de Hitler hay que buscarlo en el Tratado de Versalles, firmado veinte años antes, por el que las potencias vencedoras en la Primera Guerra

Mundial sometieron a Alemania a una serie de condiciones que la mayoría de la población germana consideró intolerables. El hecho de que algunas regiones alemanas pasasen a ser controladas militarmente por parte de los vencedores o la obligación de tener que hacer frente al pago de unas ingentes sumas de dinero en concepto de reparaciones de guerra no fue tan doloroso como el que Alemania debiera reconocer en exclusiva la culpabilidad en el estallido de la guerra. Eso fue considerado como una afrenta que algún día debía ser vengada.

Uno de los artífices del Tratado de Versalles, el primer ministro inglés Lloyd George, era plenamente consciente de que aquel documento no garantizaría en el futuro la paz en Europa. El *premier* británico confesó su temor a que el Tratado provocase otra guerra a los veinte años de su firma y, por desgracia, no se equivocó en absoluto ej su pronóstico. Por su parte, el secretario de Estado norteamericano, Robert Lansing, no compartía el optimismo de su presidente, Woodrow Wilson, y aseguró que "la próxima guerra surgirá del Tratado de Versalles, del mismo modo que la noche surge del día".

Pese al peligro evidente de que en el plazo de una generación Europa volviera a verse abocada a un conflicto armado aún más sangriento que el de 1914-18, las potencias occidentales, pero en especial Francia, no supieron estar a la altura de lo que la responsabilidad histórica requería. El nuevo Estado democrático germano surgido de la descomposición del Imperio Alemán y conocido como República de Weimar, expresó su propósito de pasar definitivamente la página del conflcto y ser admitido como un miembro más en el concierto de las naciones. Pero esta intención se encontraría siempre con la incomprensión y la desconfianza de los sucesivos gobiernos franceses. El escepticismo galo era comprensible, puesto que Francia había sido invadida por Alemania en dos ocasiones en los últimos cincuenta años, pero el temor a ser atacada de nuevo y la consiguiente desconfianza hacia el nuevo Estado alemán no era el mejor camino para establecer una paz duradera.

La obligación al pago de las reparaciones de guerra impidió a Alemania consolidar su economía. Ante un panorama sapicado de huelgas, disturbios, paro e inflación, la desengañada población germana giraría su vista hacia los que le proponían soluciones radicales para poner así fin a ese estado de inestabilidad política permanente: los comunistas y los nacionalsocialistas.

Hitler sube al poder

El déficit de confianza con que contaba la repúbliga de Weimar entre la población alemana fue aprovechado por Hitler y su entonces pequeño partido nazi para ir ganando más adeptos. El abrupto final de un esperpéntico intento de Hitler de hacerse con el poder por la fuerza en 1923, mediante un fallido golpe de estado surgido en una cervecería de Munich, hizo pensar a muchos que el movimiento nazi había quedado extinguido, pero esa apreciación se demostraría errónea.

Hitler decidió cambiar de estrategia y aprovechar el sistema democrático de partidos de la república de Weimar para abrirse paso hacia el poder. Esa meta la alcanzaría diez años más tarde, forzando al límite las reglas de la democracia. Gracias a un innovador y efectivo uso de la propaganda, sumado al clima de coacción creado por sus seguidores más fanáticos, que no dudaban en recurrir a la intimidación y la agresión física, Hitler obtuvo unos resultados electorales que le permitieron exigir la cancillería al anciano presidente Hindenburg.

En cuanto fue nombrado canciller, el 30 de enero de 1933, Hitler puso en marcha su plan para crear un Estado totalitario. De nada sirvieron las advertencias del general Erich Ludendorff, que lo conocía muy bien. En una carta dirigida a Hindenburg, el veterano militar le hacía responsable de lo que le sucediese en el futuro a Alemania, asegurando que "Hitler, ese hombre nefasto, conducirá a nuestro país al abismo y a nuestra nación a un desastre inimaginable". Nuevamente, nadie hizo nada por evitar la catástrofe.

Un incendio intencionado del *Reichstag* fue utilizado como oportuna excusa para ilegalizar al partido comunista y arrebatarle sus escaños. El carácter del nuevo régimen de terror que se había impuesto en el país se reveló de inmediato, al establecerse un campo de concentración de Dachau para internar a todos lo que se mostrasen críticos con los nuevos dueños de Alemania.

Francia y Gran Bretaña fueron responsables indirectos del ascenso de Hitler al asfixiar con sus exigencias a la joven y frágil república de Weimar. Pero no hay que olvidar que quien aupó a Hitler fue al poder fue el pueblo germano, quien permaneció ciego y sordo ante el drama que se anunciaba. Por ejemplo, la mayoría de los alemanes asistieron con indiferencia a la persecución a la que de inmediato fueron sometidos los ciudadanos de origen judío; médicos, profesores o funcionarios que hasta ese momento habían ejercido su profesión con normalidad se encontraban de repente ante la imposibilidad de seguir trabajando. Lo mismo le ocurriría a los comerciantes hebreos, obligados a cerrar sus tiendas, ante la mirada esquiva del resto de alemanes, que no reaccionaron ante los abusos del régimen nazi, pensando que la locura a la que asistían no les acabaría afectando a ellos.

Las intenciones de Hitler quedaron claras ya en octubre de 1933, cuando Alemania se retiró de la Sociedad de Naciones. Su primer desafío a la comunidad internacional fue instaurar el servicio militar obligatorio en marzo de 1935, violando el Tratado de Versalles, y admitiendo la existencia de la fuerza aérea, la *Luftwaffe*.

Ese mismo año se dictaron los decretos antisemitas de Nuremberg, por los que prácticamente se decretaba la muerte civil de los judíos, como primer paso hacia su futura eliminación física. Tras recuperar la región del Sarre mediante un plebiscito, Hitler convocó también un referendum, logrando un 99 por ciento de los votos. Pese a todos los indicios, ni Gran Bretaña ni Francia consideraban aún al Tercer Reich como una amenaza para la paz.

Hitler inició un rearme generalizado, saltándose las limitaciones impuestas por el Tratado de Versalles, sin que las potencias occidentales intervinieran. Incluso, los británicos alcanzaron un acuerdo con la Alemania nazi por la que se le permitía iniciar la construcción de una flota de guerra, pero siempre y cuando se mantuviese el predominio de la *Royal Navy*.

LA EXPANSIÓN DEL TERCER REICH

En marzo de 1936, los alemanes entraron con tan solo cuatro batallones en Renania, una región industrial fronteriza con Francia que había permanecido desmilitarizada desde el final de la Primera Guerra Mundial. Hitler confesó que si los franceses hubieran reaccionado en ese momento, el entonces débil Ejército germano hubiera sido arrollado, pero el *farol* de Hitler tuvo éxito y pudo apuntarse un nuevo tanto ante la población germana, que veía con satisfacción cómo el *Führer* iba sacudiéndose todas las humillaciones impuestas por el Tratado de Versalles.

Los espectaculares éxitos alcanzados por Hitler en materia económica y en política internacional restaron credibilidad a los pocos que se atrevían a denunciar los excesos del Estado policial en el que se había convertido Alemania. El paro desapareció de las preocupaciones del alemán medio, se inició la construcción de una moderna red de autopistas que sería la envidia de todos los visitantes extranjeros y Berlín dio a conocer al mundo la mejor cara de la utopía nazi en los Juegos Olímpicos de 1936.

Aunque estaba específicamente prohibida por el Tratado de Versalles, Hitler consiguió la anexión de Austria, el llamado *Anschluss*, en marzo de 1938. Antes de que sus tropas entrasen en su país natal, los nazis habían llevado a cabo una intensa campaña de desestabilización, lo que incluyó el asesinato de su canciller en 1934. Finalmente, Hitler pudo regresar a la ciudad en la que durante su juventud había vivido como un indigente, pero en esta ocasión saludando desde un automóvil Mercedes negro blindado, protegido por una cohorte de leales soldados y aclamado por sus compatriotas, que habían caído hechizados por su demostración de poder.

Los alemanes entran en Austria, mientras son saludados por la población local.

Jesús Hernández

El Pacto de Munich

En septiembre de 1938, Hitler reclamaría la anexión de la región checoslovaca de los Sudetes, amparándose en el origen alemán de sus habitantes. El pequeño país centroeuropeo, que poseía una importante industria bélica y un ejército preparado para entrar en guerra, acudió a Francia y Gran Bretaña para pedir auxilio ante las amenazas alemanas. En lugar de garantizar su independencia, franceses y británicos intentaron convencer a los checos para que se mostraran *razonables*, a fin de evitar una escalada de tensión en Europa. Cuando las potencias occidentales comprendieron que Hitler estaba dispuesto a llegar a la guerra para obtener su propósito, decidieron reunirse con el dictador alemán y aceptaron el ofrecimiento de Mussolini para jugar el papel de mediador.

En la noche del 29 al 30 de septiembre de 1938 se consumó en Munich la claudicación de las potencias democráticas ante la desmedida ambición de Hitler. Mientras al representante de Checoslovaquia, el presidente Edvard Benes, se le impedía estar presente en la sala de negociaciones, se decidió desmembrar su país para aplacar al dictador germano. El 1 de octubre, las tropas alemanas irrumpirían en territorio checo, en cumplimiento de los acuerdos del Pacto de Munich, apoderándose así de la región de los Sudetes.

Los representantes de Francia y Gran Bretaña temían la reacción de sus compatriotas ante su indigno comportamiento, pero en realidad fueron recibidos como héroes. El primer ministro galo, Edouard Daladier, murmuró entre dientes "¡qué idiotas!" cuando contempló a las masas parisinas aclamándole al paso de su coche oficial.

Por su parte, el cándido y bienintencionado *premier* británico, Neville Chamberlain, bajó de su avión agitando en sus manos el papel del pacto y exclamando "¡paz para nuestro tiempo!", envuelto en los vítores de los londinenses, que le cantaban "porque es un chico excelente...". El único político que se atrevió a *aguar la fiesta* fue Winston Churchill: "Hemos sufrido una derrota absoluta y total", afirmó en la Cámara de los Comunes. Pero aún pronunciaría otra frase más contundente: "Os dieron a elegir entre la guerra y el deshonor... Elegísteis el deshonor, y además tendréis la guerra". Aunque Churchill fue duramente criticado, tanto por el resto de los diputados como por toda la prensa, el clarividente futuro primer ministro estaba en lo cierto.

Británicos y franceses habían creído siempre a Hitler cuando les aseguraba que cada uno de esos pasos del expansionismo alemán era su "última reivindicación en Europa", sin darse cuenta de que su ingenuidad estaba alimentando el monstruo que tarde o temprano iba a intentar destruirlos. Pero ese autoengaño estaba a punto de finalizar.

El 15 de marzo de 1939, cuando las tropas alemanas ocuparon Praga, convirtiendo aquel pacto mostrado orgullosamente por Chamberlain a la multitud en papel mojado sin ningún valor, las potencias occidentales comenzaron a comprender que, aunque fuera un poco tarde, la época de las concesiones a Hitler debía terminar.

Objetivo: Polonia

Polonia sería el siguiente objetivo de la voracidad de Hitler. La antigua ciudad germana de Danzig —la actual Gdansk—, territorio polaco desde el final de la Primera Guerra Mundial, era el motivo de conflicto presentado por Alemania para obtener nuevas ganancias territoriales. Danzig se encontraba en un corredor que unía el centro de Polonia con el mar Báltico, partiendo el territorio prusiano en dos.

El llamado Corredor de Danzig había sido creado artificialmente en 1919 por el Tratado de Versalles. Era una faja de terreno de unos cien kilómetros de ancho, situado al oeste del río Vístula, y que se extendía hasta el Báltico. Este territorio fue desgajado de Alemania y entregado a Polonia, quedando la provincia de Prusia oriental separada físicamente del resto del país. Por tierra, únicamente podía llegarse a ella empleando un ferrocarril que estaba rígidamente controlado. Se sugirieron varias opciones para facilitar la comunicación con Prusia oriental, como por ejemplo la construcción de una autopista sometida a una administración mixta, pero Hitler estaba más interesado en atizar el conflicto con las autoridades polacas que en buscar una solución de compromiso.

El dictador germano deseaba aprovechar las afrentas surgidas del Tratado de Versalles para justificar sus reivindicaciones y Danzig era la excusa perfecta, puesto que representaba una espina clavada en el orgullo de los alemanes. El 26 de marzo exigió por tanto la entrega de Danzig, pero en este caso los polacos, al tener muy presente lo que le había ocurrido a los checos, consiguieron una garantía de ayuda de Gran Bretaña, a la que luego se sumó Francia.

Hitler también movió hábilmente sus piezas; el 22 de mayo firmó con Mussolini el Pacto de Acero, por el que ambas naciones se comprometían a ayudarse mutuamente. En el tablero europeo se estaban perfilando ya las alianzas del inminente e inevitable conflicto.

Escenarios

La anexión de Austria tuvo lugar el 12 de marzo de 1938, cuando las tropas alemanas cruzaron el río Saalach desde la pequeña localidad alemana de **Freilassig**, irrumpiendo así en la orilla austríaca. Hoy se puede visitar ese punto, situado cerca del restaurante Gasthaus Zollhäus, en la Zollhaustrasse. Aunque el puente por que atravesaron el río los alemanes quedó destruido durante la guerra, son aún visibles los cimientos de hormigón en la orilla.

El lugar en el que se firmó el Pacto de Munich sobrevivió intacto a la guerra. Es el **Führerbau**, un edificio de carácter administrativo que albergaba la oficina del dictador en Munich. En la actualidad es la sede de la Escuela Superior de Música y Teatro.

La sala de reuniones en la que se rubricó el acuerdo se encuentra en la entrada sur del edificio, que hoy es la entrada principal. La conocida como habitación número 105 se utiliza hoy como sala de prácticas para los alumnos de la escuela de música y no está abierta al público. Excepto el mobiliario, la sala no ha cambiado.

En Londres se conservan algunos vestigios del antiguo aeródromo de **Heston**, que fue el escenario de la llegada del primer ministro Neville Chamberlain anunciando "paz para nuestro tiempo" tras la firma del Pacto de Munich. Fue clausurado después de la guerra y se utilizó como pista de carreras para automóviles. En la actualidad, su superficie está ocupada por viviendas y un área de descanso de una autopista, aunque aún son reconocibles las pistas de aterrizaje, en forma de flecha señalando al polo norte magnético.

El 3 de octubre de 1938, Hitler entró en la región checa de los sudetes por el paso fronterizo de **Wildenau**, entre la localidad alemana de Selb y la checa de Asch. El edificio aduanero alemán todavía pervive, y unas piedras señalan por dónde pasaba entonces la frontera, ligeramente modificada respecto a la actual.

En Praga, el **Museo del Comunismo**, en el número 10 de la calle Na Prikope, tiene una pequeña sección dedicada a la anexión de Checoslovaquia por los nazis. El **cuartel general de la Gestapo** se instaló en el número 20 de la calle Politickyck venzno, hoy la sede de la Oficina de Comercio checa.

Protagonistas

Adolf Hitler (1889-1945). Nacido en Austria, fracasó como pintor y como arquitecto, viéndose obligado a vivir en Viena en precarias condiciones. Se alistó en el Ejército alemán en 1914 y, aunque no pasó del rango de

Los cuatro protagonistas del Pacto de Munich: Chamberlain, Daladier, Hitler y Mussolini. Al lado del Duce, su ministro de Exteriores, Ciano.

cabo, fue condecorado con la Cruz de Hierro. Como líder del Partido Nacionalsocialista, en 1923 protagonizó un golpe de estado en Munich que le llevaría a la prisión. Reanudó su actividad política, que culminó con su nombramiento como canciller el 30 de enero de 1933. Una vez eliminada cualquier oposición, sometió a Alemania a un régimen totalitario, rearmándola y conduciéndola a la guerra. Cuando las victorias dejaron de acompañarle, se enfrentó a sus militares y permaneció impasible ante el sufrimiento del pueblo germano. Confió hasta el final en un brusco giro de la guerra que nunca llegaría. Se suicidó junto a Eva Braun el 30 de abril de 1945.

Benito Mussolini (1883-1945). Fundó el Partido nacional-fascista en 1919. Tras organizar la marcha sobre Roma, el rey Victor Manuel II le confió en 1922 la presidencia del Consejo. Convertido en dictador (*Duce*), invadió Etiopía en 1936 y se anexionó Albania en 1939. El 10 de junio declaró la guerra a Francia y Gran Bretaña, y en octubre atacó a Grecia. Sus continuos reveses militares exasperaron a Hitler, obligándole a aplazar su ataque a la URSS, Con los Aliados ya en Italia, el 25 de julio de 1943 fue obligado a dimitir, siendo detenido por orden del rey. Rescatado por un comando alemán, se puso al frente de la República Social Italiana en el norte del país. El 28 de abril de 1945 fue capturado y ejecutado junto a su amante Clara Petacci por un grupo de guerrilleros. Sus cuerpos quedaron colgados en una gasolinera en Milán.

Neville Chamberlain (1869-1940). Primer ministro británico, miembro del Partido Conservador. Tenía como máxima meta mantener la paz en Europa a cualquier precio, para lo que no dudó en aplacar a Hitler con continuas concesiones territoriales y políticas. Firmó el Pacto de Munich, entregando así Checoslovaquia a la Alemania nazi. Su liderazgo durante la guerra quedó en entredicho hasta que el 10 de mayo de 1940 se vio obligado a abandonar el cargo, asumiéndolo Winston Churchill.

Edouard Daladier (1884-1970). Primer ministro francés. Firmó el Pacto de Munich en septiembre de 1938. Tras la invasión de Polonia declaró la guerra a Alemania, pero se vio obligado a dimitir el 20 de marzo de 1940 ante la pérdida de apoyo popular, pasando a ocupar el cargo de ministro de Defensa. Tras la caída de Francia se refugió en el norte de Africa, pero fue capturado y enviado a la Francia de Vichy. De allí pasaría a un campo de concentración alemán, de donde fue liberado en abril de 1945.

Edvard Benes (1884-1948). Estadista checoslovaco. Dimitió de la presidencia de Checoslovaquia después del Pacto de Munich. Presidente del gobierno en el exilio durante toda la guerra, en febrero de 1948 cedió el poder a los comunistas.

FILMOGRAFÍA

* **El triunfo de la voluntad** (*Triumph des Willens*, Leni Riefenstahl, 1935)
* **Tormenta mortal** (*Mortal storm*, Frank Borzage, 1940)
* **El gran dictador** (*The great dictator*, Charles Chaplin, 1940)
* **Hitler** (Stuart Heisler, 1962)
* **Hitler, el reinado del mal** (*Hitler: The Rise of Evil*, Christian Duguay, 2003)

Capítulo 2
El pacto germano-soviético

Para sorpresa y consternación de todos, pero especialmente para los partidos comunistas europeos, el 23 de agosto de 1939 se firmaba en el Kremlin un pacto entre la Alemania nazi y la Rusia soviética que, aunque la historiografía la ha presentado como de "no agresión", en realidad era un acuerdo de colaboración en toda regla, que se mantendría literalmente hasta la misma madrugada en que Hitler lanzaría sus tropas contra la URSS, el 22 de junio de 1941.

La noticia del insólito pacto sacó a Europa de su sopor veraniego. Después de las tensiones de 1938, que a punto habían estado de llevar al continente de nuevo a la guerra, el estío de 1939 estaba resultando engañosamente plácido. La Guerra Civil Española había concluido, desapareciendo así una importante fuente de conflictos, y, aunque Alemania presionaba a Polonia con una escalada de reivindicaciones territoriales, nadie pensaba que, tal como gustaban de decir entonces los optimistas, "el mundo fuera a morir por Danzig".

Eran muy pocos los que estaban al corriente de la catástrofe que se estaba cociendo a fuego lento y que estaba acercándose peligrosamente al punto de ebullición. Por ejemplo, el conde Galeazzo Ciano, yerno de Mussolini, comprendió la gravedad de lo que se avecinaba cuando se reunió en Salzburgo con el ministro de Asuntos Exteriores alemán, Joachim von Ribbentrop. En el diario de Ciano quedaría para la posteridad un revelador comentario del alemán, que no dejaba lugar a dudas sobre los deseos del Tercer Reich: "Vamos a ver, Ribbentrop, en resumidas cuentas, ¿qué es lo que quieren ustedes? ¿Danzig o el pasillo?", preguntó Ciano. "Más que todo eso", replicó el diplomático germano, "queremos la guerra".

Esta afirmación de Von Ribbentrop no se ajustaba plenamente a la realidad, puesto que Hitler deseaba la guerra pero tan solo contra Polonia. El enfrentamiento con las potencias occidentales y con la Unión Soviética estaba previsto para más adelante, cuando el programa de rearme de la Alemania nazi quedase completado. Pero quedaba claro que para el Tercer Reich las negociaciones diplomáticas habían terminado y que se iba a abrir paso el lenguaje directo de las armas.

Acercamiento entre Berlín y Moscú

No obstante aún habría tiempo para jugar una última baza diplomática. Aunque, de cara al exterior, la pretensión de Hitler era tan solo de retornar Danzig a territorio del Reich, su intención era adueñarse de Polonia. Pero para ello debía neutralizar antes a la Unión Soviética, para que no interpretase la invasión como una amenaza a sus fronteras, y para ello nada mejor que ofrecer a los soviéticos una parte de ese país. Aún había otra derivada; el hipotético pacto germano-soviético debía servir para sacar a Gran Bretaña del tablero. El gobierno de Londres había expresado garantías al de Varsovia de acudir en su ayuda en caso de un ataque alemán, pero la posibilidad de tener que enfrentarse también a los rusos en caso de cumplir con la promesa debía, necesariamente, enfriar ese propósito.

El autócrata nazi sabía que al astuto Stalin no se le podía engañar del mismo modo que había hecho en Munich con Daladier o Chamberlain. En abril de 1939 Hitler inició el acercamiento a la Unión Soviética, aunque ya desde enero de ese año se habían comenzado a tender puentes entre Berlín y Moscú. El embajador alemán en la capital rusa comunicó a los soviéticos que Hitler estaba dispuesto a negociar un acuerdo que implicase un reparto de influencias en el este de Europa. El 3 de mayo, Stalin decidió sustituir a su ministro de Asuntos Exteriores, Litvinov, partidario de una política europea de paz y de un acuerdo con británicos y franceses, por Vyacheslav Molotov. El nuevo ministro era un ruso de ascendencia finlandesa, llamado Skrajabin, pero que había cambiado su nombre por el proletario y más contundente apodo de *Molotov* ("martillo").

Hitler, que se encontraba en su refugio alpino de Berschtesgaden, supo que Stalin había aceptado su propuesta el 21 de agosto. Al día siguiente, el dictador germano invitó a los cincuenta generales y almirantes de más alta graduación a una "reunión para tomar el té". Una vez todos reunidos, Hitler depositó un manojo de notas encima del piano de cola e inició un discurso de hora y media, en el que dejó clara su determinación de "ajustar las cuentas a Polonia". Durante su intervención, sorprendió a todos al anunciarles con gesto dramático que Ribbentrop se disponía a partir para Moscú para firmar el acuerdo con la Unión Soviética. Tras revelar esta primicia, Hitler declaró triunfante: "¡Ahora tengo a Polonia en mis manos!". El *Führer* acabó su discurso con estas palabras: "Ya he cumplido con mi deber, ¡ahora cumplan ustedes con el suyo!". Recogiendo el guante lanzado por Hitler, Hermann Göring tomó la palabra y, mirándole, prometió: "La *Wehrmacht* cumplirá con su deber".

El tratado que se firmaría dos días más tarde contenía cláusulas de no agresión, así como de comprometerse a la solución pacífica de controversias entre ambas naciones; a ello se agregaba una intención de estrechar vínculos económicos y comerciales, así como de ayuda mutua[1].

Sin embargo, tal como pretendía Hitler, este acuerdo antinatural entre regímenes tan opuestos escondía las cláusulas secretas que eran las que habían motivado realmente el acercamiento. En ellas se estipulaba el reparto de Europa Oriental en áreas de influencia alemanas y soviéticas "en el caso que se produjesen modificaciones político-territoriales" o, prescindiendo de eufemismos, si Alemania lanzase sus divisiones Panzer contra los polacos. Por ese pacto secreto, los Estados Bálticos pasaban a control ruso, así como una franja polaca, mientras que los alemanes tenían las manos libres para apoderarse de la parte occidental de Polonia. Además, Alemania se comprometía a vender

---

[1] El texto del tratado germano-soviético era el siguiente:
Deseosos de fortalecer la causa de la paz entre Alemania y la Unión Soviética, y procediendo con las previsiones fundamentales del Acuerdo de Neutralidad firmado en abril de 1926 entre Alemania y la Unión Soviética, han llegado al siguiente acuerdo:
Artículo I: Ambas Altas Partes Contratantes se obligan a desistir de cualquier acto de violencia, cualquier acción agresiva, y cualquier ataque a la otra parte, ya sea individual o en conjunto con otras potencias.
Artículo II: Si cualquiera de las partes fuera objeto de una acción beligerante por una tercera potencia, la otra Alta Parte Contratante de ninguna manera deberá dar apoyo a esa tercera potencia.
Artículo III: Los Gobiernos de las dos Altas Partes Contratantes deberán mantener en el futuro contacto continuo, con el propósito de intercambiar información sobre problemas que afecten a los intereses comunes a ambas partes.
Artículo IV: Ninguna de las dos Altas Partes contratantes deberán participar en agrupaciones de potencias, que de alguna forma estén dirigidas directa o indirectamente contra la otra parte.
Artículo V: En caso de surgir algún conflicto entre las Altas Partes Contratantes sobre problemas de cualquier tipo, ambas partes deberán resolver las disputas o conflictos exclusivamente a través de intercambios amistosos de opinión o, si fuera necesario, por medio del establecimiento de comisiones de arbitraje.
Artículo VI: El presente tratado concluirá en un periodo de diez años, con la previsión que, en cuanto alguna de las Altas Partes Contratantes no lo denuncie un año antes a la expiración de ese periodo, la validez del tratado será extendido por otros cinco años.
Artículo VII: El presente tratado deberá ser ratificado dentro del más corto tiempo posible. Las ratificaciones serán intercambiadas en Berlín. El acuerdo entrará en vigor tan pronto como sea firmado.

Molotov firma el pacto germano-soviético. Tras él, Ribbentrop y Stalin,
y el retrato de Lenin.

maquinaria y productos manufacturados a los soviéticos a cambio de trigo y materias primas[2].

Ceremonia en el Kremlin

Ribbentrop y Molotov serían los encargados de firmar el pacto entre sus respectivos países el 23 de agosto de 1939 en el Kremlin, en presencia de Stalin. La reunión finalizó, como no podía ser de otro modo, con los correspondientes e inacabables brindis a los que es tan aficionado el pueblo ruso. En este caso no fueron con vodka sino con champán, que pese a no ser francés sino de Crimea tuvo una excelente aceptación entre los presentes. Las botellas se vaciaban con la misma rapidez que se descorchaban, hasta que incluso Stalin terminó tambaleándose.

El dictador soviético pronunció este brindis: "Sé cuánto ama a su *Führer* el pueblo alemán, por eso quiero beber a su salud". Y en el momento de despedirse, declaró al ministro de Asuntos Exteriores del Reich: "El gobierno soviético concede una gran importancia al nuevo pacto. La Unión Soviética no traicionará jamás a su compañera; puedo dar mi palabra de honor". A la vista de los acontecimientos posteriores, las palabras de Stalin eran sinceras.

Hitler, desde Berlín, también celebró el triunfo conseguido. Por fin tenía las manos libres para la invasión de Polonia. La única potencia que podía interferir en sus planes al verse amenazada, la Unión Soviética, ya estaba domesticada.

---

[2] El texto del protocolo secreto del pacto germano-soviético era el siguiente:
1. En el caso de que se produzcan modificaciones político-territoriales en los Estados bálticos (Finlandia, Estonia, Letonia y Lituania), la frontera septentrional de Lituania se considerará como el límite entre las zonas de influencia de Alemania y la URSS. Ambas partes reconocen, no obstante, los derechos de Lituania sobre el territorio de Vilna.
2. Ante la eventualidad de ciertos cambios político-territoriales en los territorios pertenecientes al Estado polaco, el límite de las esferas de influencia de Alemania y la URSS será aproximadamente el señalado por los ríos Narev, Vístula y San. La cuestión de que ambas partes interesadas se decidan por mantener un Estado polaco soberano, y de cuáles deben ser sus límites en tal caso, será fijada de acuerdo con el desarrollo de futuros acontecimientos políticos. En todo caso, ambos gobiernos resolverán esa cuestión mediante una discusión amistosa.
3. Por lo que hace referencias a los territorios del sudeste de Europa, se hace destacar por parte soviética su evidente interés por Besarabia. En lo que concierne a Alemania, esta se compromete a desligarse de todo interés político en relación con dicho territorio.
4. El contenido del presente documento deberá ser mantenido en estricto secreto por ambas partes signatarias.

Desconcierto entre los comunistas

Los observadores británicos y franceses presentes en Moscú y Berlín informaron a sus respectivos gobiernos de las consecuencias que el pacto podía tener para el mantenimiento de la paz europea, pero sus líderes volvieron a pecar de ingenuos y no le dieron al acuerdo la importancia que merecía. Los franceses, con Daladier a la cabeza, creían tener el mejor ejército de tierra del mundo y confiaban plenamente en su general en jefe Maurice Gamelin para hacer frente a cualquier eventualidad. Y por parte británica, el primer ministro Neville Chamberlain seguía confiando todavía en que Hitler no llevaría a Europa a la guerra. El único que advirtió entonces de los peligros de ese entendimiento entre los dos imperios totalitarios sería Winston Churchill.

A partir del momento en el que se firmó el pacto, el Ministro de Propaganda alemán, Joseph Goebbels, se empleó a fondo para efectuar un giro de ciento ochenta grados en el tratamiento que habían tenido las informaciones relativas a la Unión Soviética. Si hasta entonces el bolchevismo, junto al judaísmo, era el responsable de todos los males que amenazaban a Alemania, desde aquel 23 de agosto de 1939 la Rusia de Stalin dejaría de ser satanizada por la prensa germana, firmemente controlada por Goebbels. Algunos directores de periódicos, que un par de días antes escribían histéricamente acerca del peligro bolchevique, pasaron a revelarse como viejos amigos de los soviéticos.

Quienes se vieron más desconcertados por el acuerdo fueron los comunistas de los países occidentales, incluidos los alemanes. Los comunistas franceses, a los que durante seis años se les había inculcado que había que odiar al nazismo por encima de todo, contemplaban como su gran valedor, Stalin, sellaba un pacto de amistad con el dictador nazi. La desorientación resultante sería un factor no desdeñable para explicar la escasa colaboración que los sectores comunistas brindaron para resistir a la invasión alemana en 1940.

El pacto germano-soviético supuso el triunfo de la razón de Estado sobre la ideología. El más furibundo anticomunista, Hitler, se había puesto de acuerdo con el gran paladín del comunismo, Stalin. No hay que olvidar que el pacto había sido suscrito por dos totalitarismos que tenían mucho en común.

Pero los que tenían más que temer después de la firma del pacto eran los polacos, que estaban espantados ante la confabulación de sus dos enemigos históricos. A la mente de los polacos acudió el recuerdo de los sucesivos repartos de su país entre los dos grandes imperios. Las figuras históricas de Catalina II de Rusia y Federico de Prusia parecían encarnarse en quienes gobernaban ahora los dos imperios que amenazaban con repartirse de nuevo la sufrida geografía polaca. Sin duda, para los polacos, esa inesperada y efusiva *amistad* no hacía presagiar nada bueno para ellos, como así sería.

Escenarios

Aunque en Moscú puede visitarse el **Kremlin** —fortaleza en ruso—, la sala en la que se firmó el pacto germano-soviético queda fuera del recorrido permitido a los turistas.

Protagonistas

Joachim von Ribbentrop (1893-1946). De familia noble, se instaló en Canadá como importador de champán. Gracias a sus contactos, entró en el cuerpo diplomático. Embajador del Reich en Londres en 1936, fue rechazado por la alta sociedad británica, una afrenta que no olvidaría, profesando desde entonces odio eterno a Inglaterra. Ministro de Asuntos Exteriores desde febrero de 1938, no fue más que una correa de transmisión de los deseos de Hitler. Personalidad mediocre y con escasa perspectiva. Condenado a muerte en Nuremberg y ejecutado.

Joseph Goebbels (1897-1945). Político alemán. Con una sólida formación académica, pero después de fracasar en el periodismo y la literatura, desempeñó el cargo de jefe de Propaganda del Partido en 1928 y el de Ministro de Propaganda de 1933 hasta su muerte. Auténtico maestro de la mentira y la manipulación, su cínica política de información se ha convertido en objeto de estudio. Una de sus más célebres aportaciones es la afirmación: "una mentira repetida cien veces se convierte en una verdad". Fanático seguidor de Hitler, recibió el encargo de dirigir la guerra total en 1944. Tras el suicidio del *Führer*, él hizo lo mismo junto a su mujer, Magda, una vez que esta envenenó a sus seis hijos.

Josif Vissarionovich Djugachvili, Stalin (1879-1953). Tras educarse en un seminario, inició su andadura política a los trece años, ascendiendo lentamente hacia el poder. Secretario general del Partido Comunista, ejerció desde 1924 una autoridad absoluta sobre su país. Las purgas ordenadas por él descabezaron el ejército soviético. Sorprendido por el ataque alemán en 1941, asumió la dirección total de las operaciones. Su política de tierra quemada y el empleo de inagotables masas de soldados, así como el dominio de la guerra invernal, acabó derrotando a los alemanes. Simpático y de trato agradable, destacó igualmente por su astucia y su crueldad. En Yalta conseguiría arrancar todo tipo de concesiones a los Aliados occidentales, logrando imponer el régimen comunista a los países de Europa Oriental.

Vyacheslav Skrjabin, Molotov (1890-1986). Ministro de Asuntos Exteriores de la Unión Soviética. Pese a su procedencia burguesa, fraguó su carrera política junto a Lenin y Stalin. De carácter duro y antipático, era un durísimo negociador, lo que le valió el sobrenombre de *"Mister Niet"* (señor No), aunque todos reconocen su extraordinaria habilidad diplomática. Tras la guerra su estrella declinó, hasta que en 1953 volvió a ocupar la misma cartera durante tres años. Finalmente sería apartado del poder por Kruschev, llegando incluso a ser expulsado del partido.

FILMOGRAFÍA

* **El círculo del poder** (*The inner circle*, Andrei Konchalovsky, 1991)

Capítulo 3
La invasión de Polonia

Los peores presagios se cumplieron el 1 de septiembre de 1939. El pacto entre la Alemania nazi y la Unión Soviética había sido el preludio a la guerra. La política de aplacar a Hitler no había servido para mantener la paz y los más optimistas, que confiaban en que Europa no se lanzaría a la locura de otro conflicto en Europa, contemplaron incrédulos cómo Alemania aplicaba la chispa al incendio que iba a arrasar el viejo continente.

A las 4.45 de la madrugada del viernes 1 de septiembre de 1939, las tropas alemanas cruzaron la frontera polaca. Conforme al plan aprobado por el Estado Mayor, los ejércitos alemanes se dividían en dos Grupos de Ejércitos: el principal en el sur, comandado por el general Gerd von Rundstedt[3], y un segundo grupo al norte, al mando del general Fedor von Bock[4]. El mando de toda la operación recaía en el general Walther von Brauchitsch.

El plan alemán consistía en atacar Polonia desde tres flancos: por el norte, desde Prusia Oriental, cortando el corredor y rodeando la ciudad de Danzig, en la que la población germana reduciría a la débil guarnición polaca; desde el oeste, a través de Prusia Occidental; y, desde el sur, tomando como punto de partida Silesia y Eslovaquia. Los dos primeros avances serían llevados a cabo por el Grupo de Ejércitos Norte y el tercero por el Grupo Sur.

---

[3] El Grupo de Ejércitos Sur constaba de tres ejércitos y el grueso de las unidades motorizadas. En el ala derecha formaba el 14º Ejército, que comprendía las unidades Panzer del general Von Kleist. Su comandante en jefe era el general List. En el centro se hallaba el poderoso 10º Ejército del general Von Reichenau; este cuerpo principal contenía el grueso de las divisiones Panzer y motorizadas. Y a la izquierda estaba el 8º Ejército del general Blaskowitz, más débil, que debía encargarse de la protección del flanco septentrional.
[4] El Grupo de Ejércitos Norte estaba integrado por el 3º y 4º Ejército, unidades motorizadas y la primera división de Caballería.

El crucero germano *Schleswig-Holstein* bombardeó desde el inicio de las operaciones a las fuerzas polacas que protegían el puerto de Gdynia, en el corredor que se abría al Báltico y que constituía la puerta de Danzig. Al caer la noche del primer día de guerra, la disputada Danzig ya estaba en manos alemanas —excepto la fortificación del Westerplatte, que resistiría una semana— pero, naturalmente, Hitler no ordenó parar la ofensiva al ver cumplida su reivindicación sobre la ciudad que hasta ese momento había estado bajo dominio polaco. Los combates no acabarían hasta que Polonia entera doblase la rodilla.

La guerra relámpago

Al término del primer día, se vio claramente que la diferencia entre ambos ejércitos era abismal. Aunque los polacos disponían de treinta divisiones en activo, por cuarenta los alemanes, las tropas de Hitler eran muy superiores, al contar con varias divisiones acorazadas y motorizadas. Por el contrario, los polacos tenían una docena de brigadas de caballería, de las que solo una era motorizada. En total solo disponían de 600 carros blindados para oponerse a los 3.200 con que contaban los alemanes. La diferencia era similar a la que se daba en el aire; mientras que la fuerza aérea polaca constaba de 842 aviones anticuados, la moderna *Luftwaffe* disponía de 3.234 aparatos.

Aunque en ese momento los ejércitos alemanes no tenían aún experiencia en combate, sí que eran las Fuerzas Armadas mejor entrenadas de Europa. Sus tácticas militares eran revolucionarias; hasta ese momento, siguiendo el mismo esquema de la Primera Guerra Mundial, se creía que el tanque debía acompañar a la infantería, apoyándola y protegiéndola en su lento avance, pero los alemanes rompieron totalmente con el pasado.

Paradójicamente, aprovechando las teorías de un joven militar francés entonces desconocido llamado Charles De Gaulle, consideraron que los tanques podían romper la línea del frente gracias a su velocidad y envolver a las tropas enemigas. Detrás llegaría la infantería para liquidar la bolsa resultante. Los ataques a baja altura de la aviación ayudarían a desatar el pánico entre las filas rivales. De Gaulle no consiguió convencer a sus compatriotas de que el futuro estaba en las divisiones motorizadas, pero los teóricos germanos sí que supieron visualizar el que iba a ser uno de los capítulos fundamentales de la historia militar del siglo XX. Esa innovadora y arrolladora manera de combatir sería bautizada como la "guerra relámpago" o *Blitzkrieg*.

Los alemanes supieron mantener su secreto bien guardado hasta que lo pusieron en práctica contra el obsoleto ejército polaco, basado aún en la fuerza de su caballería, dotada de armas blancas y fusiles. Aunque los jinetes

Soldados alemanes derribando la barrera de un puesto fronterizo.
La Segunda Guerra Mundial acaba de comenzar.

polacos nunca llegaron a atacar a los blindados alemanes a punta de lanza, ese mito —convenientemente explotado por la propaganda germana— quedó fijado en el imaginario colectivo como símbolo de la inferioridad de los defensores ante la superioridad técnica de los alemanes. Los ataques coordinados por radio llevados a cabo por unidades acorazadas, apoyadas por la aviación, enviarían a estos ejércitos decimonónicos al baúl de la historia.

Además, la estrategia defensiva seguida por el Ejército polaco fue catastrófica; en lugar de renunciar a la defensa de las zonas fronterizas, sin accidentes geográficos destacables, y atrincherarse en posiciones fácilmente defendibles como eran los ríos Vístula y San, Polonia lanzó a dos tercios de sus fuerzas a rechazar a los alemanes en cuanto penetraron en territorio polaco. La *Wehrmacht*, muy superior en capacidad de movimiento y con un dominio del aire casi absoluto, no tuvo problemas para articular unas gigantescas pinzas en las que las voluntariosas tropas polacas quedaban atenazadas. Polonia tampoco anduvo muy ágil a la hora de movilizar a todo su Ejército, que podía haber estado integrado por dos millones y medio de hombres, en caso de haber llevado a cabo con tiempo la movilización. En ese caso, el resultado de la campaña como mínimo habría sido más incierto, pues la fuerza alemana no llegaba al millón de efectivos.

Ultimátum británico

Al segundo día de la campaña, el sábado 2 de septiembre de 1939, los británicos presentaron un ultimátum a Alemania para que se retirase de Polonia, mientras que Francia —temerosa de una reacción germana para la que no estaban preparados— se limitó a solicitar una retirada con vistas a alcanzar posteriormente un acuerdo similar al de Munich.

Ante la negativa germana a retirar a su Ejército, Gran Bretaña presentó su declaración de guerra a las once de la mañana del domingo 3 de septiembre. Francia, a regañadientes, la seguiría seis horas más tarde. La entrada en guerra de británicos y franceses fue recibida con preocupación por los jerarcas nazis. Por ejemplo, Hermann Göring, el obeso jefe de la *Luftwaffe*, exclamó: "Si perdemos esta guerra, ¡que el cielo nos proteja!".

Entre la población germana también se extendió la preocupación. Quizás influidos por el hecho de que esa tarde no se encendiese el alumbrado público de las ciudades en previsión de un posible bombardeo aéreo, los alemanes se encerraron en sus casas y se sentaron alrededor de sus receptores de radio para seguir los acontecimientos. Las calles de Berlín presentaron esa tarde de domingo y los días siguientes un aspecto desierto y desangelado, que no traía consigo los mejores augurios para la guerra que acababa de comenzar.

Ya el primer día del conflicto, la población había acogido con frialdad la noticia de la invasión de Polonia. Albert Speer, el "arquitecto del Führer", dejó escrito en sus memorias que en esa jornada "las calles estaban vacías, no había muchedumbres gritando *Heil Hitler!*", añadiendo que "la atmósfera era de depresión, la gente tenía miedo al futuro".

Mientras que al estallar la Primera Guerra Mundial los soldados eran despedidos con flores y guirnaldas entre muestras de euforia, en septiembre de 1939 el ambiente era muy distinto. El recuerdo de las penalidades sufridas durante la Gran Guerra no hacía albergar entre la población muchas ilusiones de que la guerra tuviera un desenlace rápido. La entrada en el conflicto de las potencias aliadas agravaría esa sensación, por lo que el deseo más extendido era que la guerra terminase lo más pronto posible.

Continúa el avance

Aunque Hitler había confiado hasta el último segundo en que las potencias occidentales se inhibirían ante su brutal agresión a Polonia, no había sido así. Pero la apuesta del *Führer* debía continuar hasta el final.

El tiempo corría ahora en contra de todos. Los alemanes debían doblegar la resistencia polaca antes de que estos pudieran recibir algún apoyo de sus aliados. Por su parte, británicos y franceses debían movilizarse rápidamente para poder actuar antes de que la *Wehrmacht* aplastase a las fuerzas polacas. Y, por último, los polacos debían resistir a toda costa para dar tiempo a que llegase la ayuda prometida.

El Ejército germano era el que gozaba de una posición más favorable en esta particular carrera. Los *panzer* rodaban a gran velocidad por las llanuras polacas, mientras los aviones *Stuka* se encargaban de sembrar el caos en las comunicaciones enemigas. Sus bombardeos en picado aterrorizaban tanto a los soldados como a los civiles; en el momento de iniciar el descenso se ponía en marcha automáticamente una sirena cuyo penetrante ulular anunciaba la llegada de la muerte desde el cielo.

La sirena de los *Stuka* se convirtió en una importante arma psicológica, que compensaba las limitaciones de este aparato, como eran la escasa velocidad o su armamento insuficiente. Al haber quedado destruidos los aeródromos polacos junto a su exigua aviación en los primeros días de la campaña, los temibles *Stuka* se hicieron los dueños del aire, adquiriendo un halo mítico que les convertiría para siempre, junto a los *panzer*, en el icono de la guerra relámpago.

Antes de una semana, tras haber recorrido 250 kilómetros, las tropas alemanas ya amenazaban Varsovia. El día 6 había caído Cracovia y ahora era la capital la que debía enfrentarse al rodillo teutón. El día 8 se cerró el cerco sobre Varsovia y al día siguiente dio comienzo la batalla definitiva.

Los polacos intentaron pasar al contraataque en Poznan para aligerar la presión sobre la capital. Esta maniobra culminó con cierto éxito, lo que hizo anidar en el gobierno polaco la esperanza de que Varsovia pudiera resistir. El motivo del frenazo sufrido por el avance alemán fue la llegada de los primeros problemas de abastecimiento causados por la extensión de sus líneas. Sin embargo, los polacos no supieron aprovechar este momentáneo respiro, al no decidirse a organizar una ofensiva y limitarse a lanzar descoordinados zarpazos a lo largo de todo el frente.

El ataque soviético

Pero esta pequeña luz al final del túnel que vislumbraron los polacos se apagó rápidamente. El 17 de septiembre, el Ejército soviético cruzó la frontera oriental polaca. Los polacos no disponían allí de fuerzas organizadas para proteger la frontera y los rusos avanzaron casi sin oposición, sufriendo tan solo setecientas bajas. Stalin acudió así a tomar la parte del *pastel polaco* que le correspondía, tal y como había acordado con los alemanes en el pacto secreto firmado el 23 de agosto.

La excusa del gobierno soviético para invadir la parte oriental de Polonia fue que actuaba para proteger a los ucranianos y bielorrusos que vivían en esas regiones, debido al colapso de la administración polaca tras la invasión germana. Según los soviéticos, dicha administración no podía ya garantizar la seguridad de sus ciudadanos.

El Ejército Rojo alcanzó rápidamente sus objetivos, debido a su gran superioridad y al desplazamiento de las fuerzas polacas al oeste para hacer frente al ataque alemán. Entre 230.000 y 450.000 soldados polacos, según las fuentes, fueron hechos prisioneros de guerra. El gobierno de Moscú se anexionó el nuevo territorio, poniéndolo bajo su control y declarando que los ciudadanos polacos de la zona anexionada, más de trece millones de personas, pasaban a ser ciudadanos soviéticos[5].

Al día siguiente del ataque, el 18 de septiembre, el gobierno polaco huyó a Rumanía. Para los dirigentes polacos, tras la entrada de las fuerzas rusas en su país, seguramente quedaban ya pocas dudas de que el destino de Polonia estuviera visto para sentencia, pero aun así dejaron en la capital órdenes de resistir.

La caída de Varsovia

El último escollo que le quedaba a las tropas de Hitler para alcanzar su objetivo de apoderarse de Polonia era la captura de Varsovia, que estaba aparentemente bien defendida por un cinturón de fortificaciones. Al principio, por la cabeza de los polacos no pasaba la posibilidad de una capitulación; los 120.000 hombres que defendían la capital estaban dispuestos a morir defendiéndola. Todos sus habitantes se quedaron; solo se permitió abandonar la ciudad a extranjeros y diplomáticos.

La capital polaca soportó heroicamente los salvajes bombardeos de la *Luftwaffe* durante nueve días más, pero el 27 de septiembre comenzaron a verse banderas blancas en las ventanas. Varsovia se vio obligada a rendirse.

El 28 cayó la ciudad de Thorn, el último reducto de la resistencia polaca. Ese día se firmó el acta de capitulación. Los oficiales polacos pudieron conservar sus sables en reconocimiento a su valor y los soldados polacos quedaron en libertad una vez estabilizado el país. Pero no ocurriría lo mismo con los 170.000 soldados capturados por los rusos; miles de oficiales no regresarían nunca a casa, asesinados por órdenes de Stalin.

La campaña de Polonia había terminado en tan solo veintiocho días. Los alemanes habían sufrido diez mil bajas, pero se habían perdido más de 150.000 vidas polacas, entre soldados y víctimas civiles de los bombardeos.

Europa había asistido atónita al incontenible avance de los *panzer*. Pero el viejo continente sabía que la agresión de Hitler no se limitaría a su reciente conquista; ante la imposibilidad para las potencias occidentales de plantearse la liberación de Polonia, tan solo quedaba aguardar para ver quién sería la próxima víctima de la arrolladora máquina de guerra alemana.

Escenarios

Localizar los escenarios de la campaña de 1939 no es tarea fácil. El desplazamiento de fronteras posterior a la guerra hace que las anteriores sean difíciles de establecer si no se está en posesión de un mapa de la época. Otro

---

[5] La resistencia polaca a la invasión rusa —que los soviéticos denominarían "campaña de liberación"— y la posterior ocupación sería contrarrestada mediante una ola de arrestos y ejecuciones. Los que no eran fusilados eran enviados a Siberia y a otras zonas remotas de la URSS; entre 1939 y 1941 se llevarían a cabo cuatro deportaciones masivas.

Durante la existencia de la República Popular de Polonia (1945-1989), la invasión soviética de 1939 sería considerada un tabú. Fue omitida de la historia oficial con el objetivo de preservar la amistad polaco-soviética.

factor que hizo desaparecer los vestigios de la campaña es el olvido al que fue sometido el Ejército polaco de 1939 por el gobierno comunista de posguerra, al ser considerado un instrumento del viejo régimen burgués. Por tanto, los campos de batalla en los que combatieron los soviéticos durante la liberación de Polonia sí que se conservaron, pero los de 1939 fueron ignorados.

Aun así, hoy día se conserva la guarnición de **Westerplatte** en el puerto de **Gdansk**, algunas obras defensivas intactas en torno a la ciudad de **Mlawa**, o la guarnición fortificada de **Modlin**.

En la ciudad entonces alemana de Gleiwitz, que pasó a Polonia después de la guerra con el nombre de **Gliwice**, aún permanece la famosa antena de radio que fue objeto de un montaje por parte del jefe de las SS, Heinrich Himmler, para achacar la culpa del estallido de la guerra a los polacos[6].

En cuanto al material militar utilizado en esta campaña, se conservan muy pocas unidades, pues fueron requisadas tanto por los alemanes como, posteriormente, por los soviéticos. Por ejemplo, el Museo de las Fuerzas Armadas de Varsovia no posee ni un solo vehículo acorazado de los que participaron en ella. Para hallar armamento polaco de la época es necesario a acudir a museos estadounidenses o rusos. Del mismo modo, es difícil encontrar armas y vehículos alemanes de los empleados en la invasión de Polonia, pues poco de este material sobrevivió a la guerra.

Protagonistas

Walther von Brauchitsch (1881-1948). Pese a no simpatizar con el nazismo, acabó convirtiéndose en una persona de gran confianza para Hitler. Fue el encargado de dirigir la campaña de Polonia. En 1940 fue nombrado mariscal. Participó en la campaña del oeste y en la operación Barbarroja, y

---

[6] Himmler orquestó una farsa con la colaboración forzosa de un grupo de prisioneros procedentes de un campo de concentración. Estos presos fueron asesinados fríamente y vestidos con uniformes polacos, recibiendo el descriptivo nombre en clave de "carne enlatada". Los cadáveres fueron colocados alrededor de la antena de la emisora de radio instalada en Gleitwitz, entonces cercana a la frontera con Polonia.

A las ocho de la tarde del 31 de agosto, los alemanes anunciaron que esa estación de radio había sido atacada por insurgentes polacos. Era el casus belli que Hitler requería para lanzar a sus tropas contra Polonia nueve horas después. En realidad, la orden de invasión había sido decidida por el Führer a las 14.40 horas de ese 31 de agosto.

Al día siguiente, los corresponsales extranjeros en Alemania fueron conducidos por el Ministerio de Propaganda al lugar en donde presuntamente se habían producido los combates por la emisora de radio. Allí se les intentó convencer, sin éxito, de que los polacos habían iniciado las hostilidades al intentar asaltar esas instalaciones, por lo que la invasión de Polonia no era más que un acto de defensa propia.

presentó su renuncia en diciembre de 1941 por problemas de salud. Tras la guerra fue arrestado por los Aliados, pero falleció antes de ser juzgado.

Edward Rydz-Śmigły (1886-1942). Fue nombrado Comandante en Jefe del Ejército polaco poco después de iniciarse el ataque germano. Tras la derrota, se refugió en Rumanía, donde fue acusado de sabotaje por el régimen del mariscal Ion Antonescu, regresando a Polonia para participar en la resistencia. Murió cinco semanas después de su llegada a Varsovia de un ataque cardíaco. Como había viajado de incógnito fue enterrado bajo el nombre de "Adam Zawisza". No sería hasta 1994 cuando se le ofició un funeral con los honores reservados para un Mariscal.

Capítulo 4
La *Drôle de guerre*

Gran Bretaña y Francia habían entrado en guerra con Alemania. Después de dos décadas, Europa se encontraba de nuevo sumida en la catástrofe. De nada habían servido los diez millones de muertos que provocó la Gran Guerra; el continente volvía a afrontar un conflicto que amenazaba con ser aún más sangriento que el que lo había destrozado entre 1914 y 1918.

Al igual que había ocurrido al inicio de la Primera Guerra Mundial, los primeros éxitos sonrieron exclusivamente a los alemanes. El mismo domingo 3 de septiembre, el día de la declaración de guerra a Alemania, el submarino U-30 hundía el vapor británico *Athenia*, causando la muerte de 1.400 pasajeros, presumiblemente al confundirlo con un mercante corsario.

En cambio, la única acción aliada que se dio el día del rompimiento de las hostilidades fue un inofensivo bombardeo sobre algunas ciudades alemanas. Pero, en lugar de bombas, los aviones británicos lanzaron un total de seis toneladas de octavillas en las que se pedía a la población civil germana que dieran la espalda a sus dirigentes, asegurando que estos no deseaban la paz. Para que se supiera exactamente a quién iba dirigido el mensaje, los panfletos estaban ridículamente encabezados de la siguiente forma: "Comunicado al Pueblo Alemán". La razón de que cayesen panfletos sobre Alemania, en lugar de bombas, hay que buscarlas en la petición del gobierno francés al británico de no provocar a Hitler, debido a que las empresas bélicas del norte de Francia no disponían todavía de protección ante ataques aéreos.

El efecto de esta "guerra psicológica" sería prácticamente nulo entre los habitantes del Reich. Según los expertos británicos, lo único que consiguieron estas misiones fue alertar a los alemanes de la posibilidad de ser alcanzados por los bombarderos británicos, lo que estimuló la fabricación de cañones antiaéreos.

Jesús Hernández

La inacción francesa

En cuanto las tropas germanas entraron en Polonia, los franceses recibieron súplicas desesperadas de los polacos para que atacasen las fronteras occidentales de Alemania. Desde París se aseguraba que la ofensiva se estaba llevando a cabo; esto levantó las esperanzas de Varsovia, pero en realidad se trataba de un ataque simbólico. El general Gamelin anunció que más de la mitad de sus divisiones estaba en contacto con el enemigo, pero le faltó aclarar que tan solo se trataba de contacto visual.

Aunque la frontera franco-germana era de más ochocientos kilómetros de longitud, los condicionantes geográficos hacían que un hipotético avance francés solo pudiera desarrollarse en un sector de unos ciento cincuenta kilómetros, desde el Rin al Mosela, a menos que se violara la neutralidad de Bélgica y Luxemburgo, un reparo que no tendrían los alemanes ocho meses después. Los alemanes estaban en condiciones de concentrar sus tropas del oeste en ese reducido sector; si tenemos en cuenta también la existencia de la Línea Sigfrido, con sus búnkers, obstáculos y campos de minas, hay que entender que los franceses no se lanzasen a una ofensiva tan precipitada.

Además, el Ejército francés no era un ejemplo de agilidad organizativa. Su sistema de movilización era anticuado, pues no podía estar en condiciones de actuar hasta que no se incorporasen los combatientes desde la vida civil y no fuesen de nuevo entrenados para tomar las armas. Esto se agravaba porque las tácticas del alto mando permanecían estancadas en las seguidas durante la Primera Guerra Mundial; cualquier ofensiva debía estar precedida de una masiva preparación artillera, pero el grueso de la artillería debía ser traída desdela retaguardia, una operación que suponía un retraso de más de dos semanas. En estas condiciones, es comprensible que los franceses no se decidiesen a lanzar una ofensiva en toda regla para aliviar así la presión sobre los polacos.

Al final, el *ataque* a Alemania consistió en un mínimo avance en el que casi no se entró en acción, en una operación que se denominó "Sarre" al desarrollarse en esta región. El progreso de las tropas francesas se inició el 6 de septiembre, pero se dieron órdenes de no penetrar más que unos pocos kilómetros en terreno alemán, lo que demostraba que la escaramuza estaba destinada simplemente a levantar a moral de los polacos, así como a salvar, en cierto modo, el honor de Francia. El 12 de septiembre, al ser evidente que nada podía salvar ya a los polacos, el avance fue frenado.

Tras la caída de Polonia, ni los alemanes ni los Aliados decidieron llevar a cabo ninguna operación terrestre de envergadura, aunque el 16 de octubre los alemanes recuperaron el escaso territorio ocupado por las tropas galas en la operación "Sarre". A partir de entonces, los centinelas franceses se limitarían a observar con sus prismáticos a los alemanes apostados al otro lado de la frontera, mientras que los germanos hacían lo mismo desde sus bien protegidas posiciones.

Esa tensa fase del conflicto sería conocida en Alemania como *sitzkrieg* ("guerra de posiciones") y en Gran Bretaña como *phony war* ("la guerra de mentira"). De todos modos, esos meses de inactividad en los frentes terrestres han pasado a la historia con su denominación en francés; *drôle de guerre* ("la extraña guerra").

La Línea Maginot

Los franceses confiaban ciegamente en la solidez de sus fortificaciones fronterizas. Los gobernantes galos de entreguerras creyeron que lo mejor era evitar que las tropas enemigas pudieran entrar en territorio francés; para ello apostaron por crear una línea defensiva de tal solidez que permitiese rechazar cualquier ataque, con los soldados cómodamente apostados en su muralla. Este concepto fue lanzado por el que fue ministro de la Guerra entre 1929 y 1931, André Maginot, quien había sufrido la guerra de trincheras como soldado raso y aspiraba a que nadie volviera a pasar por aquellas penalidades inhumanas.

Por lo tanto, se inició la construcción de la que se denominaría Línea Maginot en su honor. Era un sofisticado sistema de fortificaciones compuesto de búnkers de cemento y acero, unidos por una red de túneles que incluso contaba con un pequeño tren subterráneo, capaz de trasladar las tropas de un punto a otro de la línea. Las entradas se encontraban en la retaguardia, cuidadosamente ocultas y alejadas del frente, por lo que era casi imposible que las tropas de asalto enemigas lograran penetrar.

Los soldados allí destinados contaban con un cierto nivel de comodidad, en el que se incluían baños de sol artificial. Su único enemigo era el no saber cómo emplear las inacabables horas que lentamente iban transcurriendo en aquellos profundos túneles de cemento. Uno de los soldados aseguraba: "No luchamos contra los alemanes, luchamos contra el aburrimiento".

Para mantener la necesaria tensión, el comandante en jefe francés, el general Maurice Gamelin, enviaba regularmente algunas patrullas a territorio alemán, y de vez en cuando se producía algún duelo aéreo entre cazas. En cuanto a los alemanes, su empeño era dulcificar la imagen de *hunos* que caló entre los Aliados durante la Primera Guerra Mundial; sus bandas de música interpretaban en las trincheras piezas populares francesas, mientras colocaban pancartas y enviaban mensajes en globo en los que se afirmaba que ellos nunca atacarían Francia si no eran previamente atacados.

Aspecto actual de una entrada a la Línea Maginot en Schoenenbourg (Alsacia). Esta costosa forticación no pudo impedir la invasión de Francia.

El único ataque de la artillería francesa se produjo en respuesta a la decisión de los alemanes de cortar una línea eléctrica que proveía a un pueblo francés. Poco después, los alemanes reanudaron el servicio. Lo más hilarante es que, en una ocasión, el pueblo volvió a quedar sin electricidad, pero antes de que los franceses volvieran a responder con sus cañones los alemanes explicaron mediante un altavoz que el apagón era debido a un fallo técnico.

Por su parte, los británicos enviaron a Francia un ejército expedicionario que se encargó únicamente de realizar trabajos de fortificación y de intercambiar algún disparo lejano con los alemanes. La prueba de que los soldados ingleses no corrían mucho peligro es que la primera víctima mortal entre las filas británicas no llegaría hasta el 9 de diciembre. En cambio, los choques armados de septiembre y octubre habían pasado factura a sus aliados franceses en forma de 1.800 bajas.

La guerra en el mar

A falta de guerra en el continente, el enfrentamiento entre Alemania y los Aliados se trasladó al mar. Allí los británicos tenían todas las de ganar, gracias a su incontestable hegemonía naval, pero no contaban con que los alemanes exprimirían al máximo sus escasos recursos, gracias a la audacia y, en ocasiones, a la falta de escrúpulos. Así pues, Hitler dio *luz verde* a sus submarinos para que atacasen cualquier mercante aliado y ordenó bloquear los puertos ingleses lanzando minas magnéticas, lo que causaría un grave perjuicio al aprovisionamiento de las islas.

Finalmente se produjo la respuesta aliada, cuando el crucero británico *Ajax* logró hundir al buque alemán *Olinda* en aguas de Sudamérica. Pero a la *Kriegsmarine*, la Marina de guerra alemana, no le inquietó la pérdida de ese barco, puesto que estaba tramando una operación tan ambiciosa como arriesgada, una de las más audaces de la historia de la guerra naval.

La base naval de Scapa Flow estaba considerada como el lugar más seguro para la flota británica. Este extenso fondeadero está situado en la islas Orcadas, próximas a la costa norte de Escocia. Las Orcadas son un conjunto de islas escasamente habitadas, casi sin vegetación, y azotadas por vientos fríos, que forma un mar interior al que tan solo puede accederse desde mar abierto a través de unos pocos canales naturales. La profundidad de sus aguas y el hecho de que sus entradas sean fácilmente controlables haría de Scapa Flow una fortaleza naval casi legendaria.

En la Primera Guerra Mundial los alemanes ya intentaron inútilmente penetrar en ella, demostrándose que era una empresa casi imposible. Pero en octubre de 1939 la audacia germana no conocía límites, por lo que el máximo responsable de la flota submarina, el almirante Karl Dönitz, decidió golpear al orgullo británico precisamente en donde menos lo esperaba, en Scapa Flow.

Para ello eligió al submarino U-47, capitaneado por el teniente de navío Gunther Prien. Este condujo el sumergible hasta una de las entradas del fondeadero, que se encontraba bloqueada con barcos hundidos, redes y cadenas. Gracias al conocimiento exhaustivo que tenía sobre las mareas de la zona, en la madrugada del 14 de octubre el U-47 logró esquivar esas defensas. Para ello avanzó por la superficie amparándose en la oscuridad, evitando así las redes antisubmarinas, y después se sumergió rozando el fondo, para pasar así por debajo de las cadenas.

Cuando entró en la base buscó al acorazado *Ark Royal* y disparó sus torpedos, hiriéndolo de muerte. También averió gravemente al *Repulse*, aunque al final este sobreviviría. Los marineros británicos, convencidos de que nadie podía penetrar en la base naval, creyeron que se trataba de explosiones fortuitas, por lo que el U-47 aprovechó para salir de Scapa Flow por el mismo camino por el que había entrado. Cuando los ingleses comprobaron estupefactos que se habían empleado torpedos, ya era tarde; el submarino de Prien navegaba victorioso rumbo a Alemania, cruzando a toda máquina el mar del Norte, rumbo a su base en Kiel.

Los resultados del ataque podían haber sido mucho más trágicos para los británicos si Prien no se hubiera retirado tan pronto y hubiera continuado torpedeando a los buques que allí se encontraban, pero el comandante del U-47, tras su éxito inicial, prefirió no tentar más a la suerte. Pese a que los daños sufridos por su flota no habían sido graves, el orgullo inglés se vio herido tras la afrenta sufrida en Scapa Flow. Por su parte, los alemanes elevaron a Prien a la categoría de héroe nacional.

El hundimiento del *Graf Spee*

Los británicos no tendrían que esperar mucho tiempo para resarcirse de esa espectacular ofensa, propinando a los alemanes un certero y contundente golpe. El objetivo era el "acorazado de bolsillo" alemán *Graf* Spee.

El acorazado, con el capitán Hans Langsdorff al mando, había zarpado en agosto de 1939 rumbo al Atlántico Sur y el Índico, con la misión de atacar a los mercantes británicos en cuanto estallase la guerra. Una vez iniciado el conflicto, el *Graf Spee* hundió nueve barcos, aunque Langsdorff permitió en todos los casos que las tripulaciones se pusieran a salvo.

Los ingleses decidieron acabar con la amenaza del *Graf Spee* tendiéndole una trampa. Para ello lo atrajeron a Montevideo con mensajes falsos, hacién-

El impresionante aspecto del *Admiral Graf Spee*. Este acorazado "de bolsillo" caería en una trampa urdida por los británicos.

dole creer que de allí zarparía con destino a los puertos británicos un convoy cargado de carne. El *Graf Spee* acudió al Río de la Plata, pero en lugar de encontrarse a los mercantes se topó con los cruceros *Exeter*, *Ajax* y *Achilles*. La batalla empezó al amanecer del 13 de diciembre de 1939, cuando Langsdorff ordenó abrir fuego contra el *Exeter*. En solo seis minutos, el *Exeter* ya presentaba grandes daños en todo el casco.

Pese a la superioridad del *Graf Spee*, el fuego concentrado de los tres barcos le ocasionó una serie de averías importantes y provocó la muerte de algunos marineros. Así pues, Langsdorff decidió buscar refugio para poder repararlo. Los buques ingleses también resultaron malheridos en el combate, pero el capitán germano lo desconocía.

El *Graf Spee* necesitaba una semana para ser reparado, pero las autoridades uruguayas le concedieron solo cuatro días. El último día, el 17 de diciembre de 1939, una muchedumbre de 250.000 personas acudió al puerto para contemplar la salida del acorazado. A Langsdorff le comunicaron por radio que una flota británica le esperaba en la salida a mar abierto. Para evitar que su barco pudiera caer en manos enemigas, decidió barrenarlo y hundirlo en el Río de la Plata, lo que sucedería a la puesta de sol de ese nefasto día para la historia de la *Kriegsmarine*.

En realidad, Langsdorff había vuelto a caer en otra trampa de los Aliados, puesto que la supuesta flota estaba aún muy lejos y el *Graf Spee* hubiera podido escapar fácilmente, pero los servicios secretos británicos hicieron creer a los alemanes que los barcos de la *Royal Navy* se encontraban a pocas millas de distancia. Tres días después, Langsdorff se suicidaría en un hotel de Buenos Aires. Desde el comienzo de la guerra, por primera vez los ingleses tenían una victoria que celebrar, un triunfo que sería aventado por la propaganda británica para elevar la alicaída moral de la población.

Siguiente objetivo: Francia

Aunque Hitler acusó el golpe de la pérdida del *Graf Spee*, su mente estaba centrada en el siguiente paso a dar en su proyecto de extedner la hegemonía germana a todo el continente. El autócrata nazi estaba decidido a lanzar una ofensiva en el oeste con el objetivo de llegar a París, y lograr así lo que los ejércitos del Káiser no lograron en 1914, cuando fueron detenidos en la batalla del Marne en su avance sobre la capital francesa.

La fecha elegida para el inicio de la campaña en el oeste sería el 17 de enero de 1940. Pese a que sus generales consideraban que el invierno no era la mejor época para desplegar un ataque generalizado, Hitler tenía prisa por derrotar a Francia. El sabía que la capacidad militar de su enemigo era superior, pero la pesada máquina militar gala requería de mucho tiempo para ponerse en marcha. En cambio, la *Wehrmacht* era mucho más ágil y estaba ya bien engrasada, como había demostrado en Polonia, por lo que era necesario actuar lo más rápido posible para aprovechar así esa ventaja.

Pero un hecho casual hizo que se trastocasen todos los planes del *Führer*. Una semana antes de la invasión prevista, un avión *Messerschmitt* 109 volaba cerca de la frontera belga. A bordo, dos oficiales se trasladaban a Colonia con los planes de la ofensiva en el oeste, considerados "ultrasecretos". El avión, desorientado y falto de combustible, acabó por efectuar un aterrizaje forzoso en suelo belga.

Los oficiales intentaron prender fuego a los documentos antes de que llegasen a manos de los soldados belgas, pero tan solo lograron chamuscarlos. Los planes fueron reconstruidos y así franceses y belgas pudieron conocer los pormenores del ataque. Hitler, enfurecido, se vio obligado a retrasar la ofensiva hasta la primavera.

¿Qué hubiera ocurrido si aquel avión no hubiera sufrido un accidente? Cabe la posibilidad de que los alemanes no hubieran podido avanzar en esa campaña invernal con la misma rapidez que lo harían en mayo de 1940. Quizás los *panzer* se hubieran quedado atrapados en la nieve durante su avance por las Ardenas o se hubiera repetido la guerra de trincheras en los empantanados campos de Flandes, por lo que la historia de la Segunda Guerra Mundial habría sido muy distinta. Quizás aquel contratiempo aplanó el posterior triunfo de Hitler.

Escenarios

Uno de los lugares en donde mejor se puede conocer el interior de la Línea Maginot es el fuerte de **Schoenenbourg**, a 11 kilómetros de Wissembourg, en la región francesa de Alsacia. Aquí, la fortificación es una pequeña ciudad subterránea que cuenta con dormitorios para 600 hombres, cocinas, una fábrica y el puesto de mando. En Lorena se puede visitar el fuerte de **Simserhof**, cerca de Bitche. Durante la visita a este fuerte, los turistas, sentados en vehículos automatizados, exploran los 800 metros de galerías, situados a treinta metros bajo tierra.

En la pequeña localidad alemana de **Schmidhoff**, a 9 kilómetros al sur de Aquisgrán, es visible un pequeño tramo de la Línea Sigfrido bien conservado. Pueden observarse los obstáculos antitanque llamados "dientes de dragón" por su forma piramidal. El lugar en el mejor se conservan es en la intersección de las calles Schmidhoff y Monschauer.

La base naval de **Scapa Flow**, en las islas Orcadas —accesibles en *ferry* desde la costa norte de Escocia—, fue abandonada por la *Royal Navy* en 1956, pero todavía hoy permanecen los diques construidos durante la Segunda Guerra Mundial por orden de Winston Churchill. Esos diques, a lo largo de los cuales transcurre una carretera, tenían como misión cerrar los accesos orientales al fondeadero. Desde la carretera pueden contemplarse, sobresaliendo del agua, los restos de algunos de los buques alemanes que fueron hundidos por sus propias tripulaciones el 21 de junio de 1919, tras ser confinados aquí al terminar la Primera Guerra Mundial, y cuyos restos fueron aprovechados para bloquear también esos accesos. Los aficionados al submarinismo tienen la posibilidad de visitar los ocho buques de la armada del Káiser que permanecen allí. Miles de buceadores acuden en verano, cuando el agua está menos fría, a explorar estos pecios.

En la localidad de **Lyness** se encuentra un museo que explica la densa historia de Scapa Flow, que se retrotrae al tiempo de los vikingos. En él se exponen piezas de artillería, minas, redes metálicas antisubmarinos, hélices o utensilios de cocina extraídos del interior de los barcos alemanes poco después de ser hundidos. También hay un antiguo refugio antiaéreo y una sala de proyecciones alojada en el interior de un enorme tanque de combustible.

Protagonistas

André Maginot (1877-1932). Político francés. Diputado desde 1910. Combatió en la Primera Guerra Mundial, alcanzando el grado de sargento. Fue herido el 9 de noviembre de 1914 y retirado del frente. En 1922 fue nombrado Ministro de la Guerra, hasta 1924. En 1929 retomó el cargo, impulsando la construcción de una compleja fortificación occidental a la que daría nombre: la Línea Maginot. Pese a que Francia confió en ella para evitar una nueva invasión alemana, las defensas serían rebasadas fácilmente en 1940.

Günther Prien (1908-1941). Marino alemán. En 1929 obtuvo el diploma de capitán de buque. En 1931 entró en la *Reichsmarine* como marinero, y fue ascendiendo hasta que en 1939 llegó a capitán. El 14 de octubre penetró en la base británica de Scapa Flow con el submarino U-47, hundiendo el acorazado *Royal Oak*. A su regreso a Alemania, fue condecorado por Hitler con la Cruz de Hierro de 1ª Clase. En los meses siguientes se convirtió en un as de la guerra submarina, hundiendo 30 buques. El 7 de marzo se hundió con su submarino durante un ataque con cargas de profundidad del destructor británico HMS *Wolverine*.

Hans Langsdorff (1894-1939). Marino alemán. Entró en la Academia Naval de Kiel en 1912, superando la oposición paterna. En la Primera Guerra Mundial fue condecorado por su actuación en la batalla de Jutlandia. En 1937 fue promovido a capitán, tomando el mando del acorazado de bolsillo *Graf Spee* el 1 de noviembre de 1938. En sus operaciones en el Atlántico, una vez iniciada la guerra, hundió nueve mercantes, hasta que un enfrentamiento con una flota británica le llevó a buscar refugio en Montevideo. Para que el barco no cayera en manos aliadas, el 17 de diciembre de 1939 decidió hundirlo en el Río de la Plata. Dos días después se suicidó en el Hotel Naval de Buenos Aires, tras escribir cartas de despedida a sus superiores y a su familia.

FILMOGRAFÍA

* **Doble crimen en la Línea Maginot** (*Double crime sur la ligne Maginot*, Félix Gandéra, 1937).
* **La batalla del Río de la Plata** (*The Battle of the River Plate*, Michael Powell, 1956).

Capítulo 5
La guerra de invierno

Mientras en el oeste existía una calma tensa a la espera de un enfrentamiento terrestre que tardaba en llegar, en el este un pequeño ejército resistía heroicamente las embestidas del gigante soviético.

Una vez descuartizada y repartida Polonia, los rusos quisieron seguir añadiendo territorios a la Unión Soviética. Estonia, Letonia y Lituania ya habían sido anexionadas, en cumplimiento del acuerdo secreto con los nazis. Envalentonado por estos éxitos conseguidos con tan poco esfuerzo, Stalin fijó su vista en la orgullosa Finlandia, siempre celosa de su independencia.

Con el fin de asegurar y ampliar su salida al Báltico, una delegación finlandesa fue llamada al Kremlin el 14 de octubre de 1939 para negociar una modificación de fronteras favorable a los rusos. La frontera debía moverse 25 kilómetros atrás desde Leningrado y además los finlandeses debían permitir el establecimiento de una base naval soviética en la península de Hanko. A cambio, Moscú ofrecía un área en Carelia el doble de extensa, pero de mucha menor importancia económica y estratégica. Tras un mes de interminables sesiones en las que las compensaciones se alternaban con las amenazas, la propuesta fue definitivamente rechazada por los diplomáticos fineses.

El 26 de noviembre los rusos representaron una farsa; la artillería soviética atacó varias áreas cerca de la aldea rusa de Mainila, anunciando luego que el ataque había sido obra de los finlandeses y que varios soldados soviéticos habían muerto. Los soviéticos, apoyados en esta burda estratagema, demandaron de nuevo a Finlandia que sus tropas se replegasen 25 kilómetros desde su frontera y que pidiera disculpas por el incidente. Finlandia negó estar involucrada en él y rehusó pedir disculpas. La Unión Soviética declaró entonces que el Pacto de No Agresión de 1934 dejaba de estar vigente.

Jesús Hernández

Finlandia, atacada

Sin previa declaración de guerra, el Ejército Rojo atacó Finlandia el 30 de noviembre de 1939. Daba comienzo así la llamada Guerra de Invierno (*Talvisota* en finlandés). Al contrario de lo que hicieron los polacos, los finlandeses se retiraron hasta una sólida línea defensiva de 130 kilómetros de longitud, la Línea Mannerheim, desde la que se disponían a rechazar a los rusos, que habían irrumpido en su país con 23 divisiones, sumando 450.000 hombres. En la estrecha franja de territorio finés ocupado se estableció el 1 de diciembre un gobierno títere de los soviéticos, con Otto Kuusinen como Jefe del nuevo Estado, la República Democrática de Finlandia.

La táctica soviética consistía en arrollar a los finlandeses gracias a su superioridad numérica y la utilización abrumadora de tanques y aviones. Finlandia solo había podido movilizar a 180.000 hombres. Pero la inferioridad finesa era engañosa, puesto que esos hombres habían sido entrenados en tácticas de guerrilla, utilizando esquíes y pertrechados de trajes de camuflaje eficientes. Su conocimiento exhaustivo de la geografía les otorgaba también ventaja sobre sus confiados enemigos.

Conscientes de su inferioridad de su contingente, los finlandeses prefirieron no enfrentarse a los invasores a campo abierto, cino que decidieron atacar a los grupos enemigos aislados, haciendo de las provisiones enemigas sus principales objetivos. Las armas rusas eran un botín muy preciado, puesto que usaban el mismo calibre que las finlandesas. Así pues, moviéndose por estrechos senderos en los bosques o esquiando silenciosamente, las tropas finlandesas caían como fantasmas sobre los aterrorizados soldados rusos, para poco después esfumarse en la niebla.

Ante la falta de armamento adecuado, los fineses acudieron a su imaginación para destruir los tanques enemigos, recurriendo al artefacto incendiario casero utilizado por primera vez durante la Guerra Civil Española, que en esta nueva guerra sería bautizado como "cóctel Molotov". Otra táctica eficaz fue el empleo de francotiradores, destacando entre ellos Simo Häyhä, que alcanzaría fama y reconocimiento al abatir a medio millar de soldados enemigos.

Incompetencia soviética

En contraste con los finlandeses, los oficiales soviéticos se mostraron incompetentes, anclados en las obsoletas tácticas de la Primera Guerra Mundial. Temerosos de contrariar a los altos mandos, los oficiales renunciaban a tomar iniciativas propias o simplemente a ordenar retiradas cuando así lo aconsejaba el sentido común. Entre las fuerzas rusas había bandas de música para celebrar una victoria rápida e incluso los soldados avanzaban por los bosques cantando el himno nacional soviético, lo que facilitaba la táctica de guerrillas de los finlandeses.

Aunque resulte sorprendente, el Ejército Rojo no estaba equipado para la guerra invernal. Por ejemplo, los vehículos no estaban preparados para soportar temperaturas tan bajas, por lo que debían tener los motores encendidos las veinticuatro horas del día. El millar de tanques utilizados por los rusos ofreció un rendimiento muy pobre y la mayoría de ellos se perdieron.

La aviación soviética tampoco estuvo muy brillante, ya que las defensas antiaéreas finlandesas no tuvieron problemas para abatir un gran número de aparatos. En total, 684 aviones soviéticos fueron derribados durante la Guerra de Invierno, por solo 62 aviones finlandeses.

Los finlandeses piden la paz

El valor y la determinación de los finlandeses asombró al mundo y enojó sobremanera a Stalin, que no comprendía cómo un ejército tan reducido podía tener en jaque a sus tropas. El gran artífice de esta defensa tan heroica como efectiva sería el general Gustav Emil Mannerheim.

Pero finalmente se impondría la aplastante superioridad de los soviéticos, después de que Stalin sustituyera al comandante Kliment Voroshilov por Semion Timoshenko. Este último puso en liza una fuerza de 600.000 hombres descansados o traidos de otros lugares y proporcionó al avance un fuerte apoyo artillero. Gracias a este nuevo impulso, las defensas locales serían rebasadas en febrero de 1940.

Los finlandeses, agotados y desengañados ante la falta de apoyo de las potencias occidentales, se vieron obligados a pedir el cese de las hostilidades. Stalin no dudó en aceptar la propuesta, cansado también de una campaña que había puesto a su Ejército en ridículo.

El 8 de marzo de 1940 una delegación finesa viajó a Moscú a redactar el tratado de paz, que fue firmado finalmente el 13 de marzo. A las 11 de la mañana de ese día finalizó la guerra.

Según el acuerdo rubricado en Moscú por ambas delegaciones, los finlandeses cedían un diez por ciento de su territorio a la Unión Soviética, donde habitaban unos 450.000 finlandeses, que prefirieron marcharse, dejando vía libre a la repoblación con rusos. Finlandia perdió además un veinte por ciento de su capacidad industrial, el diez por ciento de sus zonas agrícolas y sus bosques, así como una sexta parte de su sistema ferroviario y de su capacidad eléctrica. Otras condiciones impuestas por el Kremlin fueron el cruce libre por Petsamo para llegar a Noruega, la reconstrucción de ciertas vías de tren destruidas en el que era ya nuevo territorio soviético, así como la entrega de material médico de todo tipo. Por último, Finlandia se comprometía formalmente a no formar alianzas con bloques opuestos a la Unión Soviética.

El balance de la guerra resulta complejo de determinar. Aunque las fuerzas soviéticas pudieron finalmente atravesar la defensa finlandesa, las pérdidas del Ejército Rojo en el frente fueron tremendas y la posición internacional del país sufrió un fuerte desprestigio. Lo peor fue que la destreza combativa de los rusos quedó en entredicho, lo que disiparía las dudas de Hitler, si es que las tenía, de acometer la invasión de la Unión Soviética. En cuanto a resultados tangibles para Stalin, el dictador no alcanzó su objetivo de conquistar Finlandia, pues solo logró una secesión de territorio junto al lago Ladoga.

Los finlandeses consiguieron mantenerse como estado independiente y probablemente evitó haber engrosado la lista de países que quedaron tras el telón de acero después de la contienda. Además, los fineses podían enorgullecerse de haber obtenido el favor de la opinión mundial. Por ejemplo, en defensa de su país acudieron voluntarios extranjeros procedentes de Dinamarca (1.010 hombres), Noruega (895) y del resto de mundo (210), además de compatriotas que residían fuera del país. Suecia llegó a enviar 8.000 voluntarios, pero fueron retirados del frente nada más llegar, muriendo una treintena de ellos en las pocas horas que lucharon.

La Guerra de Invierno sería, a la postre, muy beneficiosa para la Unión Soviética. Paradójicamente, el desastre militar ruso sería un factor positivo para el Ejército Rojo; Stalin comprendió que el camino seguido hasta ese momento en su organización no era el acertado, por lo que se imponía la necesidad perentoria de plantear cambios de envergadura. De este modo, el dictador soviético ordenó recuperar a oficiales valiosos que habían sido víctimas de las purgas y modernizar decididamente el material con el que contaban sus fuerzas, un aspecto que sería fundamental para resistir el ataque alemán del verano de 1941. Así pues, aunque la Guerra de Invierno ha sido habitualmente relegada a un segundo plano por los historiadores de la Segunda Guerra Mundial, su influencia en los acontecimientos bélicos posteriores no puede ignorarse.

Escenarios

Los vestigios de la guerra entre la Unión Soviética y Finlandia hay que buscarlos en **Summa**, en la región rusa de Summakyla, que entonces era territorio finlandés. Aquí se encuentra un sector de la **Línea Mannerheim** consistente en 18 búnkers, construidos entre 1920 y 1930. La mayoría de construcciónes quedaron total o parcialmente destruidas durante la guerra y algunas fueron demolidas con explosivos después de la contienda. No obstante, todavía son reconocibles, aunque en muchos casos ya no son más que placas de cemento cubiertas por la vegetación. La dureza de los combates en este sector hicieron que fuera bautizado como el *Valle de la Muerte* por los soviéticos.

En Summa hay también un **cementerio finlandés**, en el que reposan los restos de 204 soldados abandonados por los finlandeses en su retirada. Cuando el Ejército finlandés recuperó provisionalmente la región, en junio de 1941, los cuerpos fueron recuperados y se construyó este cementerio para darles digna sepultura.

Protagonistas

Kliment Voroshilov (1881-1969), mariscal. Dirigió las fuerzas soviéticas durante la Guerra de Invierno con escaso acierto. En enero de 1940 fue destituido. Durante la invasión alemana no pudo evitar que Leningrado fuera cercada, pero su amistad con Stalin le libró de caer en desgracia. Nikita Jrushchov diría de él que era "la bolsa de mierda más grande del Ejército".

Semion Timoshenko (1895-1970), mariscal. En enero de 1940 sustituyó a Voroshilov en el mando de las tropas soviéticas. Bajo su autoridad, los rusos lograron sobrepasar la Línea Mannerheim. Militar competente, introdujo una disciplina estricta y apoyó la producción de tanques. En la guerra contra Alemania alternó éxitos y fracasos en varios frentes, como Stalingrado, Leningrado y el Cáucaso.

Carl Gustaf Emil Mannerheim (1867-1951). Comandante en jefe del Ejército finlandés durante la Guerra de Invierno. Fue apreciado por poner mucho cuidado de no malgastar la vida de sus soldados, y era poco amigo de correr riesgos innecesarios. Supo mantener buenas relaciones con la Alemania nazi conservando libertad de acción. Alcanzó la presidencia de Finlandia en 1944. Dimitió en 1946 después de asegurar la independencia de su país.

Simo Häyhä (1905-2002). Francotirador finlandés. Apodado *La Muerte Blanca*. Actuando a temperaturas entre 20 y 40 grados bajo cero, y vestido completamente de blanco, abatió con su fusil Morin-Nagant a

505 soldados enemigos, aunque se cree que pudieron ascender a 542. Prefería no utilizar mira telescópica para evitar los reflejos. Resultó herido el 6 de marzo de 1940, pero sobrevivió a la guerra. Esta considerado como el mejor francotirador de la historia.

FILMOGRAFÍA

* **Talvisota** (*Talvisota*, Pekka Parikka, 1989).

Capítulo 6
Ataque a Noruega

El ataque soviético a Finlandia había centrado la atención de las potencias en conflicto sobre el escenario escandinavo. Aunque Hitler prefería volcar todos sus esfuerzos en la inminente campaña en el oeste, Noruega se estaba perfilando como la siguiente fuente de fricciones.

Para alimentar su industria de guerra, los alemanes necesitaban del mineral de hierro sueco. Además, para que su flota de guerra pudiera salir al mar del Norte y al Atlántico era fundamental que las rutas que pasaban cerca de las costas noruegas permaneciesen despejadas. Mientras Noruega se mantuvo estrictamente como un país neutral, los alemanes disfrutaron de estas ventajas. Pero estaba claro que, si Noruega caía en la órbita de los Aliados, Alemania se vería muy perjudicada.

El primer aviso de que esto podía ocurrir llegó en febrero de 1940. Un petrolero germano, el *Altmark*, se dirigía a Alemania por aguas neutrales, a la altura de las costas noruegas. En sus bodegas viajaban 299 marineros británicos capturados durante las correrías que había llevado a cabo el *Graf Spee* por aguas meridionales —aunque para entonces ya reposaba en el fondo del Mar del Plata—, y que el ya fallecido capitán Langsdorff había transferido al petrolero alemán con el fin de que fueran internados en campos de prisioneros.

A mediodía del 16 de febrero, tres destructores británicos iniciaron la persecución del petrolero para darle caza. Pero unos destructores noruegos intervinieron para que el enfrentamiento no se diese en esa zona limítrofe con sus aguas. Para ello acompañaron al *Altmark* hasta un fiordo para que pudiera protegerse. Sin hacer caso de las advertencias noruegas, el destructor inglés *Cassak* penetró en el fiordo y un grupo de marineros tomó el *Altmark* al asalto. Los prisioneros abrazaron entre lágrimas a sus compatriotas, que habían irrumpido en las atestadas bodegas gritando: "¡La Marina ya está aquí!".

Los alemanes consideraron este incidente como una violación de la neutralidad noruega que, en realidad, iba a ser muy útil para poder justificar una agresión a esta región de tanta importancia para los intereses militares y económicos del Reich.

Noruega, en el punto de mira

Esta posición estratégica de Noruega tampoco pasó desapercibida para los británicos, que planificaron su ocupación para evitar que cayera en manos germanas. Además, en caso de seguir adelante con este plan, se atraía a los alemanes a combatir en las regiones escandinavas, alejando así a Hitler de sus ambiciones occidentales. Los franceses eran los más interesados en que se abriese ese frente en Noruega; el presidente Paul Reynaud, que había sustituido a Daladier, acudió el 28 de marzo a Londres para urgir a que se lanzase la operación.

Pero mientras los ingleses estaban preparando el envío de su cuerpo expedicionario a Noruega, los alemanes, mucho más ágiles, se adelantaron a sus adversarios. El 9 de abril de 1940, las tropas germanas desembarcaron en varios puntos de la costa noruega, como Trondheim y Narvik entre otros, además de Oslo. Por primera vez en la historia militar se emplearon paracaidistas; mientras que unos se encargaron de capturar por sorpresa dos aeródromos, otro grupo colaboró en la toma de la capital. De nuevo, los alemanes demostraban que sus tácticas eran las más modernas y revolucionarias, en contraposición con los anquilosados movimientos de sus enemigos.

La única respuesta de consideración de los noruegos fue el hundimiento del crucero pesado *Blücher*, conseguido gracias a los disparos de un cañón costero de 1893 emplazado en el fuerte de Oscarsborg. El *Blücher* se llevó al fondo del mar un millar de marineros; los que saltaron al agua murieron abrasados al arder el combustible derramado. Gracias al hundimiento del crucero germano, quedó despejada la ruta de escape para el rey Haakon VII, que pudo huir a Londres.

El mismo día, la *Wehrmacht* entró en Dinamarca, con el fin de emplearla como base aeronaval para apoyar a las fuerzas que participaban en la invasión de Noruega. La población danesa contempló, primero con perplejidad y estupor, y luego con resignación, la entrada de las tropas del país vecino. Antes de que acabase el día, el monarca Christian X había ordenado el fin de la resistencia danesa, que se había limitado a unos cuantos disparos, para evitar de este modo sufrimientos inútiles a la población ante un enemigo tan poderoso.

Soldados alemanes en Noruega señalando un objetivo.

Retirada de Narvik

El contingente anglo-francés, por su parte, no llegaría a tierras noruegas hasta el 14 de abril de 1940. Desembarcaron en las proximidades de Narvik, Namsos y Aandalsnes, con el fin de arrebatar Trondheim a los alemanes. Pero las tropas aliadas, deficientemente armadas, poco pudieron hacer contra las germanas, ya bregadas en combate y bien surtidas de tanques y artillería pesada.

Los soldados británicos y franceses comenzaron a ser evacuados de Aandalsnes y Namsos. Tan solo resistían las tropas que habían desembarcado cerca de Narvik, al lograr hacerse con la ciudad, en donde se establecería el gobierno noruego con su rey Haakon a la cabeza. Esta era la ciudad con mayor importancia estratégica, debido a que a ella llegaba el ferrocarril que, procedente de la vecina Suecia, transportaba el mineral de hierro que finalmente era embarcado rumbo a Alemania. La posesión de Narvik impedía que el hierro sueco pudiera alimentar la industria bélica germana, por lo que era denominada "La llave de hierro".

Pero el 10 de mayo, mientras el cuerpo expedicionario aliado resistía en Narvik, llegó a tierras noruegas la noticia de que Hitler había lanzado su ofensiva en el oeste, atacando Holanda, Bélgica y Luxemburgo. De nada había servido la maniobra de distracción para canalizar las ambiciones germanas en dirección al norte. El duelo entre Alemania y los Aliados se iba a dirimir en la frontera francesa. Ante el trascendental reto que se presentaba, Churchill recibió ese mismo día el encargo de formar gobierno, sustituyendo a Neville Chamberlain.

La llamada de socorro de Francia implicó la petición del inmediato regreso de las tropas destinadas en Noruega, para que acudieran a rechazar la invasión de su país. En medio de la profunda decepción de los noruegos, los Aliados se retiraron de Narvik dos semanas más tarde. "La llave de hierro" pasaba a manos de Alemania. Hitler ya era amo y señor de Noruega.

Un error estratégico

Aunque la campaña en tierras escandinavas resultó un nuevo éxito para el invicto Ejército alemán, el precio que tuvo que pagar por él la Marina de guerra fue excesivamente elevado. Sufrió numerosas pérdidas de buques a manos de la *Royal Navy*; tan solo en las aguas del fiordo de Narvik, resultarían hundidos un total de diez destructores. Del resto de barcos, los que no acabaron en el fondo del mar sufrieron daños de más o menos consideración, lo que les condenó a pasar una larga temporada en el dique seco.

Después de la invasión de Noruega, la flota de superficie alemana ya no jugaría nunca más un papel relevante en la estrategia de guerra del Tercer Reich. En el momento en el que esta debía haber rendido el servicio más importante, en la proyectada invasión de las islas británicas, la *Kriegsmarine* ya no ofrecía garantías para poder mantener alejada a la flota inglesa del Canal de la Mancha. En junio de 1940, tan solo tres cruceros y cuatro destructores estaban en condiciones de combatir, por lo que entrar en liza contra *la Royal Navy* era poco menos que un suicidio.

Es imposible saber lo que hubiera ocurrido si, en el momento de planificar la invasión de Inglaterra, la flota germana hubiera contado con los barcos sacrificados en aguas Noruegas, pero lo que está claro es que aquella campaña condicionó de manera decisiva el desarrollo posterior de la contienda.

Probablemente, la invasión de Noruega fue el primer error estratégico de Hitler; si estaba decidido a invadir Francia, la región de Lorena le podía proporcionar los minerales que hasta entonces le aportaba Escandinavia. Además, la ocupación de Noruega, cuya costa tenía una longitud de 1.600 kilómetros, requería establecer allí una guarnición permanente de medio millón de hombres, a lo que había que añadir la construcción de casamatas y nidos de ametralladoras a lo largo de todo el litoral. Estos gastos aumentarían espectacularmente cuando se decidió que el Muro del Atlántico, que debía proteger la fortaleza europea de Hitler de un ataque aliado, se extendiese también por toda la costa noruega, en una inversión que el tiempo revelaría como totalmente inútil.

A lo largo de toda la guerra, Noruega sería siempre una fuente de desestabilización para Alemania; Hitler estaba obsesionado con la idea de que los Aliados podían volver a intentar atacarla mediante un desembarco. Para evitarlo, destinó a las aguas noruegas a submarinos que estaban llevando a cabo misiones contra los convoyes aliados en el Atlántico, debilitando así uno de los frentes que, este sí, pudo haber inclinado la balanza de la guerra del lado del Eje.

Conscientes de esta fijación del *Führer*, como maniobra de intoxicación para facilitar el desembarco en Normandía los servicios secretos aliados lograrían convencer a Hitler de que se iba a lanzar un asalto anfibio contra Noruega, lo que hizo aumentar aún más los refuerzos destinados a protegerla de una invasión. De este modo, permanecieron en tierras noruegas unas divisiones que, probablemente, hubieran sido decisivas para rechazar las cabezas de playa aliadas en las costas normandas.

En la última fase de la guerra, cuando las fronteras del Reich estaban siendo asaltadas por los Aliados, todavía se encontraban en Noruega 300.000 soldados. Por lo tanto, la aventura escandinava de Hitler no solo le proporcionó escasos beneficios, sino que comprometió decisivamente sus campañas posteriores.

Escenarios

En Oslo puede visitarse en **Museo de la Resistencia Noruega** (*Norges Hjemmefrontmuseum*), que supone una excelente introducción a este episodio histórico. Este oscuro y laberíntico museo está emplazado en los sótanos de la fortaleza de Akershus, construida en el siglo XIV, un lugar que fue utilizado por los alemanes para torturar a los miembros de la resistencia capturados. En uno de los patios del edificio fueron ejecutados 42 noruegos.

También en la misma fortaleza se encuentra el **Museo de las Fuerzas Armadas** (*Forsvarmuseet*), donde se exhiben armas y uniformes utilizados durante la campaña noruega.

La resistencia ante el ocupante nazi también es recordada en un enorme mural del **Ayuntamiento**, titulado "Guerra y ocupación".

La fortaleza de **Oscarsborg**, desde la que se disparó el cañón que hundió el crucero alemán *Blücher*, se puede visitar en una excursión marítima que parte de Drobak, una localidad a 25 kilómetros al sur de Oslo.

En todo el país nórdico existen puntos de interés relacionados con la guerra, como el **Museo de los Trabajadores Industriales** (*Norsk Industriarbeidermuseum*), situado en la planta hidroeléctrica utilizada por los alemanes para conseguir el agua pesada destinada a su plan atómico. Un comando anglo-noruego se encargaría de sabotear la producción de la planta. En el Museo se ilustra esta meritoria operación.

Un vestigio impresionante del tiempo de la ocupación alemana es la **batería costera de Movig**, a siete kilómetros al oeste de Kristiansand, en el extremo sur del país. El cañón requería una dotación de 55 hombres y tenía un alcance de más cincuenta kilómetros. El museo (*Kannonmuseum*) muestra la docena de instrumentos que eran necesarios para efectuar un solo disparo.

En un antiguo almacén del muelle de Bergen se puede visitar el pequeño **Museo Theta** (*Thetamuseum*), que ocupa lo que fue el cuartel general de un grupo de resistentes conocido con ese nombre. El grupo, que transmitía información a Londres por radio, fue descubierto por un soldado alemán que sospechaba del lugar; este cayó sobre la habitación al romperse el techo sobre el que caminaba. Afortunadamente para el alemán, entró por el lugar que ofrecía menos riesgo, ya que la puerta disponía de un mecanismo que hubiera hecho estallar una bomba. El museo recrea con exactitud el lugar de reunión de los resistentes con muebles de la época, e incluso la bomba-trampa de la puerta (sin carga explosiva).

También en Bergen se encuentra un **Monumento a la Resistencia** en el monte Floyen, al que se accede por teleférico, y el **Museo Marítimo** (*Bergen Sjofartmuseum*), que ofrece detalles sobre la guerra naval en aguas noruegas.

En Trondheim existe un **Museo del Ejército y de la Resistencia** (*Rustkammeret med Hjemmefrontmueet*), en el que hay una interesante sala dedicada a los sucesivos intentos aliados para hundir el acorazado alemán *Tirpitz*, un objetivo que lograrían finalmente el 12 de noviembre de 1944. Otro museo dedicado al hundimiento del *Tirpitz* es el **Museo de Alta**, situado en esa ciudad.

A 50 kilómetros al nordeste de Trondheim se encuentra el **Museo Memorial de Falstad**. En este lugar se hallaba el campo de prisioneros más importante en suelo noruego, que contó con 5.000 internos entre 1941 y 1945, incluyendo cincuenta judíos de Trodnheim que serían después trasladados a Auschwitz. En total, unos 700 judíos noruegos sufrirían el mismo destino. Después de la liberación, en este campo quedaron internados noruegos que colaboraron con los nazis.

Otro punto destacado, si no el que más, de la geografía noruega en relación con la Segunda Guerra Mundial es Narvik. Aquí se encuentra el **Museo de la Cruz Roja** (*Nordland Rode Kors Krigsminnermuseum*), en el que tiene una presencia destacada la pugna entre alemanes y aliados por la posesión de esta estratégica ciudad. También puede visitarse el **Cementerio de la Paz**, con vistas a la ciudad y al fiordo, en el que hay enterrados soldados británicos, franceses y noruegos.

En el extremo norte del país hay otros puntos que merecen una visita, como el **Museo de la Carretera de la Muerte** en Rognan, dedicado a los prisioneros rusos, polacos y serbios que fueron forzados por los alemanes a construir en una sección de la llamada Autopista del Ártico, conocida como "Carretera de la Muerte" por las terribles condiciones que tuvieron que tuvieron que soportar. En Bodo se halla el **Museo de la Aviación Noruega**, en las islas Lofoten el excelente **Museo Memorial de la Guerra** y en **Bjornfell** se conserva el cuartel general del comandante de la zona, Eduard Dietl. También está bien conservado el **Cañón Adolph** en Harstad, así como una batería de cuatro cañones en **Senja** o los búnkers que rodean la ciudad de **Kirkenes**.

Protagonistas

Eduard Dietl (1890-1944). Comandante de la 3ª División de Montaña, a la que se le ordenó tomar Narvik y la zona norte durante la campaña noruega. Para ello contó con una fuerza de 6.000 hombres, todos ellos esquiadores de élite. Participó también en la operación Barbarroja, integrado en el Grupo de Ejércitos Norte. Muy apreciado por Hitler, asistiría este a su entierro, en el que pronunciaría uno de sus últimos discursos en público.

Haakon VII (1872-1957). Rey de Noruega desde que el país proclamó su independencia, en 1905. Cuando los alemanes invadieron Noruega, el monarca se refugió en Londres. Desde allí encabezó la resistencia, siendo reconocido por los Aliados como jefe del Gobierno legítimo noruego. Tras la liberación de su país recuperó el trono. Su sucesor fue su hijo Olaf V.

Vidkun Quisling (1887-1945). Primer ministro noruego durante la ocupación alemana de Noruega. Su escaso prestigio entre la población aconsejó su destitución por los alemanes, pero la falta de una alternativa volvió a situarle al frente de ese gobierno títere, responsabilidad que ocuparía hasta el final de la guerra. Procesado por el delito de alta traición, fue condenado a la pena capital y fusilado. Quisling tuvo el dudoso honor de que su apellido pasase a convertirse en el nombre despectivo para designar a los traidores. Desde entonces, a un colaboracionista con los ocupantes extranjeros de su país se le conoce como un "Quisling".

Christian X (1870-1947). Rey de Dinamarca desde 1912 y hermano del monarca noruego Haakon VII. Permaneció en su país durante la ocupación alemana, pero se mostró siempre remiso a colaborar con las autoridades nazis, por lo que fue considerado por los daneses como un símbolo de su identidad nacional.

FILMOGRAFÍA

* **Los héroes de Telemark** (*The Heroes of Telemark*, Anthony Mann, 1965).
* **Los chicos de San Petri** (*Drengene fra Sankt Petri*, Soren Kragh-Jacobsen, 1991).
* **Mother of Mine** (*Äideistä parhain*, Klaus Härö, 2005).
* **Flame and Citron** (*Flammen & Citronen*, Oleg Christian Madsen, 2008).

Capítulo 7
Guerra relámpago en el oeste

Tras la invasión de Noruega y Dinamarca, los Aliados aún albergaban esperanzas de no verse involucrados en un conflicto abierto contra la potente Alemania Nazi. Al menos, confiaban en que no se daría una reedición de la terrible guerra de trincheras de la Primera Guerra Mundial. La horrenda experiencia de la Gran Guerra había llevado, tanto a alemanes como a franceses, a tomar sus propias medidas para evitar que un enfrentamiento en el oeste desembocase de nuevo en una sangrienta guerra de trincheras.

Los teóricos germanos habían desarrollado, tal como hemos visto en el capítulo dedicado a la invasión de Polonia, los principios de la guerra relámpago. Por su parte, los franceses confiaban ciegamente en la seguridad que les proporcionaba la Línea Maginot, cuyas características han sido descritas en el capítulo dedicado a la *Drôle de guerre*.

Pero el alto mando alemán supo ver enseguida la única manera que existía de rebasar esa formidable defensa. La Línea Maginot, de cuatrocientos kilómetros de longitud, comenzaba en la frontera suiza y proseguía por todo el límite con Alemania, pero se detenía al llegar a Luxemburgo, dejando desprotegida toda la línea fronteriza con Bélgica, al ser considerado un país amigo desde el que no podía proceder una invasión.

Ante la posibilidad de que los alemanes intentasen entrar en Francia a través de territorio belga, tal como había sucedido en 1914, los franceses tenían previsto acudir rápidamente a Bélgica con sus potentes divisiones acorazadas y abortar allí la invasión. Para ello contaban con que los belgas pudieran resistir a los alemanes mientras eran movilizadas las tropas galas y enviadas en socorro de los belgas, ayudadas por algún cuerpo expedicionario británico. No se contaba con la posibilidad de que los *panzer* lograsen romper esa línea de defensa móvil. Así pues, los franceses aguardaban a la *Wehrmacht* confiando plenamente en sus posibilidades para rechazar el ataque.

VUELVE EL PLAN SCHLIEFFEN

El primer plan germano para lanzar el ataque en el frente occidental había sido confeccionado en el otoño de 1939. En ese momento, tras la victoria sobre Polonia, el comandante en jefe del Ejército, el general Von Brauchitsch, estaba convencido de que lo único que había que hacer era vigilar la frontera occidental a la espera de que los políticos alcanzasen un acuerdo de paz. Pero Hitler echó por tierra estas esperanzas cuando ordenó al Cuartel General del Estado Mayor del Ejército que se organizase en el oeste de tal forma que estuviera preparado para atacar en cualquier momento.

El Frente Occidental pasó a estar dividido en tres Grupos de Ejército. El más fuerte era el Grupo de Ejércitos B, con el general Von Bock al frente, que contaba con el grueso de los cuerpos motorizados. Este Grupo, sobre el que recaía el centro de gravedad del ataque en el oeste, sería el encargado de atravesar las fronteras de Bélgica y Holanda.

El Grupo de Ejércitos A, con el general Von Rundstedt al mando, no poseía unidades motorizadas y se extendía contiguo al Grupo B, hacia el sur. Sus divisiones avanzarían a través de la frontera de Francia y de Luxemburgo.

El Grupo de Ejércitos C, dirigido por el general Von Leeb, se enlazaba con el A por el sur y cubría la frontera alemana.

El plan consistía en un avance del poderoso Grupo de Ejércitos B a través de Bélgica y Holanda en dirección al Paso de Calais. Este plan no era original, sino que era una reedición del Plan Schlieffen que, con algunas variaciones que acabaron desvirtuándolo, fue el que llevaron a cabo los alemanes en la Primera Guerra Mundial. En ese otoño de 1939, Hitler estaba dispuesto a seguir en esta ocasión el Plan Schlieffen a rajatabla, puesto que fueron las modificaciones a las que fue sometido en 1914 las que lo condenaron al fracaso. Por tanto, el Grupo de Ejércitos B protagonizaría el avance principal y concentrando casi todas las fuerzas disponibles, reduciéndose el papel del Grupo A y el Grupo C a una labor secundaria.

Pero a partir de noviembre de 1939, el general Von Rundstedt y su jefe de Estado Mayor, el general Von Manstein, calibraron la necesidad de variar ese plan. Para que este funcionase, era crucial que las unidades motorizadas pudieran avanzar rápidamente, para no dar tiempo a las fuerzas aliadas a organizar la defensa. Los dos generales analizaron la situación y observaron que Holanda y Bélgica ofrecían grandes obstáculos. En primer lugar, los numerosos canales y las zonas pantanosas de Holanda podían frenar a las unidades Panzer. Además, había que contar con las fuertes defensas fronterizas de ambos países y las líneas fortificadas establecidas en el interior. Por último, había que contar con que los ejércitos belga y holandés estuvieran perfectamente preparados para la defensa. Por tanto, si los alemanes colocaban toda su fuerza en el Grupo de Ejércitos B, el encargado de atravesar esos dos países, y este se retrasaba en su avance por esos motivos hasta, quizás, quedar paralizado, todo el ataque al oeste fracasaría.

Rundstedt y Manstein recomendaron trasladar un cuerpo Panzer al Grupo de Ejércitos A y posteriormente propusieron conceder más protagonismo a ese Grupo. El objetivo era, no solo alcanzar el río Mosa, sino cruzarlo y continuar hacia el oeste, protegiendo en todo momento el flanco sur del Grupo B. Esta propuesta suponía una variación respecto al Plan Schlieffen original, pero fue aceptada por el Estado Mayor del Cuartel General.

Sin embargo, aún debía producirse un cambio mucho más importante, que sería el que posibilitaría el gran éxito alemán. A principios de 1940, los alemanes tuvieron conocimiento de que se habían celebrado recuniones entre oficiales de Estado Mayor franceses, británicos, belgas y holandeses para organizar la defensa común contra un posible ataque germano. El resultado de estas conferencias fue el establecimiento de un plan para auxiliar a Bélgica y Holanda en caso de invasión; los franceses acudirían de inmediato con un fuerte ejército y los británicos enviarían allí a sus tropas expedicionarias. Cuando estos detalles llegaron a oídos alemanes, el general Von Manstein ideó una modificación del plan de ataque para aprovechar las debilidades que dejaban expuestas el plan aliado.

Manstein advirtió que el Grupo de Ejércitos B pasaría a tener enfrente al grueso de las fuerzas aliadas. Si el avance por Bélgica y Holanda era ya de por sí complicado, la presencia de potentes fuerzas francesas y británicas obstaculizaría aún más ese avance. Este choque entre ejércitos tan potentes conduciría a un empantanamiento de los combates, por lo que era muy probable que se produjese una reedición de la terrible guerra de trincheras de la Primera Guerra Mundial.

Por lo tanto, Manstein y Rundstedt propusieron una variación sustancial del primigenio Plan Schlieffen. El centro de gravedad del ataque en el oeste debía trasladarse del Grupo B, en el norte, al Grupo A, más al sur. La embestida decisiva debía producirse, partiendo de Sedán, en dirección a la costa del Canal de la Mancha. Si las fuerzas aliadas se concentraban en torno a Bruselas, ese rápido avance las tomaría de flanco y por la retaguardia, aislando a los británicos de los puertos del Canal y a los franceses del norte de su país. Su plasmación más gráfica era un golpe de hoz.

Tropas germanas avanzando a través de un pueblo francés.

El nuevo plan fue presentado a Hitler, quien puso objeciones a la ejecución del mismo. Las unidades motorizadas debían atravesar terrenos difíciles, como el de las Ardenas, así que el riesgo era innegable. Después de sortear muchas discrepancias en el seno del Mando Supremo, Manstein y Rundstedt se salieron con la suya y lograron que el plan fuera aprobado.

Esta nueva disposición de las fuerzas de ataque alemanas no era contemplada por los franceses, que no esperaban era que los panzer llegasen a la frontera gala atravesando la única región que había quedado relegada en los planes de defensa, al ser considerada como impracticable. El mariscal Petain, héroe de la Primera Guerra Mundial, había dictaminado que era imposible que un ejército motorizado pudiera pasar a través de esa zona boscosa.

Ataque en el oeste

El 10 de mayo de 1940 la *Wehrmacht* atacó simultáneamente en Holanda, Bélgica y Luxemburgo. A las cinco de la madrugada de ese día, el fuerte belga de Eben Emael, situado a unos 24 kilómetros al norte de Lieja, fue objeto de un ataque por sorpresa ejecutado a la perfección por fuerzas aerotransportadas. Eben Emael constituía el complejo defensivo sobre el que giraba la resistencia de Bélgica ante un hipotético ataque procedente de Alemania. Ante la perplejidad de sus escasos defensores, planeadores germanos aterrizaron en su superficie, mientras unidades de paracaidistas tomaban los puntos estratégicos. Los soldados belgas combatirían con decisión hasta que al día siguiente se verían obligados a rendirse. La fortaleza, preparada para resistir durante meses, sería conquistada en tan solo treinta y seis horas.

El Ejército holandés quedó rápidamente colapsado por la acción de las tropas aerotransportadas y los bombardeos de Rotterdam y La Haya. En el caso de Rotterdam, esta ciudad fue salvajemente bombardeada por la aviación alemana el 14 de mayo de 1940, quedando el centro histórico reducido a escombros.

Hay que reconocer que tanto belgas como holandeses lucharon con valentía, pero nada pudieron hacer contra la arrolladora fuerza de la *Wehrmacht*, que disponía de la experiencia obtenida en los campos de batalla polacos.

Por su parte, los franceses pusieron en marcha el plan previsto para el caso de que los alemanes entrasen en Bélgica. Las fuerzas galas, junto a la Fuerza Expedicionaria Británica, iban avanzado por los campos de Flandes casi sin oposición de la *Luftwaffe*, al encuentro de las tropas alemanas. Lo que los franceses desconocían era que en realidad se estaban introduciendo en una *ratonera* de la que ya no lograrían salir.

En esos momentos, los blindados germanos estaban atravesando los bosques de las Ardenas para cortar la conexión de aquellas tropas con su retaguardia. De este modo, los carros blindados germanos se encargaban de poner en entredicho a Pétain, demostrándole que los bosques de las Ardenas no suponían un obstáculo insalvable para ellos. Por ese desguarnecido punto lograron forzar la frontera francesa, poniendo rumbo a Sedán, que sería tomada por las divisiones acorazadas del general Heinz Guderian el 12 de mayo. La trampa en la que habían entrado franceses y británicos comenzaba a cerrarse. Mientras tanto, los 22.000 soldados destinados en la Línea Maginot permanecían alerta ante un asalto que nunca llegaría desde el lado alemán.

Las cosas no podían marchar peor para los franceses. El 15 de mayo, los holandeses capitulaban. Mientras tanto, los *panzer* seguían su marcha imparable, rebasando a la infantería francesa. Los soldados, desde el borde de las carreteras, contemplaban atónitos cómo los tanques alemanes pasaban por su lado sin detenerse.

Los bombardeos en picado de los *Stuka*, que solían preceder a la aparición de los blindados, y que ya habían causado el pavor entre las tropas polacas, aterrorizarían también a los franceses. Todo el ala derecha del II Ejército francés huiría presa de un pánico generalizado, al grito de "¡sálvese quien pueda!", encabezada por los oficiales superiores.

La defensa gala hacía aguas por todas partes. Ante esa situación, el ministerio de Defensa ordenó Gamelin, comandante en jefe de las fuerzas de Tierra, un inmediato contraataque, pero no había ninguna reserva para llevarla a cabo. Francia había cometido el mismo error que Polonia; la totalidad de sus fuerzas se hallaban dispuestas en la frontera, pero si estas eran superadas no había otras preparadas para taponar las brechas. En tan solo cinco días, el Ejército francés estaba a punto de hundirse estrepitosamente.

El "golpe de hoz"

Es probable que el primer sorprendido por estos éxitos iniciales fuera el propio Hitler. Veterano de la Primera Guerra Mundial, no se engañaba sobre la posibilidad de que su ataque en el oeste acabase degenerando de nuevo en una larga y cruel guerra de trincheras. La gran igualdad numérica existente en esos momentos entre los ejércitos alemán y francés, 136 frente a 135 divisiones respectivamente, no hacía prever que el equilibrio se rompiese tan fácilmente.

De hecho, los primeros proyectos para la campaña en el oeste se limitaban a la conquista de Holanda y Bélgica; una vez consolidadas las posiciones, y aprovechando los nuevos aeródromos y puertos marítimos, se plantearía el modo de proseguir la lucha contra Francia e Inglaterra. Fue el plan ideado por el general Erich Von Manstein el que apostó por eliminar las fuerzas anglo-francesas de un "golpe de hoz" una vez que hubieran acudido a defender el territorio belga. Aún así, el autócrata germano veía con escepticismo la consecución de este osado plan, por lo que vacilaba en permitir que sus tanques continuasen rodando a tanta velocidad, temeroso de que pudieran ser objeto de una trampa.

Pero los temores del dictador germano eran infundados. El Ejército francés era víctima de una grave descomposición, que hacía temer un desastre inminente. El general Gamelin fue destituido y se nombró a al general Weygand como su sucesor, que trataría desesperadamente de enderezar la situación.

Weygand observó que los tanques enemigos progresaban a tanta velocidad que no daba tiempo a que la infantería germana llegase para consolidar la punta de lanza. Por lo tanto, el general francés intentó efectuar un hábil golpe de mano empleando la misma táctica que solían utilizar los alemanes, es decir rompiendo por la mitad el pasillo abierto por los *panzer* para, de este modo, dejarlos aislados en su avance.

Pero el 22 de mayo, el día en que ese inteligente plan estaba por fin en condiciones de ser puesto en marcha, la oportunidad de oro de atrapar a los blindados germanos ya había pasado. Los alemanes habían tenido tiempo de sobras para reforzar los flancos del pasillo, por lo que Weygand se vio obligado a frenar el ataque en el último momento. Esta indecisión en un momento tan crítico acabó de condenar al Ejército francés.

El último obstáculo para las fuerzas germanas antes de llegar al mar y, por lo tanto, cerrar la inmensa bolsa resultante, eran las tropas belgas que defendían la zona costera, pero estas fueron derrotadas el día 25 de mayo. La situación en el norte no era mejor, por lo que la fuerza expedicionaria británica inició un repliegue en dirección a Dunkerque. Allí, como se verá, tendría lugar uno de los capítulos más dramáticos y transcendentales de la Segunda Guerra Mundial.

Escenarios

La fortaleza belga de **Eben Emael**, tomada por los alemanes gracias a una brillante acción aerotransportada, solo abre sus puertas a los visitantes un fin de semana al mes. La visita consiste en un recorrido de un kilómetro por las galerías subterráneas, cuya longitud total es de unos seis kilómetros. No es recomendable para personas claustrofóbicas y se recomienda ropa de abrigo incluso en verano. La visita a las galerías se complementa con un interesante museo en el que se reproduce la vida diaria en el fuerte antes de su captura.

En Bélgica, otro importante fuerte tomado por los alemanes, aunque en este caso requeriría dieciocho días de asedio, es el de **Aubin-Neufchâteau**, situado en los alrededores de Lieja. Existen otros fuertes que pueden ser visitados, como los de **Barchon, Battice, Tancrémont, Embourg** y **Flémalle**. Al oeste de Lieja se conservan en buenas condiciones tres pequeños fuertes: **Hollogne, Loncin** y **Lantin**.

En Lieja se halla el **Monumento Nacional de la Resistencia**, que consiste en cuatro grandes figuras de piedra que representa a otros tantos resistentes a la ocupación alemana. En el **Parque de la Ciudadela**, que domina la ciudad, se pueden apreciar los cimientos de la prisión utilizada por los alemanes para reprimir a los prisioneros políticos y se conservan los postes a lo que eran atados para ser fusilados, pudiéndose apreciar los agujeros dejados por las balas.

La rendición holandesa se firmó el 14 de mayo de 1940 en la **Escuela Johannes Post** de la pequeña localidad de Rijsoord, cercana a Rotterdam, en la que estaba emplazado el cuartel general alemán. Por parte holandesa acudieron los generales Winkelman y Van Voorst, mientras que por los alemanes asistieron los generales Hansen y Von Küchler. En los años noventa se hicieron planes para demoler esta escuela, pero un empresario local tuvo el acierto de comprar el edificio y convertirlo en un museo en el que se representa, gracias a unos maniquíes que representan a los protagonistas, la escena de la rendición. A la entrada del histórico edificio se puede leer la frase, esculpida en piedra: "Una nación que descuida su defensa pone en riesgo su libertad".

En Amsterdam se puede visitar el **Museo de la Resistencia**, que presenta una exposición permanente de objetos y fotografías sobre los resistentes holandeses. El papel de la resistencia también es destacable en el museo **De Bezinning 1940-45**, situado en la población de Borculo. Otros museos destacables que ilustran el periodo de la ocupación alemana son los de **Hengelo, Vierhouten, Winssen** o **Doesburg**.

Protagonistas

Erich von Manstein (1887-1973). Mariscal alemán. Su principal contribución fue la puesta en práctica de la revolucionaria guerra relámpago, siendo el autor del plan de ataque al Oeste. Durante la invasion de la Unión Soviética logró la conquista de la península de Crimea. La toma de la fortaleza de Sebastopol le supuso el grado de mariscal de campo. Se retiró del servicio antes de concluir la guerra debido a una afección ocular. En 1949 fue juzgado por crímenes de guerra por un Tribunal Militar británico en

Nuremberg y sentenciado a 18 años de prisión, pena reducida poco después a 12 años y liberado a los 4 años de cautiverio. A su salida de la cárcel, se le encomendó la reconstrucción del Ejército alemán de la posguerra.

Maurice Gustave Gamelin (1872-1958). General francés. En la Primera Guerra Mundial destacó como gran estratega. En el periodo de entreguerras fue nombrado jefe del Estado Mayor del Ejército francés. En 1939 vaciló en atacar a Alemania, renunciando a bombardear el territorio germano por temor a las represalias. En 1940, como comandante en jefe del Ejército de Tierra fue el responsable de coordinar las fuerzas anglo-francesas que defendían la frontera. La derrota militar ante los alemanes le supuso ser sustituido por Weygand, además de ser detenido y acusado de ser el responsable del desastre. Fue deportado a Alemania, donde permanecería hasta 1945.

Filmografía

* **The pied piper** (Irving Pichel, 1942).
* **El libro negro** (*Zwartboek*, Paul Verhoeven, 2006).

Capítulo 8
El "bendito milagro" de Dunkerque

La primera victoria moral de los Aliados durante la Segunda Guerra Mundial fue en Dunkerque, una ciudad portuaria francesa cercana a la frontera belga. Pese a que es difícil calificar de victoria una retirada, la realidad es que el éxito al conseguir reembarcar más de 300.000 soldados, la mayoría de ellos británicos, supuso un gran alivio para los Aliados, además de suponer la primera decepción para los alemanes.

Los preparativos para la evacuación habían comenzado el 19 de mayo de 1940, cuando, tras el irresistible empuje alemán en Bélgica, y previendo las dificultades de un posible repliegue hacia Francia, los británicos esbozaron un plan para evacuar sus tropas del continente. La Operación Dynamo, que es el nombre que recibiría esta operación, fue ideada por el comandante en jefe de la Fuerza Expedicionaria Británica, el mariscal John Gort. Sin embargo, antes de poner en marcha la evacuación, los británicos quedaron a la espera del resultado de un contraataque francés que debía lanzarse contra el flanco norte de las tropas alemanas.

Los panzer, detenidos

El contraataque francés nunca se produjo, y el día 24 de mayo desde Londres se dio autorización para dar comienzo a la operación. En ese momento, los blindados del Grupo de Ejércitos A, comandados por el general Gerd von Rundstedt, se detuvieron por órdenes de Hitler a escasos treinta kilómetros del perímetro de Dunkerque. Rundstedt formuló en el acto su protesta contra dicha orden, pero esta había sido confirmada por telegrama y, pese a que el veterano general consideraba como absolutamente incomprensible esta orden desde el punto de vista militar, el *Führer* ordenó que se cumpliese al pie de la letra. La detención de los panzer concedió un respiro a los ingleses, quienes pudieron proceder a la fortificación de las defensas destinadas a contener a los alemanes mientras se producía la evacuación.

Además de Rundstedt, otros generales expresaron también su enfado ante esa orden aparentemente sin sentido; Von Kluge, Von Kleist y Guderian lamentaron que se les ordenase parar cuando tenían tan cerca la posibilidad de aplastar al enemigo. Los reconocimientos aéreos confirmaban la precaria situación de las tropas británicas, así como el inicio de la operación de rescate. Sin embargo, al Ejército se le había prohibido avanzar, dando así la oportunidad a los británicos para escapar.

Para justificar esta orden, Hitler esgrimió las siguientes razones:

Por un lado, aseguraba que el terreno que rodeaba Dunkerque era muy desfavorable para el uso de blindados, como consecuencia del suelo húmedo y la presencia de numerosos setos en los campos.

Por otro, afirmaba que el número de unidades Panzer había disminuido en el curso de la campaña, por lo que el continuar con el avance sobre Dunkerque podía poner en riesgo la segunda fase de la misma, hacia el sur de Francia.

Pero estas razones no convencieron en absoluto a los generales alemanes que habían tenido que detener a sus tanques. Coincidían en que los alrededores de Dunkerque no eran un terreno propicio para las unidades Panzer, pero recordaron que esas mismas unidades habían evolucionado en terrenos mucho más difíciles durante la reciente campaña de Polonia. Las zonas pantanosas no habían supuesto ningún obstáculo para los tanques germanos en tierras polacas, y el área de Dunkerque no era peor.

En cuanto a la disminución de las unidades Panzer debido al rápido avance, esta se había producido en efecto, pero los generales afirmaron que la mayoría de bajas se debían únicamente a contratiempos de carácter técnico que podían ser reparados en veinticuatro horas.

Por lo tanto, las razones de Hitler para detener a los panzer no eran en absoluto concluyentes. Pero otros, como el general Warlimont, jefe de operaciones del Cuartel General de la *Wehrmacht*, reveló otra posible explicación: "A mí me comentaron otra razón, según la cual Göring dio seguridad al *Führer* de que sus fuerzas aéreas completarían el cerco. El general Heinz Guderian también coincidiría con esta apreciación, al estimar que "fue la vanidad de Göring la causa de la fatal decisión de Hitler".

En manos de la *Luftwaffe*

Göring se comprometió ante Hitler a destruir por completo a las fuerzas aliadas que se habían concentrado en la costa. El blanco del ataque no podía ser aparentemente más fácil; un número ingente de soldados en una superficie poco extensa. Pero la verdad era que ninguna de las dos flotas aéreas encargadas de la operación disponía de las bombas precisas para llevar a cabo un ataque efectivo contra los buques de rescate. Las bombas de que disponía la *Lufwaffe* eran adecuadas para destruir fortificaciones de cemento, pero no eran útiles para hundir una flota dispersa de embarcaciones menores.

Los historiadores no se ponen de acuerdo a la hora de explicar los motivos que llevaron a Hitler a dar esa controvertida orden. Para los generales alemanes, la decisión no se basaba en cuestiones militares, sino en cálculos políticos, que tenían que ver con el deseo de Hitler de no humillar a los ingleses. El objetivo último, según esta hipótesis, era no cerrarse las puertas a un futuro acuerdo político con Gran Bretaña pero la más reciente investigación histórica descarta las razones políticas y sostiene que los alemanes no prosiguieron su avance por razones exclusivamente militares.

Es posible que Hitler, teniendo en cuenta lo inadecuado del terreno para los tanques y la escasez de combustible después de quince días de campaña, considerase conveniente conceder un respiro a estas divisiones que, sin más tiempo de recuperación, debían lanzarse a la ofensiva sobre París.

Por lo tanto, cuando el fanfarrón Göring ofreció a Hitler la posibilidad de liquidar la bolsa de Dunkerque con el empleo de su aviación, al *Führer* le debió parecer la opción más conveniente, pero en solo tres días los hechos demostrarían que no era la más acertada.

La Operación Dynamo

A las once y media de la noche del 26 de mayo comenzó oficialmente la evacuación de Dunkerque, que recibiría el nombre de Operación Dynamo. Bajo un intenso fuego de artillería de las baterías alemanas y los bombardeos en picado de los temibles *Stuka*, miles de soldados ingleses, franceses y belgas guardaban su turno enla playa de Dunkerque para embarcar, mientras un batallón de infantería británico resistía en las paredes de la bolsa.

Los grandes barcos mercantes no podían ser empleados debido a que las aguas de Dunkerque son muy bajas; aún hoy cuando la marea está baja es posible ver los restos de los buques hundidos. Por tanto la operación requería de gran número de naves de poco calado. Así pues, desde lanchas hasta barcos pesqueros y barcas de recreo, cualquier pequeña embarcación era utilizada para transportar a los soldados desde la playa hasta los barcos de la *Royal Navy*, que permanecían en alta mar defendiéndose de los bombardeos de la aviación alemana con sus propias baterías antiaéreas.

Las pequeñas embarcaciones atacaban en improvisados espigones, formados por vehículos y chatarra de todo tipo, que era colocada en fila, adentrándose en el mar. Las naves de rescate debían enfrentarse a varios problemas, como la gran cantidad de desperdicios que flotaban en el agua y los restos de barcos hundidos, además de las minas, los submarinos y las lanchas torpederas alemanas. A eso se añadían los cadáveres que flotaban a la deriva por toda la costa.

En la ruta de regreso a los puertos ingleses, los barcos cargados de soldados a veces debían detenerse ante la presencia de restos flotantes, causando un embotellamiento de buques, que se exponían así al ataque de los aviones alemanes. Durante la noche el rescate era aún más peligroso, puesto que, para ocultarse a los aviones y submarinos alemanes, las embarcaciones navegaban sin luces, lo que causaba colisiones y mayores retrasos.

Los Aliados tuvieron la suerte de cara; los expertos de la *Luftwaffe* no habían contado con las profundas arenas de la playa de Dunkerque, capaces de engullir las bombas que caían sobre ella, penetrando en la arena lo suficiente para que, tanto la metralla como la onda expansiva, quedase absorbida por la arena, convertida en una aliada de los británicos. Tras cada uno de los ataques de los aviones germanos, en los que la playa era salpicada por violentas explosiones, los soldados comprobaban sorprendidos como, en muchas ocasiones, no había que contabilizar ningún muerto y ni tan siquiera un herido. El mismo Churchill reconocería más tarde que, si la costa hubiese sido rocosa, el efecto de los bombardeos habría sido realmente mortífero. Con toda seguridad, las bajas hubieran sido enormes, poniendo en serio peligro el propio reembarque de las tropas, al tener que transportar también un buen número de heridos.

La ineficacia de los bombardeos acabó por encoraginar a los soldados, que perdieron el miedo a los ataques aéreos. Cuando se acercaban los aviones germanos, se limitaban a protegerse detrás de una duna y esperar pacientemente, esperanzados en volver a casa lo más pronto posible. Muchos británicos salvaron la vida gracias al efecto protector de la arena de Dunkerque.

En las playas se dieron escenas dramáticas debidas a las discusiones entre los mandos británico y francés sobre la preferencia de unas tropas sobre otras a la hora de embarcar. Puesto que los barcos eran británicos, el general Gort consideró que sus soldados debían ser embarcados primero, mientras los franceses estaban encargados de mantener el perímetro defensivo alrededor de Dunkerque. Fue entonces cuando los más maliciosos acuñaron la celebre

Soldados franceses y británicos, hechos prisioneros por los alemanes. Ellos no lograron escapar desde Dunkerque.

frase: "Los ingleses resistirán hasta el último francés". Esto provocó serios altercados; en una ocasión, un grupo de soldados franceses fue obligado a bajar de los buques, pero estos desobedecieron, por lo que tuvieron que ser expulsados a punta de bayoneta. Conforme pasaban los días y el cerco sobre Dunkerque se contraía, los actos de indisciplina causados por el agotamiento y la desesperación fueron cada vez más frecuentes.

El primer día de junio, el intenso castigo al que estaban siendo sometidos los puntos de embarque de las tropas aliadas marcó el final de Dynamo, que concluyó oficialmente en la noche del 2 de junio. No obstante, las labores de rescate se extenderían hasta las tres de la tarde del 4 de junio, cuando el destructor *Shikari* partió de Dunkerque con las últimas fuerzas de resistencia. La operación, que en un principio estaba ideada para evacuar 50.000 hombres en cinco días, había superado todas las expectativas.

Las cifras de rescatados fueron espectaculares; un total de 338.872 soldados pudieron embarcar. De ellos, 215.787 eran soldados británicos y el resto franceses y belgas. Las tropas británicas que quedaron en Dunkerque decidieron rendirse a los alemanes, mientras que las tropas francesas optaron por abrirse paso hacia el sur, aunque finalmente también se vieron forzados a abandonar las armas. Los alemanes tuvieron que conformarse con hacer tan solo 22.000 prisioneros.

De todos modos, no todo fueron buenas noticias para los Aliados. Pese al éxito de la evacuación, 700 tanques —incluyendo un centenar de los nuevos tanques Mathilda Mk I—, 2.400 cañones y 50.000 vehículos de todas clases fueron abandonados en las playas de Dunkerque. En cuanto a la flota aliada, los británicos perdieron en la operación cinco destructores, treinta buques diversos y 170 embarcaciones menores, mientras que los franceses perdieron otros cinco destructores y 60 barcos de todo tipo.

La Operación Dynamo, que, tal como la calificó el diario inglés *Daily Mirror*, pasaría a la Historia como el "bendito milagro" de Dunkerque, supuso una luz de esperanza en medio de las tinieblas del fracaso en la defensa de Francia. Churchill, en un discurso ante la Cámara de los Comunes, admitió que "la guerra no se gana con evacuaciones", pero el reembarque de las tropas aliadas levantó la moral de sus compatriotas, al comprobar el éxito alcanzado gracias a la proverbial tenacidad británica. Cuatro años más tarde, muchos de aquellos soldados rescatados en Dunkerque volverían a las costas de Francia para iniciar la liberación de Francia y de toda Europa occidental.

Escenarios

En la ciudad de Dunkerque, de 73.000 habitantes, existen tres puntos de interés. Uno es el **Centro Histórico de Dunkerque**, un museo de mediano tamaño que explica la evacuación con fotos y objetos, como el motor de un caza británico Spitfire derribado, o grandes maquetas que muestran el caos que se vivió en las playas durante aquellos días.

Junto al mar puede contemplarse el **Memorial de las Fuerzas Aliadas**, un monumento de cuatro metros de alto por cinco de largo, que conmemora el sacrificio de las tropas británicas y francesas. Poco más recuerda lo que allí ocurrió; tan solo otro monumento más pequeño situado a unos doscientos metros, el **Memorial de la *Royal Navy***, dedicado a las bajas producidas entre los tripulantes de la Marina británica.

Por último, anclado en el Port Est y delante de un centro comercial, puede contemplarse el ***Princess Elizabeth***, un barco utilizado entonces en la evacuación de tropas. Botado en 1927, realizó durante la Operación Dynamo hasta cuatro trayectos entre Dunkerque y Dover, rescatando un total de 1.763 hombres. Hoy está restaurado y se alquila para fines privados.

Para contemplar uno de los aviones británicos que protegieron a las tropas evacuadas, concretamente un Hurricane, hay que acudir al **Science Museum** de Londres.

Protagonistas

John Gort (1886-1946). Mariscal británico. Su nombre completo era John Standish Surtees Prendergast Vereker, sexto Vizconde de Gort, pero era conocido simplemente como Lord Gort. Durante la Primera Guerra Mundial destacó por su valentía, siendo condecorado con la Cruz Victoria, la Cruz Militar y tres Órdenes de servicio distinguido. En la Segunda Guerra Mundial, su nombramiento de jefe de Estado Mayor Imperial y, posteriormente, de comandante de la Fuerza Expedicionaria Británica causó sorpresa en la clase militar, al considerar que no poseía la experiencia necesaria. Pero en la campaña del Oeste demostró su valía, al lograr salvar a las fuerzas británicas cercadas en Dunkerque. En 1942 dirigió con éxito la defensa de Malta ante los ataques alemanes. En 1943 fue nombrado mariscal.

Bertram Ramsay (1883-1945). Almirante británico. Al estallar la Segunda Guerra Mundial era comandante el Departamento Naval de Dover. Se le encomendó la difícil misión de organizar la evacuación de la Fuerza

Expedicionaria Británica cercada en Dunkerque. Su excelente labor le valió participar en otras operaciones importantes, como los desembarcos en Africa del Norte y Sicilia. Tras ser ascendido a almirante, su mayor reto llegaría con el desembarco de Normandía, dirigiendo con éxito el transporte de tropas y material a través del Canal de la Mancha. Murió en un accidente aéreo cuando se dirigía a Amberes a entrevistarse con el mariscal Montgomery.

FILMOGRAFÍA

* **Dunkirk** (Leslie Norman, 1958).
* **De Dunkerque a la victoria** (*Contro 4 bandiere*, Umberto Lenzi, 1979).
* **Fin de semana en Dunkerque** (*Week-end à Zuydcoote*, Henry Vernueil, 1964).
* **Dunkerque** (*Dunkirk*, Alex Holmes, 2004).
* **Expiación. Más allá de la pasión** (*Atonement*, Joe Wright, 2007).

Capítulo 9
La caída de Francia

La evacuación de la fuerza expedicionaria británica desde Dunkerque había sido un éxito. La mayoría de los soldados británicos habían conseguido reembarcar ante las mismas narices de los alemanes, pero ahora eran los franceses en solitario los que debían enfrentarse a las tropas de Hitler. De las 135 divisiones con las que habían comenzado a defenderse, tan solo disponían de 49 divisiones operativas, mientras que 17 permanecían atrincheradas en la Línea Maginot.

Había llegado el momento de la verdad. En ese momento trascendental para el futuro de Francia, el general Weygand perseveró en el error; dispuso la casi totalidad de sus fuerzas formando un frente en la línea que formaban los ríos Somme y Aisne. Este plan "Weygand" fue un suicidio para el Ejército galo. Si los alemanes conseguían romper esa débil muralla, en la que los franceses habían depositado todas sus esperanzas de resistir, nada les impediría presentarse en París en unos pocos días.

Y eso fue exactamente lo que ocurrió. El 5 de junio de 1940 Hitler proclamó: "Hoy empieza la segunda gran ofensiva". A partir de ese instante, los *panzer* se lanzaron como una carga de caballería contra las defensas francesas, que aunque trataban de resistir la embestida, fueron arrollados en cuarenta y ocho horas. El frente del Somme se derrumbó estrepitosamente y los carros blindados germanos ya no tuvieron ante sí ningún enemigo que les detuviese en su camino a París.

Italia entra en la guerra

El 10 de junio, los alemanes atravesaron el Sena e iniciaron una maniobra en tenaza sobre la "Ciudad de la Luz". Ese mismo día, Mussolini declaró la guerra a Francia para poder tener derecho, aunque fuera en el último momento, a una tajada del *pastel* francés. Fríamente, Mussolini aseguró a su mariscal Badoglio: "necesito mil muertos para sentarme en la mesa con los vencedores".

El *Duce* prefirió no intervenir junto a los alemanes y decidió lanzar una ofensiva propia. Los italianos habían concentrado sus tropas en los Alpes, junto a la frontera con Francia, con la intención de avanzar hacia la Saboya y el Ródano. Pero su campaña —que, según él, "haría de Italia una gran potencia"— supuso un fiasco; aunque los italianos esperaron hasta el día 20 para atacar, de inmediato fueron detenidos por las fuerzas alpinas francesas que, pese a estar desmoralizadas por el desastre militar de su país, no tuvieron dificultades para rechazarlos. Se propuso en el bando italiano el lanzamiento de tropas aerotransportadas en la retaguardia de los Cazadores alpinos franceses, pero en 1940 la lucha se regía en cierto modo con códigos caballerescos y esa opción fue rechazada como deshonrosa.

El gobierno francés, más preocupado por la proximidad de la *Wehrmacht* que por los sueños imperiales del *Duce*, decidió abandonar la capital gala para trasladarse a Tours y después a Burdeos.

París, en manos alemanas

Los alemanes, antes de tomar París, creyeron necesario acabar con la amenaza que suponía tener a 17 divisiones francesas en la retaguardia, por lo que se decidió la conquista de la Línea Maginot. La empresa no entrañó demasiadas dificultades; teniendo en cuenta que los cañones y ametralladoras solo podían ser disparados en dirección a Alemania, los alemanes pudieron asaltar la fortaleza desde la parte posterior sin sufrir bajas. La Línea Maginot se convertía así, probablemente, en el gasto más inútil de todo el periodo de entreguerras.

Francia se desmoronaba por momentos. El 14 de junio, la guarnición de París se retiraba en dirección al Loira dejando vía libre a la llegada de los alemanes. Al día siguiente caía Verdún, el 16 de junio Dijon, el 17 las tropas germanas a la frontera franco-suiza y el 19 los *panzer* rodaban ya por las carreteras de Normandía.

El octogenario mariscal Henry Philippe Pétain, héroe de la batalla de Verdún en la Primera Guerra Mundial, sería el encargado de ponerse al frente

Las tropas alemanas desfilan por el Arco de Triunfo parisino.

de Francia en esas horas tan amargas, sustituyendo a Paul Reynaud. Formó nuevo gobierno en la noche del 16 de junio para iniciar las negociaciones del armisticio. Charles De Gaulle, que era subsecretario de ministerio de Guerra en el anterior gobierno, decidió marchar a Londres para continuar desde allí la resistencia a la invasión alemana. El día 18 de junio lanzaría un mensaje de esperanza a la población francesa desde las ondas de la BBC.

SE FIRMA EL ARMISTICIO

Pero los franceses no tenían el ánimo necesario para escuchar proclamas radiofónicas, sino que deseaban que acabase la guerra lo más pronto posible. El 20 de junio, una delegación del gobierno salía de Burdeos para encontrarse con los alemanes y acordar los términos del armisticio.

Entonces Hitler tuvo una idea que quizas llevaba años acariciando en secreto. Por decisión suya, la firma de la rendición de Francia se celebraría en el mismo vagón de ferrocarril en el que Alemania tuvo que firmar la suya en 1918, que se conservaba como una pieza de museo en el bosque de Compiègne. La delegación francesa firmó allí el armisticio el 22 de junio de 1940.

Por parte alemana acudieron Hitler, Göring, Brauchtish, Keitel, Ribbentropp y Hess. El bando francés estaba encabezado por el general Huntziger, comandante del II Ejército en Sedán, junto a otros militares en representación de la Marina y de la Fuerza Aérea.

Tras la rendición de Francia se iniciaba uno de los periodos más oscuros y polémicos de su historia contemporánea, en el que una parte de su población colaboró con los invasores alemanes, con el mariscal Petain a la cabeza. La capital se trasladaba a Vichy y se creaba una línea de demarcación que separaba Francia en dos; la del norte permanecería ocupada por los alemanes, con vistas a futuras acciones contra Inglaterra, mientras que la del sur, conocida como la Francia de Vichy, colaboraría en todos los órdenes con el Tercer Reich. La flota y las colonias quedarían bajo la obediencia del gobierno de Petain y se permitiría un ejército propio de 100.000 soldados en suelo francés y 180.000 en las colonias. Quedaba una *tercera* Francia, la de De Gaulle, que pese a existir tan solo en el papel, sería considerada como la Francia Libre.

Los triunfos alemanes durante la "guerra relámpago" fueron celebrados por la población germana, especialmente la conquista de París. Era el símbolo de que la afrenta sufrida por la derrota en la Primera Guerra Mundial había sido vengada. La firma de la rendición de Francia en el mismo vagón en el que veintidós años antes lo había hecho Alemania, había sido el punto culminante de la gloria de Hitler. El 19 de julio de 1940, las tropas alemanas que habían participado en esta campaña desfilaron por la Puerta de Brandeburgo, entre los vítores y el clamor de los berlineses.

La caída de Francia fue quizás la noticia que más alegró a Hitler en toda la Segunda Guerra Mundial. A lo largo de la contienda, el *Führer* prácticamente nunca perdió su compostura y su perenne gesto adusto, pero, en el momento de conocer la petición de un armisticio por parte del gobierno galo, Hitler había ofrecido unas insólitas muestras de alegría, ante la sorpresa de sus generales.

Pero si la derrota de Francia fue, posiblemente, la mayor alegría que tuvo Hitler durante la guerra, el que sería probablemente el día más feliz de su vida estaba por llegar. Sería el 23 de junio de 1940.

Hitler cumple su sueño

Al día siguiente de la firma del armisticio, Hitler decidió cumplir su gran sueño. Desde muy joven, y debido a su pasión por la arquitectura, se había interesado por los bellos edificios que pueden admirarse en París. Después de estudiar con fruición los planos y dibujos que los representaban, gracias a su portentosa memoria se conocía al milímetro cada uno de ellos. Hasta entonces no había tenido oportunidad de visitar esa maravillosa ciudad, pero ahora se presentaba ante él. Además, tenía la ocasión de entrar en ella como conquistador.

Así pues, su impaciencia por visitarla pudo más que su preocupación por la seguridad. El alto el fuego aún no se había decretado, puesto que estaba previsto que entrase en vigor tras la firma de un armisticio con los italianos, pero Hitler no pudo esperar más y decidió que la visita tendría lugar a primera hora de la mañana del domingo 23 de junio, para no tropezarse con la población parisina.

Su avión llegó al amanecer al aeródromo de Le Bourget y enseguida se formó la comitiva oficial, compuesta por diez vehículos. El *tour* turístico comenzó de inmediato, iniciándose en el edificio de la Opera. Hitler conocía los planos de memoria, por lo que hizo notar al guía la ausencia de una pequeña sala. El guía, sorprendido por sus conocimientos, recordó que, efectivamente, años atrás existía allí una habitación, pero que había sido eliminada tras unas reformas. Una vez finalizada la visita, Hitler intentó darle una generosa propina, pero el guía la rechazó respetuosamente, lo que causó sorpresa entre sus acompañantes.

En el recorrido por París no pudo faltar el Arco de Triunfo o la Torre Eiffel —en donde se hizo una fotografía como un turista más—, así como Los

Inválidos, donde Hitler permaneció pensativo y emocionado durante un buen rato ante la tumba de Napoleón. Durante su desplazamiento por las calles de la ciudad, Hitler fue reconocido por un vendedor de periódicos y por un pequeño grupo de mujeres, que huyeron despavoridos al reconocer al dictador.

A las ocho menos cuarto de la mañana, mientras los parisinos comenzaban a desperezarse, el avión de Hitler ya se elevaba desde el aeródromo. Echando una última mirada desde la ventanilla a su ciudad más admirada, confesó a su fiel arquitecto Albert Speer no poder expresar todo lo feliz que se sentía en ese momento.

Mientras Hitler se hacía fotografiar ante la Torre Eiffel, Winston Churchill no se llamaba a engaño sobre lo que seguramente estaba pasando por la mente del dictador alemán. El primer ministro británico sabía que su país era el siguiente en la lista. Churchill no se equivocaba; los mapas de la costa británica ya se encontraban extendidos sobre la mesa del Alto Mando germano, mientras los escuadrones de la *Luftwaffe* comenzaban a reunirse en los aeródromos del Norte de Francia. Había comenzado la cuenta atrás para la invasión de Gran Bretaña.

Escenarios

El lugar en el que se firmó el armisticio, el **Bosque de Compiègne**, se encuentra en Rethondes, a unos cincuenta kilómetros al norte de París. Tras la rendición francesa, Hitler ordenó el traslado del histórico vagón en el que se firmaron las dos capitulaciones a Berlín, para ser exhibido. En 1943 fue destruido por las SS para evitar que pudiera caer de nuevo en manos aliadas. El conjunto monumental del bosque de Compiégne fue también destruido.

En la actualidad, el lugar ofrece el mismo aspecto que en 1938. Todo el conjunto fue reconstruido, la placa conmemorativa de la victoria aliada de 1918 fue recuperada e incluso el famoso vagón fue replicado, añadiendo el número antiguo, pero sin mencionar que no se trata del coche original. Tampoco se puede encontrar ninguna referencia a la rendición de 1940.

Protagonistas

Paul Reynaud (1878-1966). Primer ministro francés durante la invasión alemana de 1940. No fue capaz de formar un gobierno fuerte. Se mostró partidario de la lucha a ultranza, pero finalmente se vio obligado a ceder el poder al mariscal Pétain. Fue arrestado por el Gobierno de Vichy y condenado a cadena perpetua, siendo los alemanes los encargados de su custodia en el campo de concentración de Oranienburg. Tras la guerra volvió a la política actva.

Maxime Weygand (1867-1965). General francés. Durante la Primera Guerra Mundial llegó a general y en 1935 se retiró. Pero al comienzo de la Segunda Guerra Mundial fue reclamado, siendo destinado a Oriente Medio. La derrota de Gamelin durante la invasión alemana de 1940 hizo que Weygand fuera el encargado de solventar la difícil situación, pero no tuvo otro remedio que solicitar al gobierno que pidiera el armisticio. En el Gobieno de Vichy fue ministro de Defensa y después comandante supremo de Africa. En 1942 fue detenido por los nazis y deportado a Alemania. Al concluir la guerra fue encarcelado por presunta traición a la patria, pero fue absuelto por el Tribunal Supremo en 1948.

Philippe Pétain (1856-1951). Mariscal de Francia, vencedor en Verdún en 1916. Fue el encargado de pedir el armisticio a los alemanes, obteniendo los plenos poderes el 10 de julio de 1940, en Vichy. Al ser ocupada la zona libre, en noviembre de 1942, se convirtió cada vez más en rehén de los alemanes, que le sacaron de Vichy en agosto de 1944. Volvió a Francia en abril de 1945, en donde fue juzgado y condenado a muerte, aunque se le conmutó la pena por la cadena perpetua en razón a su avanzada edad.

Filmografía

* **El último metro** (*Le dernier métro*, François Truffaut, 1980).
* **Monsieur Batignole** (*Monsieur Batignole*, Gérard Jugnot, 2001).
* **Bon Voyage** (*Bon Voyage*, Jean-Paul Rappenau, 2003).
* **Fugitivos** (*Les égares*, André Techiné, 2003).

Capítulo 10
Operación León Marino

En junio de 1940, Hitler se encontraba muy cerca de ganar la guerra. El único enemigo que tenía enfrente era Gran Bretaña, aunque nada indicaba que pudiera resistir mucho tiempo ante la imbatible máquina de guerra nazi.

Pero, por primera vez en la contienda, el *Führer* se mostró indeciso; en base a sus tan absurdas como inamovibles ideas raciales, ingleses y alemanes compartían un mismo origen, lo que debía implicar un salomónico reparto de influencias en el mundo. Mientras que el pueblo germano debía convertirse en dueño y señor de la Europa continental, a los ingleses se les permitiría conservar su secular dominio de los mares. La expansión germana se dirigiría hacia el este, con el objetivo de colonizar las estepas rusas; por su parte, el Imperio británico podría continuar con su explotación de las inagotables riquezas de la India.

Por lo tanto, Hitler esperaba que Gran Bretaña se mostrara abierta a este acuerdo, teniendo en cuenta su manifiesta debilidad. Pero Churchill, a quien el dictador nazi despreciaba y odiaba a partes iguales, no estaba dispuesto a convertir a su país en un cómplice de ese plan destinado a esclavizar a la población europea bajo el látigo de Berlín.

Fue en ese momento cuando Hitler cometió su tercer error en la dirección del conflicto. Si el primero fue la invasión de Noruega —aunque sus consecuencias negativas tan solo serían visibles a largo plazo—, y el segundo sería la detención de sus *panzer* antes de llegar a Dunkerque, permitiendo así el reembarque del cuerpo expedicionario británico, el tercero y más grave fue, llegados a este punto, no lanzar la invasión de las islas británicas a comienzos del verano de 1940.

Gran Bretaña, indefensa

Con los alemanes al otro lado del Canal de la Mancha, la situación de Gran Bretaña no invitaba al optimismo. Churchill había encoraginado a la población inglesa a no rendirse jamás, asegurando que al menos cada inglés "podía llevarse por delante a un alemán", pero en privado reconocía una dramática escasez de medios. A un colaborador le confesó en una ocasión que "si llegan los *boches* (alemanes), tendremos que golpearles en la cabeza con botellas de cerveza; ¡no tenemos otras armas!".

Esta exagerada apreciación no se alejaba mucho de la realidad, ya que los ingleses no disponían de un número adecuado de armas. Además, muchos fusiles eran de calibres diferentes, por lo que, debido a las dificultades para proporcionar munición adecuada, en la práctica no tenían ninguna utilidad. Esta carencia se intentó solucionar encargando la compra de grandes cantidades de fusiles en Estados Unidos. Aunque los norteamericanos hicieron todo lo posible para que el pedido llegase con celeridad a Gran Bretaña, durante el mes de julio la isla permaneció casi totalmente desprotegida, mientras continuaban las dudas de Hitler. No sería hasta principios de agosto cuando llegaría el primer gran cargamento de armas procedentes de Norteamérica. Se trataba de cerca de medio millón de fusiles *Springfield* de la Primera Guerra Mundial.

La escasez de armas era tan acusada que obligó a acudir a los museos en busca de todo aquello capaz de causar algún daño al enemigo. Sables, cuchillos, lanzas, mazas de la Edad Media... todo era útil para defenderse de los alemanes. Se pusieron en circulación mosquetes que habían sido empleados en 1857 para reprimir el motín de Calcuta e incluso se estudió la posibilidad de emplear varias piezas de artillería del siglo XVI que habían sido utilizadas por los piratas en el Caribe.

Si Hitler hubiera ordenado la invasión a principios del verano de 1940, las bien pertrechadas tropas germanas se hubieran encontrado enfrente con defensores armados con estos ridículos artilugios. De hecho, esas eran las únicas armas, además de rastrillos, horcas y palas, con las que contaba una parte de los hombres que tenían la misión de vigilar las costas inglesas.

Temiendo seriamente la posibilidad de que los alemanes superasen sin más contratiempos esta endeble línea de protección, Churchill llevaba siempre consigo un revólver Colt 45; según decía, dispararía todas las balas contra los alemanes, dejando la última para sí mismo.

La precariedad de las defensas llegó al extremo de impedir que se realizasen disparos de prueba para no malgastar munición. En una ocasión, Churchill visitó las playas de la bahía de St. Margaret, cerca de Dover. El general de brigada que estaba al mando del sector le reconoció que tan solo contaba con tres cañones anticarro para cubrir unos siete kilómetros de costa y que su munición constaba de un total de dieciocho proyectiles, por lo que cada cañón podría realizar tan solo seis disparos antes de enmudecer para siempre.

En un tono que escondía una actitud desafiante, el general pidió a Churchill permiso para disparar al menos un proyectil, con la finalidad de que sus hombres supieran cómo funcionaban esas piezas de artillería. El *premier* británico no se dejó impresionar por la irónica petición y le respondió: "¡De ninguna manera! No podemos darnos el lujo de hacer disparos de práctica. Quiero que solo empleen la municición contra los alemanes. ¡Ah, y abran fuego cuando estén realmente cerca!".

La gravedad de la situación obligó a idear nuevos sistemas para combatir a los tanques germanos. Para ello se diseñó una bomba adhesiva que podía ser empleada tanto por soldados como civiles; era especialmente útil en combates urbanos, al poder arrojarse desde una ventana, quedando adherida al blindaje. También se inventó una bomba de este mismo tipo pero que podía ser disparada con un fusil adaptado, para ser utilizada a distancia.

Pero los alemanes desconocían esta falta de armas y munición y mantenían sus reservas sobre la capacidad de resistencia de los ingleses en su propio suelo.

Las islas anglonormandas

Aunque los soldados germanos no llegarían a pisar nunca las islas británicas, el Ejército alemán sí se apoderó de una parte, aunque minúscula, del territorio del Reino Unido. Se trataba de las Islas Anglonormandas situadas en el Canal de la Mancha, muy próximas a la costa francesa, al oeste de la península de Cotentin. También conocidas como *Channel Islands*, entre las principales islas del conjunto destacan las de Jersey y Guernsey, que son las más pobladas.

Una vez capturadas sin que los británicos pudieran ofrecer resistencia, los alemanes procedieron a fortificar estas islas. Hitler rechazó un plan consistente en realizar una aportación de población germana a las islas para convertirlas en un importante centro de explotación ganadera. Sus proyectos estaban, por el contrario, encaminados hacia el turismo; tenía previsto que, una vez finalizada la guerra, los alemanes pudieran disfrutar durante el verano de los balnearios y hoteles allí existentes.

Hitler reconocía la gran importancia estratégica que poseían estas islas pues, en su opinión, si los ingleses las hubieran conservado, construyendo defensas y dotándolas de aeródromos, les habrían provocado serias dificultades.

Barcazas alemanas en el puerto de Wilhelmshaven, a la espera de ser utilizadas en la invasión de las islas británicas.

Durante la ocupación alemana de las islas, la relación entre ingleses y alemanes fue fluida, y no se dieron acciones de resistencia o sabotaje. Sin embargo, la reacción de la población de las islas anglonormadas durante los años de la ocupación alemana no puede servir de banco de pruebas de lo que hubiera ocurrido en el caso de una ocupación de Gran Bretaña. El motivo es que la proporción de fuerzas ocupantes era apabullante, al haber un soldado alemán por cada dos habitantes, lo que servía para disuadir de cualquier comportamiento heroico.

El cruce del Canal

Pese a las recomendaciones de sus generales, a Hitler no le entusiasmaba la idea de invadir las islas británicas. Aún así, dio *luz verde* para que comenzasen los planes de invasión: la Operación León Marino (*Seelöwe*).

El primer esbozo de esta operación había sido confeccionado por la Marina de guerra germana en noviembre de 1939, con el aséptico nombre de Plan Norte-Oeste. Este plan, impulsado por el Gran Almirante Erich Raeder, planteaba una invasión por sorpresa a pequeña escala en las zonas de Yarmouth y Lowestoff, con tres o cuatro divisiones de infantería y aerotransportadas seguidas por una segunda oleada que incluiría divisiones Panzer y motorizadas. En el Plan Norte-Oeste los puertos de embarque diferían de los planteados en León Marino, ya que en 1939 se contaba solo con puertos del Mar del Norte y el Báltico. En diciembre de 1939, la *Luftwaffe* ya detectó que el plan solo podría salir adelante bajo condiciones de absoluta superioridad aérea, un elemento que no variaría lo más mínimo. Teniendo en cuenta la inferioridad de la *Kriegsmarine* ante la *Royal Navy*, era necesario que los aviones proporcionasen seguridad a los navíos germanos durante su travesía del Canal de la Mancha.

De todos modos, pese a no contar en junio de 1940 con esa superioridad aérea, es probable que el desembarco en las islas británicas hubiera podido culminar con éxito. En esos momentos, las tropas británicas recién regresadas del continente, agotadas y habiendo dejado atrás la mayor parte de su armamento, no hubieran sido rival para la *Wehrmacht*, que conservaba intacta la inercia de sus arrolladoras victorias. Como se ha indicado, las defensas costeras prácticamente no existían y entre Londres y la costa sur de Inglaterra tan solo había 48 cañones de campaña y 54 cañones antitanque.

Los científicos ingleses habían intentado aportar su ingenio para evitar el desembarco, ideando un sistema para cubrir el mar de llamas. Para ello se habían dispuesto unas tuberías que bombeaban gasolina a unos cientos de metros de la costa. Al arder el combustible, el agua se convertiría en un infierno de fuego y humo que impediría la aproximación de cualquier lancha de desembarco. De todos modos, aunque se llevaron a cabo varios ensayos, ese plan no estaba desarrollado y posiblemente no hubiera funcionado. Al menos, la propaganda británica se encargó de transmitir la idea de que sí lo estaba, para crear miedo y confusión entre los soldados que debían participar en la operación anfibia.

Los hombres de ciencia británicos se plantearon otros sistemas para evitar la llegada de las tropas alemanas a las playas, como por ejemplo la posibilidad de electrocutar a los invasores mientras estos estuvieran en el agua, mediante la introducción de grandes cables eléctricos en el mar. Un cálculo de los voltios necesarios para provocar este efecto fue suficiente para desestimar el plan, al haber hecho falta toda la capacidad eléctrica del país para conseguir unos exiguos resultados.

El único punto en el que el éxito de la invasión podía verse comprometido era el de la travesía del Canal de la Mancha. Aquí era el lugar en el que los ingleses podían presentar batalla con garantías, pero incluso ahí el destino de Inglaterra se jugaría en cuestión de minutos, en el desenlace de algún encuentro naval o en una decisión tomada quizás en el último momento.

La *Royal Navy* había visto cómo eran hundidos nueve de sus cincuenta destructores en la operación de rescate de las tropas aliadas en Dunkerque. Del resto, 23 se encontraban en reparación. En total, los ingleses contaban con un total de 68 destructores, pero la mayoría de ellos se encontraban navegando lejos de las costas británicas. A los alemanes les hubieran bastado unas doce horas para trasladar toda su fuerza de invasión a través del Canal de la Mancha, por lo que es difícil pensar que la Marina inglesa hubiera llegado a tiempo para impedirla. Además, los eficientes submarinos alemanes se habrían encargado de mantener despejado el recorrido.

Ya antes de Dunkerque, el jefe de la Marina de guerra germana, el almirante Erich Raeder, había discutido con Hitler los pormenores de la travesía del Canal. La prueba de que a Hitler no le atraía la idea es que la siguiente conversación con Raeder no se produjo hasta el 20 de junio, cuando se había dejado pasar el momento óptimo para lanzar León Marino.

El plan de invasión

Se ha especulado con que el escepticismo de Hitler sobre los planes de asalto a las islas británicas tenía una raíz psicológica. Su aversión al agua —no sabía nadar, evitaba subir a barcos y rehuía las visitas a los puertos— podía haber influido para que se mostrase remiso a lanzar la invasión, pero de

Tanque anfibio alemán preparado para participar en la Operación León Marino.

lo que no hay duda es que León Marino no contó nunca con su entusiasmo. De hecho, su Directiva número 16, titulada "Preparativos para una operación de desembarco contra Inglaterra", no fue promulgada hasta el 16 de julio.

Curiosamente, la operación se denominaba en el borrador de la Directiva como "León", siendo al parecer el propio Hitler el que modificó su nomenclatura a "León Marino". La Directiva concebía la operación como un cruce a gran escala de un río, no considerando otra opción que el cruce del Canal por el punto más estrecho del mismo.

El plan recogía el planteamiento original del Plan Norte-Oeste y se sugería la posibilidad de acciones preliminares, como la toma de la Isla de Wight o Cornwall, pero incidiendo en que todos los preparativos debían estar terminados para el 15 de agosto. Para lanzar el desembarco debían cumplirse una serie de condiciones, como la neutralizaciópn del poder ofensivo de la RAF, la limpieza de minas de las rutas marinas junto al sembrado de minas en ambos flancos de los puntos de desembarco, la instalación de baterías de artillería costera de largo alcance en la orilla francesa y, por último, la ejecución de acciones de distracción en el Mar del Norte y el Mediterraneo para mantener alejada a la *Royal Navy*.

Según la Directiva, Hilter se reservaba el mando de la operación, con Brauchitsch, Raeder y Göring al frente de las fuerzas de tierra, mar y aire respectivamente.

Aunque parecía que con la Directiva se había dado el impulso definitivo a la invasión, Hitler siguió sin mostrar un claro empeño en su puesta en práctica. Significativamente, la primera reunión del Estado Mayor para concretar los detalles de la operación no se celebraría hasta diez días después de la aprobación de la Directiva. Mientras Hitler parecía frenar el desarrollo de la operación al más alto nivel, en los estratos más bajos de la estructura militar se avanzaba a fuerte ritmo en los preparativos. Por ejemplo, se editaron veinte mil ejemplares de un manual que debían llevar consigo los encargados de organizar la ocupación de las islas británicas, en el que se les instruía sobre las instituciones económicas y políticas del país, así como las medidas a tomar para reorganizarlas bajo la férula de Berlín[7].

Hitler tenía la esperanza de que, ante la visión de los preparativos de la inminente invasión, el gobierno inglés se aviniese a negociar la paz. Pero el tiempo pasaba y Churchill no ofrecía precisamente indicios que querer alcan-

---

[7] También se hicieron ensayos para poner en práctica alguna idea fantástica, como era tender una larga pasarela que uniese ambas orillas del Canal, con el fin de trasladar tanques y piezas de artillería rápidamente una vez asegurada la cabeza de playa; el estudio sería encargado al célebre oficial de las SS Otto Skorzeny, que más tarde saltaría a la fama por su rescate de Mussolini.

zar un acuerdo con el Tercer Reich. En uno de sus discursos, el primer ministro afirmó en los micrófonos de la BBC, dirigiéndose a todo el pueblo británico: "Lucharemos en las playas, lucharemos en los lugares de aterrizaje, lucharemos en los campos y las calles, lucharemos en las montañas. Jamás nos rendiremos".

Por tanto, Hitler no tenía otra alternativa que proseguir con sus planes de invasión. León Marino constaría de varias fases. En primer lugar, la *Luftwaffe* debía asegurarse el dominio completo del aire. Era fundamental destruir los aeródromos del sur de Inglaterra. Para ello se contempló la posibilidad de llevar a cabo una espectacular operación aerotransportada consistente en el lanzamiento de 5.000 paracaidistas sobre estos campos de aviación.

Tras el aniquilamiento de la RAF, desembarcarían en las playas inglesas un total de cuarenta divisiones, lo que sumaría una fuerza de 200.000 hombres, a lo que habría que añadir unos 650 tanques. Estas barcazas zarparían de los puertos de Ostende, Calais y Boulogne.

Estaba previsto que antes de dos semanas estuviera plenamente asegurada la cabeza de playa, con la incorporación de unos 100.000 hombres más. A partir de ese momento los *panzer* se dirigirían en veloz carrera hacia Londres. Una vez tomada, los soldados alemanes se distribuirían por toda la geografía británica, constituyéndose en fuerza de ocupación.

Aunque Hitler era remiso a la idea de ocupar Londres, finalmente encontró varios alicientes a esta improvisada conquista. Estudió los fondos existentes en el Museo Británico y decidió que los frisos del Partenón, entre otras muchas piezas de valor, estarían mejor en Berlín. Este sería también el destino de la columna de Nelson de *Trafalgar Square*, que serviría para adornar alguna plaza de la capital alemana. Lo que Hitler desconocía era que las grandes obras pictóricas de la *National Gallery* ya no estaban en ese museo; habían sido escondidas en un pozo minero del norte de Gales. Pese a que Churchill tenía fe en la victoria, prefirió que esos valiosísimos cuadros fueran embarcados poco después rumbo a Canadá, junto a los fondos del Banco de Inglaterra, para ponerlos a salvo de la codicia nazi.

Mientras los alemanes saboreaban por adelantado la conquista de Londres, los ingleses se preparaban para ofrecer una resistencia heroica ante la inminente invasión. Consciente de que el reducido y pobremente equipado Ejército británico bien poco podía hacer contra las bien pertrechadas tropas germanas, Churchill ideó una maniobra desesperada. Ordenó que estuviera previsto el lanzamiento de cerca de 1.500 toneladas de gas mostaza, almacenadas desde el final de la Primera Guerra Mundial, sobre las fuerzas enemigas de desembarco. Lo que el *premier* británico desconocía era que los alemanes habían previsto esa posibilidad y contaban con los elementos de protección necesarios, por lo que esta drástica medida tan solo hubiera provocado un leve retraso en el avance sobre Londres.

El 1 de agosto, Hitler dio la orden a la *Luftwaffe* de aplastar a la Fuerza Aérea británica, para allanar así el camino de León Marino. El almirante Raeder le había insistido en que era necesario el total aniquilamiento de la aviación enemiga antes de emprender la invasión, quién sabe si con la secreta esperanza de que esta no tuviera que llevarse a cabo, pues temía perder a los principales buques de la *Kriegsmarine* en el Canal de la Mancha. Pero Raeder no tenía por qué preocuparse; los británicos se encargarían por sí solos de hacer desistir a Hitler de la proyectada invasión.

Escenarios

Para conocer los pormenores de León Marino, es interesante la exposición permanente dedicada a la Batalla de Inglaterra en el **Museo de la RAF** emplazado en el antiguo aeródromo de **Hendon**, al norte de Londres. Allí se exhiben mapas, fotografías y se proyectan documentales relativos al frustrado plan alemán de invasión de las islas británicas.

También se pueden conocer detalles de los planes para invadir Gran Bretaña en el **Museo de la Segunda Guerra Mundial** de Calais, el punto del continente más cercano a las islas, y desde el que los militares alemanes podían contemplar con sus prismáticos los blancos acantilados de Dover.

Las **islas anglonormandas**, el único territorio británico que los alemanes llegaron a ocupar, ofrece muchos puntos de interés al visitante. Gracias a su proximidad a la costa francesa, son fácilmente accesibles en *ferry*.

La isla de **Guernsey** alberga un museo de la ocupación alemana (*German Occupation Museum*), un sistema de túneles construido por los alemanes (*La Vallette Undreground Military Museum*), un hospital subterráneo y numerosos búnkers y baterías costeras.

La isla de **Jersey**, por su parte, posee un interesante museo militar (*The Channel Islands Military Museum*), un búnker bien conservado (*St. Peter's Bunker Museum*) y otro museo de la ocupación alemana (*The Island Fortress Occupation Museum*), además de un búnker de mando subterráneo en Noirmonte Point e innumerables defensas costeras y casamatas.

En la isla de **Aldernay** se pueden ver fortificaciones de hormigón y en la de **Sark** se puede visitar otro museo de la ocupación.

Protagonistas

Winston Churchill (1874-1965). De familia acomodada, de joven fue rebelde y mal estudiante. Ingresó en la academia militar. Combatió en la India y en Sudáfrica, en donde fue hecho prisionero por los bóers, logrando huir. Fue corresponsal de guerra. En 1899 inició su carrera política, que le llevaría al cargo de Primer Lord del Almirantazgo durante la Primera Guerra Mundial. En 1915 acusó el fracaso del desembarco en los Dardanelos, abandonando el puesto y sintiéndose totalmente acabado. Tras un breve paso por las trincheras, volvió a la política, siendo nombrado ministro de Armamento. En los años treinta se opuso a la política de apaciguamiento de Chamberlain y, una vez nombrado *premier* en 1940, supo galvanizar la resistencia del pueblo británico durante la Batalla de Inglaterra. No dudó nunca de la victoria final; firme, tenaz y con sentido del humor, logró movilizar todos los recursos morales y materiales de su país para vencer a la Alemania nazi. Derrotado inesperadamente en las elecciones de 1945, regresó a *Downing Street* entre 1951 y 1955. Pintor aceptable, obtuvo también el Premio Nobel de Literatura. Pese a ser un gran fumador de puros y bebedor empedernido de champán, whisky y *cognac*, vivió hasta los 91 años.

Erich Raeder (1876-1960). Gran Almirante alemán. Dirigió personalmente el Alto Mando de la Armada alemana. Ante la insistencia de Hitler, dirigió la operación contra Noruega, en la que se empleó la casi totalidad de la marina de guerra germana. Sus desavenencias con Hitler se iniciaron con la operación León Marino, puesto que Raeder no quería arriesgar su flota en el arriesgado cruce del Canal de la Mancha. Dimitió el 30 de enero de 1943, pero conservando el cargo honorífico de almirante inspector. Fue condenado a cadena perpetua en Nuremberg, pero sería puesto en libertad en 1955 por motivos de salud.

Filmografía

* **Ha llegado el águila** (*The eagle has landed*, John Sturges, 1976).

Capítulo 11
La Batalla de Inglaterra

La batalla que se dirimió en los cielos de Inglaterra en el verano y el otoño de 1940 constituye uno de los episodios de los que la Gran Bretaña se siente más orgullosa. No en vano, los ingleses supieron enfrentarse ellossolos a la maquinaria de guerra nazi, ante la que Francia no había conseguido oponer una resistencia digna de ese nombre.

En esos momentos, las fuerzas alemanas habían arrollado a todos aquellos ejércitos que habían tratado de cerrarles el paso. Los *panzer* habían aplastado cualquier oposición, y nada hacía pensar que los ingleses pudiesen resistir a las tropas de Hitler con más fortuna.

Por su parte, el jefe de la *Luftwaffe*, Hermann Göring, veía llegado su momento de gloria. Disponía de la mejor fuerza aérea del mundo y tenía ante sí un objetivo a la altura de su megalomanía. Göring se comprometió a destruir los escuadrones británicos para permitir así el lanzamiento de León Marino.

Para Hitler, la guerra aérea era la mejor opción, puesto que de este modo no se afrontaba el excesivo riesgo de la operación anfibia. Además, el dictador estaba esperanzado en que Inglaterra claudicase ante la superioridad de la flota aérea germana, lo que haría innecesaria la invasión.

El "Día del Águila"

Hitler lanzó a la *Luftwaffe*, como si de un perro de presa se tratase, contra la débil y desprotegida Gran Bretaña. Una vez reparados los aparatos que habían participado en la campaña de Francia, Göring tenía a su disposición

1.200 bombarderos y 300 bombarderos en picado. Para las labores de escolta, los alemanes contaban con un millar de cazas. Por el contrario, los ingleses podían oponer tan solo 600 cazas y una cincuentena de aviones anticuados de varios tipos. Ante este panorama, solamente un milagro podría librar a la RAF de ser aniquilada. Afortunadamente para el destino de Gran Bretaña, ese milagro se produciría.

El 10 de julio comenzó la llamada Batalla de Inglaterra. El primer objetivo de la *Luftwaffe* era destruir las instalaciones portuarias de la costa sur para facilitar la invasión, así como los convoyes que controlaban en paso por el Canal. El objetivo era crear una zona segura a través de la cual pudiera trasladarse el contingente germano.

Los primeros resultados no fueron tan espectaculares como Göring había previsto. La superioridad alemana se reflejaba en el balance de la batalla; la cifra de bajas británicas era de solo un centenar, frente a las cerca de trescientas sufridas por los alemanes. Poco después, los alemanes se propondrían destruir los aeródromos del sur de Inglaterra. También se convirtieron en objetivo las rutas terrestres de la región para dejarlos aislados, pero los escasos resultados se obtenían siempre a un altísimo precio.

Era necesario dar un golpe de mano que acabase con esa tendencia que conducía inexorablemente al fracaso de la ofensiva aérea. Por lo tanto, se decidió que el 13 de agosto se lanzaría una formidable operación de castigo, para la que reunieron 1.800 aparatos que debían atacar en cinco terroríficas oleadas. Göring creía que esa jornada, dirigida a doblegar de forma definitiva la tenaz resistencia inglesa, iba a suponer el triunfo definitivo de las alas germanas, por lo que la bautizó de forma grandilocuente como el "Día del Águila" (*Adlertag*).

De la importancia otorgada a esta misión habla por sí sola la cifra de aparatos empleados, que suponía tres cuartas partes del total de los efectivos correspondientes al litoral entre Cherburgo a Noruega. Hasta aquel momento, la aviación alemana no había empleado en sus ataques más que una décima parte de sus efectivos. El "Día del Águila" era la gran apuesta de Göring para vencer en la Batalla de Inglaterra.

Las condiciones climatológicas con que se presentó la jornada, con cielos nubosos y alguna tímida llovizna, aconsejaban suspender el ataque, por lo que Göring decidió aplazar el inicio de la operación, a la espera de que el tiempo mejorase. El hecho de que algunos bombardeos despegasen al no tener noticia del aplazamiento supuso un error de coordinación. Al final, a las dos de la tarde se dio la orden de lanzar la misión, pero el efecto sorpresa ya no existía.

Aunque el bombardeo fue masivo y los daños sufridos por los ingleses fueron importantes, el resultado de esta acción que pretendía ser definitiva fue

Spitfire británicos fueron los grandes protagonistas de la Batalla de Inglaterra.

muy negativo para los alemanes. El *Adlertag* sería una muestra de lo que ocurriría con las misiones posteriores; mientras que los defensores perdían solo trece aparatos, la *Luftwaffe* había visto como eran derribados cuarenta de los suyos. El enfado de Göring por este fracaso dio paso a una profunda decepción. Hitler comenzó a pensar que se había equivocado confiando en él para derrotar a los ingleses, al igual que había errado dejando en manos de la *Luftwaffe* la liquidación de la bolsa de Dunkerque.

En los días siguientes, la Fuerza Aérea alemana presentaba evidentes signos de agotamiento debido al esfuerzo realizado para organizar el "Día del Águila". El objetivo de la invasión comenzó a verse como una meta lejana en el tiempo. Göring pasó a plantear la batalla aérea como una "guerra total" y no como un medio para facilitar el desembarco.

Sin duda, esos fueron los peores momentos sufridos por los británicos durante la Batalla de Inglaterra. Aunque el número de aviones germanos derribados era el doble que de ingleses, las reservas de la RAF se iban agotando. A los aparatos destruidos había que sumar la constante pérdida de pilotos, pese a las incorporaciones de tripulaciones inexpertas y de aviadores polacos, checos u holandeses. La población británica no era consciente de que su país estaba al borde del colapso. Pero en ese momento crítico la suerte se alió con Gran Bretaña.

LONDRES BAJO LAS BOMBAS

El 24 de agosto se produjo un hecho que fue determinante para el desenlace de la Batalla de Inglaterra. Un grupo de aviones alemanes que tenía como misión bombardear instalaciones militares se desorientó y dejó caer sus bombas sobre una zona habitada de Londres. Los británicos descartaron el que se tratase de un error, por lo que, a la noche siguiente, llevaron a cabo una operación de represalia; ochenta bombarderos consiguieron llegar a Berlín, lanzando su carga de bombas sobre la capital del Reich. Aunque los daños fueron mínimos, esta osadía desató la ira de Hitler, que ordenó que Londres ardiera por los cuatro costados.

Esta decisión del *Führer* fue un tremendo error, puesto que en esos momentos los alemanes estaban muy cerca de destruir por completo a la Fuerza Aérea británica. En ese mes de agosto se habían construido un buen número de aeródromos en la costa francesa, lo que aumentaba el radio de acción de los cazas germanos. Desde que los puntos de salida se habían acercado, la *Luftwaffe* había visto reducidas sus pérdidas; aunque aún eran cuantiosas, la disminución continua de los recursos de la RAF hacía pensar que serían los ingleses los primeros en perder su capacidad de combate.

A consecuencia de las nuevas directrices de Hitler, la táctica seguida por el Alto Mando de la *Luftwaffe* dio un giro. El sábado 7 de septiembre los aviones germanos dejaron de atacar los aeródromos y se dirigieron hacia Londres. El bombardeo comenzó por la tarde y se prolongaría hasta las cuatro de la madrugada, sirviendo como referencia el resplandor del fuego. Los bomberos no pudieron apagar los incendios hasta la mañana siguiente. Esta despiadada acción contra la población civil se saldó con trescientos muertos y más de un millar de heridos.

En esos momentos la Operación León Marino, después de sucesivos aplazamientos, estaba, ahora sí, a punto de lanzarse. Las barcazas se encontraban reunidas en los puertos franceses y el gobierno británico creyó que la invasión se iba a producir de un momento a otro, lo que dio lugar a varias falsas alarmas. Pero, antes de que diese comienzo la operación, se ordenó un segundo ataque masivo sobre Londres. En esta ocasión, los cazas ingleses ya no se encontraban desprevenidos y tan solo la mitad de los bombarderos germanos consiguió sobrevolar el cielo de la capital. Este fracaso desanimó a Hitler, que detuvo la concentración de barcazas en el Canal.

El 15 de septiembre fue el momento culminante de la Batalla de Inglaterra. Göring planificó una gran operación diurna contra Londres. Para ello dispuso una primera oleada matutina de cien bombarderos y una posterior de ciento cincuenta, acompañados por un gran número de cazas. Pero la detención de los ataques contra los campos de aviación había hecho posible la recuperación de los escuadrones de cazas británicos, que lograron rechazar estas incursiones. Al final, los bombarderos germanos se vieron obligados a huir en dirección a la costa, dejando caer su cargamento de bombas sobre la campiña del sur de Inglaterra.

Los ataques aéreos se repitieron contra otras ciudades menos protegidas. El 27 de septiembre se intentó otro bombardeo diurno sobre Londres, pero resultó también un desastre, al igual que otro que se intentó tres días más tarde, perdiendo en él medio centenar de aparatos. Göring decidió que a partir de entonces los bombardeos serían nocturnos, aprovechando la avanzada tecnología alemana en sistemas de navegación.

La Batalla de Inglaterra había entrado en una fase que provocaría grandes padecimientos a los civiles y que conllevaría la destrucción de zonas pobladas pero, paradójicamente, ese cambio de objetivos supuso la salvación para Gran Bretaña. Los aeródromos pudieron reconstruirse y muy pronto los cazas volvieron a despegar desde ellos con normalidad.

La decisión de centrar los bombardeos en las ciudades, relegando el ataque a los campos de aviación a ser un objetivo secundario, fue tomada en la creencia de que la población civil no resistiría los sufrimientos y reclamaría a

Londres, envuelta en llamas por la acción de la *Luftwaffe*.

las autoridades poner fin a la guerra, cediendo a la paz impuesta por Hitler. Fue la primera vez en la que se puso a prueba la teoría que algunos expertos defendían desde el final de la Primera Guerra Mundial y que la historia se ha encargado de demostrar como falsa, consistente en que la guerra aérea podría resolver por sí sola una contienda.

Desde noviembre, ninguna ciudad británica se encontraría a salvo de los ataques nocturnos de la *Luftwaffe*. El día 14 de ese mes, la ciudad de Coventry fue objeto de un brutal ataque realizado por 449 bombarderos, que provocó 550 víctimas mortales. A partir de entonces, para describir los efectos de un bombardeo de estas características se emplearía el verbo "coventrizar". Las consecuencias de arrasar Coventry se verían más tarde, cuando los aviones aliados sometieron a un castigo aún más severo a las ciudades germanas; las reservas morales que podían suponer estas operaciones serían superadas con el recuerdo de la destrucción de esa ciudad.

En las noches siguientes, Birmingham, Southampton, Bristol, Plymouth, Liverpool y nuevamente Londres serían duramente castigadas. De las bombas de la *Luftwaffe* no se librarían ni la lejana Belfast ni tampoco Dublín, la capital de la neutral Irlanda, que vería cómo caían sobre ella unas bombas lanzadas por error por un bombardero que tenía como destino la capital de Irlanda del Norte.

Londres fue la ciudad que más sufrió la lluvia de bombas germanas, pero aún así la vida de sus habitantes no se vio gravemente afectada. Los londinenses continuaron cumpliendo con su jornada laboral y muchos permanecían en sus casas durante los bombardeos nocturnos. Los escasos refugios se encontraban atestados, por lo que el metro se convirtió en el lugar más cómodo. Al atardecer, los andenes de las estaciones se iban llenando de mujeres y niños, que pasaban allí toda la noche.

Si Hitler creía que los ingleses pedirían la paz de rodillas, se equivocaba. El pueblo británico se unió sin fisuras en torno a Winston Churchill, que supo estar siempre al lado de los que más sufrían. Al contrario de Hitler, que nunca tendría el valor de visitar una zona bombardeada temiendo alguna incómoda reacción popular, Churchill se dirigía inmediatamente a los barrios que habían resultado más dañados. Allí se interesaba por los heridos y consolaba a los que habían perdido su hogar. Caminando decidido por las calles llenas de escombros, Churchill era vitoreado por las masas que acudían para verle y él respondía colocando su bombín sobre el bastón y levantando este en el aire, mostrando una amplia sonrisa que contagiaba de inmediato su confianza en la victoria.

Mientras tanto, las fuerzas alemanas sufrían cada vez más bajas en sus operaciones. Pese a que ya podían partir desde aeródromos cercanos a la costa del Canal, los cazas germanos seguían combatiendo junto a los bombarderos unos pocos minutos, puesto que necesitababan la mayor parte del combustible que cabía en sus depósitos para el viaje de ida y de regreso a sus bases en el continente. En ocasiones, esos cazas agotaban el carburante durante sus evoluciones en cielo inglés y no conseguían alcanzar la otra orilla del Canal de la Mancha, cayendo al mar. Naturalmente, los aviones ingleses no sufrían este inconveniente, al interceptar rápidamente a las formaciones alemanas, y por lo tanto podían permanecer mucho más tiempo en el aire.

En ese momento crucial de la guerra, los grandes protagonistas fueron los pilotos de la RAF. Su espíritu de sacrificio, así como su resistencia física, fue fundamental para rechazar la agresión alemana. Llevando a cabo varias misiones al día, venciendo a la fatiga y al sueño, se convirtieron en unos auténticos héroes. Churchill les dedicó las que serían probablemente las palabras más elogiosas de toda la contienda:

"La gratitud de todos los hogares, en nuestra isla, en nuestro Imperio, y hasta en el mundo —con excepción de los culpables—, va a los pilotos británicos que, intrépidos por la desproporción de las fuerzas en acción e infatigables en sus incesantes combates en lo peor del peligro, están en vías de ganar la guerra a cuenta de proezas y de abnegación. Nunca, en la historia de los conflictos humanos, tantos han debido tanto a tan pocos".

El vuelo de Rudolf Hess

La Batalla de Inglaterra proporcionaría uno de los capítulos más insólitos de la guerra y que aún hoy día ofrece numerosas incógnitas sin resolver.

A las once de la noche del 10 de mayo de 1941, un granjero escocés había visto cómo un paracaidista se posaba cerca de su casa. Tras permitirle la entrada en su hogar y servirle un té caliente, el piloto le dijo que buscaba al Duque de Hamilton porque debía entrevistarse con él. Al día siguiente, una vez en presencia del noble, al cual había conocido durante los Juegos Olímpicos de Berlín, el aviador reconoció ser Rudolf Hess, el lugarteniente de Hitler.

El objetivo de Hess era alcanzar un acuerdo de paz con el gobierno británico, basado en un reparto del mundo en esferas de influencia y, por encima de todo, en la salida de Churchill del gobierno, considerado un obstáculo para el entendimiento entre ambas naciones. Hess estaba convencido de que sería conducido ante el primer ministro o incluso el rey Jorge VI, pero tras la entrevista con el Duque se encontró encerrado en una celda con un pijama gris y cubierto con una manta del Ejército. Churchill, tras enterarse de los pormenores de la charla por boca del propio Duque, había ordenado que fuera tratado como un prisionero de guerra.

Tras un breve paso por la Torre de Londres, acabó encerrado en un hospital militar. Por mediación de varios enviados, Churchill fue informado de los términos de la oferta de paz, pero el *premier* británico los consideró totalmente inaceptables.

Los testimonios sobre la reacción de Hitler ante la noticia son contradictorios; según unos, el *Führer* montó en cólera y maldijo a Hess, mientras que otros describen a un Hitler resignado, lo que ha hecho creer que podía conocer las intenciones de Hess o incluso haberlo animado a llevar a cabo la misión. También se ha aventurado que fueron los servicios secretos británicos quienes tendieron una trampa en la que Hess cayó, aprovechando su mente inestable.

Sea como fuere, el *número tres* del régimen nazi estaba en poder del enemigo. Hitler ordenó que Hess fuera declarado loco, lo cual conllevó no pocos comentarios, ya que muchos no entendieron cómo se había permitido que un demente detentase tanto poder en el Tercer Reich.

Hitler admite su derrota

Aunque los ataques sobre las ciudades se prolongaron hasta el 16 de mayo de 1941, seis días después del enigmático viaje de Rudolf Hess, es probable que ya en octubre de 1940 Hitler fuera consciente de que no conseguiría derrotar a los ingleses. La prueba es que la Operación León Marino quedó definitivamente cancelada el 12 de octubre. De todos modos, Hitler dio órdenes de que se mantuviera abierta la posibilidad de la invasión para la primavera o el verano de 1941, pero tan solo como maniobra de presión política.

Hitler desechó el proyecto de aplastar a la orgullosa Inglaterra y se embarcó en la mayor apuesta de su vida, que sí contaba con todo su entusiasmo: la invasión de la Unión Soviética. Pero el ataque a Rusia no podía emprenderse hasta la llegada del buen tiempo, por lo que era necesario esperar la llegada del verano.

Así pues, durante ese largo compás de espera continuarían los bombardeos nocturnos para mantener la amenaza sobre las islas británicas, mientras se procedía a acumular tropas y material en las regiones orientales de Alemania. Los aviones fueron los últimos en abandonar el escenario occidental antes de marchar al este. Pero el precio que la *Luftwaffe* pagó por su frustrada campaña en los cielos británicos, un total de 1.733 aparatos, marcó quizás la diferencia entre el éxito y el fracaso en la invasión de las estepas rusas que se desataría en el verano de 1941.

Los ingleses habían sido los primeros en conseguir frenar a Hitler, pero el Tercer Reich no estaba ni mucho menos derrotado. En esos momentos disponía del ejército más potente del mundo y estaba a punto de lanzarlo contra la Unión Soviética, en la ofensiva más colosal que nunca haya visto la historia.

Escenarios

En el **Museo de la RAF** de **Hendon**, además de la información relativa a la Operación León Marino, tal como ha sido referido en el capítulo correspondiente, se pueden contemplar buena parte de los aviones protagonistas de la Batalla de Inglaterra, como el *Hurricane*, el *Spitfire*, el Messerschmitt 109 o el Junkers Ju-88 *Stuka*.

Existe otro museo de la RAF en **Cosford**, cerca de Wolverhampton, en el que se exhiben setenta aparatos en tres hangares de la época, entre los que destaca un avión de transporte alemán Junkers Ju-52, cuyo interior es accesible para el visitante.

El aeródromo que estaba en primera línea de fuego era el de **Manston**. Fue el primero en recibir los ataques de la *Luftwaffe*. Posteriormente, sus pistas se convirtieron en el ansiado refugio que buscaban los bombarderos dañados que regresaban de sus misiones en el continente. En la actualidad acoge el **Spitfire and Hurricane Memorial Building**, un museo que rinde homenaje a estos dos míticos aparatos. Otro museo interesante es el **Kent Battle of Britain Museum**, en Folkestone, emplazado también en un antiguo aeródromo.

Los apasionados por la aviación disfrutarán igualmente con las exhibiciones aéreas que se celebran cada verano en otro aeródromo, el de **Duxford**, cerca de Cambridge, en el que participan una veintena de aparatos protagonistas de la Batalla de Inglaterra.

El centro de decisiones del Mando Supremo británico durante la guerra estaba protegido de los bombardeos. Estas instalaciones, situadas muy cerca de la residencia del primer ministro de *Downing Street*, son conocidas como las **Cabinet War Rooms**. Este refugio fue construido en el verano de 1938 y comenzó a ser ocupado el 27 de agosto de 1939. Hasta el final de la contienda no se hizo público su emplazamiento exacto. Albergaba un complejo sistema de comunicaciones capaz de transmitir las órdenes de Londres a cualquier punto del Imperio británico.

Las Cabinet War Rooms fueron clausuradas el 15 de agosto de 1945 y permanecerían cerradas hasta 1981, cuando sus salas fueron abiertas al público. La instalación consta de una veintena de habitaciones; salas de mapas, oficinas, dependencias para el personal y los dormitorios privados destinados a Churchill y a algunos altos oficiales. En enero de 2005, para conmemorar el 60 aniversario del final de la guerra, se inauguró el **Churchill Museum** en unas salas anexas, dedicado íntegramente a la figura del hombre que dirigió a Gran Bretaña durante la contienda.

La casa en la que Churchill residió desde 1924 hasta su muerte, en Chartwell, en el condado de Kent, puede ser visitada. En ella se pueden encontrar objetos personales, libros, fotos, muebles, sombreros y sus inseparables puros.

Uno de los principales escenarios de la guerra, y a la vez de los menos conocidos, es la sala de operaciones de la aviación británica durante la contienda, la **RAF Uxbridge Battle of Britain Operations Room**. En estas instalaciones subterráneas, situadas en la localidad de Uxbridge, se jugó el destino de Gran Bretaña. Una enorme mesa en el centro de la sala reflejaba prácticamente en tiempo real la situación de los aviones durante la Batalla de Inglaterra. Los aparatos, tanto propios como enemigos, estaban representados por fichas de colores que eran desplazadas por la mesa con la ayuda de palas de croupier. Los alemanes no contaron con una sala de mando equivalente.

Protagonistas

Hermann Göring (1893-1946). Mariscal del Aire alemán. Piloto de caza durante la Primera Guerra Mundial, conoció a Hitler en 1922 y se unió al movimiento nazi. Herido en una pierna, arrastró durante toda su vida la adicción a la morfina. Presidente del Reichstag en 1932, se convirtió en un excéntrico megalómano. Amante de los uniformes vistosos y las batas de seda, tenía un león como animal doméstico. Organizó la *Luftwaffe*, consiguiendo el favor de Hitler, que lo nombró en 1940 Mariscal del Reich. Pero los fracasos de Dunkerque, Inglaterra o Stalingrado acabaron con su prestigio. Al final, Hitler lo destituyó y ordenó su arresto por traición. Capturado por los norteamericanos, fue juzgado en Nuremberg y condenado a muerte, pero consiguió suicidarse antes de ser ahorcado.

Hugh Dowding (1882-1970). Mariscal del Aire británico. Dirigió el Mando de Caza de la RAF durante la Batalla de Inglaterra. Su innovadora utilización de la fuerza aérea supuso la superación de las ideas ya desfasadas que regían en la RAF cuando tomó el mando, en 1936. Entre sus muchos méritos en la guerra, no reconocidos por su país hasta años después, cabe destacar el desarrollo del sistema de radar costero con una veintena de estaciones que cubrían la costa, así como el apoyo decisivo al desarrollo de los dos cazas británicos más famosos: el Hawker Hurricane y el Supermarine Spitfire. Se retiró en 1942.

Jorge VI (1895-1952). Rey de Gran Bretaña de 1936 a 1952, permaneció junto a su familia en Londres en los peores momentos, rechazando marchar a Canadá. Dio ejemplo ante su pueblo de dignidad y valor, visitando ciudades en ruinas y refugios antiaéreos. El 13 de septiembre de 1940, una bomba cayó en el palacio de Buckingham, pero resultó ileso. Colaboró estrechamente con Churchill durante toda la contienda.

Rudolf Hess (1894-1987). Dirigente nacionalsocialista. Nació en Alejandría, hijo de un exportador de vinos. Combatió en la Primera Guerra Mundial, resultando herido. En 1920 conoció a Hitler y enseguida mostró una desmedida devoción por él. Al comenzar la guerra era el segundo en el orden de sucesión del *Führer*, después de Göring, pero su influencia fue decreciendo. En mayo de 1941 marchó a Escocia en un vuelo solitario para proponer la paz a los ingleses. Fue internado hasta el fin de la guerra. Juzgado en Nuremberg, fue condenado a cadena perpetua. Confinado en Spandau, se suicidó en 1987, colgándose de un cable eléctrico.

Filmografía

* **El gran Mitchell** (The first of the few, Leslie Howard, 1942).
* **La Batalla de Inglaterra** (*The Battle of Britain*, Frank Capra, 1943).
* **La Batalla de Inglaterra** (*The Battle of Britain*, Guy Hamilton, 1969).
* **La Batalla de Inglaterra** (*La Battaglia d'Inghilterra*, Enzo G. Castellari, 1969).
* **Un mundo azul oscuro** (*Tmavomodry svit*, Jan Svirak, 2001).

Capítulo 12
La campaña de los Balcanes

Hitler había fracasado en su intento de doblegar la resistencia de Gran Bretaña. Pero aún así decidió emprender su plan más ambicioso: La invasión de la Unión Soviética. Esta debía iniciarse a principios del verano; antes no era posible, puesto que los caminos se encontrarían embarrados debido al deshielo primaveral, y tampoco era posible lanzarla más tarde, puesto que debía completarse antes de la llegada de las nieves invernales.

Cuando ya había comenzado la cuenta atrás para la invasión, Hitler se vio obligado a intervenir en los Balcanes. La causa se remontaba a cinco meses atrás, el 28 de octubre de 1940, cuando las ansias expansionistas de su aliado Mussolini le habían llevado a invadir Grecia desde territorio albanés, un país que se había anexionado en abril de 1939.

Ese mismo día, Mussolini recibió a Hitler en Florencia, y le anunció: "*Führer*, estamos avanzando, ¡al alba de esta mañana las victoriosas tropas italianas han atravesado la frontera grecoalbanesa!".

El Ejército italiano, dirigido por el general Visconti Prasca, progresaría durante tres días por territorio griego sin encontrar obstáculos. Pero la campaña, que se esperaba muy cómoda, acabó desembocando en un desastre y los italianos se encontraron al poco tiempo a la defensiva en Albania. Un desembarco de tropas británicas en Grecia en noviembre de 1940 vino a complicar aún más las cosas para el Eje.

Estaba claro que Hitler no podía emprender la conquista de Rusia mientras se mantuviera la presión aliada en los Balcanes, por lo que decidió resolver el desaguisado provocado por el impulsivo Mussolini recurriendo a sus expeditivos métodos. El objetivo prioritario debía ser la invasión de Grecia.

Para atacar al país heleno era necesario abrirse paso a través de los Balcanes, por lo que Berlín presionó a los países de esta región para que se uniesen al Eje. Yugoslavia cedió, pero un golpe de Estado contrario a los intereses germanos, producido el 27 de marzo de 1941, puso en peligro la necesaria colaboración yugoslava. La noticia del golpe enfureció a Hitler, quien ordenó al general Franz Halder que se encargase de mantener a ese país en la órbita del Tercer Reich: "¡Yugoslavia debe ser abatida lo antes posible!", le dijo el *Führer* en presencia de Hermann Göring y Joachim von Ribbentrop.

El ataque a Yugoslavia

Halder recibió de manos de Hitler la Directiva Nº 26, donde se fijaban las estrategias a seguir de manera inmediata en los Balcanes. El general se vio obligado a idear rápidamente un plan de ataque simultáneo a Yugoslavia y Grecia.

En referencia a Yugoslavia, las fuerzas germanas penetrarían en Croacia partiendo de Estiria y otras unidades rápidas avanzarían desde Hungría en dirección a Belgrado. Unidades acorazadas dispuestas en las cercanías de Sofía se moverían rumbo a Belgrado con el objetivo de llegar a Grecia mientras que otras partirían del sur de Bulgaria hacia la frontera albanesa. Por otro lado, cuatro divisiones italianas se dirigirían a Ragusa desde sus bases en el norte de Albania, protegiendo la costa de un posible desembarco de fuerzas británicas. Con ese plan, las fuerzas yugoslavas quedarían aisladas de los ingleses y griegos.

Hitler aprobó el proyecto presentado por Halder, que priorizaba la movilidad de las tropas para completar la invasión en el menor tiempo posible. La fecha para el ataque quedó fijada para el día 6 de abril.

Durante la mañana de ese día se inició el bombardeo de Belgrado, una acción que llevaría el nombre de Operación Castigo. La capital yugoslava carecía de artillería antiaérea, por lo que el ataque de la *Luftwaffe* careció de riesgo alguno para los aparatos germanos. Los bombarderos, que llegaban en oleadas sucesivas procedentes de aeródromos situados en territorio rumano, arrojaron metódicamente su mortífera carga a lo largo de tres días.

No se sabe cuántos muertos produjo el bombardeo, pero se calcula que arrrebató la vida a unas 17.000 personas. Una escena surrealista se representó cuando los muros del parque zoológico se vinieron abajo y los animales, desde leones a osos o elefantes, se desperdigaron por la ciudad, envuelta en densas nubes de humo provocadas por las explosiones.

Además de castigar y amedrentar a la población civil, la operación tenía como objetivo destruir los edificios de gobierno en Belgrado y de los centros de mando. El gobierno huyó y el Ejército yugoslavo quedó descabezado, sin gobierno ni mandos militares. Las fuerzas alemanas iniciaron una veloz ofensiva por tierra que prácticamente no encontró resistencia. Los panzer avanzaban a gran velocidad por las carreteras yugoslavas.

Los alemanes ocuparon Zagreb el 10 de abril. Los tanques continuaron su camino hacia Belgrado, donde entrarían el 12 de abril, y después se dirigieron hacia Sarajevo, tomándola el 16 de abril. Las fuerzas italianas fueron enlazando con las alemanas en varios puntos, extendiendo el control del Eje sobre el país y liquidando cualquier resistencia.

El 17 de abril, los mandos yugoslavos comunicaron a sus tropas que podían capitular, pero los alemanes exigieron la rendición incondicional, lo que finalmente fue aceptado, al no estar en condiciones de negociar nada con las victoriosas fuerzas germanas. Yugoslavia sufrió un duro castigo; Italia tomó la costa adriática, Hungría ocupó el Banato, Bulgaria tomó Macedonia y Croacia fue independizada, con un régimen ultranacionalista al frente, dirigido por Ante Pavelic.

Las bajas alemanas en la campaña de Yugoslavia se habían limitado a 155 muertos, 340 heridos y 11 desaparecidos, muy por debajo de las previstas.

La Operación Marita

La invasión de Grecia, que recibiría el nombre de Operación Marita, comenzó simultáneamente con el ataque a Yugoslavia el 6 de abril de 1941. En la mañana de ese día, unidades alemanas en Bulgaria cruzaron la frontera helena, pero tenían ante sí la Línea Metaxas, una fortificación que se extendía a lo largo de un centenar de kilómetros, compuesta de búnkers y trincheras, y que serpenteaba por riscos inexpugnables. Al sur de esta línea defendida por las fuerzas griegas se concentraba la llamada "Fuerza W" británica, compuesta por soldados ingleses, australianos y neozelandeses, al mando del General Wilson. El ataque alemán que pretendía abrir brecha en la Línea Metaxas quedó detenido.

El 7 de abril, los aviones que habían reducido Belgrado a escombros el día anterior se dirigieron al puerto de El Pireo, que se encontraba atestado de buques británicos que tenían como misión abastecer a las tropas que debían hacer frente a los alemanes. En pocos minutos, once buques fueron alcanzados por las bombas germanas y las instalaciones portuarias quedaron totalmente destruidas, provocando un serio contratiempo a los Aliados, pues este era el único puerto que podían utilizar.

Una columna alemana avanzando por un polvoriento camino, durante la invasión de Grecia.

Mientras tanto, tres divisiones alemanas del Cuerpo de Montaña se hallaban detenidas ante la Línea Metaxas. Pero la acción combinada de los aviones, los lanzallamas y la artillería de montaña consiguió abrir una brecha. El resto de las fuerzas alemanas rodearon la línea fortificada por ambos extremos de la misma. Una división acorazada llegó a Salónica el 9 de abril y ese día comenzaron a rendirse las tropas locales. A partir de ese momento, las fuerzas alemanas se concentraron en rodear a las fuerzas británicas, que se encontraban aisladas de las fuerzas griegas.

El único lugar en el que los griegos mantenían sus posiciones era en el frente albanés, contra las tropas italianas, pero su resistencia sería finalmente vencida el 12 de abril. Sin embargo, fracasó el intento de alemán de rodear a los británicos. El General Wilson logró sacar al grueso de sus tropas hacia el sur, justo antes que las fuerzas procedentes de Salónica cerraran el ansiado cerco. Los británicos trataron de defender el mítico Paso de las Termópilas[8], pero perdieron la localidad de Larissa, que cayó en manos germanas el 21 de abril. Ese mismo día Grecia firmaría la capitulación ante los alemanes en Larissa y dos días más tarde lo harían ante los italianos en Salónica.

La resistencia británica en las Termópilas se mantuvo hasta el 25 de abril, un tiempo que fue hábilmente aprovechado por el general Wilson para dirigir a sus tropas hacia los puertos desde los que debían ser evacuadas rumbo a Creta. Los alemanes, que deseaban atrapar el mayor número de soldados británicos, desplegaron un ataque con dos batallones de paracaidistas para tomar el puente que salvaba el canal de Corinto, tomando por sorpresa a las fuerzas encargadas de su custodia. No obstante, el puente voló de manera fortuita, al activarse las cargas de demolición que habían intalado los griegos.

Los paracaidistas ocuparon Corinto, pero no fue posible detener a los británicos que escapaban hacia el sur en dirección a los puertos del sur del Peloponeso. El 27 de abril, tropas alemanas en motocicleta entraron en Atenas, seguidas por vehículos blindados, carros e infantería. La población ateniense ya esperaba la llegada de los alemanes desde hacía varios días y permaneció encerrada en sus casas manteniendo bien cerradas las ventanas. Radio Atenas hizo un llamamiento a no ofrecer resistencia al invasor.

Cuando el 29 de abril las fuerzas alemanas lograron llegar a la costa sur del Peloponeso, las fuerzas británicas ya habían zarpado rumbo a Creta, habiendo tenido tiempo incluso de embarcar buena parte de su equipo. De este modo concluía la invasión de Grecia; el 1 de mayo se formó un gobierno títere

---

[8] Las Termópilas son famosas por la batalla de las Termópilas, que enfrentó a 300 espartanos al mando de Leónidas a los persas en el año 480 a. C.

de los alemanes, presidido por Giorgos Tesolakoglu, y el 11 de mayo se completó la ocupación de todo el territorio heleno.

La esvástica, en el Partenón

Los aviones de la *Luftwaffe* sobrevolaban triunfantes un Partenón en el que ondeaba la esvástica[9], una escena que era proyectada en los noticiarios. Como si de un símbolo de la aciaga suerte que sufría Europa se tratase, la cuna de la civilización occidental se hallaba sometida en ese momento a la fuerza bruta del nazismo.

La campaña de los Balcanes había sido un éxito incuestionable para las fuerzas alemanas. Hitler empleó cerca de medio millón de hombres en la invasión, sufriendo tan solo 5.500 bajas, y capturando 10.000 británicos, 90.000 yugoslavos y 270.000 griegos.

Sin embargo, la ocupación de Grecia por el Eje resultó ser una labor difícil y costosa. La indeseada presencia alemana condujo a la creación de numerosos grupos de resistentes, que se lanzaron a una guerrilla contra los ocupantes y pusieron en pie redes de espionaje. Aunque pueda resultar sorprendente, los soldados griegos merecieron los elogios de Hitler, quien en un discurso ante el Reichstag dijo, a propósito de la campaña: "Hay que decir, por respeto a la verdad histórica, que de entre todos nuestros enemigos, solo los griegos han combatido con tanto coraje y desprecio hacia la muerte". Esta admiración del dictador germano por los combatientes helenos quedaría certificada por la siguiente anotación en el diario de Joseph Goebbels, correspondiente al 9 de abril de 1941: "Prohíbo a la prensa subestimar o difamar a Grecia, el *Führer* admira la valentía de los griegos".

La resistencia griega recibiría igualmente el homenaje del resto del mundo. Churchill dijo: "No diremos que los griegos combaten como héroes, sino que los héroes combaten como los griegos". El presidente estadounidense

---

[9] Durante los días siguientes, la población ateniense y la prensa internacional se hicieron eco de diferentes historias a propósito de la bandera nazi de la Acrópolis. Según la versión más aceptada, los alemanes pidieron al soldado encargado de la custodia de la bandera griega, Konstantinos Koukidis, que arriase la bandera griega de su mástil y que la reemplazase por la esvástica. El joven soldado obedeció, pero rehusó entregar la bandera a las autoridades alemanas, se enrolló en su interior y se arrojó desde lo alto de la Acrópolis, lo que provocó su muerte, convirtiéndose así en un mártir para los griegos.

El 30 de mayo, la bandera nazi fue robada por dos griegos, Manolis Glezos y Apostolos Santas, en la primera gran acción, aunque fuera meramente propagandística, de la resistencia griega contra los invasores alemanes. Esta hazaña obtendría un gran eco en la prensa aliada, por lo que suponía de desafío a la hegemonía germana en la Europa ocupada.

La esvástica es izada en el Partenón.

Franklin Roosevelt aseguró que "todos los pueblos libres están muy impresionados por el coraje y la tenacidad de la nación griega... que se defiende a sí misma con tanto valor", mientras que Josif Stalin afirmó en una carta abierta leída en Radio Moscú que "el pueblo ruso estará eternamente agradecido a los griegos por haber retardado al ejército alemán lo bastante como para que llegase el invierno, lo que nos concedió un tiempo precioso que necesitábamos para prepararnos. No lo olvidaremos jamás".

Esta resistencia enérgica forzó al Eje a movilizar a centenares de miles de soldados en Grecia, cuando esos soldados habrían sido más útiles en otros frentes. Pero también hay que destacar que esas dos semanas que Grecia resistió más que Yugoslavia pudieron haber sido decisivas para la suerte de la invasión de la Unión Soviética. Wilhelm Keitel, jefe supremo de las fuerzas armadas alemanas, aseguraría durante el proceso de Nuremberg: "La increíble resistencia de los griegos retrasó en uno o dos meses vitales la ofensiva alemana contra Rusia; sin ese retraso, el final de la guerra habría sido diferente en el frente del este y para la guerra en general".

Escenarios

En la zona se pueden visitar varios museos que aportan información relevante sobre el paso de la guerra por esta convulsa región, como el **Museo Militar de Serbia** y el **Museo de la Aviación Yugoslava** en Belgrado o el **Museo de Historia Moderna de Croacia** en Dubrovnik.

A cien kilómetros al sur de Zagreb, en la población de **Jasenovac**, se encuentran los restos del campo de concentración más importante de los levantados por el régimen fascista croata, que incluye un pequeño museo. En el noroeste de Eslovenia, cerca de la ciudad de Cerkno, puede visitarse en **Hospital Partisano**, que sobrevivió a dos ataques alemanes.

En Grecia es recomendable una visita al **Museo de la Guerra** en Atenas. El recuerdo de la presencia británica en el país heleno se puede comprobar en la isla de **Leros**, en la que se encuentra un cementerio británico y un pequeño memorial y algunos restos de barcos de la *Royal Navy* hundidos cerca de **Donoussa**. La deportación de los judíos griegos por los alemanes, rumbo a los campos de exterminio, tiene su presencia en **Tesalónica**, una ciudad que en 1986 dedicó una plaza a su memoria. En el cementerio judío de esta ciudad hay un **Memorial del Holocausto**.

Protagonistas

Pablo, Príncipe de Yugoslavia (1893-1976). Aunque era partidario de la neutralidad, se vio obligado a plegarse a las exigencias de Hitler, por lo que cerró un acuerdo con Alemania a cambio de la Macedonia griega. Pero el pueblo y el Ejército yugoslavos se rebelaron, obligándole a abandonar el país y exiliarse en Kenia.

Franz Halder (1884-1971). General alemán. En 1938 se convirtió en jefe del Estado mayor general alemán tras la dimisión de Beck. Contrario a iniciar la guerra, acabó diseñando las sucesivas campañas de la guerra relámpago, como la lanzada en los Balcanes en 1941. En septiembre de 1942 fue sustituido por Zeitzler. Implicado en el atentado contra Hitler de julio de 1944, fue internado en el campo de Dachau. Liberado en 1945, actuó como testigo en los juicios de Nuremberg.

Alexandros Papagos (1883-1955). General griego. Comandante en jefe del Ejército griego. Ante el ataque alemán, situó su fuerza defensiva detrás del río Aliakmon, pero se vio obligado a ordenar la retirada definitiva. Se integró en la resistencia interior y fue detenido por los nazis, siendo llevado prisionero a Alemania. Tras la guerra, regresó a Grecia.

Filmografía

* **El último puente** (*Die Letzte Brücke*, Helmut Käutner, 1954).
* **Secreta invasión** (*The secret invasion*, Roger Corman, 1964).
* **Fuerza 10 de Navarone** (*Force 10 from Navarone*, Guy Hamilton, 1978).
* **Evasión en Atenea** (*Escape to Athena*, George Pan Cosmatos, 1979).
* **La mandolina del capitán Corelli** (*Captain's Corelli Mandolin*, John Madden, 2001).

Capítulo 13
Paracaidistas sobre Creta

Tras la fulgurante invasión de los Balcanes, parecía que Hitler podría centrarse plenamente en el planeado ataque a la Unión Soviética, pero de nuevo el desarrollo de los acontecimientos lo impidió. Los griegos y británicos que habían podido escapar de los alemanes se habían trasladado a la isla de Creta para continuar resistiendo desde allí. El *Führer* decidió intervenir para eliminar esa amenaza en el flanco mediterráneo, retrasando otra vez la orden de ataque en el Este.

La isla de Creta, la mayor del mar Egeo, estaba situada en el centro de las rutas marítimas del Mediterráneo oriental y podía proporcionar una excelente base para acciones aéreas en el norte de Africa. Los efectivos británicos concentrados en Creta, asistidos por dos Divisiones griegas, eran de solo 28.600 hombres, y además contaban únicamente con 36 aviones, de los que solo la mitad estaba en servicio, y un número igualmente reducido de tanques y cañones antiaéreos. Pero lo escarpado del terreno y el apoyo de la *Royal Navy* jugaban a su favor para ofrecer una feroz resistencia.

OFENSIVA AEROTRANSPORTADA

Por primera vez en la historia militar, se recurriría a fuerzas paracaidistas para emprender una ofensiva de gran alcance. La invasión alemana de Creta supondría un hito en la historia de la guerra aeromóvil. Hasta ese momento, las operaciones aerotransportadas se habían utilizado como una simple avanzadilla de las fuerzas de tierra, como había sucedido en el asalto a la fortaleza belga de Eben Emael el 11 de mayo de 1940 o, más recientemente, en la toma del canal de Corinto durante la invasión de Grecia.

Pero el ataque a Creta, cuyo nombre en clave sería "Merkur" (Mercurio), sería algo muy diferente. Se trataba de emplear paracaidistas y tripulantes de planeadores en una operación en la que solo se utilizarían fuerzas de este tipo. La operación fue diseñada por el *Generalmajor* Kurt Student, jefe de las fuerzas aerotransportadas (los *Fallschirmjäger*), quien estaba convencido de que sus hombres podían por ellos mismos conquistar un importante objetivo estratégico.

Student declararía más tarde en el juicio de Nuremberg que Hitler "deseaba dejar sin concluir la campaña de los Balcanes una vez alcanzado el sur de Grecia. Cuando oí esto, volé a ver a Göring y le propuse el plan para conquistar Creta solo con fuerzas aerotransportadas. Göring, siempre fácil al entusiasmo, advirtió con rapidez las posibilidades de la idea y me envió a Hitler, con quien me vi el 21 de abril. Cuando le expuse el proyecto, Hitler dijo 'parece bueno, pero yo no lo veo practicable'. Al final, logré convencerle".

La originalidad de la campaña, unida al resultado positivo final para las armas alemanas al lograr la conquista de la isla, ha dado lugar a una idealización de la misma, en la que los paracaidistas germanos aparentemente alcanzaron una rápida y fácil victoria, equiparable a las que venían anotándose los alemanes gracias a la guerra relámpago. Sin embargo, el análisis del desarrollo de la operación desdibuja seriamente su papel, como se verá más adelante.

Ante la débil fuerza defensora, los alemanes podían enfrentar unos 13.000 paracaidistas, 9.000 tropas de montaña, un millar de aviones, entre cazas y aparatos de transporte, y 80 planeadores, lo que movía al optimismo en el cuartel general alemán, del mismo modo que el gabinete de Guerra británico no se hacía ilusiones respecto a la capacidad de resistencia de sus tropas. La prueba más clara de su pesimismo es que el 19 de mayo, un día antes del ataque alemán, los aviones fueron sacados de la isla y enviados rumbo a Egipto. Sin embargo, el indomable carácter inglés no les permitía evacuar la isla sin lucha. Harían frente a los alemanes, pese a conocer con antelación el desenlace.

La hora de los paracaidistas

La conquista de Creta se inició a primera hora de la mañana del 20 de mayo de 1941, cuando los paracaidistas de la 7ª División Aerotransportada, a bordo de una impresionante escuadra de 493 aviones, se lanzaron sobre la isla. Entre ellos figuraba una celebridad, el ex campeón de boxeo de los pesos pesados Max Schmeling, quien sobreviviría a la batalla.

Antes de ser lanzados los paracaidistas, la *Luftwaffe* se había encargado de bombardear intensamente Heraklion y Maleme, dejando fuera de combate a la artillería antiaérea. Los lanzamientos de paracadistas se reanudarían a las cuatro y a las cinco de la tarde. Al anochecer se pudo comprobar que ninguno de los objetivos había sido tomado; tan solo en Maleme se había conseguido establecer un perímetro relativamente seguro.

Lo que se preveía como un paseo para estos soldados de élite se había convertido en una brutal carnicería. No eran pocos los paracaidistas que habían llegado a tierra ya muertos por las balas británicas. Algunos no tuvieron ni siquiera la oportunidad de saltar, ya que quince de esos aviones fueron derribados por los cañones antiaéreos y se precipitaron al suelo envueltos en llamas.

Los que llegaron en planeadores tampoco habían tenido mejor suerte; buena parte de estos aparatos se estrellaron en tierra o cayeron en el mar debido a un inesperado viento que soplaba desde el interior hacia la costa. De los aproximadamente 10.000 alemanes que participaron en la primera fase de la batalla, casi la mitad resultaron muertos, heridos o capturados.

Haciendo frente a todas estas dificultades, unos 5.000 paracaidistas lograron desplegarse por la isla. Afortunadamente para los alemanes, al día siguiente consiguieron hacerse con el control del aeródromo de Maleme, uno de los dos con los que contaba la isla, que estaba defendido por bravos soldados neozelandeses. Gracias a esta preciada posesión, que se obtuvo tras encarar feroces combates cuerpo a cuerpo, se facilitaría la llegada a la isla de tropas y material, a pesar de que el campo de aviación se hallaba bajo el lejano fuego de la artillería aliada. Un centenar de aviones alemanes resultaron alcanzados por los proyectiles británicos, pero el Alto Mando alemán parecía indiferente a esas pérdidas.

Al amanecer del 23 de mayo se produjo el contraataque aliado, que, en el área de Maleme, consiguió llegar muy cerca del aeródromo por el empuje de los neozelandeses. Pero poco a poco los alemanes hicieron retroceder la línea aliada hasta que lograron alejarla de la zona, gracias a la precisa acción de los cazas. En otras áreas de la isla los papeles estaban cambiados; eran los paracaidistas los que trataban de avanzar, mientras los británicos resistían en sus sólidas posiciones defensivas.

En apariencia, se trataba de una partida que debía acabar en tablas, pero los alemanes disfrutaban de una llegada constante de tropas y material. Se calcula que unos seiscientos aviones conseguirían aterrizar, con más o menos fortuna, en la isla. El avituallamiento continuo de los alemanes hacía que la posición aliada fuera más comprometida a cada hora que pasaba. Así lo entenderían también los propios británicos.

Lanzamiento de paracaidistas alemanes sobre Creta.

Evacuación aliada

El 27 de mayo, el comandante supremo el Mando de Oriente Medio, el general sir Archibald Wavell, informó a Churchill que Creta ya no podía sostenerse y que era necesario ordenar la evacuación de la isla. El primer ministro no tuvo otra opción que afrontar esa misión amarga y deprimente. Sobre la flota británica recaía ahora la responsabilidad de embarcar a casi 22.000 hombres, la mayoría de ellos desde la playa abierta de Sfakion, y transportarlos a Alejandría, navegando más de quinientos kilómetros por un mar que se hallaba bajo la amenaza continua de la *Lufwaffe*.

La evacuación se puso en marcha al día siguiente. Los soldados británicos comenzaron a embarcar, mientras la retaguardia se replegaba con cierto orden, pero el hundimiento del HMS *Imperial* vino a emborronar la buena marcha de la evacuación. Durante cuatro días, las tropas aliadas fueron retirándose, protegidos por algunos aparatos de la RAF que acudieron en su auxilio, mientras los paracaidistas alemanes se esforzaban por atrapar al máximo número de soldados británicos en la isla.

Ese 28 de mayo desembarcó en la costa nororiental de la isla un contingente italiano de 2.700 hombres, que habían zarpado de Rodas el día anterior. Igualmente, las unidades aéreas italianas del Egeo intervinieron siempre que les fue requerido por los alemanes. En cuanto a la Armada italiana, su participación se limitó a dos destructores.

En Creta se repetirían algunas de las escenas que se habían visto en la evacuación de Dunkerque. Los soldados británicos se iban concentrando en la costa, agazapándose entre las rocas, o cavando agujeros en la arena, para tratar de escapar a los bombardeos de la *Luftwaffe*. Allí esperaban pacientemente que se les llamase para dirigirse a los buques.

El 30 de mayo fue el último día en el que fue posible embarcar tropas. Unos 4.000 hombres apiñados en la playa de Sfakion pudieron subir a unos barcos que, en principio, solo pensaban encontrar a la mitad de ese número. A las tres de la madrugada del 1 de junio partió el último buque. A las restantes tropas aliadas, unos 5.000 soldados desperdigados por la isla, se les informó de que el general Wavell les había autorizado a capitular ante los alemanes.

Sin embargo, numerosos soldados británicos decidieron no entregarse y se ocultaron con el apoyo de los naturales de la isla, quienes se arriesgarían a severos castigos por su colaboración. En los meses y años siguientes, los alemanes instaurarían un régimen de terror en Creta, fusilando a campesinos por decenas cuando se descubría que un soldado aliado había recibido alguna ayuda. Pero los ingleses no dejarían abandonados por completo a sus compa-

Los soldados británicos son capturados por aguerridos paracaidistas germanos, los míticos Fallschimjäger.

triotas; mediante arriesgadas operaciones de comando se consiguió que un millar de soldados pudieran escapar de la isla.

UNA VICTORIA PÍRRICA

Al finalizar la Operación Merkur con la victoria alemana, llegó el momento de hacer balance. El número de víctimas estuvo aparentemente equilibrado, al haber sufrido los alemanes 6.000 bajas mortales, cuando los Aliados contabilizaban unas 4.000 entre muertos y heridos, además de 12.000 prisioneros, a lo que había que añadir 2.000 marineros muertos en los ataques aéreos a la *Royal Navy*. Pero los alemanes debían añadir a su lista un número elevado de heridos, otros 6.000, y la pérdida de unos 170 aviones de transporte de tropas.

En realidad, las pérdidas humanas de los alemanes eran más relevantes, al tratarse de soldados considerados de élite. La 7ª División Aerotransportada quedó destruida en la batalla de Creta, quebrándose su estructura de forma irrecuperable. Churchill, en sus memorias, aseguró que esas tropas hubieran podido llevar a cabo con éxito acciones aerotransportadas en otras zonas mucho menos protegidas, como Chipre, Siria, Irak o incluso Irán, en donde no hubieran tenido que sostener esos duros combates. De este modo, los paracaidistas germanos hubieran podido ganar para el Eje esos territorios de gran importancia estratégica sin sufrir prácticamente ningún desgaste.

Los británicos tuvieron que encajar importantes pérdidas navales; cuatro cruceros y seis destructores resultaron hundidos, mientras que un portaaviones, seis cruceros, tres acorazados y siete destructores quedaron dañados. Pero aun así, Churchill se dio por satisfecho con ese balance de daños, teniendo en cuenta que el desastre podía haber sido mucho mayor.

Aunque Kurt Student y sus paracaidistas habían alcanzado el objetivo de entregar Creta a su *Führer*, y sus vistosas fotografías en acción copaban las portadas de las revistas alemanas, esa costosa campaña supondría su final. Según referiría Student, Hitler "se contrarió mucho al conocer las pérdidas sufridas por las unidades de paracaidistas y llegó a la conclusión de que el valor de la sorpresa mediante su utilización había dejado de ser eficaz. Después, con frecuencia, me decía: 'el momento de los paracaidistas ha pasado'". La decepción del dictador germano por el alto coste que había supuesto la invasión de Creta le llevaría más tarde a rechazar un plan para asaltar el Canal de Suez mediante otra operación aerotransportada.

Pero la razón por la que esa victoria adquirió el calificativo de pírrica no era que el tiempo de los paracaidistas hubiera pasado, como demostrarían los

Aliados más adelante, sino más bien en la falta de información previa al ataque. En un informe del 11º Cuerpo de Aviación, al que pertenecía la 7ª División Aerotransportada, se podía leer:

> Las fuerzas terrestres británicas en Creta eran alrededor de tres veces superiores a lo que suponíamos. La zona de operaciones de la isla había sido preparada para la defensa con sumo cuidado y disponía de todos los medios posibles. Todas las obras estaban camufladas con gran habilidad. Debido a la falta de información, el hecho de no apreciar correctamente la situación del enemigo puso en peligro el ataque y trajo como consecuencia una pérdidas excepcionalmente altas y sangrientas.

De este modo, se certificaba el gran error cometido por el Alto Mando alemán; una combinación fatal de falta de previsión y exceso de confianza. El éxito final de la operación permitió encubrir ese fracaso, por lo que no se extrajeron las conclusiones debidas, una conclusiones que hubieran resultado de gran utilidad en las campañas venideras, mucho más trascendentales para la suerte final de la contienda.

Escenarios

Creta se ha convertido en un importante centro turístico en el que las ruinas helénicas y romanas centran la atención de los visitantes, además de sus playas de aguas azules, y en donde el recuerdo de la Segunda Guerra Mundial se ha visto muy difuminado.

Aun así, en Heraklion se puede visitar el **Museo de la Batalla de Creta y la Resistencia Nacional**, que presenta una interesante colección de fotos, armas, uniformes y documentos. También puede hallarse alguna información sobre este periodo en el **Museo Histórico de Creta**.

En cuanto a los escenarios de la batalla, el aeródromo de Retino ya no existe y el de Maleme, que jugó un papel fundamental, se encuentra cerrado. La bahía de Suda, un punto relevante, es una base militar de la Marina griega. En la orilla noroeste de esta bahía se halla el **Cementerio Británico y de la Commonwealth**, inaugurado en junio de 1945. El cuidado camposanto, en el que están enterrados un total de 1.509 soldados, está rodeado de árboles y arbustos, y desciende suavemente hacia el mar. Su entrada está pavimentada con mármol y piedra caliza, y en el lado izquierdo del recinto se levanta un pequeño edificio con los registros y una nota histórica.

El **Cementerio Alemán** se encuentra en la Colina 107, en Maleme, en donde murieron muchos atacantes germanos. El recinto fue inaugurado en 1974 y en él están enterrados 4.465 soldados. Cada lápida de piedra lleva el nombre de dos militares, mientras que en el centro del cementerio hay una placa en la que se pueden leer los nombres de 300 soldados de los que no pudieron encontrarse sus cuerpos.

Hay otros monumentos dedicados a los caídos en la batalla, como uno que recuerda a los miembros de la RAF en **Maleme** o el de **Stavremenos**, que homenajea a la resistencia cretense. En el sur de la isla se encuentra el Monasterio de **Moni Preveli**, que cobijó a soldados aliados y que luego fue ocupado y saqueado por los alemanes.

Protagonistas

Kurt Student (1890-1975). General alemán. Tomó parte en la campaña de Polonia, en la campaña del Oeste y especialmente en la ofensiva paracaidista sobre Rotterdam. Al mando del XI Cuerpo Aéreo dirigió el asalto aerotransportado a la isla de Creta. Dirigió también el rescate de Mussolini en el Gran Sasso el 12 de septiembre de 1943, aunque los méritos recaerían en Otto Skorzeny. En 1945 se encargó de la defensa del Rin. Fue capturado por los británicos.

Bernard Freyberg (1889-1963). General neozelandés. Comandante de las fuerzas neozelandesas durante la guerra. Tras la retirada de Grecia, sus tropas fueron enviadas a Creta. Freyberg, hombre de la máxima confianza de Churchill, fue nombrado jefe de la guarnición británica de la isla. Dirigió la defensa de Creta, pero nada pudo hacer ante la superioridad germana y solicitó la retirada. Participó también en la batalla de El Alamein y en la campaña italiana.

Filmografía

* **Unternehmen Kreta** (Documental, 1943).
* **Sturmsoldaten der Luft** (Documental, 1944).

Capítulo 14
Operación Barbarroja

Con los Balcanes y la isla de Creta bajo control, Hitler podía definitivamente centrar su atención en el ataque a la Unión Soviética. Con la invasión de la URSS, el dictador pretendía crear un vasto imperio continental que se extendiese desde el Atlántico hasta los Urales. Para conseguirlo creía necesario antes expulsar a la mayor parte de la población rusa al otro lado de esa cordillera que separa a Europa de Asia. Tan solo quedaría en la Rusia europea una minoría destinada a realizar los trabajos más duros, a las órdenes de colonos alemanes.

Hitler planeaba construir una red de autopistas que uniese el territorio del Reich con en el Mar Negro. A lo largo de estas autopistas se construirían nuevas ciudades, separadas por unos cien kilómetros de distancia, y que estarían habitadas por colonos alemanes. Los rusos vivirían en suburbios o granjas aisladas, recibirían una educación elemental para que pudieran resultar útiles, pero sin tener derecho a asistencia sanitaria; en la depravada mente de Hitler, la salud precaria serviría como un regulador natural para evitar así el crecimiento de la población autóctona.

Si tenemos en cuenta los planes a largo plazo de Hitler, es fácil comprender que la invasión de la Unión Soviética era inevitable y su puesta en marcha era solo cuestión de tiempo. Si considerar además que Hitler, consciente de que ya no era joven y de que su salud se iba deteriorando cada vez más, tenía una cierta premura por cumplir con sus ambiciosos objetivos, se entiende que hiciera los preparativos para que el ataque fuera lanzado en el verano de 1941.

Por último, Hitler no era tampoco ajeno a las recomendaciones de sus expertos; si quería derrotar a Gran Bretaña en una larga guerra de desgaste, era necesario asegurarse antes el suministro de cereales y carburante. Y Rusia podía ofrecer ambas cosas en abundancia.

Preparativos para la invasión

El *Führer* confiaba en que la resistencia rusa se rompería en cuanto sus tropas atravesasen la frontera; creía que —según una metáfora que él empleaba— esta no era más que una puerta de madera podrida que podía ser derribada de una patada.

La realidad es que, en este caso concreto, el análisis de Hitler no se alejaba mucho de la realidad. En las fronteras occidentales de la Unión Soviética había unos tres millones de soldados rusos, pero en realidad el Ejército Rojo no era en esos momentos más que una masa ingente de soldados escasamente preparados. El armamento con que contaban era obsoleto y poco fiable; el número total de tanques superaba los 14.000 —el triple de los alemanes—, pero tan solo una séptima parte eran modernos. Los soviéticos poseían superioridad en artillería en una proporción de cinco a uno y poseían el triple de aviones, aunque técnicamente eran muy inferiores a sus equivalentes germanos.

Además, sus oficiales habían resultado diezmados en las purgas estalinistas. Un ejército que sufriese la eliminación de cuatrocientos de sus generales, como así ocurrió, no podía presentarse como una organización competente en el campo de batalla.

Nada hacía pensar que el Ejército Rojo pudiera ofrecer algún tipo de resistencia ante las fuerzas alemanas, compuestas de soldados disciplinados y con experiencia reciente en combate, dotados con las mejores armas y contando con los tanques y aviones técnicamente más avanzados del mundo. La *Wehrmacht* se presentaba aún como una fuerza invencible y no parecía que los soldados rusos pudieran ser los primeros en frenarla.

Ante este prometedor panorama para los alemanes, la tentación de invadir la Unión Soviética era irresistible. El sueño de Hitler de conseguir espacio vital para Alemania en el inmenso territorio ruso estaba al alcance de la mano y sabía que a su país no se le volvería a presentar una ocasión semejante para ampliar sus fronteras.

Aunque hasta ese momento el Ejército germano no había encontrado rival en Europa, los generales alemanes se quedaron perplejos cuando el 30 de marzo de 1941 Hitler les anunció su intención de atacar a la Unión Soviética. Ellos eran conscientes de que Alemania había sido derrotada en la Primera Guerra Mundial por luchar en dos frentes, y ahora estaba a punto de cometer el mismo error. Pero nadie fue capaz de advertir al dictador germano que su decisión era equivocada, en parte por temor y en parte porque abrigaban la esperanza de que la intuición y la buena suerte que le había acompañado al dirigir las triunfales campañas militares en Polonia y Francia prosiguiese también en las estepas rusas.

Pero la decisión había sido tomada mucho antes, el 18 de diciembre de 1940. La operación se llamaría "Barbarroja", en honor del emperador germano Federico I *Barbarroja* (1123-1190). Al frente del Sacro Imperio, Federico I condujo a sus súbditos a una época de prosperidad. Falleció mientras se bañaba en un río, pero la leyenda asegura que en realidad yace dormido, dispuesto a despertar cuando Alemania le necesite.

Así pues, invocando a aquella figura mítica, Hitler había decidido que la ofensiva tuviera lugar el 15 de mayo de 1941. De este modo, la *Wehrmacht* tendría tiempo de derrotar a los rusos antes de que estos pudieran recurrir al "General Invierno". Según los cálculos de Hitler, en menos de tres meses las tropas germanas estarían desfilando por las amplias avenidas de Moscú. Tan convencido estaba de que se produciría una rápida y aplastante victoria que ni tan siquiera reparó en la necesidad de pertrechar a sus tropas con ropa de invierno.

Pero la imprevista la campaña de los Balcanes, destinada a asegurar el frente mediterráneo, había supuesto un gasto de tiempo que ahora ya no se podía recuperar. La fecha inicial del 15 de mayo debía ser pospuesta. Varios generales de su Estado Mayor, incluyendo el general Friedrich Paulus —quien acabaría rindiéndose en Stalingrado un año y medio más tarde—, le comunicaron que era arriesgado lanzar el ataque a mediados de junio, puesto que podían verse atrapados en el crudo invierno ruso antes de llegar a Moscú. Hitler desoyó estas advertencias y fijó la fecha de la ofensiva para el 22 de junio de 1941.

Sería la segunda vez en la historia que Rusia debería enfrentarse a una invasión procedente de Europa. Napoleón ya lo había intentado lanzado sus tropas en dirección a Moscú en 1812, concretamente el 24 de junio, dos días después de que lo hiciera Hitler. Aunque el corso logró llegar a Moscú con la *Grande Armée*, algo que el austríaco no consiguió con su *Wehrmacht*, la pretensión de ambos de derrotar a los rusos se vería abocada al fracaso.

Por otra parte, desde un primer momento quedó claro que aquella campaña no iba a ser como las anteriores. Por decisión personal de Hitler, se trataría de un enfrentamiento ideológico a muerte, sin ningún respeto por las reglas establecidas por los convenios internacionales, lo que acabaría convirtiéndolo en una guerra de exterminio. El 13 de mayo ya se había dictado la Orden Jurídica Barbarroja, por la que los soldados alemanes quedaban eximidos de los crímenes que pudieran cometer en Rusia. Del mismo modo, el 6 de junio se ordenaba expresamente el fusilamiento de los comisarios políticos soviéticos en el mismo momento de su apresamiento.

El considerar la conquista de Rusia como una guerra de destrucción (*Vernichtungskrieg*), además de ser condenable por sus execrables connotaciones morales, constituiría a la postre un enorme error estratégico. La población civil recibiría en un primer momento a las tropas alemanas como liberadoras de las privaciones materiales y el régimen de terror impuesto por la dictadura estalinista, especialmente en Ucrania, pero las brutales e indiscrimandas acciones llevadas a cabo por las tropas de las SS, con la connivencia de la *Wehrmacht* —que serán analizadas más adelante en el capítulo dedicado al Holocausto—, harían que las simpatías por la causa germana se evaporasen de inmediato.

Tres ofensivas simultáneas

En el aspecto puramente militar, "Barbarroja" consistía en tres ofensivas simultáneas. La del Grupo de Ejércitos Norte, con el general Leeb al mando, ocuparía los Estados bálticos y tendría como objetivo alcanzar Leningrado. La del Grupo Sur, mediante los *panzer* del general Rundstedt, atravesaría las fértiles llanuras de Ucrania para llegar al río Dnieper, con la vista puesta en los pozos petrolíferos del Cáucaso. El Grupo Centro, con el general Bock al frente, atacaría desde Varsovia hacia Minsk y Smolensko; ellos serían los que tendrían la oportunidad de alcanzar la gloria tomando Moscú.

A la medianoche del sábado 21 de junio de 1941, los generales de estos tres Grupos de Ejército acabaron de ultimar los preparativos para la invasión, que debía comenzar a las tres y media de la madrugada del domingo. Los tres millones y medio de hombres que iban a participar en ella escucharon de boca de sus oficiales una arenga escrita por el *Führer*.

Mientras tanto, y aunque resulte sorprendente, en Moscú nadie temía una invasión. Desde comienzos del mes de junio los alemanes habían estado acumulando tropas y material en el este, destinados a la inminente ofensiva, a lo que hay que sumar los informes que habían llegado a Stalin asegurando que se estaba preparando un ataque germano, pero el líder soviético desechó estas informaciones, convencido de que Hitler no iba a traicionar el pacto nazi-soviético firmado entre ambos países el 23 de agosto de 1939.

Casi tres meses antes, el 3 de abril, el embajador británico en Moscú había entregado en el ministerio de Asuntos Exteriores un mensaje de Churchill el que advertía al líder soviético de que los alemanes habían trasladado

La *Wehrmacht* avanzó de forma incontenible durante la primera fase de la Operación Barbarroja.

cinco divisiones Panzer desde Rumanía al sur de Polonia, quedando dispuestas a lo largo de la frontera con Rusia, por lo que -según el comunicado- era inminente una invasión. Aunque, debido a la anquilosada maquinaria burocrática, el mensaje no llegó a manos de Stalin hasta el 22 de abril, el aviso no solo no provocó la menor inquietud en el dictador soviético, sino que se burló de la conclusión apuntada por los ingleses.

Posteriormente se recibieron informes de espías soviéticos en Alemania, avisando de la inminencia del ataque. Los británicos llegaron a apuntar una fecha concreta, el 21 de junio, aunque la misma semana de la misión comunicaron a Stalin que esta se produciría el 22 de junio, gracias a la revelación de un desertor alemán.

Pero las mismas guarniciones del Ejército Rojo se encargaron de comunicar a Stalin que algo se preparaba, puesto que detectaron hasta en veintidós ocasiones vuelos de reconocimiento alemanes. Además, un avión germano dotado con cámaras fotográficas se estrelló en suelo ruso; las películas que había filmado contenían imágenes de instalaciones militares soviéticas próximas a la frontera.

El 13 de abril, cuando los alemanes ya habían tomado la decisión de invadir la Unión Soviética, en una ceremonia celebrada en el Kremlin en honor del ministro de Asuntos Exteriores japonés, Stalin abrazó al embajador alemán en Moscú y le dijo en voz alta: "¡Nuestras naciones deben seguir siendo amigas y usted tiene que hacer todo lo posible para que sea así!".

La prueba de que Stalin continuó confiando en Hitler hasta el último momento es que la misma noche de la invasión, a las dos y media de la madrugada, un tren cargado con trigo ruso llegó a la frontera. Su destino era Alemania, en cumplimiento de los acuerdos del pacto de 1939.

Hasta ese momento, en virtud de los acuerdos económicos firmados entre ambos países en enero de 1941 y que mejoraban los anteriores de febrero de 1940, los soviéticos habían enviado a Alemania casi dos millones de toneladas de cereales, cerca de un millón de toneladas de petróleo y unas 100.000 toneladas de algodón, estando pendiente la entrega de un millón de toneladas de aceite que debía completarse en mayo de 1942. Precisamente, estas aportaciones, especialmente las de combustible, fueron esenciales para que los alemanes llevasen a cabo la invasión.

Por su parte, los envíos germanos de productos manufacturados se fueron retrasando cada vez más, aduciendo diferentes excusas, hasta quedar paralizados por completo unos dos meses antes del ataque. Stalin tampoco advirtió aquí nada sospechoso en la conducta alemana.

Aquella noche del 21 al 22 de junio de 1941, los guardias fronterizos germanos, como de costumbre, levantaron la barrera y saludaron al maquinista ruso. Los empleados de aduana verificaron la carga de cereal, revisaron los documentos y estamparon en ellos los correspondientes sellos. El tren pudo continuar su camino hacia el interior de Alemania.

Media hora después de que este último tren cruzase la barrera, se pusieron en marcha las hélices de cientos de aviones y a los pocos minutos ya estaban en el aire en dirección al este. Mientras tanto, los motores de más de tres mil carros blindados y de medio millón de vehículos se habían puesto también en funcionamiento. A las tres y media se dio la esperada orden de ataque.

En ese mismo momento, más de siete mil cañones comenzaron a atronar en la noche. Las baterías consiguieron que sobre las sorprendidas guarniciones rusas cayesen más de cien proyectiles por minuto. Las guardias fronterizas fueron eliminadas por las tropas de asalto alemanas y los puentes fueron capturados intactos. Trenes blindados cargados de tropas cruzaron la frontera. Los veloces carros blindados avanzaron sin que nada ni nadie pudiera frenarles; incluso cruzaban los ríos sumergiéndose en el agua. La invasión había comenzado.

Sebastopol, bombardeada

Aunque se considera las 3.30 como la hora en que dio inicio la Operación Barbarroja, el ataque germano a la Unión Soviética había comenzado media hora antes, con el bombardeo aéreo de la ciudad de Sebastopol, situada en el extremo sur de la península de Crimea, a orillas del mar Negro.

La ciudad que fue atacada esa madrugada, sin previa declaración de guerra, tal como sucedería con Pearl Harbor seis meses más tarde, ya había entrado en la historia durante la guerra de Crimea (1854-1855), al ser objeto de una dura pugna durante ese conflicto, cuando las tropas combinadas británicas, francesas y turcas la ocuparon después de un prolongado sitio. Pero esa madrugada Sebastopol haría su reaparición en la historia, convirténdose en el primer objetivo de la maquinaria de guerra alemana.

La flota del mar Negro, fondeada en Sebastopol, había llevado a cabo ya prácticas de oscurecimiento, apagando todas las luces de sus buques para no ser localizados por la aviación enemiga. En la noche del 21 de junio, desde Moscú llegó la orden de que toda la flota del mar Negro fuera oscurecida, sin aclarar si se trataba de unas maniobras o de los preparativos para la defensa ante un ataque de los aviones germanos. A las dos de la madrugada, tanto la base naval como la ciudad de Sebastopol estaban ya totalmente a oscuras. Aún así, todo el personal creía que se trataba de un nuevo simulacro, por lo que no se reforzó la vigilancia.

Una hora más tarde, un oficial que estaba de guardia recibió el aviso de dos puntos de observación costera que advertían de que varios aparatos se aproximaban a Sebastopol por el oeste. El oficial intentó advertir a sus superiores de que podían ser aparatos enemigos, pero chocó con su incredulidad. Finalmente, tras perder un tiempo precioso en discusiones, el jefe de la flota del mar Negro, el almirante Eliseyev, permitió disparar contra los aviones intrusos.

Pero ya era tarde. Cuando los soldados soviéticos estaban a punto de disparar sus cañones antiaéreos, los aviones alemanes comenzaron a lanzar sus bombas sobre la base naval de Sebastopol. Se estaba produciendo lo que luego sería conocido como el "Pearl Harbor ruso".

Aunque la invasión nazi ya había comenzado, la maquinaria soviética tardaría en responder. Cuando los primeros comunicados que informaban del ataque llegaron a Moscú, los operadores que los recibían creían que se trataba de una broma. Cuando comprobaban que era verdad, en lugar de demandar más información se dedicaban a protestar porque los mensajes no habían sido cifrados, según ordenaba el reglamento, ante la desesperación de los encargados de transmitir las llamadas de socorro.

Casi en esos mismos momentos, en el mar Báltico, se producía otro ataque alemán por sorpresa, en este caso a un carguero ruso que transportaba madera procedente de Suecia. Cuatro lanchas torpederas hundieron ese barco, en una injustificada acción, aún más cruel si se tiene en cuenta que los supervivientes que habían logrado huir en los botes salvavidas fueron ametrallados desde los barcos alemanes.

Declaración de guerra

Pese a las evidencias, Stalin seguía sin creer que Hitler le hubiera traicionado. Ante la posterior llegada de informaciones que hablaban de ataques germanos en varios puntos de la frontera, el líder ruso se limitaba a considerarlos como "una provocación de los generales alemanes". Pero no tardaría en darse cuenta de que no se trataba de ninguna escaramuza, sino de una invasión en toda regla, que a la postre acabaría costando la vida de veinte millones de sus compatriotas.

Stalin acogió con incredulidad la noticia de que, durante la madrugada, el ministro de Asuntos Exteriores del Reich, Von Ribbentropp, había entregado al embajador soviético en Berlín una declaración formal de guerra. Pero las dudas de Stalin quedarían completamente despejadas a las seis de la mañana de ese 22 de junio, cuando el embajador alemán en Moscú, el conde Von

El barro fue el gran enemigo de la movilidad de
las tropas germanas en el otoño de 1941.

Schulenburg, entregó personalmente al ministro de Asuntos Exteriores, Vyacheslav Molotov, una nota oficial de declaración de guerra a la Unión Soviética.

Molotov, el firmante del pacto de amistad germano-soviético, escuchó en silencio la explicación del representante alemán y le espetó: "¿Cree usted que nos merecíamos esto?".

Dicho esto, Molotov cogió el papel y después de leerlo, sin mediar palabra, escupió en él y lo rompió. Seguidamente, llamó a su secretario Poskrebichev y le pidió que indicase la salida al embajador germano la salida.

Otro político que tuvo una noche agitada fue Winston Churchill. A las cuatro de la madrugada, un asistente entró corriendo en su dormitorio, anunciando a gritos que Hitler había lanzado a su ejército contra la Unión Soviética. En lugar de agradecer la comunicación de la noticia, Churchill amonestó a su colaborador, recordándole que había dejado órdenes estrictas de que tan solo lo despertasen en el caso de que los alemanes estuvieran ya desembarcando en las playas británicas.

Por su parte, Mussolini tampoco pudo conciliar el sueño esa noche. Hitler le envió una comunicación anunciando a inminente invasión a las 2.45 de la madrugada, tan solo un cuarto de hora antes de iniciar las hostilidades. El Duce se indignó ante esta desconsideración que denotaba la escasa confianza que tenían los alemanes en que los italianos pudieran mantener el secreto.

Los panzer, en marcha

El ataque por sorpresa a la Unión Soviética puede calificarse como el más colosal de todos los tiempos. Las cifras quedan fuera del alcance de la imaginación. Más de tres millones de soldados alemanes atravesaron la frontera, acompañados de unos 3.600 tanques y 600.000 vehículos motorizados. Además, se destinaron a la invasión 7.000 piezas de artillería y 2.500 aviones.

En las primeras semanas todo discurrió según lo previsto, e incluso en algunos puntos el éxito de los avances sorprendió al Alto Mando germano. Nada podía frenar a las divisiones motorizadas alemanas y los soldados rusos caían prisioneros por decenas de miles. Ya en la primera semana, el grupo Centro cerró una bolsa con 300.000 soldados rusos. En tres semanas este ejército ya había avanzado 700 kilómetros y capturado otros 300.000 soldados. El botín de carros blindados soviéticos también era espectacular, llegando a casi cinco mil.

El éxito de ofensiva le llevaría al general Halder a afirmar: "Uno ya puede decir que la tarea de destruir la masa del Ejército Rojo se ha cumplido. Por tanto, no exagero al afirmar que la campaña contra Rusia se ha ganado en catorce días".

Cuando parecía que la caída de la Unión Soviética era ya tan solo cuestión de días, la climatología comenzó a aliarse con los defensores. El mes de julio trajo lluvias tempranas que comenzaron a embarrar los caminos, aunque la ofensiva continuaba su curso.

Pero, mientras que el ejército del Centro marchaba a toda máquina, los del Norte y el Sur no progresaban al mismo ritmo. Entonces surgió una disyuntiva que pudo decidir el resultado final de la campaña; o el grupo del Centro seguía su avance en solitario hacia Moscú o, por el contrario, acudía en ayuda de los otros dos ejércitos. Esa decisión fue clave para el futuro de Barbarroja; Hitler apostó por esta segunda opción y, por tanto, la ofensiva hacia Moscú se detuvo. Esta no sería retomada hasta octubre, a las puertas del temible invierno ruso y una vez que la capital había logrado establecer una sólida muralla defensiva.

¿Qué hubiera sucedido si el ejército del Centro hubiera continuado su avance sobre Moscú? Es poco probable que la toma de la capital hubiera conducido inexorablemente a la rendición de la Unión Soviética, pero es innegable que la decisión del *Führer* cerró una posibilidad cierta de poner un rápido fin a la campaña. Es difícil pensar que los rusos hubieran mantenido intacto su espíritu de lucha después de asistir a la entrada triunfal de Hitler en el Kremlin, flanqueado por sus tropas en la Plaza Roja.

Pero la realidad es que, gracias al apoyo de los ejércitos del Centro, los otros dos se vieron reforzados en sus respectivos avances. Hacia el norte marcharon los tanques del general Hoth, con la misión de tomar Leningrado. En el flanco Sur, pese a contar con la ayuda de los tanques del general Guderian, Kiev no pudo ser tomada hasta el 20 de septiembre. Aunque se había logrado la captura de 600.000 soldados rusos en la capital ucraniana, el tiempo jugaba en contra de los alemanes, que habían dejado pasar dos meses preciosos para avanzar en dirección a Moscú.

Escenarios

El grueso de los combates librados durante la Operación Barbarroja tuvieron lugar en Ucrania. La capital, Kiev, quedó destruida y tras la guerra fue reconstruida en el impersonal y desangelado estilo comunista. Pero Lvov, por ejemplo, se conserva tal y como era entonces. Del mismo modo, muchos parajes rurales ucranianos se mantienen hoy igual que durante los días de la Operación Barbarroja; sus pistas de tierra no difieren mucho de las que recorrieron los panzer alemanes en su avance del verano de 1941.

Cada ciudad ucraniana cuenta con un pequeño monumento que recuerda a los caídos en "Gran Guerra Patriótica", normalmente con un elemento central que suele ser un carro de combate.

En cuanto a los campos de batalla, prácticamente no hay indicadores que los identifiquen. Además, algunos de los sitios más significativos relacionados con aquel enfrentamiento han desaparecido literalmente, al quedar anegados por las presas que se han ido construyendo a lo largo del río Dniéper. Por ejemplo, campos de batalla como los de Berislav, Cherkassy y Gornospoital estan ahora cubiertos por las aguas.

Hay varios museos en Ucrania en los que se muestra armamento utilizado en esta campaña, como los de **Lvov**, **Jarkov** y **Odessa**, pero destaca especialmente el de **Kiev**, situado al lado de una inmensa estatua de la "Madre Patria" en recuerdo que los que murieron víctimas de la invasión alemana.

En Moscú, el **Museo de la Gran Guerra Patriótica** (Muzey Velekoy Otechestvennoy Voyni) ofrece información tanto sobre la Operación Barbarroja como del resto de campañas que conformaron el enfrentamiento entre los dos colosos. El museo es una exaltación de la victoria rusa -en una sala especial están inscritos los nombres de 12.000 Héroes de la Unión Soviética-, pero es apabullante la exhibición de armas, uniformes, aviones y vehículos, además de secciones de barco en un foso con agua o incluso un tren blindado. Hay que destacar las referencias a los prisioneros rusos que cayeron en manos alemanas o la ayuda procedente de los aliados occidentales, dos aspectos ignorados durante la época soviética.

Protagonistas

Wilhelm Ritter von Leeb, mariscal (1876-1956). Sus inicios fueron en la artillería, pero se retiró del servicio en 1938. Al comenzar la guerra fue reclamado para dirigir el Grupo C del Ejército alemán en la campaña polaca, pero no llegó a participar en ella al ser destinado finalmente a la vigilancia de la frontera francesa. En 1940 sí que participó en la guerra, atacando la Línea Maginot. En la Operación Barbarroja se le puso al frente del Grupo Norte, dirigiendo el avance hacia Leningrado. En enero de 1942 fue destituido y ya no se le volvió a asignar mando alguno.

Gerd von Rundstedt (1875-1953). Mariscal alemán. Estuvo al frente de un Grupo de Ejércitos durante las campañas de Polonia y Francia, convirtiéndose en uno de los nombres propios de la guerra relámpago. Dirigió el grupo de ejército del Sur en el frente ruso, conquistando Ucrania, pero dimitó al estar en desacuerdo con la campaña de invierno ordenada por Hitler. Enviado al oeste, se le encomendó la ofensiva de la Ardenas. Hecho prisionero por los ingleses, fue liberado en 1949.

Semión Mijáilovich Budionni (1883.1973). Mariscal de la Unión Soviética, también llamado Budenny o Budyenny. En 1940 fue nombrado Vice-Ministro de Defensa. Entre julio y septiembre de 1941 fue Comandante en Jefe de las fuerzas soviéticas en los Frentes Sudoccidental y del Sur, enfrentándose a la invasión alemana de Ucrania. Sus fuerzas fueron rodeadas en la Bolsa de Uman y en la Batalla de Kiev, unos desastres que costaron un millón y medio de bajas. Fue sustituido por Zhukov y no volvió a ejercer el mando activo.

FILMOGRAFÍA

* **Veinte días sin guerra** (*Dvadtsat dney bez vojny*, Aleksei German, 1976).

Capítulo 15
A las puertas de Moscú

El 2 de octubre de 1941, el ejército alemán retomó el camino hacia Moscú. Este asalto definitivo a la capital soviética se denominaría Operación Tifón. El objetivo era que la bandera del Tercer Reich acabase ondeando sobre las cúpulas del Kremlin. Pero no debía ser por mucho tiempo; Hitler había decidido que la ciudad fuera completamente derruida y borrada del mapa, para lo cual ya estaba preparado un equipo de dinamiteros. Más adelante, tenía previsto construir allí una gigantesca presa destinada a la producción de energía hidroeléctrica, que acabaría por sumergir a Moscú bajo las aguas.

El día 7 de octubre parecía que estos monstruosos sueños iban a convertirse en realidad. Stalin, pese a que estaba dispuesto a defender Moscú a muerte —para lo cual llamó al general Georghi Zhukov—, en realidad había ordenado el traslado del Gobierno soviético y de la Administración central a la ciudad de Kuibyshev, al otro lado del Volga. Los alemanes, por su parte, ya estaban haciendo planes para el día después de la toma de la capital; a los diplomáticos germanos se les encargó localizar a los viejos aristócratas exiliados por Europa tras la Revolución de 1917 para formar con ellos un gobierno títere.

Pero los descabellados planes de Hitler se verían obstaculizados cuando sus tropas se encontraban a tan solo 78 kilómetros de Moscú, debido a la llegada de las lluvias de otoño. Los caminos habían quedado embarrados de tal modo que los tanques y camiones se quedaban totalmente inmovilizados en el lodo. Lo mismo ocurría con la artillería pesada, las motocicletas o incluso los caballos. La ofensiva tuvo que ser detenida.

Poco más tarde, el "General Invierno" se presentaría sin avisar; los soldados alemanes se despertaron en mitad de la noche del 6 al 7 de noviembre, golpeados por un intenso y punzante frío: los termómetros habían descendido de repente a diez grados bajo cero.

Las bajas temperaturas, paradójicamente, resolverían el grave obstáculo de los caminos impracticables; las carreteras se helaron, lo que permitió que los vehículos pudieran volver a circular sin atascarse en el barro. Pero el frío glacial, que en un primer momento benefició al avance germano, comenzó a provocar también graves problemas.

El General Invierno

Antes de iniciarse la invasión de la Unión Soviética, Hitler estaba convencido de que sus tropas derrotarían al Ejército Rojo antes de la llegada del mal tiempo y que entonces podría retirar dos tercios de las divisiones, manteniendo el resto como fuerzas de ocupación.

Por lo tanto, las previsiones de ropa de invierno tan solo se habían hecho en número suficiente para satisfacer las necesidades de un tercio de las fuerzas. De todos modos, este material invernal llegaría demasiado tarde debido a las enormes dificultades que la *Wehrmacht* tenía para llevar a cabo cualquier tipo de transporte, debido a los caminos impracticables y la escasez de vehículos disponibles.

El 30 de noviembre, el general Von Bock se quejaba al mariscal de campo Von Brauchitsch de que los abrigos de invierno para las tropas no habían llegado aún, un retraso fatal teniendo en cuenta que el mercurio de los termómetros se había desplomado hasta los 29 grados bajo cero.

Tres semanas después, el general Guderian informaba a Hitler, en un tono agrio, que la ropa de invierno no había llegado a sus unidades y que había perdido por congelamiento más del doble de hombres que por acciones del enemigo. Tras esa protesta, el Führer dio órdenes de que el Partido iniciase una campaña de recogida de abrigos y mantas en todas las ciudades alemanas.

Mientras tanto, en el frente ruso, los soldados alemanes no podían esperar la llegada de esa ropa de invierno. Así pues, se veían forzados a quitarle la vestimenta a los cadáveres enemigos y a improvisar un calzado adecuado. Los alemanes utilizaban unas botas de cuero de muy buena calidad, pero que no eran útiles en el barro y la nieve. Por su parte, los soldados italianos que luchaban al lado de los germanos empleaban una especie de zapatos de cartón que les aislaban, sin mucho éxito, del frío.

Por lo tanto, una pieza codiciada eran las botas de los soldados rusos, que les eran arrebatadas cuando eran hechos prisioneros. Pero no solo los soldados vivos eran objeto de este expolio, sino que también los muertos eran dejados

Grupo de civiles rusos cavando fosos antitanque en los alrededores de Moscú.

sin botas, aunque en este caso los alemanes debían enfrentarse a una dificultad; al quedar los cadáveres congelados, era imposible poder quitárselas, por lo que en ocasiones se recurría a la amputación y el posterior calentamiento de la carne, para poder ser extraída con un cuchillo. La ocasión en la que se obtuvieron más botas siguiendo este horrendo procedimiento supuso la amputación de las piernas de un total de 73 soldados soviéticos.

Al finalizar el año, la *Wehrmacht* habría sufrido 100.000 casos de congelamiento, más de 14.000 con necesidad de amputación. Al llegar la primavera de 1942, la cifra de bajas por congelación se elevaría a 250.000, la mayoría de ellas de gravedad, sin contar miles de casos de neumonía o gripe, directamente relacionados con el intenso frío.

Pero no solo los hombres se veían afectados por el intenso frío. Los líquidos de retroceso y los lubricantes de los cañones se congelaban, mientras que los resortes y muelles de acero se rompían como si fueran de cristal. No era raro que tan solo uno de cada cinco tanques estuviera en condiciones de disparar; el resto tenía sus mecanismos encallados por culpa del frío, lo que les convertía en armatostes inútiles ante los ataques rusos.

La falta de lubricantes adecuados llevó a los alemanes a ensayar con otros líquidos, como el queroseno o el aceite de girasol. Sin embargo, no era posible evitar que los motores fallasen muy a menudo. Al principio se intentaban arrancar los motores remolcando el vehículo, pero eso terminaba destrozando los cigüeñales, las cajas de cambio y las transmisiones. Más tarde, se optó también por calentar los vehículos con hogueras durante dos horas por lo menos, antes de intentar arrancarlos. Durante los periodos de alerta, los vehículos eran mantenidos en marcha durante horas con el consiguiente derroche de consumo de combustible. Solo a partir del segundo invierno en Rusia, los alemanes pudieron contar con lubricantes adecuados que evitaron en parte estos problemas.

Otro ejemplo de improvisación fue la dispar procedencia del material empleado durante esta campaña. Los alemanes reunieron armas y vehículos de todo tipo. Muchos camiones eran franceses o suizos, fabricados antes de la guerra, y otros habían sido capturados a los Aliados. Todos estos camiones eran apropiados para carreteras asfaltadas, pero inútiles en los caminos embarrados que atravesaban la estepa rusa.

Aún más variados eran los orígenes de las armas. Una buena parte de ellas eran checas, pero también había francesas o noruegas, lo que ocasionaba numerosos problemas a la hora de abastecerlas de munición o piezas de recambio.

Esta situación ya fue advertida en noviembre de 1940, siete meses antes de la invasión, por el general Eduard Wagner, que aseguró que las grandes distancias impedirían el abastecimiento de las tropas alemanas. Según los cálculos de

Wagner, la distancia máxima de penetración en territorio soviético no podría ser superior a 500 kilómetros sin que se resintiese el avance. Sus apreciaciones, coincidente con las de otros expertos, no fueron tenidas en cuenta.

Las autoridades militares encargadas de la logística consideraron, por ejemplo, que en la invasión de la URSS no haría falta más munición que la empleada en la corta campaña de Francia. Del mismo modo, los canales de transporte —vehículos, ferrocarril, aviones— tuvieron que emplearse casi en su totalidad para proporcionar combustible y munición a las tropas de vanguardia, por lo que no quedaba espacio para enviar a primera línea algo tan esencial como comida para la tropa o forraje para los caballos. Para obtenerlos, los soldados se verían obligados a practicar el pillaje, lo que provocaría la enemistad de la población civil.

Con todo lo expuesto, lo que queda claro es que Barbarroja fue una campaña improvisada, lo que, teniendo en cuenta las grandes distancias y la dureza del clima, la condenaba a un previsible fracaso. Tan solo la torpeza de Stalin al diseñar la defensa, estacionando las mejores unidades de su Ejército en la frontera, estuvo a punto de premiar la audacia de Hitler. En cuanto las líneas de aprovisionamiento se alargaron hasta la distancia crítica e hizo su aparición el previsible invierno ruso, la *Wehrmacht* penó las trágicas consecuencias de la pésima organización de la campaña.

Ante esta perspectiva, la mayoría de generales alemanes propusieron establecer una línea de defensa para pasar el invierno bien atrincherados, para retomar la ofensiva con la llegada de la primavera. Pero hubo otros generales que opinaban que lo mejor era llegar cuanto antes a Moscú para que las fuerzas acorazadas del grupo del Centro pudieran acudir en ayuda de los frentes más necesitados, como el del Norte.

Al final se impuso la opinión de estos últimos, que coincidía con la de Hitler; la Operación Tifón no se detendría. El *Führer* ordenó tomar la capital soviética. El ansiado ataque se iniciaría el 15 de noviembre. Había llegado la hora decisiva. Las tropas germanas no deberían detenerse hasta llegar a la Plaza Roja.

Asalto final a Moscú

Mientras los alemanes se preparaban para lanzar el inminente asalto final, la capital soviética se preparaba para resistir. Desde el 10 de octubre, el mariscal Georghi Zhukov era el jefe del Frente Occidental y de la defensa de Moscú; había sustituido al mariscal Budionni, que estaba mentalmente agotado.

Los primeros días de Zhukov al frente de la resistencia moscovita no serían nada fáciles. El 15 de octubre, la totalidad del cuerpo diplomático había abandonado la capital. Las obras de arte más valiosas fueron cargadas en ferrocarriles y sacadas de la ciudad. Se decretó la ley marcial y se comenzó a detener en la calle a cualquier sospechoso de ser un agente nazi. Algunos habitantes de Moscú no soportaron la presión y, empujados por el alcohol, se lanzaron a una espiral de motines y saqueos.

A mediados de noviembre la calma no se había instaurado por completo, pero Zhukov se había hecho dueño de la situación. Los "alarmistas" eran fusilados junto con los saqueadores y los borrachos, y la población comprendió que la única opción era obedecer la consigna de la defensa a ultranza de la capital.

Los efectivos destinados a la defensa de Moscú alcanzaban la cifra de 1.250.000 hombres, dotados con 7.600 cañones y morteros, además de casi un millar de tanques. Todos los obreros de la ciudad fueron movilizados —25.000 de ellos fueron destinados a la artillería— e incluso medio millón de mujeres y niños colaboraron en las tareas de fortificación, cavando fosos antitanque. Trincheras, alambradas, barricadas, nidos de ametralladora... todo parecía poco para detener al Ejército invasor. Incluso los ciegos fueron movilizados, puesto que el agudo oído desarrollado por los invidentes era capaz de advertir el ruido de los aviones enemigos a gran distancia. Además, se confeccionaron planes para minar fábricas, puentes, ferrocarriles o el metro de Moscú. En las fábricas de los suburbios de la capital se ensamblaban a toda velocidad cientos de tanques T-34 para ser usados en la inminente batalla, por lo que muchos salieron hacia el frente sin pintar.

Pese a todos estos obstáculos, dos semanas después parecía que la victoria germana estaba al alcance de la mano. Una unidad de reconocimiento logró abrirse paso hasta los arrabales del sudoeste de Moscú; los soldados alemanes que la integraban llegaron a las paradas de los autobuses que tenían como destino el centro de la ciudad, distante tan solo 35 kilómetros, e incluso llegaron a ver la luz del sol reflejada en las doradas torres del Kremlin. En esos momentos, el gobierno ruso estaba procediendo a la destrucción de los documentos que no había podido trasladar. Parecía que la caída de Moscú era cuestión de días, si no de horas.

Pero entonces, cuando la situación era más desesperada, la fortuna se alió con Stalin. Un espía alemán que trabajaba para los rusos en Tokio, llamado Richard Sorge, comunicó a Moscú que los japoneses no tenían ninguna intención de atacar a la Unión Soviética en el Extremo Oriente, tal como los rusos temían. Gracias a esta revelación, Stalin pudo reclamar la presencia del grueso de las tropas destinadas en Siberia para la defensa de la capital.

REACCIÓN SOVIÉTICA

El 5 de diciembre el Ejército Rojo lanzó una gran ofensiva en los alrededores de Moscú que, aunque no logró que los atacantes retrocediesen, al menos consiguió aliviar la presión sobre la ciudad. Los alemanes, agotados por una campaña que ya duraba más de cinco meses y desmoralizados por las terribles condiciones meteorológicas que padecían, comenzaron a pensar más en la retirada que en tomar la capital soviética.

Al día siguiente era evidente que la iniciativa había pasado a los rusos y que los alemanes no podrían tomar Moscú. Algunas unidades de la *Wehrmacht* comenzaron a retroceder de manera desorganizada. Pero el 8 de diciembre, con la amenaza del desastre de la *Grande Armée* de Napoleón en su mente, Hitler ordenó que los soldados se quedasen en el punto que en ese momento estaban, prohibiendo expresamente cualquier retirada, y paralizando también cualquier ofensiva en todo el frente del este.

Pese a las órdenes de Hitler, los alemanes se vieron obligados a retirarse en algunos sectores, dejando atrás vehículos y piezas de artillería pesada. Finalmente, el *Führer* permitió estos retrocesos localizados con el fin de formar una línea defendible durante el invierno, pero no aceptó las líneas recomendadas por sus generales, mucho más alejadas del frente. La resistencia del estamento militar a aceptar las órdenes de Hitler provocó una auténtica purga, que se saldó con el relevo en el mando de treinta y cinco generales, incluyendo nombres tan prestigiosos como Guderian o Rundstedt.

Pero hubo un caso en el que Hitler se mostró especialmente inflexible. Se trataba del IV Ejército, que se encontraba al sur de la carretera que unía Smolensko con Moscú. El autócrata nazi exclamó: "¡El IV Ejército no debe retroceder1, ¡el IV Ejército resistirá y luchará!". En cumplimiento estricto de esta taxativa orden, las unidades que ya estaban retirándose se vieron obligadas a regresar a sus puntos de origen en el frente.

El IV Ejército sería el puntal en el que se basaría el frente organizado por los alemanes al oeste de Moscú. La suerte sonrió a Hitler, puesto que los rusos fueron incapaces, pese a ser muy superiores en número de hombres y armamento, de romper las débiles líneas de comunicación que unían al IV Ejército con la retaguardia, lo que hubiera provocado una debacle en las frágiles líneas alemanas.

Aunque Hitler cometió numerosos errores durante la campaña de Rusia, siendo el principal responsable del fracaso de Barbarroja, es posible que la orden de no retroceder fuera la única que podría considerarse como correcta. Según los expertos militares, si el frente se hubiera roto, las fuerzas alemanas en territorio ruso habrían sido aniquiladas. Teniendo en cuenta las condiciones de los caminos, las divisiones tan solo hubieran podido retroceder a razón de entre cinco y diez kilómetros por día, por lo que hubieran sido rápidamente copadas por las ágiles unidades soviéticas en una posición de desventaja. En cambio, al mantener la línea de frente con más o menos dificultades, en cuanto alguna unidad rusa la rebasaba, era inmediatamente rechazada. El desastre del Ejército de Napoleón no se repetiría en esta ocasión.

Stalin ordenó a principios de enero una ofensiva generalizada en todo el frente, desde Leningrado hasta Crimea, pero estos ataques se vieron detenidos por la sólida resistencia alemana. Los soviéticos fracasaron en su intento de levantar el cerco de Leningrado, cuyos habitantes sufrían un hambre terrible, que les llevaría en su desesperación incluso a recurrir al canibalismo, como se verá en el capítulo correspondiente.

En los meses siguientes, el Ejército Rojo tan solo pudo avanzar en unos pocos sectores, mientras los alemanes soportaban las sucesivas embestidas. Poco a poco se fue estabilizando el frente, en parte debido a que los caminos volvían a estar embarrados, en este caso debido al deshielo, hasta que en el mes de mayo el empuje soviético se vio definitivamente agotado.

Entonces, Stalin ordenó que se reforzasen las posiciones defensivas. Era consciente de que estaba a punto de llegar el turno de los alemanes, que esperaban a que llegase el buen tiempo para retomar la iniciativa con una campaña de verano. El líder ruso sabía que sin el factor de las bajas temperaturas, a las que sus hombres estaban acostumbrados, la superioridad en el campo de batalla pasaría a los alemanes. Pero el objetivo de ese nuevo avance no sería Moscú, tal como temía el dictador soviético, sino los campos petrolíferos del Cáucaso.

El fracaso de Barbarroja

El primer acto de la campaña de Rusia se había cerrado en tablas aunque, teniendo en cuenta las expectativas de Hitler antes de lanzar Barbarroja, no puede calificarse más que de una derrota alemana. En lugar de alcanzar una victoria rápida y contundente como las obtenidas en Polonia o Francia, la *Wehrmacht* se había enfrascado en un largo conflicto de resultado incierto, en una batalla de desgaste para la que no estaba en absoluto preparada.

En total, la suma de pérdidas alemanas, entre muertos y heridos, había ascendido hasta abril de 1942 a 625.000 hombres. Aunque los rusos habían sufrido más de un millón de bajas, la capacidad del Ejército soviético para poder reemplazar esos efectivos equilibraba el capítulo de pérdidas. Más lamentable es el precio que tuvo que pagar la población civil; se calcula que el número de muertos durante el año 1941 podría oscilar entre cinco y ocho millones de personas.

Pese a quedarse a las puertas de Moscú, Hitler conservaba aún su optimismo de jugador en racha que no se desanima ante un pequeño tropiezo. Su autoconfianza le había llevado incluso a declarar la guerra a Estados Unidos tras el ataque nipón a Pearl Harbor, tal como se verá en el siguiente capítulo. Así pues, Hitler estaba convencido de que durante el verano podría dar el golpe de gracia a la Unión Soviética. Atacando en las regiones del sur quería apoderarse de las fuentes de petróleo y consolidar su dominio sobre Ucrania, considerada como el "granero de Europa". Privados de alimentos y combustible, los rusos no podrían resistir mucho tiempo.

Pero Hitler había fijado su atención en una ciudad sin mucho interés estratégico, pero con un gran valor simbólico, al llevar el nombre de su gran enemigo: Stalingrado. Su población, compuesta mayoritariamente por obreros de la industria pesada, le insuflaba un carácter revolucionario que, en la apreciación de Hitler, la convertía además en la ciudad abanderada del bolchevismo. Por último, Stalingrado era una ciudad cuya posesión permitiría llevar la esvástica hasta el umbral de Asia.

El líder nazi estaba convencido de que, antes de que acabase el verano de 1942, Stalingrado estaría en su poder, por lo que la ciudad consagrada a Stalin pasaría a convertirse en el símbolo de la victoria del Tercer Reich. En esos momentos, Hitler no sospechaba que en realidad ese nombre se convertiría en la tumba de sus desmedidas ambiciones.

Escenarios

En la Villa Olímpica de la capital rusa se encuentra el **Museo de la Defensa de Moscú** (Muzey Oborony Moskvy). En 1941, ese lugar era una zona boscosa cercana a la línea del frente. El museo, emplazado en un edificio de dos plantas, ofrece una visión completa de la batalla de Moscú. En sus instalaciones se puede contemplar un vagón de ferrocarril utilizado para el traslado de las tropas rusas a la primera línea de combate.

Aún quedan vestigios de las fortificaciones construidas para proteger la capital del avance alemán. Dos de los búnkers mejor preservados se encuentran en la calle Obrucheva y en la avenida Novoyasenevski. Junto los búnkers permanecen algunos obstáculos anti-tanque.

El **punto del máximo avance alemán** en torno a Moscú está señalado con un monumento conmemorativo. El lugar se halla a 35 kilómetros al noroeste del centro de la capital, en la avenida Leningradski del suburbio de

Himky, 5 kilómetros al sur del aeropuerto de Sheremetyevo. Aquí se encuentra un pequeño parque en el que se levantan varias estatuas alegóricas representando la exitosa resistencia soviética ante el ataque de la *Wehrmacht*.

En el caso de que los alemanes hubieran penetrado en la ciudad, Stalin hubiera podido seguir dirigiendo la batalla, resguardado de las bombas germanas. Para ello disponía de un puesto de mando subterráneo, conocido como el **Búnker de Stalin** (Bunker Stalinaya), situado en el número 80 de la calle Sovetskaya, al noreste de la ciudad. Este refugio estaba conectado con el Kremlin por un túnel lo suficientemente amplio como para que por él pudiera circular un tanque T-34. Una parte de las instalaciones está abierta a las visitas. Aunque a los visitantes se les muestra el "estudio de Stalin", se cree que este búnker nunca llegó a ser utilizado por el dictador soviético.

Protagonistas

Gheorgi Zhukov (1896-1974). Mariscal soviético. El 1938 llegó a ser el jefe de las todas las fuerzas armadas de Bielorrusia. Mandando el grupo de ejércitos de la defensa de Moscú consiguió rechazar a ofensiva germana sobre la capital. Stalin recurrió a él para mantener Stalingrado. Al mando del 1º Frente de Ucrania y después el de Bielorrusia, tomó Varsovia. Stalin encargó a su ejército la toma de Berlín, en donde Zhukov recibiría la capitulación alemana. Fue proclamado Héroe de la Unión Soviética. Aunque fue uno de los generales favoritos de Stalin, cayó en desgracia en 1947. Tras la muerte de Stalin, sería ministro de la Guerra entre 1955 y 1957.

Fedor von Bock, mariscal (1880-1945). Durante la campaña polaca fue comandante del Grupo de Ejércitos Norte. En la campaña del Oeste comandó el Grupo de Ejércitos B, que destrozó las defensas aliadas en Bélgica y Holanda. Durante la Operación Barbarroja estuvo al frente del Grupo de Ejércitos Centro, encargado de la toma de Moscú. Fue retirado del mando durante la contraofensiva soviética de diciembre de 1941. A principios de 1942 fue reclamado de nuevo, para hacerse cargo del grupo de Ejército del Sur en Rusia, pero en julio de 1942 dimitió por sus desavenencias con Hitler.

Filmografía

* **Cuando pasan las cigüeñas** (*Letyat Zhuravli*, Mikhail Kalatozov, 1957).

Capítulo 16
Pearl Harbor:
El "Día de la infamia"

En el verano de 1941, la situación de Gran Bretaña no era envidiable. Aunque el arrojo de los pilotos de la RAF había logrado derrotar a la, hasta entonces, intratable *Luftwaffe* en los cielos ingleses, librando así al país de la invasión, el panorama aparecía bastante sombrío.

Gran Bretaña debía hacer frente a una Alemania que era dueña de Europa y que acababa de iniciar la invasión de la Unión Soviética, alcanzando éxitos militares espectaculares. Además, Churchill no era ajeno al peligro potencial que representaba el expansionismo japonés en Asia, que tenía la vista puesta en las posesiones de Hong Kong, Singapur, Birmania e incluso la India. Por todo ello, el *premier* británico se esforzaba en involucrar a Estados Unidos en la guerra, consciente de que solo la ayuda del gigante norteamericano podría garantizar la supervivencia de Gran Bretaña.

Fruto de su comunicación personal con el presidente norteamericano Franklin Delano Roosevelt, ambos líderes acordaron encontrarse en aguas de Terranova, a bordo del crucero estadounidense *Augusta*. Para desplazarse al punto elegido para la cita, se puso a disposición de Churchill el moderno acorazado *Prince of Wales*, que zarpó de Scapa Flow el 4 de agosto de 1941, acompañado de una pequeña flota de buques de guerra auxiliares.

La Carta del Atlántico

El 10 de agosto, el *Prince of Wales* llegó a su encuentro con el *Augusta* de Roosevelt. La conferencia entre ambos líderes discurrió por cauces muy amistosos. Aunque Churchill no logró que Estados Unidos entrase en la guerra, el apoyo moral y material que a partir de entonces recibiría de los norteamericanos sería vital para poder hacer frente a la Alemania nazi. Los acuerdos quedaron simbólicamente plasmados en la que se denominaría "Carta del Atlántico".

Esta declaración de principios anglo-nortearmericana consistía en ocho puntos en los que se proclamaba la renuncia a todo espíritu de conquista, la condena de las modificaciones territoriales sin consentimiento de los pueblos interesados, la libertad para escoger la propia forma de gobierno, el libre acceso a todas las fuentes de materias primas, la cooperación económica universal, la importancia de un tratado de paz que garantizase la seguridad de todos los pueblos, la libertad en los mares y, por último, la renuncia al empleo de la fuerza y la necesidad de un desarme progresivo.

El *Prince of Wales* zarpó rumbo a Inglaterra el 13 de agosto, llegando a puerto una semana más tarde. No hay duda de que Churchill se sintió muy satisfecho por el compromiso norteamericano. A partir de entonces comenzaría a exhibir su famoso gesto formando con los dedos índice y corazón la letra "V" de victoria.

El primer ministro británico sabía que podía contar con Roosevelt para derrotar a Hitler. Sin embargo, era necesario esperar el momento propicio para que Estados Unidos se involucrase en la guerra. La entrada de los norteamericanos en la Primera Guerra Mundial al lado de franceses y británicos había sido decisiva para imponerse a los alemanes, y Churchill confiaba en que se repitiese la historia. El momento esperado llegaría cuatro meses más tarde.

Ataque por sorpresa

El domingo 7 de diciembre de 1941, el presidente norteamericano, Franklin Delano Roosevelt, se había hecho a la idea de que disfrutaría de un plácido y tranquilo día. Aunque estaba prevista una recepción para treinta personas en la Sala Azul de la Casa Blanca, rogó a su mujer, la carismática Eleanor, que lo disculpase ante sus invitados y ejerciese de anfitriona en solitario, un papel en el que la primera dama se encontraba especialmente cómoda.

En su oficina de la segunda planta de la residencia presidencial, Roosevelt recibió a primera hora a su médico personal para que le tratase de una incómoda congestión nasal. Después se reunió con su hombre de confianza, Harry Hopkins, para tratar de la creciente tensión existente con los diplomáticos japoneses. Al cabo de un rato, la conversación fue derivando hacia aspectos que nada tenían que ver con una posible guerra.

Roosevelt, abrigado con un jersey para protegerse de las corrientes de aire por su siempre delicado estado de salud, pidió al servicio que les trajesen unos bocadillos y algo de fruta. Durante el almuerzo continuaron departiendo tranquilamente, interrumpidos tan solo por los ladridos de *Fala*, el *terrier* de Roosevelt. El presidente tenía previsto, después del refrigerio, dedicar unas horas a poner al día su colección de sellos.

A la una de la tarde de ese tranquilo domingo estaba prevista una entrevista entre el embajador japonés y el secretario de Estado, Cordell Hull. Roosevelt, convencido de que se trataba de un capítulo más en los roces diplomáticos entre ambos países, se despreocupó del asunto y confió plenamente en el buen hacer de Hull. Así pues, el presidente dio la orden de que no le pasasen ninguna llamada.

Poco después de la una y media, mientras estaba acabando de comerse una manzana, y con la vista ya puesta en sus álbumes de sellos, sonó el teléfono. Contrariado por la interrupción, lo descolgó; el operador le dijo que el secretario de Marina, Frank Knox, estaba al otro lado de la línea y que tenía que comunicarle algo urgente. Roosevelt tomó el auricular y se quedó atónito cuando Knox, sin ni siquiera saludarle, le espetó: "¡Los japoneses han atacado Pearl Harbor!". Roosevelt dejó caer la manzana y solo acertó a exclamar: "¡No!". Su cara se contrajo en un gesto furioso.

Aunque Hopkins intentó calmarle, diciéndole que podía tratarse de algún error, a Roosevelt no le cabía duda de que así había ocurrido. Seguramente vio clara la jugada nipona; mientras su embajador celebraba un encuentro en Washington con el secretario de Estado norteamericano para aparentar que se estaba buscando una salida negociada al conflicto, sus aviones atacaban de improviso la base naval más importante del Pacífico, en esos momentos totalmente desprotegida.

Mañana tranquila en Hawai

A la misma hora en la que Roosevelt charlaba amistosamente en su despacho de la Casa Blanca, antes de que le llegase la noticia del ataque a Pearl Harbor, en ese estratégico lugar del Pacífico, situado en las paradisíacas islas Hawai, reinaba una tranquilidad similar.

Mientras en Washington el reloj marcaba la una de la tarde, en Hawai eran las ocho de la mañana. Ese domingo de diciembre había amanecido despejado y tranquilo en la base naval. Tan solo algunas nubes moteaban el cielo luminosamente azul del Pacífico.

Durante la semana, los soldados norteamericanos destinados en la base habían escuchado las noticias que insistían en la tensión creciente entre Washington y Tokio. Pero nada estaba más lejos de su mente que la posibilidad de que la guerra llegase por sorpresa a Hawai.

La carencia de medidas de seguridad era absoluta; en los aeródromos, los aviones estaban agrupados, mientras que en el puerto hasta ocho grandes acorazados formaban una línea continua formando la que se llamaría "Avenida de los Acorazados". Además, los depósitos de munición se encontraban cerrados y las redes antitorpedos estaban guardadas en un almacén.

El día escogido por los nipones para atacar no podía ser más adecuado. La mayoría de soldados y oficiales descansaban en sus literas después de haberse distraído durante la noche en Honolulu. En el aeródromo, tan solo dos pilotos se encontraban despiertos; aún no se habían ido a dormir, enfrascados en una larga partida de póker.

Los japoneses tuvieron todo de cara. Gracias a la suerte y, sobre todo, a la incompetencia de los responsables de la base de Pearl Harbor, la misión de bombardeo fue una sorpresa absoluta. El día anterior el FBI interceptó una llamada de Tokio a Honolulu en la que preguntaban a un supuesto agente sobre la disposición de los barcos y los aviones en la base. Los militares encargados de hacer las averiguaciones decidieron no alterar sus planes y se acercaron a la ciudad a disfrutar de la noche del sábado.

Pero los errores no habían ocurrido solamente en Hawai. Ese mismo día, en el Departamento Criptográfico de la Armada, en Washington, una empleada tradujo un mensaje interceptado entre Tokio y el cónsul nipón en Honolulu que revelaba la inminencia del ataque. Alarmada, a las tres de la tarde presentó la traducción al Jefe del Departamento poco antes de que este acabase su jornada, por lo que el responsable restó importancia al asunto y prefirió marcharse, dejando pendiente el análisis del mensaje para la mañana del lunes.

Los avisos que se habían producido durante el sábado continuarían en las primeras horas del domingo; a las tres de la madrugada, un dragaminas descubrió el periscopio de un submarino nipón de bolsillo en aguas cercanas a la entrada del puerto. Un destructor acudió a la llamada del dragaminas pero, al no ver nada, el capitán creyó que debía tratarse de alguna boya. Dos horas más tarde, el mismo destructor localizó por fin al submarino y logró hundirlo con cargas de profundidad. Inexplicablemente, el Mando costero prefirió no dar a conocer el ataque, temiendo que hubieran hundido por error a un submarino norteamericano, puesto que creían impensable que un sumergible nipón estuviera rondando por esas aguas. Así pues, decidieron enviar a otro destructor para comprobarlo.

Las advertencias del desastre no terminarían aquí. A las siete de la mañana, los primeros 183 aviones nipones que habían despegado del portaaviones *Akagi* se aproximaban a su objetivo; la formación fue confundida en la pantalla del radar con otra de aparatos norteamericanos procedentes del portaaviones *Enterprise*. El encargado del radar en esos momentos era un recluta inexperto, ya que los más veteranos se encontraban desayunando. Las alarmas no sonaron.

"¡TORA, TORA, TORA!"

Cuando la formación de aviones nipones fue detectada por los radares norteamericanos, esta llevaba ya media hora en el aire. En esos momentos el almirante Chuiki Nagumo ordenaba que despegase la segunda oleada desde los portaaviones japoneses. Todo marchaba según lo previsto.

A las 7.35 horas de esa mañana se transmitió la que posiblemente es la orden de ataque más célebre de la historia: "¡Tora, Tora, Tora!" (tigre, tigre, tigre). Este mensaje fue retransmitido a Tokio, a cinco mil kilómetros de distancia. Eso significaba que el ataque estaba a punto de comenzar y que la operación se desarrollaba tal como lo había planificado el comandante en jefe de la Flota de Combate japonesa, Isoroku Yamamoto. La señal de ataque propiamente dicha se radiaría a todos los aparatos a las 7.55 horas, seis minutos antes de llegar al objetivo: "To-To-To", la primera sílaba de *totsugekiseyo* (a la carga).

Cuando faltaban cinco minutos para las ocho de la mañana, las tripulaciones del centenar de buques que se encontraban anclados en Pearl Harbor se estaban todavía desperezando cuando fueron sobresaltadas con una repentina tormenta de explosiones. Los que permanecían en el interior del buque creyeron que se trataba de prácticas de tiro, pero los que estaban el exterior comprendieron de inmediato que se trataba de un ataque real.

En esos momentos se estaban izando las banderas en los acorazados *Arizona* y *Nevada*, pero los marineros encargados de subirlas huyeron buscando refugio ante la lluvia de bombas y metralla que se les venía encima, quedando las enseñas a media asta, en un guiño del destino de lo que sucedería esta trágica mañana de domingo. Todos los marineros comenzaron a correr de un lado a otro, viendo como los aviones que lucían el círculo rojo del Sol Naciente en el fuselaje pasaban a pocos metros de las cubiertas con los motores a toda potencia. Ta no podía haber ninguna duda: estaban siendo atacados por aviones japoneses. Sus vuelos rasantes permitían incluso vislumbrar el rostro de los pilotos tras el cristal de las carlingas.

Tras los primeros instantes de estupor, los hombres se dirigieron rápidamente hacia los cañones y ametralladoras; de manera incomprensible, las armas estaban cubiertas con lonas perfectamente atadas por lo que, para no perder tiempo, las cortaron con cuchillos de cocina. Pero en ese momento se dieron cuenta de que las cajas de municiones estaban cerrradas con candados. Mientras seguían cayendo las bombas niponas, los marineros intentaban mantener la calma en medio del caos, aserrando los candados de las cajas, hasta que finalmente pudieron abrirlas.

En el resto de la base, la confusión era total. Para despejar cualquier duda a los que aún creían que se trataba de unas simples maniobras, la estación naval de radio emitió la alarma: "¡Ataque aéreo en Pearl Harbor! ¡Esto no es una práctica!". La suerte que corrió el aeródromo no fue mucho mejor que la que había sufrido el puerto. Un total de 188 aviones quedaron destruidos en tierra, mientras que los nipones tan solo perdieron 29 de los 353 aparatos que participaron en el ataque.

En total, los japoneses hundieron 18 barcos, causando 2.330 víctimas, de las que 1.770 correspondían a la tripulación del acorazado *Arizona* y que, aún hoy, permanecen en el interior del casco del buque, que tiene la consideración de cementerio militar. El daño infligido a los norteamericanos pudo haber sido mucho mayor si los enormes depósitos que almacenaban el combustible hubieran sido atacados, ya que contenían las reservas previstas para todo un año. Los talleres y diques secos tampoco resultaron afectados, lo que permitiría reparar en poco tiempo los buques dañados en el ataque.

Este error de los japoneses fue debido a la excesiva cautela del almirante Nagumo que, temeroso de que los tres portaaviones norteamericanos —el *Enterprise*, el *Lexington* y el *Saratoga*— se encontrasen cerca, prefirió recoger rápidamente los beneficios de la operación y poner proa a Japón, sin afrontar el riesgo de un hipotético contraataque norteamericano. De haber tenido la seguridad de que los portaaviones no podían acudir al rescate, al encontrarse muy alejados de Hawai, seguramente una tercera oleada nipona hubiera causado tales destrozos que la Marina de guerra estadounidense no se hubiera recuperado en varios años. Los japoneses, que se habían mostrado hasta ese momento tan audaces, pagarían muy caro esa timorata decisión.

Aún así, era innegable que la Flota norteamericana había recibido un duro golpe. De sus nueve acorazados en el Pacífico tan solo dos podían seguir en activo, mientras que los japoneses disponían de diez. Posiblemente, la mejor noticia para los estadounidenses era la ausencia de los tres portaaviones, lo que les salvó de una posible destrucción. Esta circunstancia ha hecho circular la hipótesis nunca demostrada de que el presidente Roosevelt los puso a salvo ante la inminencia de un ataque conveniente para sus intereseses, puesto

La noticia del ataque a Pearl Harbor convulsionó a la sociedad norteamericana.

que derribaría los últimos obstáculos para que su nación entrase en la guerra, tal como era su deseo.

El "Día de la Infamia"

Por su parte, Winston Churchill no pudo reprimir su satisfacción ante el ataque nipón a Estados Unidos. El *premier* británico supo ver las consecuencias que tendría la entrada de la potencia norteamericana en el conflicto. Ese día quedó definitivamente convencido de que el bando aliado ganaría la guerra.

Si el ataque a Pearl Harbor había sorprendido a Churchill o Hitler, con más razón lo hizo a la población norteamericana. Creyendo estar a salvo de la tragedia que se vivía en Europa, los estadounidenses no podían pensar que la guerra se presentase de esta inesperada manera[10].

Los norteamericanos comprendieron al instante que estaban viviendo un momento histórico, lo cual se confirmó al día siguiente, cuando el presidente Roosevelt se dirigió a sus compatriotas en una sesión especial del Congreso para solicitar la declaración de guerra al agresor nipón.

Fue allí cuando, gracias a una acertada inspiración de última hora apuntada con estilográfica sobre el discurso original, declaró el 7 de diciembre como el "Día de la Infamia", un calificativo que haría fortuna:

"Ayer, 7 de diciembre de 1941, una fecha que será recordada como el Día de la Infamia, los Estados Unidos de América fueron atacados sin previo aviso por fuerzas aéreas y navales del Imperio Japonés".

Tras el discurso, emitido en directo para todo el país, el resultado de la votación sería aplastante; entre los congresistas tan solo uno votó en contra, mientras que los senadores apoyaron al presidente por unanimidad. A las 16.10 de ese lunes 8 de diciembre de 1941, Estados Unidos hacía su entrada en la contienda. Ese mismo día, Gran Bretaña declaraba también la guerra a Japón.

---

[10] El futuro presidente John Fitzgerald Kennedy, entonces un joven alférez de la Marina, se enteró del ataque a Pearl Harbor mientras escuchaba las noticias de la CBS en su coche, cuando regresaba a su casa tras asistir a un partido de fútbol americano en Washington. El general Dwight David Eisenhower, también futuro presidente, estaba en esos momentos en su hogar durmiendo una siesta, al igual que el entonces actor de segunda fila Ronald Reagan, mientras que Richard Nixon salía de un cine en Los Angeles cuando se topó con los vendedores de periódicos anunciando a gritos la noticia.

Alemania declara la guerra

Cuando la noticia del ataque llegó al cuartel general de Hitler, este también la recibió alborozado, aunque por motivos difíciles de entender. El *Führer* exclamó: "Ahora es imposible que perdamos la guerra, ¡tenemos un aliado que no ha sido derrotado jamás en sus tres mil años de historia!". Pasado ese momento de euforia, uno de los presentes preguntó en dónde se encontraba Pearl Harbor y nadie supo responderle, por lo que tuvieron que pedir un mapamundi.

Estados Unidos había entrado en la contienda, pero no había declarado la guerra a Alemania. Sin embargo, cuatro días después del ataque a Pearl Harbor, Hitler sí que decidió declarar la guerra a los norteamericanos. Los motivos que le llevaron a ello no están claros, aunque quizás tuvo un peso decisivo su confianza en la flota de submarinos para romper las líneas de comunicación atlánticas entre Norteamérica y las islas británicas.

La Marina de guerra germana lamentaba no poder atacar a los mercantes estadounidenses, puesto que pertenecían a un país neutral. Pese a ello, no fueron extraños los incidentes en los que estos buques eran torpedeados, aunque esos hechos solían ser silenciados por ambas partes para no forzar una escalada de agresiones. La declaración de guerra posibilitó que los sumergibles desatasen su ofensiva contra los barcos norteamericanos, ya sin ningún tipo de cortapisas.

Mussolini, siguiendo la senda marcada por Hitler, también declaró la guerra a Estados Unidos, lo que tendría consecuencias negativas sobre la numerosa colonia italiana en aquel país, que tuvo que ser sometida a una especial vigilancia.

El 3 de enero de 1942, Hitler se reuniría en la Cancillería de Berlín con el embajador japonés, Hiroshi Oshima. El objetivo era diseñar un plan de actuación conjunta entre las dos potencias. Pese a esta aparente sintonía entre Alemania y Japón, la realidad es que nunca se llegó a crear una corriente de sincera colaboración. Son muy significativos al respecto los comentarios realizados por Hitler durante una reunión con sus generales el 5 de marzo de 1943. En ella, el *Führer* aseguró que "no hay que prestar ninguna credibilidad a lo que dicen los japoneses. Yo no me creo ni una sola palabra". Hitler no dejó ninguna duda sobre el concepto que tenía de sus aliados al añadir que "cuentan las mentiras por miles".

Al principio, el dictador germano confiaba en que la alianza con Japón podía proporcionarle beneficios, pero los nipones, seguramente, no tenían en cuenta las ventajas que les podía suponer ser aliados de la lejana Alemania. Los japoneses confiaban en ellos mismos, y estaban convencidos de que sin ayuda de nadie podían convertirse en dueños de Asia y el Pacífico. Los primeros meses de la guerra les confirmaría que estaban en lo cierto.

Escenarios

Desde el 7 de diciembre de 1941, el **acorazado USS *Arizona*** reposa en el fondo de la bahía de Pearl Harbor, en Hawai. En su interior aún permanecen los cuerpos de un millar de marineros que quedaron atrapados en él, por lo que los restos del buque son considerados como cementerio militar.

En 1950 se izó una bandera norteamericana en el mástil que sobresale del agua y ocho años más tarde se inauguró un monumento en la superficie del agua. La estructura, de color blanco intenso, tiene forma de cubierta estilizada.

Protagonistas

Franklin Delano Roosevelt (1882-1945). Presidente norteamericano entre 1932 y 1945. De familia acomodada, se licenció en Harvard. En 1921 sufrió una poliomielitis que le obligó a ayudarse de un pesado aparato ortopédico o una silla de ruedas. Elegido presidente en 1932, aplicó un ambicioso programa de reformas sociales. Apoyó a Gran Bretaña en su lucha solitaria contra Hitler hasta que declaró la guerra a Japón tras el ataque a Pearl Harbor. Firme partidario de forzar la rendición incondicional del Eje, mostró una gran energía pese a su mala salud. La muerte por derrame cerebral le llegaría el 12 de abril de 1944, mientras pasaba un día de asueto en su casa de recreo de Georgia con la que era su amante desde hacía tres décadas, Lucy Mercer Rutherfurd. Pese a la incómoda situación, la carismática Eleanor Roosevelt —su esposa desde 1905—, guardó la compostura con gran dignidad.

Chuichi Nagumo (1886-1944). Vicealmirante japonés. Dirigió al ataque contra Pearl Harbor, donde decidió no mandar sus aviones a una tercera oleada, que podía haber resultado decisiva para destruir totalmnte el potencial naval norteamericano. Dirigió el portaaviones *Kido Butai* en la batalla de Midway y luchó en las dos batallas navales de Guadalcanal. Tras estas derrotas, fue relegado de su puesto y enviado a las Marianas, para organizar la defensa de Saipán. Ante la inminente derrota de sus fuerzas optó por suicidarse.

FILMOGRAFÍA

* **Operación Pacífico** (*Operation Petticoat*, Blake Edwards, 1959).
* **De aquí a la eternidad** (*From here to eternity*, Fred Zinnemann, 1953).
* **Tora! Tora! Tora!** (*Tora! Tora! Tora!*, Richard Fleischer, Toshio Masuda, Kinji Fukasaku y Kinji Fukasuku, 1970).
* **1941** (*1941*, Steven Spielberg, 1979).
* **Pearl Harbor** (*Pearl Harbor*, Michael Bay, 2001).

Capítulo 17
Guerra relámpago en el Pacífico

Si las armas alemanas habían sometido a buena parte del continente europeo en un abrir y cerrar de ojos entre 1939 y 1941, las japonesas también protagonizaron una deslumbrante guerra relámpago, en este caso en el Pacífico.

La misma noche del 7 de diciembre de 1941, el día en el que la base de Pearl Harbor fue atacada, la colonia británica de Hong Kong fue objeto de los bombardeos de la aviación nipona. Durante ese mes de diciembre, los japoneses atacaron las islas de Wake y Guam, Filipinas, Malasia y Birmania, mientras Tailandia se rendía también a los nuevos dueños de Asia. Pero el golpe más terrible fue el propinado al orgullo británico, atacando su colonia más preciada en la zona: Singapur.

LA CAÍDA DE SINGAPUR

Singapur era una de las joyas del Imperio británico. Situada en el extremo de la península malaya, era el punto estratégico de mayor importancia del sudeste asiático, al ser lugar de paso obligado para todas las rutas marítimas del sur de Asia. Además, Singapur poseía un gran valor simbólico, puesto que representaba el dominio británico en Oriente.

La colonia era considerada inexpugnable. Los ingleses estaban convencidos de que era imposible que pudiera ser invadida desde el norte, puesto que se tenía por descabellado el que algún enemigo pudiera atravesar la intrincada jungla que cubría la península malaya. Por tanto, su medio centenar de potentes baterías costeras la protegían exclusivamente de un ataque desde el mar.

De todos modos, a los estrategas del Ejército británico en Londres no se les pasó por alto la posibilidad de que los japoneses atacasen desde el norte. Así pues, se decidió la construcción urgente de una red defensiva en ese sector, que debía estar formada por trincheras, barreras antitanque, alambradas e iluminación nocturna. Pero esta orden fue ignorada por el general Arthur Percival, jefe del Ejército británico en Malasia, convencido de que nadie sería capaz de atravesar la defensa natural que formaba la jungla malaya.

De nada sirvió que el general de Ingenieros Ivan Simson se entrevistase personalmente con Percival para rogarle que se tomasen las medidas necesarias para reforzar el flanco norte, así como para impedir un desembarco en el sur, una posibilidad que las potentes baterías costeras no podían impedir por completo. Simson se comprometió a levantar defensas para la artillería y la infantería, además de a colocar todo tipo de obstáculos para evitar la llegada de lanchas de desembarco en el Estrecho. En el caso de que los japoneses lograsen consolidar una cabeza de playa, el general de Ingenieros propuso crear barreras antitanque, cavar varias líneas de trincheras y colocar alambradas, además de un sofisticado sistema de iluminación nocturna para descubrir infiltraciones.

Estas medidas propuestas por Simson eran muy razonables, teniendo en cuenta la situación de debilidad que ofrecía Singapur, pero Percival las rechazó sin disimular su desdén. Es célebre la respuesta de Percival a los requerimientos del general de Ingenieros, tras dos horas y media de discusión y después de rebatir todos y cada uno de los argumentos de Simson:

"Creo que las defensas que usted piensa levantar pueden resultar perjudiciales para la moral de las tropas y de la población civil", afirmó Percival. El clarividente general de Ingenieros, irritado por la cerrrazón de su superior, le espetó: "Mi general, creo que las cosas irán mucho peor para la moral si los japoneses comienzan a pasearse por la isla".

Las informaciones sobre la irresponsable política del avestruz del general Percival llegarían hasta Londres. Churchill, al tener conocimiento de esa falta de previsión ante un hipotético ataque procedente del norte, escribió: "La posibilidad de que Singapur careciese de defensas terrestres no me cabía en la cabeza, como no me cabía el que se pudiera botar un acorazado sin quilla".

Finalmente, tras la insistencia personal de Churchill, Percival acató la orden de reforzar las defensas de la isla tal y como había recomendado Simson, pero inició los trabajos de fortificación con tan escasa disposición que los proyectos no pasarían del nivel burocrático.

En el lado japonés las riendas no estaban en manos de alguien tan incapaz como Percival. El jefe de las tropas que debían conquistar Singapur era el general Tomozuki Yamashita, quien sería más tarde conocido como el "Tigre

Una columna de prisioneros británicos en las calles de Singapur. La mayoría de ellos encontrarán la muerte durante su cautiverio.

de Malasia" o el "Rommel de la jungla". Yamashita era un militar muy completo, puesto que era rápido y eficaz cuando tenía que tomar decisiones en el campo de batalla, pero a la vez poseía una visión estratégica global.

El general nipón ayudó a planificar la invasión de Malasia en diciembre de 1941, con el objetivo último de arrebatar Singapur a los británicos. Yamashita tuvo muy claro desde el principio que si quería asaltar la colonia debía hacerlo por su *puerta trasera*, es decir, el norte. Así pues, su ejército cruzó Tailandia y descendió por la costa occidental malaya.

Durante esta veloz campaña, los soldados nipones dieron una auténtica lección de cómo adaptarse a un terreno hostil. Contrariamente a lo que se cree, aquellos hombres no tenían ningún tipo de experiencia anterior de combate en regiones tropicales, ya que la mayoría de ellos procedían de grandes ciudades, pero aun así supieron hacer frente a ese nuevo reto. Gracias a su frugalidad y resistencia física, pudieron cubrir grandes distancias en poco tiempo, ya fuera atravesando la jungla o desplazándose en bicicletas por los caminos, prescindiendo de avituallamiento.

Tal como temían los expertos británicos, los audaces japoneses se presentaron en la madrugada del 8 de febrero de 1942 al norte de Singapur, tras haber atravesado la jungla. Los sorprendidos británicos, que entonces sí lamentaron no haber fortificado esa zona, no pudieron resistir la ofensiva del Tigre de Malasia, desplegada ese mismo día al cruzar en botes el estrecho que separa Malasia de Singapur.

Ante la inutilidad de las baterías costeras para hacer frente a los japoneses —pues estas estaban situadas en el sur— hubieran hecho falta unos seiscientos aviones para hacer frente a los invasores pero, tras un ataque por sorpresa de la aviación nipona, tan solo quedaron seis aparatos británicos en condiciones de volar.

Capitulación británica

Al siguiente día, los tanques japoneses irrumpieron en la colonia y los ingleses se vieron obligados a retroceder cada vez más. Cuando la lucha se tornó inútil, al comprobar el irresistible empuje nipón, Percival se vio obligado a aceptar la capitulación.

Finalmente, el 15 de febrero de 1942, a las cuatro y media de la tarde, Percival presentó la rendición ante Yamashita. La triste ceremonia para los británicos, pero triunfal para los nipones, tuvo lugar en Fort Canning, una fortificación situada en el interior de la ciudad de Singapur.

Como ejemplo de la eficacia de Yamashita, para completar la misión le habían concedido un plazo de cien días, pero le sobró un mes entero. Aunque las bajas japonesas sumaron más diez mil hombres, los británicos perdieron un total de 138.000 soldados.

Pese a ser irreparable para los británicos la pérdida de esa colonia por su gran importancia estratégica, hay que destacar también el enorme peso simbólico que tuvo esta derrota. Su fácil conquista por un ejército asiático supuso un contundente golpe para el secular prestigio británico y europeo en Asia. Los futuros éxitos de las fuerzas occidentales en el teatro de guerra asiático no podrían borrar ese súbito desprestigio. La vulnerabilidad del hombre blanco, puesta en evidencia por los osados japoneses, alentaría después de la guerra las revueltas contra los dominadores europeos.

Curiosamente, la humillante ocupación de Singapur se prolongaría a lo largo de toda la guerra e incluso tres días más tarde, puesto que hasta el 5 de septiembre de 1945 no llegarían las tropas británicas encargadas de recuperar la colonia.

Japón encadena victorias

A la pérdida de Singapur se sumaba otro desastre que había sucedido casi simultáneamente. El 10 de diciembre de 1941, los dos mejores buques de la Flota del Lejano Oriente, los acorazados *Repulse* y *Prince of Wales*, fueron hundidos por los japoneses cuando salían del puerto de Singapur.

Para ello, los japoneses emplearon varios bombarderos con base en tierra, pertenecientes a la 22ª Flotilla Aérea. Los dos acorazados tuvieron el dudoso honor de convertirse en los primeros barcos de su clase hundidos exclusivamente por aviones.

El *Repulse* y el *Prince of Wales* constituían, junto a otros buques de apoyo, la llamada Fuerza Z. Premonitoriamente, la última letra del alfabeto representó también el fin del símbolo de la presencia naval británica en aquellas latitudes. Pero lo más grave era que hundimiento de ambos acorazados evaporaba cualquier esperanza de resistencia en Singapur.

Podría resultar injusto atribuir la pérdida de esos dos buques a la incompetencia de un solo hombre, pero la realidad es que el máximo responsable de la Fuerza Z no tomó las precauciones necesarias para mantener la integridad de los acorazados que garantizaban la presencia del imperio británico en Oriente.

Se trataba del almirante Tom Phillips, de 53 años, apodado *Tom Thumb* (Pulgarcito) por su escasa estatura. En su favor hay que decir que no contaba con ningún portaaviones ni con apoyo aéreo desde tierra. Quizás confiado en la potencia artillera de sus dos acorazados, no consideró que los japoneses se atrevieran a atacar al convoy, pero los nipones demostraron ser más audaces, improvisando un fulminante ataque aéreo.

Al mediodía de aquel trágico 10 de diciembre, los dos barcos se encontraban ya en el fondo del mar. Phillips acabó pereciendo en el ataque junto a unos 800 hombres.

Ese desastre naval, que causó un inmenso pesar en Churchill, sería un aviso de que esta guerra no se desarrollaría por los caminos seguidos por los anteriores conflictos bélicos. La incuestionable superioridad de la armada británica, que se había extendido a lo largo de más de dos siglos, había sido puesta a prueba por una potencia emergente como la japonesa.

Las Indias Holandesas, con sus reservas de petróleo y caucho, serían conquistadas dos semanas después de la caída de la colonia británica.

El 19 de febrero de 1942, la ciudad australiana de Darwin, situada en la costa norte, sufriría el ataque de los aviones nipones. Un total de 54 bombarderos procedentes de bases terrestres y 188 cazas que habían despegado de cuatro portaaviones situados en el mar de Timor, llevaron a cabo dos oleadas sobre esta ciudad. Los dos *raids* acabaron con un balance de 243 muertos y unos 400 heridos.

En esos momentos los australianos creyeron que se trataba del preludio a una invasión, por lo que la mitad de la población de Darwin huyó en dirección al sur. Pero el alcance de los planes nipones era más reducido, pues tan solo se trataba de un ataque preventivo para impedir una respuesta aliada a la captura de Timor, además de golpear la moral de los austrialianos. De todos modos, los ataques contra Darwin se prolongarían hasta mucho después de la conquista de Timor; hasta noviembre de 1943 se produjeron 64 bombardeos contra esta ciudad.

El sol rojo, símbolo del Imperio japonés, se extendía por el mapa como una mancha de aceite, sin que nadie pareciera capaz de frenarla. Aunque los nativos de las colonias británicas, francesas u holandesas recibieron a los soldados nipones como libertadores, pronto sufrirían la crueldad de los nuevos amos. La política nipona de "Asia para los asiáticos", que había levantado expectativas de cambio entre la población asiática, pronto se revelaría como una cínica argucia destinada a someterla a los intereses de Japón, en su único provecho.

Si los alemanes habían necesitado diez meses para apoderarse de buena parte del continente europeo, a los japoneses les había bastado con cuatro para imponer su dominio absoluto en el Sudeste Asiático y la parte occidental del Pacífico. En tan solo dieciséis semanas se había creado un imperio colonial de casi cinco millones de kilómetros cuadrados, integrado por unos doscientos millones de habitantes, en una fulminante expansión sin precedentes en la historia. Harían falta tres años y medio de terribles combates, además del lanzamiento de dos bombas atómicas, para lograr que Japón regresase a sus fronteras de 1941.

Psicosis en la costa oeste

Los ciudadanos de la costa atlántica de Estados Unidos estaban preocupados ante la remota posibilidad de un ataque aéreo procedente de Alemania, pero en la costa del Pacífico la inquietud era mucho mayor, tomando tintes de una auténtica psicosis. Al desconocer por completo el potencial nipón, los californianos creían que los japoneses tenían capacidad para lanzar un gran desembarco, por lo que muchos pensaban que la invasión era inminente.

De inmediato, los 130.000 nipones-norteamericanos atrajeron todas las miradas. Estos ciudadanos estadounidenses de origen japonés —aunque dos tercios habían nacido en América— concitaron el recelo e incluso el odio de los naturales del país. No eran atendidos en los comercios ni podían canjear sus cheques en los bancos, y algunos negocios fueron asaltados, mientras que había gente que se dedicaba a destrozar con martillos cualquier producto *"Made in Japan"*. El Departamento de Conservación de Tennessee solicitó a las autoridades seis millones de licencias para cazar invasores japoneses. La respuesta oficial fue: "Abierta la veda de los *japos*; no se necesita licencia".

Para tener controlada a una supuesta *quinta columna* y, sobre todo, para tranquilizar los ánimos de la población, el 19 de febrero de 1941 se decretó el internamiento de los nipones-norteamericanos en "campos de realojamiento", en una de las decisiones más controvertidas de la historia de Estados Unidos. Posteriormente, el gobierno iría permitiendo gradualmente la salida de las familias, alejándolas de las zonas costeras. Entre ellas hubo 8.000 jóvenes que se alistaron en el Ejército norteamericano, siendo destinados a Europa, en donde muchos de ellos se distinguirían por su valentía y arrojo defendiendo su país de adopción, siendo condecorados por sus acciones.

Por su parte, los japoneses estaban dispuestos a alimentar el miedo de los habitantes de la costa oeste, sabiendo que eso traería quebraderos de cabeza al gobierno de Washington, por lo que idearon una serie de operaciones destinadas a provocar el pánico entre la población civil, aunque el resultado no pasaría de ser anécdotico.

Algunos barcos mercantes habían sido hundidos cerca de la costa en las primeras semanas de la guerra pero, en febrero de 1942, un submarino nipón lanzó diecisiete proyectiles contra unos campos petrolíferos. Los daños fueron tan escasos que ni tan siquiera se interrumpió la jornada laboral.

En agosto del mismo año, los militares japoneses se propusieron incendiar los frondosos bosques de Oregón, para que las llamas se propagasen por todo el Estado. Para ello se empleó un avión plegable que viajaría en el interior de un submarino. Como era de esperar, la operación resultó un completo fracaso, puesto que, aunque el aparato logró lanzar las bombas sobre el objetivo, el fuego tan solo pudo destruir siete árboles antes de apagarse por culpa de la humedad.

MacArthur: "Volveré"

Como se ha apuntando antes, el extenso archipiélago filipino también caería dentro de la órbita del Imperio japonés. En 1941 Filipinas se encontraba bajo administración norteamericana; aunque el presidente formal era Manuel Quezón, en realidad el poder dependía del jefe de la misión estadounidense: el carismático general Douglas MacArthur.

Nueve horas después de que los japoneses atacasen Pearl Harbor, estos se lanzaron también contra Filipinas, bombardeando los aeródromos. La invasión principal comenzó el 22 de diciembre. La brutal ofensiva nipona —pese a ser llevada a cabo por tan solo 40.000 hombres— era imparable y las fuerzas constituidas por tropas autóctonas y norteamericanas —en total, unos 80.000 soldados— nada podían hacer para rechazarlas. Poco a poco, las fuerzas defensoras fueron siendo acorraladas tras una penosa marcha a través de la selva, sin alimentos ni medicinas, hasta quedar sitiadas en la isla de Corregidor, situada en la bahía de la capital, Manila.

Mientras las tropas niponas recibían continuos refuerzos desde Formosa y Japón, Washington dio por perdida Filipinas y prefirió enviar tropas, aviones y pertrechos a Australia, que corría el peligro de ser también invadida. MacArthur, desde la sitiada isla de Corregidor, proclamó que estaba dispuesto a vencer o morir allí mismo.

Sin embargo, ante la inevitable toma de la isla por los japoneses, MacArthur fue conminado por el propio presidente Roosevelt a ponerse a salvo junto a su familia, por lo que el 12 de marzo tuvo que salir de la isla en una lancha torpedera, dejando atrás a los hombres que valerosamente habían luchado junto a él y que aún lograrían resistir en Corregidor hasta el 6 de mayo, antes de caer prisioneros de los japoneses.

Pero el general MacArthur les dejó una frase que en boca de él se convertía en una solemne y firme promesa: *"I sall return"* (Volveré). Los filipinos, que lo conocían muy bien al haber cumplido varias misiones en la isla a lo largo de las últimas cuatro décadas, sabían que MacArthur siempre cumplía su palabra a cualquier precio.

Durante la ocupación nipona, los norteamericanos introdujeron subrepticiamente en la isla todo tipo de artículos con destino a los resistentes —desde cajas de cerillas y paquetes de tabaco hasta goma de mascar— con la inscripción de la famosa frase de MacArthur entre banderas de Filipinas y Estados Unidos entrelazadas, y con su firma al pie. Esto dio ánimos a la población civil en esos difíciles momentos y minó también la moral de los japoneses, que veían objetos con la efigie de MacArthur por todo el país, pese a que su posesión estaba castigada con la muerte. Pero la liberación de Filipinas quedaba aún muy lejos.

China resiste la presión nipona

La rápida y violenta expansión de Japón por Asia y el Pacífico en diciembre de 1941 se completaría con una ofensiva en las impenetrables junglas de Birmania. Con solo dos Divisiones disponibles para esta región, los japoneses atacaron la colonia británica para cerrar el paso a los refuerzos con destino a Singapur y, sobre todo, para cortar la ayuda norteamericana a los nacionalistas chinos de Chiang Kai-shek que llegaba a través del puerto de Rangún.

La llamada Carretera de Birmania mantenía la esperanza de los chinos de poder expulsar a los japoneses de su territorio. La guerra que enfrentaba a ambos países había comenzado en 1931, con la invasión nipona de Manchuria. La reacción china fue ahogada con la toma de Shangai. Pero la paz se rompería definitivamente en 1937, iniciándose una sangrienta lucha en la que los japoneses llevarían a cabo un genocidio tan atroz que sus heridas continúan aún hoy sin cicatrizar.

Aunque este escenario de la guerra está considerado por los historiadores occidentales como secundario, la realidad es que de los 2.300.000 soldados japoneses de ultramar, 1.200.000 estaban en China, es decir, que Japón tuvo que destinar a uno de cada tres soldados a combatir en ese gigantesco país. Si los japoneses no se hubieran embarcado en esa colosal empresa, es fácil de imaginar las dificultades con que se hubieran encontrado los norteamericanos ante unas guarniciones niponas en las islas del Pacífico reforzadas con más de un millón de soldados.

Por lo tanto, es comprensible que Estados Unidos se volcase en apoyar a China, pese a las fundadas sospechas de corrupción que siempre planeaban sobre el régimen despótico de Chiang Kai-shek. Era fundamental que los japoneses continuasen desangrándose en China, pese a que era muy difícil hacer llegar a los chinos los medios necesarios para resistir, puesto que la frontera con Birmania suponía el único punto de contacto con los Aliados. Pero incluso ese estrecho canal de ayuda no tardaría en quedar cegado.

Con escasas bajas por ambos lados —2.000 muertos japoneses y 1.400 británicos—, la campaña de Birmania se decidió en mayo de 1942 con la victoria nipona. A partir de entonces, la ayuda a los nacionalistas chinos debería hacerse a través de un peligroso puente aéreo que sobrevolaba el Himalaya, organizándose más de 167.000 vuelos sobre esta "Autopista de Aluminio" (*Aluminum Highway*), llamada así por los restos de aviones que jalonaban el camino; allí se estrelló un aparato por cada uno de los 800 kilómetros de esta ruta de aprovisionamiento.

Con la toma de Birmania, Tokio podía anotarse una nueva conquista mientras las tropas aliadas se retiraban a la India, a la espera de poder recuperar algún día la colonia birmana. Pero, al igual que en el caso de Filipinas, el contragolpe iba a tardar todavía mucho tiempo en producirse.

La ocupación nipona de las islas Andamán y Nicobar, en el mar de Bengala, permitió a su aviación atacar la isla de Ceilán el 3 de abril de 1942, concretamente la base naval de Tricomalee. Al día siguiente serían bombardeadas las ciudades indias de Cocanada y Vizagapatam. Los soldados japoneses no pisarían la India hasta mayo de 1943, cuando un destacamento logró internarse 18 kilómetros en su territorio, lo que supondría la máxima expansión del Eje en Asia.

Escenarios

En Singapur existen varios puntos de interés, que se conservan en excelentes condiciones, y que cuentan con todos los alicientes para merecer las visitas, no solo de los interesados por los acontecimientos que tuvieron lugar durante la Segunda Guerra Mundial, sino para los turistas en general.

Fort Canning es un búnker situado en un céntrico parque de la capital. En él se firmó la rendición de las tropas británicas ante los invasores japoneses. La escena de la capitulación británica está convincentemente recreada por unos autómatas que representan a los protagonistas de aquel histórico episodio.

En la isla de Sentosa, a medio kilómetro de la costa sur de Singapur, se puede visitar el complejo defensivo de **Fort Siloso**, compuesto de torres de vigilancia, túneles subterráneos y troneras de cañones. Pese a la espectacularidad de esta fortificación, fue totalmente inútil, puesto que los japoneses invadieron Singapur por el norte.

Estas visitas se complementan con la del **campo de concentración de Changi**, en donde estuvieron recluidos 12.000 civiles británicos. En la actualidad hay una capilla contruida por los prisioneros y un museo.

En la ciudad australiana de **Darwin** se halla el **East Point Military Museum**, emplazado en un búnker que debía hacer la función de puesto de mando durante una hipotética invasión japonesa. En este museo se muestran objetos, uniformes y armamento de la época, así como filmaciones del histórico bombardeo que sufrió la ciudad el 19 de febrero de 1942.

También en Darwin se puede visitar el **Museo de Aviación**, que muestra una exposición permanente de aparatos de la Segunda Guerra Mundial, o los **túneles de almacenamiento de combustible** construidos entonces para hacer frente a la situación de guerra, y que discurren por el subsuelo de la ciudad.

Protagonistas

Arthur Percival (1887-1966). General británico. Comandante en jefe del Ejército británico y de la Commonwealth durante las batallas de Malasia y Singapur. Percival capituló ante los japoneses en Singapur el 15 de febrero de 1941. Fue internado por los japoneses en varios campos de Singapur, Taiwan y Manchuria. Liberado poco antes del final de la guerra, firmó el acta de capitulación de Japón a bordo del USS *Missouri* el 2 de septiembre de 1945. Aunque recibió varias distinciones oficiales, fue criticado por sus decisiones en Malasia, que facilitaron la captura nipona de Singapur.

Tomoyuki Yamashita (1885-1946). General japonés. Fue el artífice de la conquista de la península malaya y Singapur en 1942. Sus éxitos despertaron viejas envidias, por lo que fue injustamente destinado a la instrucción de soldados en la lejana Manchuria. En 1944 regresó a primera línea, en la defensa de la Filipinas, oponiéndose eficazmente al avance de MacArthur. Llegada la paz, fue tratado como criminal de guerra y ejecutado, con el beneplático del propio MacArthur.

Douglas McArthur (1880-1964). General norteamericano. Comandante en jefe de las Filipinas, escapó de la invasión nipona en marzo de 1942, no sin antes prometer solemnemente: "Volveré". Comandante en jefe en el Pacífico Suroeste (1943) y después de la totalidad de las fuerzas armadas en el Pacífico (1945), recibió la capitulación de Japón en el *Missouri* el 2 de septiembre de 1945. Egocéntrico y hambriento de gloria, supo difundir su inconfundible imagen en todo el mundo. Comandante en jefe en Corea (1950), fue relevado del cargo tras proponer seriamente acciones tan expeditivas como lanzar cuarenta bombas atómicas contra la China comunista.

Chiang-Kai-Shek (1887-1975). Generalísimo y estadista chino. Al frente de los nacionalistas del Kuomintang, derrotó a los comunistas en 1927 e instaló su gobierno en Pekín. Pese a proporcionarle ayuda para rechazar a los invasores nipones, los norteamericanos nunca confiaron en la fuerza militar de su régimen ineficaz y corrupto. Los comunistas de Mao Zedong, mucho mejor organizados, le expulsaron del poder. Tras la guerra, respaldado aún por Estados Unidos, creó un estado nacionalista chino en la isla de Formosa (Taiwan), del que sería presidente hasta 1970.

FILMOGRAFÍA

* **Zero** (*Zero faita dai kusen*, Marcello Bernardi, 1966).
* **McArthur, el general rebelde** (*McArthur*, Joseph Sargent, 1977).
* **Feliz Navidad, Mr. Lawrence (***Merry Christmas, Mr. Lawrence*, Nagisa Oshima, 1983).
* **Camino al paraíso** (*Paradise Road*, Bruce Beresford, 1997).
* **Mientras nieva sobre los cedros** (*Snow falling on cedars*, Scott Hicks, 1999).
* **Australia** (Baz Luhrmann, 2008).

Capítulo 18
La Batalla del Atlántico

Cuando se habla de la Segunda Guerra Mundial, los historiadores suelen centrar su atención en las operaciones terrestres que se dieron el continente europeo. Las distintas ofensivas y las grandes batallas son las que marcan las fases del conflicto, lo que ha llevado a reducir la atención sobre otros teatros de operaciones que resultaron enormemente decisivos.

Uno de estos escenarios fue el Océano Atlántico. En sus aguas se libró un duelo que estuvo cerca de inclinar la balanza de la contienda a favor de Alemania. Aparentemente, la guerra que llevaba a cabo un puñado de submarinos en las frías aguas del Atlántico Norte no era más que un combate simbólico, casi romántico, pero en realidad esas acciones estuvieron a punto de estrangular a Gran Bretaña y a obligarla a capitular. La prueba de que así fue es que Churchill confesó en una ocasión que lo único que realmente le preocupó durante la Segunda Guerra Mundial fue la acción de los submarinos alemanes, los U-Boot[11].

La guerra en el mar comenzó el mismo 3 de septiembre, el día en el que Gran Bretaña declaró la guerra a Alemania, y se prolongó a lo largo de todo el conflicto. El precedente había que buscarlo en la Primera Guerra Mundial, cuando los submarinos germanos lanzaron una ofensiva contra los mercantes que aprovisionaban a las islas británicas. En 1917, el número de barcos mercantes hundidos por submarinos alemanes fue tan grande que el Almirantazgo británico consideró que, si no se buscaba una solución rápida, habría que pensar en la rendición. La implantación de un sistema de convoyes logró superar ese momento tan dramático. Tras la guerra, para evitar que los alema-

---
[11] Abreviatura del alemán *Unterseeboot*, "nave submarina".

nes pudieran recurrir a la guerra submarina en el futuro, se les prohibió la construcción de más buques de esa clase.

Con la llegada de Hitler al poder, las limitaciones impuestas por el Tratado de Versalles serían hábilmente esquivadas. Pero el dictador germano no apostaría por impulsar la construcción masiva de submarinos, que tan eficaces se habían mostrado en la Gran Guerra, sino que se lanzó a la construcción de una potente flota de superficie capaz de retar a la *Royal Navy* británica. Así pues, la *Kriegsmarine* acometió un ambicioso plan de modernización.

Los acorazados de bolsillo

El buque estrella de la nueva Marina de Guerra germana sería un nuevo barco, el llamado "acorazado de bolsillo"; aunque los alemanes les llamaban *Panzerschiffe* (barcos blindados), en el extranjero hizo fortuna esa otra denominación. El tamaño de estos poderosos buques era la mitad de un acorazado normal, para cumplir así las limitaciones del Tratado de Versalles, pero poseían toda la capacidad de fuego de un acorazado normal.

Estos acorazados de bolsillo disponían de seis cañones de 280 milímetros y podían desplazarse a una velocidad de 28 nudos, por lo que podían hacer frente con total superioridad a cualquier barco que fuera capaz de alcanzarlos. Su menor peso y volumen les garantizaba una gran autonomía, que podía llegar a ser de más de 20.000 millas, gracias a sus modernos motores diesel. Además, se les protegió con un blindaje formidable, en el que las zonas más expuestas tenían un grosor de 14 centímetros. Con estas especificaciones se construyó el *Graf Spee*, el *Deutschland* y el *Admiral Von Scheer*.

Los otros dos buques que representaban el orgullo de la renacida *Kriegsmarine* eran el *Tirpitz* y el *Bismarck*, dos acorazados gemelos. Por su tamaño, eran más grandes que cualquier barco británico o norteamericano. La potencia de sus motores permitía alcanzar una velocidad mayor que la de cualquier otro acorazado. Sus cañones eran capaces de perforar un grueso blindaje a 35 kilómetros de distancia.

Superioridad británica

El estallido de la Segunda Guerra Mundial llegó demasiado pronto para la *Kriegsmarine*. Tan solo se habían construido los dos acorazados, los tres citados acorazados de bolsillo, 2 cruceros de batalla, 8 cruceros y 21 destructores. En ese momento, la hegemonía de la *Royal Navy* era total, pues contaba con 15 acorazados, 62 cruceros, 7 portaaviones y 178 destructores. La paridad entre ambas flotas tan solo se daba bajo el agua. Los británicos contaban con 56 submarinos, mientras los alemanes poseían 56.

Intentar rivalizar con los ingleses en la superficie se reveló como un error nada más comenzar la guerra. El mismo 3 de septiembre de 1939, el Alto Mando Naval celebró una reunión en Berlín, en la que el almirante Erich Raeder, máximo responsable de la *Kriegsmarine*, reconoció ese error y apostó por el arma submarina para intentar derrotar a los británicos:

> No podemos soñar con presentar batalla a la flota británica para aniquilarla. Nuestra única oportunidad reside en el ataque de las comunicaciones comerciales del enemigo, para lo cual los submarinos constituyen nuestra arma más eficaz. En consecuencia, tenemos necesidad de submarinos y más submarinos.

Como consecuencia de esas nuevas directrices, se modificó el plan de construcciones navales para poner en servicio de veinte a treinta submarinos al mes. Eso significaba postergar la construcción de más unidades navales de superficie.

Apuesta por los U-Boot

Así pues, la Marina de Guerra alemana colocaba todas sus esperanzas en los U-Boot. Pero los submarinos con los que entonces contaba Alemania eran, además de insuficientes, inadecuados para llevar a cabo ese bloqueo de las islas británicas. Los sumergibles germanos eran anticuados y lentos, y poseían escaso blindaje. El comandante superior de submarinos, el entonces contraalmirante Karl Dönitz, ya había remitido el 1 de septiembre un memorándum al Alto Mando Naval en el que señalaba el insuficiente desarrollo del arma submarina.

A pesar de esas limitaciones, Dönitz no se desanimó y reclamó un fuerte incremento de la construcción de sumergibles. En su opinión, con 300 submarinos modernos se podrían hundir unas 700.000 toneladas mensuales, lo que supondría poner a Gran Bretaña de rodillas. La táctica propuesta por Dönitz era la conocida como "manada de lobos"; los submarinos estarían dispersos por el Atlántico, y cuando uno detectase un convoy, lo comunicaría por radio a los demás, acudiendo todos para atacar al convoy de manera coordinada por la noche. Hitler se mostró entusiasmado por los planes de Dönitz, pero el apoyo del *Führer* al arma submarina siempre sería limitado, en detrimento de las operaciones terrestres en el este, que sí obtendrían de él toda su atención.

Duelo en el Atlántico

La que se denominaría Batalla del Atlántico acababa de comenzar. En la primera fase, Alemania no pudo plantearse objetivos demasiado ambiciosos. Con los nuevos submarinos todavía en construcción, Dönitz solo podía contar con sumergibles obsoletos. Además, los británicos instauraron desde el principio la navegación en convoyes y los buques de escolta contaban con sónar para detectar a los U-Boot. La aparición de las cargas de profundidad hizo pensar al Almirantazgo inglés que, a diferencia de lo que había ocurrido durante la Primera Guerra Mundial, esta vez sí que podría mantener protegidas las rutas marítimas que abastecían a Gran Bretaña.

Esta primera fase abarcaría hasta mayo de 1940. Los sumergibles germanos hundieron durante este periodo 222 barcos mercantes ingleses, que sumaban unas 900.000 toneladas. A pesar de la aparente rotundidad de estas cifras, esta era una pérdida que Gran Bretaña podía soportar. Dönitz sabía que con ese promedio nunca se podría poner a los ingleses contra las cuerdas, por lo que urgió a Hitler para que ordenase aumentar el ritmo de construcción de submarinos. Sin embargo, tan solo salieron de los astilleros dos submarinos por mes.

Esta debilidad de la *Kriegsmarine* quedaría disimulada por algunos episodios exitosos, que ya se refirieron en detalle en el capítulo dedicado a la *Drôle de Guerre*. La hazaña del U-47, comandado por Günther Prien, entrando en la base de Scapa Flow y hundiendo al acorazado *Royal Oak*, fue convenientemente explotada por la propaganda nazi. Las emboscadas protagonizadas por el acorazado de bolsillo *Graf Spee* por el Atlántico Sur también fueron objeto de orgullo para la Marina alemana, aunque su hundimiento en el Río de la Plata supondría una vuelta a la cruda realidad.

Pero a partir del verano de 1940 cambiarían las tornas a favor de Alemania. La ocupación de los puertos noruegos y franceses permitió a los alemanes alcanzar el interior del Atlántico y las costas africanas, hundiendo a buques mercantes desprovistos de escolta aérea. Esta etapa de la guerra fue bautizada como "Los tiempos felices" por los alemanes: entre junio y noviembre de 1940 fueron hundidas 1.600.000 toneladas.

Mientras Dönitz comenzaba a obtener resultados con sus submarinos, el almirante Raeder reivindicó en 1941 la vigencia de la flota de superficie, transformando nueve mercantes en otros tantos buques de guerra, pero conservando su inofensiva apariencia civil. El objetivo era emplearlos como corsarios para hundir buques mercantes aislados. El más célebre de estos buques corsarios fue el *Atlantis*, que hundió él solo 144.000 toneladas, hasta que fue hundido en noviembre de 1941. En total, estos mercantes hundieron 850.000 toneladas durante la guerra.

La flota de superficie estrictamente militar, celosa de los buenos resultados cosechados por los submarinos o por los buques corsarios, no quiso quedarse atrás y también pudo presentar algunos éxitos, como los protagonizados por el *Admiral Scheer*, el *Scharnhorst* o el *Gneisenau*.

Esos "tiempos felices" para los U-Boot comenzarían a declinar en abril de 1941. El almirante británico Percy Noble tomó el mando de la campaña antisubmarina en el Atlántico, adoptando nuevas medidas para mejorar la protección de los mercantes. Los británicos empezaron entonces a recibir ayuda de Canadá y de Estados Unidos. Por ejemplo, el gobierno de Washington dio la orden secreta de atacar a todos los submarinos alemanes aislados que encontraran, a pesar de que aún no estaban en guerra oficialmente con Alemania. Además, los criptoanalistas británicos lograron descifrar los mensajes codificados por la máquina secreta Enigma, lo que permitiría localizar con mayor facilidad a los submarinos alemanes.

En marzo de 1941, el arma submarina resultó duramente golpeada debido a esta reacción británica. Cuatro de sus más destacados ases —Otto Kretschmer, Joachim Matz, Joachim Schepke y Günther Prien— fueron capturados o resultaron muertos en batalla. Pero la flota de superficie también sufriría un golpe traumático.

El hundimiento del Bismarck

Pese a las imponentes características del *Bismarck*, los ingleses consiguieron hundirlo tras someterlo a una implacable cacería en la que tuvieron que emplear a fondo a sus mejores buques, entre el 19 y el 27 de mayo de 1941, en aguas del Atlántico Norte.

El Bismarck se había hecho a la mar con el objetivo de imponer su ley en los océanos, hundiendo a cualquier buque aliado que se pusiera a su alcance. Así lo hizo con el veterano acorazado *Hood* y cerca estuvo de lograrlo con flamante acorazado *Prince of Wales*, que resultó seriamente dañado[12].

Pero unos viejos aviones biplanos *Swordfish*, que habían despegado desde el portaaviones *Ark Royal*, lograrían acabar con el coloso germano. Uno de los torpedos lanzados por estos aviones **impactó exactamente en el único punto débil del buque; el brazo que unía los timones con el casco.** Existía tan solo una probabilidad entre mil de que un torpedo alcanzase ese mecanismo, y

---

[12] El *Prince of Wales* pudo ser reparado después de su encuentro con el Bismarck. En agosto de 1941 tendría el honor de trasladar a Churchill a Terranova, en donde le esperaba el presidente Roosevelt. El 10 de diciembre de 1941, el *Prince of Wales* fue hundido por aviones japoneses en la costa malaya, cuando protegía un convoy junto al acorazado *Repulse*.

eso fue lo que ocurrió. Aunque el resto del buque estaba protegido por un cinturón antitorpedos, el artefacto vino a impactar justo en ese punto vital.

El acorazado contaba con piezas de recambio para afrontar cualquier avería o desperfecto, pero el soporte del timón era el único que no contaba con un repuesto. Así, el timón quedó bloqueado, impidiendo cualquier maniobra, ni siquiera virar para colocar los cañones en dirección al enemigo. El barco alemán intentó responder al intenso y demoledor fuego al que fue sometido, pero todo fue inútil. Para evitar que cayese en manos del enemigo, las tripulación se encargó de volar el buque, poniéndose a salvo en botes y siendo rescatados por la flota británica.

Cuando Hitler se enteró del trágico final del *Bismarck*, quedó muy afectado por ello. Para evitar que algo similar le pudiera ocurrir a su hermano gemelo, el *Tirpitz*, ordenó que fuera trasladado a aguas seguras, en los remotos y bien protegidos fiordos noruegos[13].

Con la pérdida del *Bismarck* y la reclusión del Tirpitz en la costa noruega, la flota de superficie alemana prácticamente desapareció de los mares, quedando depositada toda la esperanza en los submarinos de Dönitz.

La guerra submarina llega a América

La entrada de Estados Unidos en la guerra, lejos de perjudicar a la guerra submarina desplegada por los alemanes, supuso la llegada de un nuevo "tiempo feliz". Los estadounidenses se mostraron remisos a utilizar la táctica de convoyes en sus rutas mercantes, lo que fue aprovechado por los U-Boot para atacarlas casi sin riesgo. Además, como el gobierno norteamericano, inexplicablemente, no ordenó el oscurecimiento de las ciudades costeras, a los submarinos les bastaba apostarse a la salida de los puertos a esperar la salida de algún mercante y dispararle sus torpedos.

Un ejemplo de las facilidades con las que contaban los submarinos para navegar por las costas norteamericanas es el del U-123. Este sumergible, en la

---

[13] En julio de 1942 se produciría la primera y única victoria del *Tirpitz*, aunque no tuvo que efectuar ni un disparo. Cuando un importante convoy aliado, formado por cerca de cuarenta barcos, se dirigía al puerto soviético de Arkángel, se dio al *Tirpitz* la orden de zarpar. Al conocer ese hecho, el mando aliado ordenó a los buques de escolta que se dispersasen, dejando al convoy sin protección, lo que fue aprovechado por otros barcos alemanes para atacar a los mercantes sin oposición. El *Tirpitz* no llegó a intervenir en la acción.

Los británicos decidieron acabar con la amenaza del *Tirpitz*. Fueron constantes y numerosos los intentos infructuosos de hundir el acorazado, hasta que lo consiguió una formación de bombarderos pesados Lancaster el 12 de noviembre de 1944. Tras recibir dos impactos directos, el *Tirpitz* se hundió llevándose con él la vida de más de 1.400 tripulantes.

Esta carga de profundidad lanzada por el USS Spencer consiguió hundir al submarino alemán U-175, el 17 de abril de 1943, mientras trataba de atacar a un convoy.

noche del 13 de enero de 1942, tuvo en su periscopio una visión espectacular; las luces de los rascacielos de Nueva York. Aunque a su capitán se le pasó por la cabeza cañonear la Quinta Avenida, había recibido órdenes estrictas de limitarse a hundir buques cisterna cargados de combustible. Así pues, el U-123 torpedeó un petrolero que acababa de salir del puerto; el submarino pudo también escapar sin dificultad, puesto que la explosión sería erróneamente achacada a una mina.

Los submarinos también sirvieron para introducir saboteadores en suelo estadounidense. En junio de 1942, un comando formado por cuatro jóvenes alemanes desembarcó desde un sumergible en una playa de Long Island pertrechados de todo tipo de artefactos explosivos, mientras que otro lo hacía en Florida con el mismo propósito. Ambos equipos serían detenidos poco más tarde, al ser detectados por el FBI, pero se seguiría sin tomar medidas para proteger las costas norteamericanas de la acción de los submarinos germanos.

Fruto de estas facilidades concedidas por los estadounidenses, las cifras de hundimientos se empezaron a disparar rápidamente. En junio de 1942 se alcanzó la cifra de 700.000 toneladas mensuales, el promedio inasumible para Gran Bretaña, según los cálculos de Dönitz. Los norteamericanos, viendo cómo la guerra podía perderse en el Atlántico, acabó por aceptar la navegación en convoy, lo que alivió un poco las cifras de toneladas hundidas. Pero la botadura de nuevos submarinos en agosto de 1942 haría que los daños a los mercantes aliados volvieran a ascender.

El éxito de Dönitz, y el declive de la flota de superficie, llevó a que Hitler tomase la decisión de colocarle al frente de la *Kriegsmarine*, en detrimento de Raeder, que había presentado la dimisión tras mantener graves divergencias con Hitler. Desde ese momento, el esfuerzo de la Marina de Guerra se centraría únicamente en la construcción de submarinos.

El almirante Dönitz afrontó 1943 con las mejores expectativas. Centró los ataques de sus submarinos en el centro del Atlántico, para cerrar por completo las vías de suministro a las islas británicas. En marzo de 1943 sus U-Boot hundieron 600.000 toneladas, manteniéndose así cerca de las cifras que suponían el desabastecimiento total de Gran Bretaña.

Los británicos sufren el bloqueo

Durante los meses en los que los submarinos alemanes lograban hundir más mercantes, la población británica sufría las consecuencias de ese bloqueo. Faltaban alimentos básicos, sobre todo el pan, puesto que el trigo llegaba desde Canadá. Esto hizo que las autoridades fomentasen el cultivo de la patata en cualquier terreno fértil disponible, incluidos los jardines, así como su consumo. El mensaje de que "Las patatas no ocupan espacio en los barcos" fue asimilado por los ingleses, que incorporaron este tubérculo a todas sus comidas diarias.

Si el trigo era posible sustituirlo por las patatas, no sucedía lo mismo con la carne, que también debía llegar desde el otro lado del Atlántico. Se intentó crear un sucedáneo a partir de materias vegetales, pero el proyecto fue un fracaso. El estricto racionamiento al que fue sometido el consumo de carne provocó un profundo descontento entre la población, que no pasó desapercibido a Churchill.

Las privaciones afectarían también al tiempo de ocio. Muchos bares se quedaron sin suministro de cerveza, puesto que las fábricas de esta popular bebida necesitaban materias primas que llegaban de fuera de las islas. El bloqueo impuesto por los submarinos alemanes frustraba así los escasos momentos de evasión que podían brindarse los sufridos británicos.

El *premier* británico sabía que solo podría derrotar a los alemanes contando con el apoyo sin fisuras de sus compatriotas, y la escasez de alimentos era una cuña que podía romper esa unidad. Si el bloqueo se prolongaba mucho más, serían los propios ciudadanos británicos los que reclamarían a su gobierno que pusiera fin a la guerra.

Churchill sabía que los únicos que tenían capacidad para romper ese bloqueo que hacía peligrar la continuación de la lucha contra la Alemania nazi era el aliado norteamericano. Con el fin de concienciarles de que era necesario actuar urgentemente para remediar la carestía de alimentos en su país, siempre tenía en su residencia oficial de Downing Street un plato conteniendo la ración semanal de mantequilla, queso o carne, que mostraba a los representantes estadounidenses que acudían a visitarle.

Acaban los "tiempos felices"

Ante la situación desesperada que estaba atravesando su aliado británico, el presidente Roosevelt se decidió a dar la orden terminante de "limpiar" el Atlántico a cualquier precio. Así pues, los norteamericanos incrementaron la protección de los convoyes, y con los buques que sobraban organizó escuadrones "cazasubmarinos" (*Hunter Killer*), que rondaban por una zona esperando encontrar un sumergible alemán y hundirlo. Además, se mejoró el sónar y se perfeccionó el lanzamiento de cargas de profundidad. Por último, los Aliados pasaron a disponer de aviones con alta autonomía de vuelo y un potente radar para localizar a los submarinos; como contaban con sus propias cargas de profundidad, podían atacarles sin esperar ayuda.

Este despliegue de sofisticados instrumentos de combate obtuvo resultados inmediatos. En mayo de 1943, cincuenta submarinos se reunieron para atacar a un convoy, siguiendo la táctica de la manada de lobos. Pero los buques de escolta, utilizando esas novedades tecnológicas, lograron hundir 41 sumergibles. Aunque un tercio de los barcos que componían el convoy resultaron hundidos, el desastre para la flota submarina había sido catastrófico. Según confesaría después Dönitz, después de ese fiasco comprendió que Alemania había perdido la Batalla del Atlántico.

La *Kriegsmarine* intentó responder al envite aliado, desarrollando, entre otras novedades, unos avanzados torpedos acústicos Estos descubrimientos permitieron anotar algunas victorias, pero la superioridad aliada era ya evidente. A principios de 1944, la derrota alemana era inapelable, ya que solo se hundieron tres buques mercantes, un pírrico botín que costó la pérdida de 37 sumergibles. Lo más deplorable para Dönitz fue que la mayoría de ellos fueron cazados antes de salir del golfo de Vizcaya. Cualquier esperanza de que pudieran regresar los "tiempos felices" había quedado extinguida por completo.

A lo largo de la guerra, los submarinos alemanes hundieron 2.848 buques mercantes, pero eso no fue suficiente para doblegar a Gran Bretaña. El precio pagado por Alemania en la Batalla del Atlántico fue enorme. De los 1.170 sumergibles que participaron en la contienda, 785 fueron hundidos por los aliados, sin contar los que fueron hundidos en accidentes, capturados o que desaparecieron. Pero lo más lamentable fueron las pérdidas humanas. Solamente uno de cada cuatro tripulantes de los U-Boot sobreviviría a la guerra; los otros tres acabarían en el fondo del mar, sepultados en sus ataúdes de acero.

Escenarios

El **Merseyside Maritime Museum**, en el Albert Dock de **Liverpool**, ofrece una amplia visión de este frente crucial para el desenlace de la guerra, con una completa exposición de objetos, armas, maquetas, uniformes y documentos. También está abierto al público el **Centro de Mando** de la lucha en el Atlántico.

Para conocer cómo eran los submarinos alemanes, es posible visitar en Liverpool el interior de uno de ellos, el **U-534**, situado en un dique seco de Birkenhead, en la orilla opuesta del río Mersey, la que se accede en *ferry*. Este

U-Boot fue rescatado en 1993 del fondo del mar en las costas argentinas tras ser hundido el 5 de mayo de 1945. El misterio rodea el último viaje del U-534, puesto que aún no se ha descubierto cuál era su misión. Los amantes de las *reliquias* tienen la posibilidad de adquirir allí un pequeño frasco con aceite extraido de los motores de este submarino.

En Londres es preceptiva una visita al crucero **HMS *Belfast***, que se encuentra anclado en el Támesis, y que está conservado y gestionado por el Imperial War Museum. El *Belfast* participó en la Batalla del Atlántico enfrentándose al *Scharnhorst* y el *Gneisenau* en la Batalla del Cabo Norte, el 26 de diciembre de 1943. También fue utilizado en las operaciones para hundir al *Tirpitz* y en labores de apoyo al desembarco de Normandía. Fue retirado del servicio en 1963 y pasó a convertirse en museo flotante en 1971. El diseño de la pintura de camuflaje que luce en la actualidad es el mismo que utilizó entre noviembre de 1942 y julio de 1944.

En la ciudad francesa de **Saint-Nazaire** se conserva la **base de submarinos** construida por los alemanes en enero de 1941 para que los U-Boot tuvieran acceso directo al Atlántico. Estas instalaciones, que daban cabida a dos flotillas de sumergibles, disponían de un centenar de habitaciones individuales para oficiales, cuatro cocinas, dos panaderías, dos centrales eléctricas, sesenta talleres de fabricación de torpedos, un quirófano, reservas de agua potable y un gran restaurante. La base medía 301 metros de longitud, 130 de anchura y 18 de altura. Para su construcción de la base se necesitaron 480 000 metros cúbicos de hormigón.

La base de Saint-Nazaire constituyó un objetivo prioritario para los bombaderos aliados; sus acciones causaron medio millar de muertos entre la población civil de la ciudad, pero no lograron destruirla. Tras la guerra fue utilizada como astillero por la Marina francesa. En la actualidad, después de haber sido sometida a una ambiciosa adecuación, las instalaciones militares son un centro de disfrute ciudadano, denominado LIFE (*Lieu Internationale des Formes Emergentes*). Afortunadamente, la remodelación ha conservado fielmente el aspecto que la base tenía durante la guerra. En sus instalaciones, convertidas en un polo de atracción turística para la ciudad, se celebran regularmente actos culturales y exposiciones artísticas.

La aviación naval es la protagonista del **Fleet Air Arm Museum**, en la localidad británica de Yeovilton, Ilchester. Este museo traza la historia de la aviación naval desde sus inicios hasta hoy; de los 60 aparatos que integran la colección, quince corresponden al conflicto de 1939-45.

Protagonistas

Erich Raeder (1876-1960). Gran Almirante alemán. Al estallar la guerra dirigió el Alto Mando de la Armada germana. Sus desavenencias con Hitler se iniciaron con la Operación León Marino, en la que él no confiaba. El 30 de enero de 1943 presentó su dimisión, siendo sustituido por Karl Dönitz. Fue nombrado almirante inspector de la Marina de Guerra, un cargo honorífico. Fue juzgado en Nuremberg y condenado a cadena perpetua. Fue liberado por motivos de salud en 1955.

Karl Dönitz (1891-1976). Gran almirante alemán. Oficial de la Marina desde 1912. Organizó la guerra submarina contra Gran Bretaña aunque nunca contó con todos los medios necesarios para llevarla a cabo con éxito; estaba convencido de que Alemania hubiera ganado la guerra de haber contado con trescientos submarinos. Tomó el mando supremo de la Marina de Guerra en 1943, en sustitución del almirante Raeder. Designado sucesor de Hitler por este, capituló ante los Aliados. Condenado en Nuremberg a diez años de prisión, fue liberado en 1956, retirándose a su casa de Hamburgo.

Percy Noble (1880-1955). Almirante británico. Al estallar la guerra era el jefe de las fuerzas navales británicas en China. A partir de 1941 fue el encargado de la lucha antisubmarina en el Atlántico. Desempeñó también el cargo de jefe de la delegación naval británica en Washington hasta 1944.

Ernest King (1878-1956). Almirante estadounidense. Cuando su país entró en guerra, fue nombrado jefe de las Fuerzas Navales, asumiendo en marzo de 1942 la jefatura de Operaciones Navales. Fue uno de los grandes estrategas de la guerra. Logró convencer a Roosevelt para que destinase más medios a la Batalla del Atlántico.

Filmografía

* **The cruel sea** (Charles Frend, 1953).
* **Duelo en el Atlántico** (The enemy below, Dick Powell, 1957).
* **Hundid el Bismarck** (*Sink the Bismarck!*, Lewis Gilbert, 1960).
* **Submarino X-1** (*Submarine X-1*, William A. Graham, 1968).
* **Das Boot. El submarino** (*Das Boot*, Wolfgang Petersen, 1981).
* **Enigma** (*Enigma*, Michael Apted, 2001).
* **La Batalla del Atlántico** (*The Battle of Atlantic*, Andrew Williams, 2002).

Capítulo 19
La guerra llega a África

En junio de 1940, la derrota de Francia, así como la también previsible caída de Inglaterra, había abierto a Mussolini la posibilidad de hacer realidad sus sueños de grandeza. Al abrigo de la incontestable superioridad militar germana, el dictador italiano creyó llegado el momento de forjar un Imperio que se asentase en ambas orillas del Mediterráneo y que se extendiese incluso hasta el Oceáno Indico.

Como ejemplo de estos insensatos sueños imperiales del Duce, basta con transcribir uno de sus discursos: "Esta es la época en que es necesario sentir el orgullo de vivir y de combatir. Roma es nuestro punto de partida y de referencia, nuestro símbolo común, nuestro mito. Nosotros soñamos con la Italia romana, sabia y fuerte, disciplinada e imperial".

Para forjar ese imperio, Mussolini planteó a Hitler el expolio de territorios y colonias de Francia, reivindicando Córcega y Niza en Europa, y Djibouti y Túnez en Africa. Para el momento en el que Inglaterra fuera derrotada, el dictador italiano ya tenía preparada su lista de exigencias; Chipre, Adén, la Somalia Británica y Sudán. Con todas estas regiones, a las que había que sumar Libia, Somalia, Etiopía y Eritrea, que ya estaban en poder de Italia, así como Albania, el *Duce* pretendía reverdecer los laureles de la antigua Roma.

Pero estos delirios de grandeza se daban de bruces con la cruda realidad, muy alejada del poder que desplegaban las legiones romanas. Por ejemplo, las fuerzas blindadas italianas en Etiopía eran tan escasas —solo dos docenas de tanques obsoletos— que a duras penas podían reprimir las insurrecciones de los nativos, por lo que bien poco podrían hacer contra el bien organizado Ejército británico, en caso de una ruptura de las hostilidades.

De todos modos, pese a estar pobremente equipada, la fuerza italiana en Etiopía contaba con 75.000 hombres, mientras que los ingleses tan solo podían oponer unos 20.000, lo que aparentemente daba opciones de victoria a los transalpinos.

Así pues, Mussolini se decidió a lanzar a sus tropas contra las colonias británicas en julio de 1940, sin pensar en cómo iba a aprovisionar a su Ejército. Quizás el *Duce* pensó que Hitler derrotaría a Gran Bretaña en pocas semanas y podría sentarse así en la mesa de los vencedores, pero de todos modos el error de cálculo fue mayúsculo.

Derrota en Etiopía

La ofensiva se inició con una escaramuza en la frontera con Sudán y con un ataque a Kenia, siendo el virrey de Etiopía, el duque de Aosta, el encargado de dirigirla. En agosto los italianos invadirían la Somalia Británica. Enfrente tenían al mayor general William Platt, comandante de las fuerzas de Sudán, y el teniente general Alan Cunningham, al mando de las fuerzas destinadas en Kenia.

En un primer momento los italianos alcanzaron un relativo éxito, ocupando regiones escasamente protegidas por las guarniciones inglesas. Pero pronto se dieron cuenta de que era una campaña condenada al fracaso. La fuerza naval italiana -la *Regia Marina*- del Mar Rojo se encontraba aislada y carente de repuestos, al estar cortado el paso del Canal de Suez, bajo control británico. Por otro lado, el aprovisionamiento por aire desde Libia era prácticamente imposible, por lo que el empuje del avance de los soldados italianos se fue apagando por sí mismo.

Una vez que los hombres de Mussolini se vieron ya sin víveres ni munición, y con sus vehículos inutilizados por falta de piezas de repuesto, para los ingleses fue un juego de niños expulsarlos de los territorios conquistados. En febrero de 1941 Cunnigham recuperó la Somalia británica. Pero los ingleses no se limitaron a devolver a los italianos a sus puntos de partida, sino que los perseguirían hacia el interior de sus propias posesiones. Así pues, la operación prosiguió con la penetración en Etiopía. Por su parte, el general Platt logró entrar con cierta facilidad en Eritrea.

La *Regia Marina*, pese a que se decidió a bombardear algún puerto enemigo, emprendió una huida generalizada para escapar de la *Royal Navy* y de los bombarderos de la RAF, que se habían adueñado de los cielos africanos. Los submarinos descendieron por la costa del Índico, doblando el Cabo de Buena Esperanza para poner rumbo a Europa, mientras algunos barcos de superficie se pusieron a salvo llegando a Japón. Las naves que se quedaron intentaron llevar a cabo algún ataque desesperado a Suez y a Sudán, pero al fracasar en la operación debido a los ataques aéreos, las propias tripulaciones acabarían hundiéndolas para que no cayeran en manos del enemigo.

Los soldados italianos, sorprendidos por la inesperada respuesta británica, huyeron en desbandada ante el avance de las fuerzas británicas, hasta que acabaron agrupándose en torno al duque de Aosta en el reducto defensivo de Amba Alagi.

La resistencia se prolongó hasta el 17 de mayo, cuando los italianos optaron por rendirse, aunque existirían núcleos aislados de resistencia que no serían eliminados por completo hasta enero de 1942. Los ingleses hicieron un total de 230.000 prisioneros. La derrota de las fuerzas del duque de Aosta supuso el amargo despertar de Mussolini tras el sueño del imperio africano.

Ofensiva contra Egipto

Mientras esto ocurría en el denominado Cuerno de Africa, el norte del continente negro era testigo también del enfrentamiento entre italianos y británicos. El 7 de septiembre de 1940, Mussolini había ordenado al mariscal Graziani que iniciase una ofensiva por tierra contra Egipto, pese a no estar preparado para ello.

Seis días más tarde comenzó la campaña, alcanzando un sonoro éxito, como la captura del puerto de Sidi el-Barrani. Pero Graziani era consciente de que ese triunfo se había conseguido únicamente gracias a su superioridad numérica, un factor que dejaría de tener relevancia si no recibía suministros de inmediato. Así pues, Graziani estableció una cadena de campos fortificados en Sidi el-Barrani para esperar la llegada de los refuerzos que había pedido a Mussolini para poder proseguir la campaña.

Esta detención del avance italiano permitió a los británicos organizar el contraataque. La responsabilidad recaería en el general Archibald Wavell, que consiguió que se enviaran importantes refuerzos desde Gran Bretaña, en unos momentos en el que la situación en la metrópoli era casi desesperada ante la amenaza inminente de invasión y los constantes bombardeos. Aun así, Churchill no dudó en realizar esta "transfusión" —como él lo calificó— de hombres y material. Wavell pudo así contar con 30.000 hombres, especialmente seleccionados para la operación, por lo que se les conocería como los "treinta mil selectos" de Wavell. Además, podrían contar con el armamento más avanzado, como el carro de combate "Matilda", del que recibirían medio centenar.

Mientras que el paso del tiempo corría a favor de los británicos, pues su fuerza iba engrosando día a día, los hombres de Graziani veían que el apoyo de Mussolini se limitaba a sus vacuas arengas. La comida escaseaba, así como el combustible, y el armamento y la munición prometidos nunca acababan de llegar.

Desbandada italiana

La respuesta británica llegaría finalmente el 9 de diciembre de 1940. Las fuerzas de Wavell, bien preparadas para el combate, arrollaron a las de Graziani, poco dispuestas anímicamente a la lucha. Cerca de 40.000 italianos fueron hechos prisioneros casi de inmediato.

Poco después, una División australiana salió en persecución de los italianos que se retiraban en desbandada, mientras que una División blindada atravesaba el desierto para interceptarles. La maniobra se completó con éxito y los italianos fueron rodeados. En total, una fuerza compuesta tan solo por 30.000 británicos había conseguido capturar a más de 130.000 italianos.

El aluvión de prisioneros fue de tal magnitud que incluso llegó a poner en dificultades a las columnas aliadas que avanzaban rompiendo contínuamente el frente. No eran los cañones italianos los que lograban detener el avance aliado, sino las concentraciones de soldados con los brazos en alto, que dificultaban el tráfico de los tanques británicos.

Los tripulantes de los carros blindados llamaban desesperados a la infantería para que se hiciese cargo de aquellos hombres. Los soldados aliados, una vez allí, no sabían qué hacer con semejante gentío, así que repartían maderas y alambre de espino para que los propios italianos se construyesen su campo de prisioneros. Las previsiones iniciales de los británicos eran de capturar aproximadamente unos 3.000 italianos y se encontraron con que esa cifra se había multiplicado casi por cincuenta.

No obstante, la razón de esta actitud de los soldados italianos en la campaña del desierto no hay que achacarla a la falta de valor, sino a la escasa identificación de las tropas transalpinas con esa guerra innecesaria, promovida por Mussolini. El desencanto con el Duce era tal, que un número importante de soldados italianos no solo no opusieron resistencia en el momento de ser hechos prisioneros, sino que cooperaron activamente con sus captores, ayudando a fortificar posiciones. La colaboración italiana llegó al extremo de convertirse en cocineros de las tropas británicas; a los ingleses les entusiasmaba la imaginación de los italianos a la hora de elaborar sabrosos platos con los escasos ingredientes de que disponían.

Cuando el desastre para las fuerzas de Mussolini era inminente, la retirada de algunas tropas inglesas para apoyar el frente sudanés concedió un respiro a los italianos. La llegada regular de aprovisionamientos a los puertos de Libia ayudó a estabilizar el frente. Pero la invasión italiana de Grecia, ya apuntada anteriormente, situó a los Balcanes en el centro de atención de Mussolini, por lo que buena parte de los pertrechos que llegaban a Libia serían desviados para apoyar el ataque al país heleno.

Las consecuencias se vieron rápidamente; los italianos fueron obligados a retroceder ante un bien coordinado ataque británico, sin posibilidad de ser reabastecidos. Las fechas navideñas contemplaron un continuo goteo de prisioneros italianos; 40.000 en Bardia o 25.000 en Tobruk. Las posiciones italianas se desmoronaron ante el empuje de los aguerridos soldados australianos y neozelandeses, que fueron llegando regularmente a los puertos egipcios para unirse al Ejército de la metrópoli.

Ante la falta de aprovisionamiento, la situación en las filas italianas era desesperada. El norte de Africa iba a caer totalmente en poder de los británicos en pocas semanas si no sucedía un milagro. Pero este se produjo; el 12 de febrero de 1941, un bombardero de la *Luftwaffe* aterrizó en un aeródromo libio y de él descendió un militar de mediana estatura. Sin entretenerse demasiado en saludar a los obsequiosos oficiales italianos que habían acudido a recibirle, comenzó a hacer preguntas y a dar las primeras órdenes. No estaba acostumbrado a perder el tiempo y sabía que había que actuar deprisa. El milagro que esperaban los italianos tenía un nombre: el general Erwin Rommel.

LLEGA EL *AFRIKA KORPS*

Hitler había accedido a la petición de Mussolini de enviar un Cuerpo Expedicionario alemán a Libia. El *Führer*, pese a tener la mente puesta en invasión de la Unión Soviética, prevista para el verano, temía que la siempre voluble Italia cayera en la órbita de los Aliados. Además, el control aliado de Africa pondría los Balcanes en peligro, amenazando la preparación de la Operación Barbarroja. Tampoco hay que olvidar la relación de sincera amistad, pese a los contínuos desencuentros, que unía a los dos dictadores.

Por lo tanto, Hitler se decidió a enviar a Libia el *Deutsches Afrika Korps* (DAK), aunque en principio era tan solo una División de refuerzo destinada a actuar bajo mando italiano, como "cuerpo de contención". Se trataba de la 5ª División Panzer Ligera, destinada a labores defensivas, pero bien pronto alcanzaría tales éxitos que le llevarían a convertirse en una unidad mítica, ganándose el respeto y la admiración de sus enemigos. Curiosamente, su mayor adversario, el Octavo Ejército británico, pese a resultar a la postre vencedor en el duelo entre ambos, no conseguiría igualar el carácter legendario que rodearía para siempre al *Afrika Korps*.

Antes de que Rommel hubiera podido organizar la llegada de su División, prevista para mayo de 1941, la situación del frente había empeorado más si cabe; los italianos continuaban retrocediendo, perseguidos por los británicos. Rommel solicitó el refuerzo de una unidad acorazada, a lo que Hitler accedió de mala gana enviándole la 15ª División Panzer aunque, conocedor del carácter audaz del general, le instó a que no iniciase ninguna operación ofensiva.

La llegada de Rommel a Africa no inquietó lo más mínimo a los británicos, que creían que los alemanes no estaban hechos para la guerra en el desierto. No les faltaba razón, puesto que los equipos germanos se revelaron inútiles; no servían ni los camuflajes de los vehículos -llegaron pintados de color gris verdoso- ni sus motores diésel, incapaces de filtrar la fina arena del desierto. Los uniformes tampoco eran adecuados para luchar contra el calor y los soldados tuvieron que desprenderse de inmediato de los cascos de acero y de los vistosos pero incómodos salacots, que tan solo utilizarían en las fotografías propagandísticas.

Pero en donde los demás solo veían obstáculos, Rommel percibía las inmensas posibilidades que le ofrecía la guerra en el desierto. La falta de vegetación y de obstáculos naturales, así como la escasa presencia de población civil, convertía el norte de Africa en un inmenso tablero de juego en el que era posible hacer realidad los sueños de cualquier estratega.

Poco a poco, Rommel fue subsanando todos los errores con más imaginación que medios. Al no disponer de pintura de color arena, ordenó cubrir los tanques con aceite quemado de los motores y cubrirlos después con arena, quedando así adherida al blindaje. No disponían tampoco de algo tan fundamental como eran redes de camuflaje; atando los matorrales espinosos que servían de alimento a los camellos se consiguió el mismo efecto.

Los uniformes originales, que se ceñían incómodamente al cuerpo, así como las botas altas, se fueron sustituyendo por ropa más fresca, incluyendo pantalones cortos, y por botas bajas. También cambió la dieta, aumentando las legumbres y el aceite de oliva en detrimento de las patatas y la mantequilla. De este modo, Rommel logró en poco tiempo crear una unidad preparada para combatir en el desierto, aprovechando la experiencia acumulada por los italianos y absorbiendo de inmediato todas las ideas que le parecían útiles.

Pero el impaciente Rommel no se conformaba con estar al frente de un "cuerpo de contención" y, pese a que todavía no se había desembarcado todo

La figura del general Erwin Rommel alcanzaría proporciones míticas en el teatro de operaciones norteafricano.

el contingente de la 15ª División Panzer, convenció a los mandos italianos para poner en marcha una ofensiva, que daría comienzo el 31 de marzo de 1941.

La defensa de Tobruk

Los ingleses, que no creían que Rommel fuera a atacar tan pronto, se llevaron una gran sorpresa cuando los *panzer* irrumpieron en el paso de El Agheila, consiguiendo forzarlo. Las fuerzas británicas se vieron obligadas a retroceder. Aunque los italianos ordenaron a Rommel que no siguiera adelante, este decidió perseguir a las tropas en fuga, apoyado por los *Stuka*. Las tropas italianas acabaron uniéndose a él en ese recorrido triunfal. El 4 de abril Rommel entró en Bengasi. La guerra relámpago triunfaba también en el desierto.

El pánico se apoderó de las filas británicas. La guarnición que custodiaba los depósitos de combustible en Msus decidió incendiarlos cuando se vislumbró en la lejanía una nube de polvo, que creían que anuncia la llegada de las columnas blindadas de Rommel. Al cabo de un rato, descubrieorn afligidos que en realidad eran tanques ingleses que llegaban huyendo de los alemanes, con sus depósitos de combustible casi vacíos.

En la confusión de este incontenible avance de Rommel, el mando británico se confundió de carretera y fue hecho prisionero por los alemanes. Los carros germanos siguieron avanzando; el gran objetivo era Tobruk, a medio camino de Egipto. Este puerto fortificado era la posición clave de la región, ya que era el único lugar en el que podían desembarcarse aprovisionamientos. Rommel era consciente de que el poseedor de Tobruk era el dueño del nordeste de Africa; no era posible plantearse un ataque hacia Egipto sin haberse apoderado de ese estratégico enclave.

Churchill también lo sabía, y dio la orden de resistir allí a cualquier precio, "sin considerar por un momento la posibilidad de retroceder y hasta el último hombre". El *premier* británico temía que la caída de Tobruk dejase abiertas de par en par las puertas de Egipto a los hombres de Rommel.

Los australianos fueron los encargados de defender la ciudad, atacada por los alemanes el 10 de abril de 1941, resistiendo en una encarnizada batalla que se prolongó durante cuatro días. Mientras se mantenía el cerco en torno a Tobruk, Rommel lanzó ataques en otros sectores, en los que los británicos fueron agotando sus reservas. En ese momento crítico, en el puerto de Alejandría desembarcó un envío de 135 tanques británicos destinados a frenar a Rommel, mientras se proporcionaba cobertura aérea procedente de Malta.

El contraataque británico quedó fijado para las cuatro de la madrugada del 15 de junio de 1941, en la que se conocería como Batalla de Sollum. Pero los alemanes les estaban esperando con sus temibles cañones de 88 milímetros, semienterrados en la arena. Esta pieza de artillería era en realidad un cañón antiaéreo, pero Rommel lo reconvirtió en un cañón antitanque con un alcance de tres kilómetros de distancia y capaz de perforar el blindaje más grueso.

En Sollum, los carros ingleses fueron destruidos uno tras otro por estos cañones. Al día siguiente, una División acorazada británica intentó realizar un movimiento en tenaza sobre las fuerzas del Eje. Al principio todo parecía indicar que la maniobra iba a culminar con éxito, pero Rommel reaccionó y ordenó a su vez otro movimiento en tenaza aún más audaz, cayendo sobre los británicos por su retaguardia.

En la mañana del día 17 de junio, los ingleses se retiraron a toda prisa hacia la frontera egipcia, dejando atrás un centenar de carros destruidos, por tan solo una docena perdidos por el *Afrika Korps*. Pese a la retirada británica, la aislada Tobruk permanecería bajo poder aliado, pero no sería por mucho tiempo.

Escenarios

Son escasos los testimonios de la presencia italiana en el norte de Africa. Quizás el más destacado sea el **Arco de Mármol** que se levanta al oeste de Al-Agheila, en territorio libio. Este monumento, que la época era conocido como el Arco de Triunfo, era un símbolo de la colonización italiana en el continente africano.

En cambio, en Eritrea, Etiopía y Somalia son numerosos los edificios y monumentos que revelan la antigua presencia colonial italiana, especialmente en la capital eritrea, Asmara.

Protagonistas

Rodolfo Graziani (1882-1955). General italiano. En 1939 ocupó la jefatura del Estado Mayor del ejército y, en 1940, tras participar en algunas acciones menores durante la intervención italiana en la campaña de Francia, fue nombrado gobernador de Libia. En ese mismo año dirigió la ofensiva italiana en el norte de Africa, capturando Sidi-el-Barrani, pero acabó siendo derrotado por los británicos. En 1941 tuvo que aprobar la llegada del Afrika Korps. Fue siempre fiel a Mussolini, siendo en 1943 ministro de la Guerra de la República Social Italiana. Tras la guerra fue encarcelado, cumpliendo cinco años de los veinte a los que fue condenado.

Archibald Wavell (1883-1950). Mariscal británico. Participó en la guerra de los bóers y en la Primera Guerra Mundial. Al comienzo de la Segunda Guerra Mundial fue nombrado comandante en jefe del Ejército de Oriente Medio. Fue el encargado de llevar a cabo el contraataque tras la ofensiva italiana de septiembre de 1940, conquistando Tobruk y Bengasi. Después fue destinado al Africa Oriental, donde liquidó la resistencia italiana, marchando después a Siria, Grecia y Creta. En el verano de 1941 se le envió a India y después se le nombró comandante interaliado en el sudoeste del Pacífico. En 1943 fue nombrado mariscal y virrey de la India.

Erwin Rommel (1891-1944). Mariscal alemán. Participó en las invasiones de Polonia y Francia. Al frente del *Afrika Korps* (1941-1943) puso en jaque a los británicos hasta ser derrotado en El Alamein, pero consiguió reorganizarlo hasta alcanzar Túnez. Idolatrado por sus hombres, obtuvo también el respeto y la admiración de sus enemigos, que hicieron popular su sobrenombre de "el Zorro del Desierto". Valiente, íntegro y noble, y amante de la cultura clásica, no contaba con muchas simpatías entre los dirigentes nazis. Encargado de organizar las defensas del Muro del Atlántico, no pudo evitar el desembarco aliado en Normandía. Al entrar en contacto con la oposición militar al nazismo se convirtió en sospechoso tras el atentado del 20 de julio de 1944, por lo que fue obligado a suicidarse, por orden de Hitler, que veía con recelo su disposición a entablar conversaciones de paz con los Aliados.

FILMOGRAFÍA

* **Sáhara** (*Sahara*, Zoltan Korda, 1943).
* **Cinco tumbas al Cairo** (*Five graves to Cairo*, Billy Wilder, 1943).
* **Rommel, el zorro del desierto** (*The Desert Fox*, Henry Hathaway, 1951).
* **Rommel llama al Cairo** (*Rommel ruft Kairo*, Wolfgang Schleif, 1959).
* **Comando en el desierto** (*Raid on Rommel*, Henry Hathaway, 1971).

Capítulo 20
Asalto a Tobruk

A partir de la victoria del *Afrika Korps* en Sollum, el 15 de junio de 1941, el nombre de Rommel comenzó a circular de boca en boca. Los soldados británicos solo pensaban en huir en cuanto llegaba a sus oídos que el general alemán estaba cerca, atribuyéndole habilidades y poderes que rozaban lo sobrenatural. Los efectos que causaba en las tropas aliadas llevó a las autoridades militares británicas a prohibir que se pronunciase su nombre. Pero sería el propio Churchill el que elevaría a Rommel a la categoría de mito, al referirse a él en la Cámara de los Comunes como un "gran general".

Fueron los británicos los que bautizaron al general Rommel con el sobrenombre "el Zorro del Desierto". Mientras los dirigentes nazis contemplaban con reservas el aumento de su popularidad, puesto que Rommel mantenía una relación distante con el nacionalsocialismo, los Aliados le encumbraban destacando su caballerosidad y calificándolo de genio de la estrategia. Al final, los jerarcas del Tercer Reich se avinieron a subirse al carro de los admiradores de Rommel, utilizando profusamente su imagen para objetivos propagandísticos.

Rommel era idolatrado por sus hombres, que también estaban convencidos de que era un militar fuera de lo común. En alguna ocasión, en medio del desierto, Rommel ordenaba abandonar una posición porque la intuición le decía que ese punto iba a ser bombardeado en breve; al cabo de pocos minutos, las bombas aliadas caían justo en el lugar anunciado por él. A esa clarividencia, de la que ya dio muestras durante la Primera Guerra Mundial, se sumaba su espíritu espartano, ya que dormía muy poco, comía el mismo rancho que la tropa y era capaz de soportar un día entero en el desierto con un sorbo de té, que tomaba de la petaca que siempre llevaba consigo.

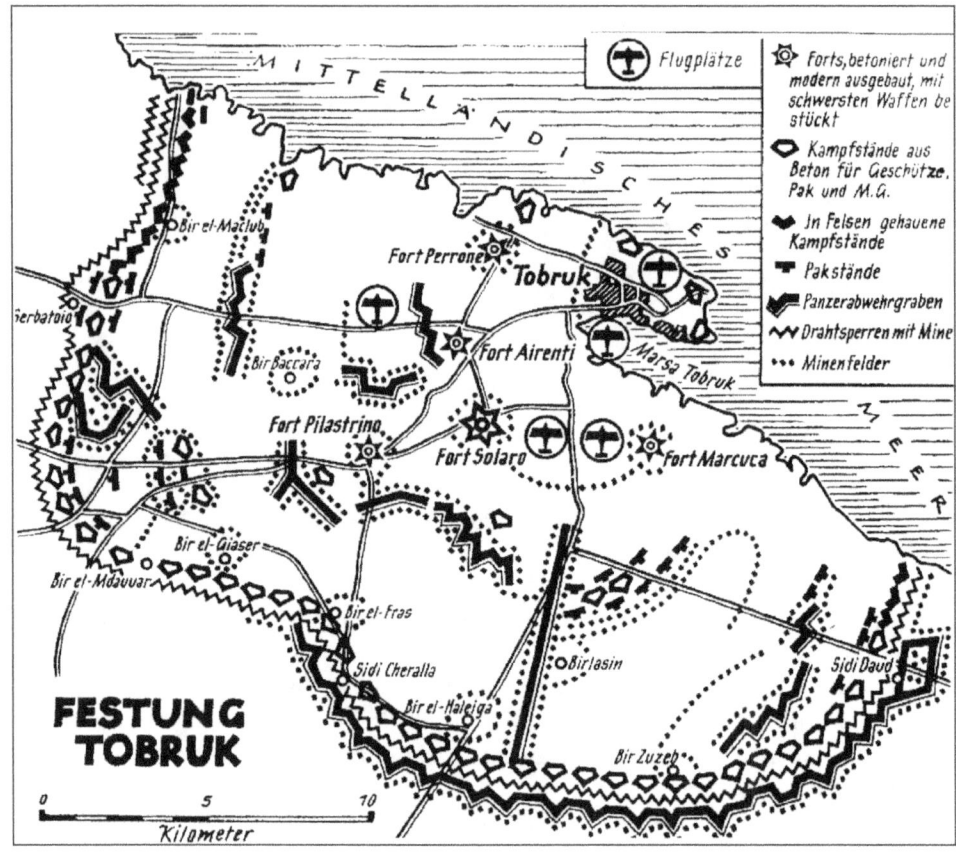

Mapa alemán de la época que detalla las defensas de la ciudad de Tobruk.

Su audacia rozaba la inconsciencia; durante una de sus habituales rondas de reconocimiento en su vehículo, que llevaba a cabo al amanecer, llegó a un pequeño hospital de campaña creyendo que era alemán, al oir las voces de los prisioneros germanos allí ingresados. Una vez dentro se dio cuenta de que el campamento era británico pero, con una enorme sangre fría, salió del recinto despacio para no llamar la atención, subió a su coche y emprendió rápidamente la huida.

Maestro del engaño

Tras la batalla de Sollum, Tobruk se había convertido en un enclave aliado situado dentro del área controlada por las tropas del Eje. Aunque la intención de Rommel era iniciar la invasión de Egipto con el objetivo de apoderarse del estratégico Canal de Suez, era evidente que no podía llevar a cabo esa operación si los Aliados seguían manteniendo la posición de Tobruk en la retaguardia. El encargado de frenar a Rommel era el general Claude Auchinleck, que había sustituido al general Wavell como comandante en Oriente Medio.

La presión sobre Tobruk fue enorme, pero las fortificaciones resistieron el bombardeo alemán. Finalmente, en diciembre de 1941 Rommel se vio obligado a abandonar el asedio, debido a la llegada masiva de refuerzos para los británicos, que le forzaron a retroceder, dejando a los Aliados la región de Cirenaica.

Este periodo fue campo abonado para todo tipo de rumores, que Rommel sabía administrar de manera genial para que desde Londres se tomasen decisiones destinadas a contrarrestar supuestas acciones germanas, pero que únicamente servían para aumentar la confusión en el mando aliado. Uno de estos rumores alentados por el propio Rommel era su abandono de la posición de Marsa El-Brega.

En esta batalla de la información Rommel contaba con la ventaja de conocer de primera mano las decisiones británicas, gracias un agente infiltrado en la embajada norteamericana en El Cairo. Para los avances que tenía previsto realizar a principios de 1942, Rommel contaría con la enorme ventaja de conocer con antelación la respuesta de los británicos.

El Zorro del Desierto demostró el porqué de su apodo el 20 de enero de 1942. Ese día se produjeron varias explosiones en el puerto de Marsa El-Brega y la consiguiente destrucción de varios buques. Los Aliados dedujeron de inmediato que los rumores de que Rommel abandonaba la ciudad eran ciertos, y que en esos momentos estaba procediendo a su destrucción para dejar inservibles las instalaciones portuarias.

Pero no era más que una jugada del astuto Rommel, un auténtico maestro del engaño. En una operación de la que nada sabían los italianos ni tan siquiera el Alto Mando alemán —les convenció de que era obra de algún comando—, Rommel había simulado ese abandono para forzar a los británicos a que avanzasen sobre la supuesta retirada germana, sin que supieran que les había preparado una sorpresa; una gran acción en tenaza estaba dispuesta para alcanzar la retaguardia aliada y atraparles en una gran bolsa.

Los británicos cayeron en la trampa. En el cerco cayeron casi un centenar de carros blindados, cuarenta cañones y un millar de soldados. Pero la alegría para los alemanes fue todavía mayor cuando capturaron intacto un enorme almacén en el que se apilaban grandes cajas repletas de mermelada, galletas, cigarrillos y botellas de *whisky*, que sirivieron para celebrar la victoria. Menos suerte tuvieron los soldados germanos cerca de Bengasi, cuando una Brigada India incendió en el último momento otro almacén que estaba a punto de caer en manos alemanas, quemándose así siete millones de cigarrillos.

Pese a los triunfos de Rommel, este contemplaba en el horizonte el problema principal al que debería enfrentarse su Ejército. La llegada de suministros se veía obstaculizada gravemente por los aviones británicos que tenían su base en Malta, por lo que era vital neutralizar ese *portaaviones* insumergible situado en el centro del Mediterráneo. Rommel intentó convencer personalmente a Hitler de que era absolutamente necesario arrebatar la isla la los ingleses, pero este, mucho más preocupado por la marcha de la invasión de la Unión Soviética, no consideró prioritaria su petición.

Pese a sufrir esta decepcionante falta de apoyo, en mayo de 1942 Rommel lanzó nuevamente a sus tropas con el objetivo de apoderarse de Tobruk. Para ello empleó otra vez su astucia, ideando originales maneras de confundir al enemigo. En todo el frente, las tropas inglesas comenzaron a huir despavoridas al vislumbrar en el horizonte las enormes nubes de polvo que supuestamente levantaban los tanques germanos en su avance por la arena del desierto; lo que no sabían era que ese polvo no lo levantaban los carros, sino las hélices de los motores de aviación que Rommel había ordenado instalar en la parte trasera de unos camiones. Las extensas formaciones de tanques que los aviones de reconocimiento británicos observaban desde el aire no eran tales; se trataba de vehículos de cuatro ruedas revestidos de cartón para proporcionarles así el aspecto de un carro de combate.

Aunque los británicos contaban con el importante refuerzo de los carros *Grant* norteamericanos, superiores a los *panzer* de Rommel, estos últimos consiguieron romper las defensas aliadas arremetiendo a toda velocidad, deteniéndose tan solo para disparar y volviendo a avanzar a toda prisa. Esta táctica cogió desprevenidos a los ingleses, que se vieron rebasados una y otra vez. Sin embargo, el gran enemigo de Rommel, la falta de aprovisionamientos, apareció para poner a los alemanes al borde del colapso.

Pero el 1 de junio el Zorro del Desierto puso en juego todas sus reservas y consiguió superar a los británicos, que acabaron rindiéndose en masa. Mientras tanto, en el fuerte de Bir Hacheim, tres mil franceses libres resistían heroicamente el ataque de las tropas del Eje, retrasando unos días el avance germano, aunque al final se verían obligados a izar la bandera blanca[14].

Ataque contra Tobruk

Las tropas británicas se retiraron hacia la frontera egipcia, dejando Tobruk totalmente aislada. Ya nada se interponía entre Rommel y esa ciudad libia, que se había convertido en un símbolo de la lucha en el desierto.

Tras apoderarse de la carretera de la costa el 15 de junio y capturar los campos de aviación de la RAF, Rommel ordenó inmediatamente el ataque a la fortificación que se le resistió el verano anterior. Churchill insistió al general Auchinleck en que era vital conservar Tobruk, pero la realidad no movía al optimismo. El perímetro defensivo se había debilitado desde el verano anterior y no parecía que pudiera ofrecer demasiada resistencia a las tropas de Rommel, pues ya ofrecía varias brechas difíciles de defender. Aun así, el jefe de la guarnición británica, el general sudafricano Hendrik Klopper, estaba dispuesto a resistir.

A las cinco y media de la mañana del 20 de junio de 1942 comenzó el ataque contra Tobruk, desde el este y el oeste, y los malos presagios para los británicos no tardarían en cumplirse. La *Lufwaffe* se encargó de romper las defensas de la ciudad asediada. Las bombas abrieron un camino en el cordón de minas de rodeaba la fortaleza, por el que penetraron los soldados de la infantería alemana e italiana, mientras los *Stuka* destrozaban las posiciones de la artillería.

El general Klopper y sus 35.000 hombres se rindieron a la mañana siguiente. De todos modos, la toma de Tobruk no había resultado barata para los alemanes, puesto que perdieron en la operación un total de 3.360 hombres, entre ellos 300 oficiales.

La noticia de la caída de Tobruk supuso un mazazo para Churchill, que en esos momentos se encontraba en Washington. Según confesaría en sus Memorias, "no solo las repercusiones militares fueron nefastas, sino que el buen nombre de todo el Ejército británico quedó en entredicho". El *premier*

---

[14] La defensa de Bir Hacheim fue la primera intervención de los franceses libres. La segunda, que sí alcanzaría un éxito rotundo, se produjo en Oriente Medio. El 8 de junio de 1941, tropas británicas y francesas libres entraron en Siria y Líbano, atacando las guarniciones del gobierno de Vichy. Los franceses leales a Petain no los consideron como liberadores, como lo demuestra la encarnizada resistencia que opusieron. El régimen colaboracionista emitió una nota oficial de protesta negando que estuvieran permitiendo a los alemanes utilizar esta zona para atacar las posiciones aliadas en el Mediterráneo. Al día siguiente, los británicos ya cosecharon un éxito, al ocupar la histórica ciudad de Tiro. El 18 de junio, la capital de Siria, Damasco, quedó totalmente rodeada por las fuerzas conjuntas. El general Wilson hizo un llamamiento para que los franceses evacuasen la ciudad, seguido de forma desigual, y se procedió al asedio. Tres días más tarde, los franceses que todavía resistían se rindieron y los británicos permitieron que las tropas de De Gaulle entrasen triunfalmente en Damasco.

británico remarcaba que "una cosa es la derrota y otra muy distinta es el deshonor", por lo que la pérdida de Tobruk era interpretada como un golpe durísimo al orgullo inglés. Por su parte, Hitler se mostraría exultante con el éxito de Rommel, al que enviaría un telegrama por el que se le premiaba con el bastón de Mariscal de Campo.

Pero no había tiempo para celebraciones. Al día siguiente, cuando aún humeaban las ruinas de Tobruk, Rommel reunió a sus hombres para lanzarles la siguiente arenga:

"¡Soldados del *Afrika Korps*! Ahora tenemos que aniquilar totalmente al enemigo. En los próximos días volveré a exigir de ustedes una total entrega para poder lograr nuestros objetivos".

Rommel estaba decidido a llegar al Nilo, apoderarse del Canal de Suez, y posteriormente avanzar rumbo a los pozos petrolíferos del Golfo Pérsico, para enlazar con los ejércitos germanos que en ese momento descendían victoriosos por el Cáucaso.

Pero Hitler, falto de una visión estratégica amplia, no alcanzó a ver la importancia que tenía apoyar a Rommel en ese momento decisivo. Así pues, siguió sin ejecutar una operación destinada a la captura de Malta, por lo que el *Afrika Korps* continuó sufriendo un abastecimiento irrregular, al contrario de los ingleses, que recibían a diario refuerzos a través del puerto de Alejandría.

Pese a estas dificultades, y la imposibilidad de recibir apoyo aéreo en terreno egipcio, Rommel decidió seguir avanzando rumbo al Nilo. El flamante mariscal escribía a su esposa sin poder disimular su euforia: "¡Estamos a solo 160 kilómetros de Alejandría!". Mussolini comenzó a hacer planes para entrar en El Cairo triunfalmente, a lomos de un caballo blanco, y organizar una representación de la ópera Aida ante las pirámides de Gizeh.

Mientras, en la capital egipcia, los británicos estaban acelerando los planes para evacuar la ciudad, por lo que se inició la destrucción de documentos y se prepararon las maletas. Los cuarteles generales fueron trasladados a Siria y Palestina y el personal femenino fue enviado a Somalia. Casi nadie confiaba en que Rommel pudiera ser detenido.

Escenarios

Tobruk sigue ofreciendo hoy un aspecto no muy diferente al que tuvo durante la Segunda Guerra Mundial. Las defensas construidas por los italianos, un perímetro de unos 60 kilómetros que consta de una red de refugios, casamatas y nidos de ametralladora, están todavía intactos. Estas construcciones son utilizadas como refugios improvisados para los pastores y sus rebaños de ovejas y cabras.

Por toda la zona se pueden encontrar restos oxidados de las sucesivas batallas que allí se libraron; camiones, carros de combate, proyectiles, balas, alambradas, etc. Al haber todavía una gran cantidad de munición sin estallar es peligroso caminar fuera de los senderos marcados.

En los alrededores de Tobruk se puede visitar el **cementerio británico**, con 2.300 tumbas y edificado con la abundante piedra amarilla local, mientras que el **cementerio alemán** se halla en un viejo y sobrio castillo de la época medieval. El **cementerio francés** acoge a los soldados de esta nacionalidad que murieron en la batalla de Bir Hacheim.

Existe otro cementerio británico un poco alejado de estos tres, el de **Knightsbridge**, llamado así por ser el nombre del centro de comunicaciones que estaba emplazado en ese lugar. Aunque es más pequeño que los otros, alberga los restos de más de 3.700 soldados aliados.

Protagonistas

Claude John Eyre Auchinleck (1884-1981). Mariscal británico. Fue comandante del cuerpo expedicionario en Noruega y en 1941 fue nombrado comandante en jefe británico en la India. Comandante en jefe en Oriente Medio desde junio de 1941, consiguió romper el cerco de Tobruk y frenar por primera vez al *Afrika Korps* de Rommel, aunque posteriormente tuvo que batirse en retirada hasta El Alamein. Ante las presiones de Churchill, se vio obligado a mandar personalmente el Octavo Ejército. En 1943 fue sustituido por el mariscal Alexander, regresando a la India como comandante en jefe hasta 1947.

Hendrik Balzaser Klopper (1902-1978). General sudafricano. Durante la Segunda Guerra Mundial mandó una brigada de infantería en el norte de Africa y comandó brevemente la 2ª División de Infantería Sudafricana. Como jefe de la guarnición británica en Tobruk, rindió la plaza a las fuerzas del Eje el 21 de junio de 1942 y fue hecho prisionero, escapando en 1943. Fue exonerado oficialmente del desastre de Tobruk, continuando con su carrera militar tras la guerra.

Filmografía

* **Las Ratas del Desierto** (*The Desert Rats*, Robert Wise, 1953).
* **Un taxi para Tobruk** (*Un taxi por Tobrouk*, Denys de la Patellière, 1960).
* **Tobruk** (Arthur Hiller, 1967).
* **Tobruk** (Václav Marhoul, 2008).

Capítulo 21
Dieppe: el ensayo del Día-D

En 1942, el continente europeo estaba casi totalmente en manos de Hitler. Desde Gran Bretaña se contemplaba con resignación la presencia de las fuerzas alemanas apostadas a la otra orilla del Canal de la Mancha. Estas ya no representaban una amenaza directa, tras la cancelación de la operación León Marino, pero el momento en que las fuerzas aliadas pudieran desalojarlas parecía entonces muy lejano.

Aún así, la presión de la opinión pública del Reino Unido para que se llevase a cabo una acción armada sobre el continente era muy alta. Incluso los altos oficiales norteamericanos estaban dispuestos a abrir el Segundo Frente en Europa en ese mismo año. Pero el que reclamaba con más urgencia una acción en el oeste era Stalin, para lograr así que los alemanes se viesen obligados a retirar fuerzas del frente ruso. Churchill, haciéndose eco de estas peticiones, llegó a sugerir una serie de desembarcos de cierta importancia en Noruega o en la región de Normandía, pero el Alto Mando británico, mucho más realista, rechazó esta sugerencia. El gran ataque a la fortaleza continental de Hitler aún debería esperar dos años.

Finalmente, se acordó llevar a cabo un desembarco en la costa francesa, pero con un alcance muy limitado y un carácter meramente experimental. La intención era que el futuro gran desembarco se lanzase sobre un puerto ya que, obviamente, después sería mucho más fácil desembarcar las tropas y el material, una vez asegurada la zona. Por lo tanto, era necesario encontrar un puerto en la costa del Canal que sirviese de escenario a ese ensayo. Después de examinar muchos puertos, se determinó que Dieppe era la población ideal, puesto que existían en los alrededores algunas pequeñas playas a donde podrían llegar las lanchas de desembarco.

Jesús Hernández

Operación Rutter

La meta de esta operación era adquirir experiencia con vistas al desembarco real, pero además se pretendía provocar importantes daños en las instalaciones portuarias y ferroviarias de la zona. Se quería también atraer a la *Luftwaffe* al combate para ocasionarle pérdidas, puesto que se sospechaba que se había debilitado, y no había modo mejor de comprobarlo que desafiarla a un duelo con la RAF. Por último, el asalto supondría aliviar la presión alemana sobre la Unión Soviética, aplacando así al impaciente Stalin. La acción se denominaría Operación Rutter.

El 4 de abril, el Jefe de Operaciones del Alto Mando Combinado, Louis Mountbatten, entregó la orden de planificar la operación, que consistiría en un ataque frontal, con desembarcos de apoyo en los alrededores de Dieppe. Dos baterías pesadas deberían ser neutralizadas por tropas aerotransportadas arrojadas poco antes de iniciar el ataque. La operación se complementaría con un bombardeo en la región. Las fechas barajadas para el lanzamiento de la acción correspondían a comienzos del mes de julio, para aprovechar así las mareas altas.

El asalto anfibio, pese a ser a escala reducida, tenía una dimensión que superaba las posibilidades de un grupo de comandos, por lo que se tuvo que recurrir a tropas regulares. Las que se encontraban más dispuestas a participar en la operación eran las tropas canadienses establecidas en el sudeste británico. En total eran 200.000 voluntarios, y estaban deseosos de entrar en combate, puesto que llevaban tres años de entrenamiento y tan solo habían sido utilizadas como personal de guarnición, lo que estaba afectando a su moral. El comandante de estas tropas, el teniente general Andrew McNaughton, seleccionó a la 2ª División de Infantería canadiense para la operación, que estaba al mando del general John H. Roberts. Además de cerca de 6.000 canadienses, participarían comandos británicos y *rangers* norteamericanos para las operaciones especiales, así como voluntarios australianos, neozelandeses, polacos y algunos franceses.

Los hombres encargados de llevar a cabo la misión recibirían el apoyo de la *Royal Navy*, así como de aviones británicos y norteamericanos. El objetivo táctico era capturar y mantener el puerto de Dieppe por un tiempo breve, solo para probar que era posible ese tipo de asalto, así como capturar prisioneros para ser interrogados más tarde y conocer así el dispositivo defensivo alemán.

El 9 de mayo se completó el plan de la Operación Rutter y se decidió que se lanzase el 4 de junio. Ese día, las tropas ya estaban embarcadas y listas para el asalto, pero de repente el tiempo empeoró y fue necesario ir aplazando la acción en los días sucesivos, hasta que esta tuvo que ser suspendida. Lo peor de este aplazamiento fue que los alemanes advirtieron los preparativos, lo que les puso sobre aviso.

Operación Jubilee

Pese a este fracaso, Mountbatten convenció a Churchill para volver a intentar el desembarco en Dieppe, cuando el tiempo y las mareas fueran favorables. Los altos oficiales británicos permitieron a Mountbatten retomar el plan, pero le obligaron a aceptar algunas variaciones, como el reemplazo de paracaidistas por comandos para la toma de las baterías alemanas o la eliminación del bombardeo previo al ataque, para no alertar a los defensores alemanes. El asalto previsto, debido a las modificaciones sufridas, debía recibir un nuevo nombre; la Operación Ritter pasaba así a convertirse en la Operación Jubilee, que es el nombre con el que seria conocido el desembarco en Dieppe.

Mientras tanto, los alemanes no estaban de brazos cruzados. Temiendo ser el objetivo de los preparativos avistados en la costa británica, los hombres a cargo de la defensa de Dieppe, la 302ª División de Infantería, colocaron alambradas y muros de hormigón en los accesos a las playas. Hasta allí desplazaron decenas de cañones y dos baterías antiaéreas. Un casino cercano fue convertido en fortaleza. Los asaltantes aliados no lo iban a tener nada fácil.

El asalto a las playas

En la noche del 18 de agosto, las unidades que llevarían a cabo el ataque inicial fueron embarcadas en Southampton, Portsmouth y Newhaven. El Regimiento escocés Essex se sumó a las tropas canadienses.

Los contratiempos comenzaron ya durante el cruce del canal de la Mancha. Aunque la mayor parte de la flota inicial avanzó hacia las playas sin problemas, el ala izquierda del convoy tuvo un encuentro con unas embarcaciones alemanas, lo que provocó la dispersión de la formación aliada. Debido al silencio de radio, los barcos afectados por el ataque no pudieron solicitar ayuda a los destructores británicos encargados de proteger el paso del canal.

Las tropas aliadas desembarcaron en seis playas, que recibieron los nombres en clave de Yellow, Orange, Blue, Red, White y Green.

El ataque a la playa Yellow, al este de Dieppe, tuvo que suspenderse porque los navíos que debían llegar allí habían resultado dañados en el encuentro con los barcos alemanes o se habían dispersado. Sin embargo, siete lanchas de desembarco no recibieron la información de que el ataque se había suspendido, llegando sin novedad a la playa. Allí desembarcó también un grupo de comandos británico y otro de *rangers* norteamericanos para intentar neutralizar una batería costera situada en un acantilado.

A las cinco y media de la mañana los alemanes advirtieron la presencia de las lanchas en la playa e inmediatamente acudieron al lugar dos compañías en bicicleta, que fueron suficientes para que los comandos y los *rangers* se retirasen hacia la playa. La artillería alemana abrió fuego contra las lanchas, hundiendo algunas y provocando la huida de las otras. Los comandos y los *rangers*, sin posibilidades de escapar, no tuvieron otra opción que rendirse. El desembarco en la playa Yellow costó a los Aliados 37 vidas[15] y 81 prisioneros.

Mientras tanto, al oeste de Dieppe, las fuerzas de desembarco llegaban a la playa Orange. Aquí el asalto se haría en dos fases y contaría con el apoyo de cazas británicos. En Orange sí que se actuó como estaba previsto, consiguiendo eliminar la resistencia alemana y logrando capturar una batería costera y un faro.

Entre la playa Yellow y Dieppe se encontraba la playa Blue, en donde desembarcó el Regimiento Real Canadiense. Aquí se perdió el factor sorpresa, puesto que las lanchas de desembarco fueron avistadas antes de llegar a la playa y los alemanes pudieron dar la alarma. Los atacantes no tuvieron ninguna oportunidad; las barcazas iban siendo destruidas conforme llegaban a la playa y los pocos soldados que saltaron quedaron totalmente expuestos a las ametralladoras germanas. El regimiento canadiense fue casi aniquilado; de los 27 oficiales y 516 soldados que llevaron a cabo el asalto solo llegaron a las playas tres oficiales y 57 soldados. Los demás murieron en la orilla o fueron capturados.

En el sector central, el regimiento *Essex Scottish* desembarcó en la playa Red y el regimiento de infantería ligera canadiense *Royal Hamilton* lo hizo en la playa White, situada al oeste. Ambos grupos quedaron expuestos de inmediato al fuego de la artillería alemana. Trataron de avanzar, pero poco a poco fueron aniquilados. A pesar del intenso fuego, se llegaron a desembarcar 17 carros de combate, que fueron destruidos después de que agotasen su munición y tratasen de regresar a la playa.

En la playa Green, al oeste de Dieppe, el objetivo era destruir una estación de radar y capturar varios puntos estratégicos. Sin embargo, los alemanes tuvieron tiempo de reaccionar y lograron rechazar a los asaltantes.

---

[15] En el ataque a la playa Yellow murió el teniente de los *rangers* Edward Loustalot. De este modo, Loustalot tuvo el dudoso honor de convertirse en el primer soldado estadounidense en morir en Europa durante la Segunda Guerra Mundial. El primer soldado norteamericano en matar a uno alemán sería el *ranger* Franklyn Coons.

Soldados canadienses heridos, en la playa de Dieppe. La operación resultó un fracaso, pero de ella se extrajeron conclusiones que serían muy útiles para el Día-D.

Un triste balance

El *raid* de Dieppe se consideró un completo desastre, al haber fracasado en todos los objetivos señalados. De los 6.086 hombres que llegaron a Dieppe, 4.384 resultarían muertos, heridos o capturados. Además, la RAF perdió 119 aparatos en la operación y la *Royal Navy* sufrió 555 bajas.

Pese a este resultado catastrófico, los Aliados consideraron que las enseñanzas extraídas de la experiencia habían valido la pena, ya que serían fundamentales para alcanzar el éxito en otros desembarcos, como la Operación Torch en Africa del Norte o la Operación Overlord en Normandía.

Tras el desastre aliado en Dieppe, Hitler comentó, haciendo referencia al armamento abandonado por los asaltantes: "Esta es la primera vez que los británicos tienen la cortesía de cruzar el mar para ofrecer al enemigo una muestra completa de sus armas". Pero el dictador germano no se llamaba a engaño sobre la utilidad que podían extraer los Aliados sobre esa acción: "Debemos comprender que no somos los únicos que hemos aprendido una lección de Dieppe. Los británicos también han aprendido lo suyo. Debemos prever un modo de ataque totalmente diferente en un lugar distinto".

Los más beneficiados por la derrota aliada serían, paradójicamente, los habitantes de Dieppe, quienes durante todo el raid se mantuvieron al margen de las operaciones, refugiados en sus casas. Diez días después, para recompensar el hecho de que los locales no hubieran prestado ningún tipo de auxilio a los atacantes, ya fuera por miedo a las represalias o siguiendo las consignas de la BBC en las que se les aconsejaba no intervenir, Hitler ordenó enviar a Dieppe diez millones de francos en agradecimiento a sus ciudadanos, pues podían haber realizado acciones de sabotaje para facilitar el desembarco aliado.

Pero este desconcertante premio a los habitantes de Dieppe no quedó únicamente en ese gesto. Hitler ordenó también que los prisioneros de guerra naturales de esta localidad pudieran regresar junto a sus familiares. Como las autoridades militares no exigieron a los soldados justificantes de ser residentes en esta localidad para ser liberados, los habitantes de Dieppe aprovecharon la inesperada generosidad del dictador germano para reclamar a una gran cantidad de prisioneros de otras poblaciones, simplemente indicando sus nombres. Esta treta no fue descubierta por los alemanes y, de este modo, centenares de prisioneros de guerra franceses pudieron volver a su hogar antes de tiempo.

Operación Chariot

El asalto anfibio contra Dieppe no fue el único intento de probar las defensas alemanas del continente. Cinco meses antes, los Aliados habían lanzado un ataque contra las instalaciones portuarias de la ciudad francesa de Saint-Nazaire utilizando un obsoleto barco de guerra, el *Campbeltown*.

Este viejo buque fue el protagonista de una de las más brillantes operaciones especiales que llevaron a cabo los aliados en suelo francés. Se trataba de un destructor que había sido arrendado por los norteamericanos a la marina británica. Aunque sus características ya no lo hacían apto para misiones importantes, recibiría la misión de inutilizar el dique seco del puerto de Saint-Nazaire. Estas instalaciones tenían una gran importancia para la marina germana, al ser las únicas capaces de albergar al acorazado *Tirpitz*, en caso de que necesitase ser reparado.

La función del *Campbeltown* era impactar contra la puerta de este dique seco para dejarlo fuera de servicio. Para ello se formó un grupo compuesto de 630 hombres, entre comandos y marineros, distribuidos en dieciocho lanchas, que acompañarían al destructor en el que iba a ser su último viaje. El encargado de coordinar y dirigir la llamada Operación Chariot sería el capitán de fragata Robert Ryder.

Para que pudiera aproximarse al puerto de Saint Nazaire sin levantar sospechas, el barco fue camuflado como si de un integrante de la *Kriegsmarine* se tratase, recortando sus chimeneas para imitar la silueta de una torpedera alemana, con sus correspondientes banderas de guerra.

La noche del 28 de marzo de 1942 fue la fecha elegida para el *raid*. El extraño convoy se aproximó a Saint-Nazaire logrando confundir a las patrulleras de vigilancia, pero el engaño fue detectado cuando se encontraban a un escaso kilómetro y medio del objetivo.

La artillería del puerto comenzó a disparar contra el intruso, pero nada pudo impedir que el *Campbeltown*, lanzado a toda máquina, pudiera penetrar entre los muelles y estrellarse contra la puerta del dique seco. Aprovechando la confusión, las lanchas se dedicaron a atacar y destruir el resto de instalaciones portuarias. Unos comandos consiguieron inutilizar las bombas de agua que hacían posible el vaciado del dique seco, así como toda la maquinaria encargada de abrir y cerrar las compuertas.

Una vez superados los primeros momentos de desconcierto, los alemanes se reorganizaron, iniciando un fuego cruzado sobre las lanchas. Bajo las balas de las ametralladoras, las inestables embarcaciones se hundían en las aguas del puerto, mientras que sus tripulantes nadaban desesperadamente hacia los muelles. Poco antes de las tres de madrugada, al contemplar ese trágico panorama, el capitán Ryder ordenó la retirada. Solo ocho embarcaciones lograron salir del puerto, con 271 hombres a bordo. Las diez restantes se hundieron, condenado al resto de marineros a la muerte o al cautiverio.

A media mañana, mientras los alemanes inspeccionaban el buque, unas cargas de dinamita escondidas en su interior hicieron explosión. Los comandos habían minado el barco con bombas de espoleta retardada. La detonación fue tan grande que partió al *Campbeltown* en dos, destruyó completamente el dique seco y provocó además la muerte de dos centenares de soldados alemanes.

Aunque el precio había sido alto, el objetivo marcado en la operación se había cumplido íntegramente; el dique seco que debía servir para reparar el *Tirpitz* había quedado reducido a escombros. Se tardaría un año y medio en volver a disponer de esta instalación, tras laboriosas y costosas reparaciones. Los daños causados en el resto del puerto también obligaron a los alemanes a un gran esfuerzo para que pudiera volver a estar plenamente operativo.

De todos modos, la hábil propaganda germana se encargó de distorsionar el indudable éxito de la Operación Chariot; empleando las fotografías que mostraban los destrozos en el casco del *Campbeltown* antes de explotar, presentaron la misión como un fracasado intento de atacar el puerto. Pese a ello, la realidad es que la *Kriegsmarine* se quedaba sin un punto vital para el mantenimiento y reparación de su flota, gracias al valor y la audacia de los hombres de Ryder.

Escenarios

En Dieppe puede visitarse **Le Mémorial du 19 août 1942**, inaugurado en 2002 y emplazado en el antiguo teatro de la ciudad, en la plaza Camille St. Saens. Este Memorial comprende una interesante exposición sobre el *raid*, en donde se destaca el carácter internacional de la fuerza que realizó el asalto.

En la plaza Canadá se levanta una figura monumental dedicada a los soldados de esta nacionalidad que dejaron su vida en Dieppe.

En suelo canadiense, en la ciudad de Hamilton, de donde era originario un buen número de los voluntarios que participaron en el desembarco, existe el **Dieppe Veterans' Memorial Park**, dedicado a aquellos combatientes. El recinto fue diseñado por unos veteranos del raid, que consiguieron recrear las playas pedregosas y los acantilados de la costa de Dieppe.

También en Canadá, en este caso en la capital, Ottawa, se encuentra el **Canadian War Museum**, dedicado a los conflictos armados en los que se ha visto involucrado este país, haciendo una especial referencia a su participación en la Segunda Guerra Mundial. Destacan las salas dedicadas al *raid* de Dieppe, pero también hay espacios dedicados a los combates contra los japoneses en Hong Kong o la presencia de un vehículo Mercedes Benz blindado de color negro que, aunque en un primer momento se pensó que pertenecía a Göring, en realidad fue utilizado por Hitler en varios desfiles.

Protagonistas

Andrew George Latta McNaughton (1887-1966). Comandante de las fuerzas canadienses durante la Segunda Guerra Mundial. Su gran capacidad le llevó a ser candidato al mando supremo de las fuerzas aliadas, pero fue finalmente el general Eisenhower el elegido. La responsabilidad del fracaso del *raid* de Dieppe recaería sobre él, lo que le llevaría a renunciar a su puesto en 1943. Después de la guerra fue embajador de Canadá en la ONU.

Robert Edward Dudley Ryder (1908-1986). Capitán de fragata de la *Royal Navy*. Nació en la India, al estar su padre destinado allí. Sirvió en numerosos buques durante su carrera, iniciada en 1925, participando en misiones que le llevaron a Extremo Oriente o la Antártida. En 1942 se le encomendó la Operación Chariot, por la que debía ser volado el dique seco del puerto de Saint-Nazaire; el éxito conseguido le hizo acreedor a la Cruz Victoria. También participó en el fallido ataque a Dieppe. En 1950 sería elegido diputado por el partido conservador.

Filmografía

* **Dieppe 1942** (Terrence McCartney Filgate, 1979).
* **Dieppe** (John N. Smith, 1993).

Capítulo 22
Midway, la batalla decisiva

Tras los aplastantes éxitos de las armas niponas en Filipinas y Birmania, el Imperio japonés se enfrentaba a una disyuntiva que iba a ser crucial para el desenlace de la guerra. Existía la posibilidad de consolidar el extenso territorio conquistado en tan poco tiempo, permaneciendo a la defensiva a la espera de una contraofensiva norteamericana o, por el contrario, propinar a Estados Unidos el golpe decisivo que lo expulsase para siempre del escenario del Pacífico.

Los japoneses eran conscientes de que los norteamericanos no serían unos rivales fáciles de batir. Mientras los ataques nipones a la costa oeste se quedaron en una mera anécdota, los norteamericanos, por el contrario, demostraron ser menos ingenuos. Cuatro meses después del ataque a Pearl Harbor, una misión comandada por el coronel James Doolittle consiguió llevar la guerra aérea a la capital del Imperio.

La operación fue ordenada en persona por el presidente Roosevelt para vengar la afrenta de Pearl Harbor y animar así la moral del pueblo norteamericano, que hasta ese momento tan solo escuchaba derrotas en los noticiarios. Pero el ataque contra Tokio se presentaba como una misión prácticamente suicida. Al no existir bases próximas desde las que despegar rumbo a Japón, se decidió acercar lo máximo posible un portaaviones para que desde él despegase un grupo compuesto de dieciséis bombarderos; los aparatos soltarían su carga de bombas sobre Tokio y proseguirían su vuelo para aterrizar en la aliada China.

El 18 de abril de 1942, los bombarderos encargados de la operación lograron alzarse desde la corta pista de despegue del portaaviones USS *Hornet* y poner rumbo a Japón. Una vez que entraron en el cielo de Tokio, soltaron sus bombas sobre la ciudad. Aunque el balance de daños causado por los bombarderos de Doolittle fue muy reducido —50 muertos y un centenar de casas destruidas—, el impacto sobre la moral de los habitantes de Tokio, y por extensión de todo el país, fue enorme.

Los japoneses comprobaron por primera vez que también ellos podían sufrir las consecuencias de la guerra que su país había iniciado. El éxito de la llamada "Incursión Doolittle" o *"Raid* sobre Tokio" proporcionó argumentos a los estrategas japoneses que eran partidarios de tomar la iniciativa para derrotar por completo a los norteamericanos.

La batalla del Mar del Coral

Antes de decidirse por una u otra estrategia, la flota nipona quiso poner a prueba la determinación estadounidense en el Mar del Coral, el último obstáculo en la ruta que llevaba a Australia. Allí se dirimió el 7 y el 8 de mayo de 1942 la primera batalla de la Historia en la que combatieron directamente portaaviones en ambos bandos, así como la primera en la que las unidades navales nunca se vieron directamente ni estuvieron al alcance de su armamento artillero. Los comandantes de las flotas contendientes serían Inouye por parte nipona y Fletcher por los norteamericanos.

Las primeras escaramuzas comenzaron el 4 de mayo, cuando los aviones del portaaviones *Yorktown* atacaron un convoy japonés y los portaaviones japoneses *Zuikaku* y *Shokaku* avanzaron para cortar la retirada a la escuadra estadounidense. El 7 de mayo, los norteamericanos descubrieron al portaaviones *Shoho* y consiguieron hundirlo en tan solo diez minutos. A la mañana siguiente se entabló la batalla; los aviones de uno y otro bando atacaron a los buques enemigos, sin que llegase a establecerse contacto visual.

El *Shokaku* resultó averiado debido a los ataques, quedando fuera de combate, mientras que un destructor y un portaaviones ligero, el *Shoho*, resultaron hundidos. En la flota norteamericana se contabilizaron los daños sufridos por el *Yorktown* y la pérdida de un destructor y, lo que era más grave, el hundimiento del portaaviones *Lexington*, que se fue a pique en veinte minutos.

En un primer momento se consideró que el balance de la batalla había resultado favorable a la flota nipona, pues la pérdida del *Lexington* era más importante que la del *Shoho*. Pero desde el punto de vista estratégico, el estrechísimo margen de la ventaja nipona suponía el primer revés para Japón, que hasta ese momento había contado sus intervenciones en la guerra por victorias claras y contundentes.

A la vista de los acontecimientos posteriores, el resultado de la batalla del Mar del Coral aparecería como favorable a los norteamericanos puesto que, a resultas del choque, la flota nipona no podría contar en los meses siguientes con los portaaviones *Shokaku* y *Zuizaku*, un periodo que sería decisivo para dilucidar el vencedor del duelo en el Pacífico.

La batalla definitiva

Isoroku Yamamoto, el *cerebro* que había planeado el ataque a Pearl Harbor, comprendió que, a partir de ese momento, el tiempo corría dramáticamente en su contra. Teniendo en cuenta el formidable potencial industrial de su enemigo, era un suicidio limitarse a mantener una guerra de desgaste en la que, tarde o temprano, se acabaría imponiendoel coloso norteamericano.

La única solución era plantear una batalla definitiva, un duelo decisivo por el control del Pacífico, en un momento en que la Marina nipona aún era superior. El lugar elegido para ese choque sería Midway, un pequeño y solitario archipiélago situado al nordeste de Hawai. Yamamoto sabía que los norteamericanos echarían toda la carne en el asador en la defensa de esas islas; si caían en poder nipón, Hawai quedaría al alcance de sus bases aéreas y su invasión sería cuestión de semanas. Con los japoneses instalados en Hawai, el Pacífico ya no sería más que un lago nipón, sin contar con que la costa oeste norteamericana quedaría seriamente amenazada. Por tanto, Washington era consciente de que conservar las Midway era absolutamente vital.

Los japoneses sabían que allí serían enviados los tres portaaviones del Pacífico con el fin de proteger las islas, por lo que se abría la ansiada oportunidad para destruirlos. Pero para eso era necesario poner en juego a los seis portaaviones con que contaba Yamamoto. Aunque la correlación de fuerzas era favorable a la Flota Imperial, no había duda que se trataba de una apuesta a todo o nada. Quien venciese en Midway se convertiría en el dueño y señor del Pacífico, y el que saliese derrotado en el duelo vería frustradas casi todas sus posibilidades de alcanzar la victoria en la contienda.

Con lo que no contaban los nipones era que los norteamericanos eran capaces de descifrar los códigos empleados por su flota. El movimiento de los barcos de Yamamoto fue detectado, pero no se sabía hacia dónde se dirigían. En un principio parecía que el objetivo era tomar las islas Aleutianas, en el norte, pero los servicios de inteligencia estadounidenses tendieron una astuta trampa. Como sabían que el punto de reunión de la flota era un lugar denominado con una clave, y sospechaban que podía tratarse de Midway, emitieron un mensaje rutinario en el que se comunicaba que en Midway existía un problema de abastecimiento de agua. Poco después, descodificaron un mensaje japonés en el que se decía que en el lugar de

El portaaviones norteamericano *Yorktown*, durante la batalla de Midway.

destino había problemas con el agua; era la confirmación de que el objetivo era Midway.

El almirante Chester Nimitz fue el encargado de tejer en esas islas una tela de araña, sabiendo que la ingenua presa no tardaría en caer. La responsabilidad de Nimitz era máxima, puesto que su estrategia no podía fallar.

En la madrugada del 4 de junio de 1942, los aviones japoneses despegaron de los portaaviones rumbo a Midway, poco antes, los buques habían sido detectados y la noticia ya había llegado a la isla. El mecanismo de la trampa se ponía en marcha.

Al llegar los aparatos nipones a Midway se encontraron con que en la isla prácticamente no había oposición, tan solo unos pocos aviones anticuados. Atacaron a placer los hangares y los almacenes, destruyéndo buena parte de las instalaciones. Pero los japoneses se preguntaban inquietos el paradero de la flota aérea norteamericana, que no había acudido a defender la isla.

En esos mismos momentos, los bombarderos estadounidenses se encontraban volando hacia los portaaviones japoneses, que no contaban momentáneamente con protección aérea, pues sus aparatos se hallaban atacando Midway. Pero el ardid ideado por Nimitz no salió como él esperaba, ya que la flota nipona supo defenderse con su propia artillería, encajando escasos daños y obligando a los aparatos norteamericanos a retirarse.

Indecisión nipona

Los aviones que habían efectuado el *raid* sobre Midway regresaron a sus portaaviones. Pero cuando los japoneses se disponían a lanzar la segunda oleada contra Midway, les llegó la noticia de que la flota estadounidense se acercaba a toda máquina, por lo que se dio órdenes a los aviones para se equipasen con torpedos para atacarla.

Las informaciones que llegaban a oídos japoneses comenzaron a hablar de que la flota enemiga estaba formada únicamente por cruceros y destructores, así que a los aviones se les reequipó para atacar Midway. Pero de repente llegó una comunicación que revelaba la existencia de un portaaviones; de nuevo cambiaron los planes, puesto que la prioridad era hundir a los portaaviones, lo que implicaba volver a cambiar el tipo de armamento a emplear.

Por su parte, los aviones norteamericanos ya habían despegado de los portaaviones al encuentro de la flota nipona, pese a encontrarse en el límite de su radio de acción. Como si de un duelo del *far west* se tratase, los estadounidenses habían desenfundado inmediatamente, mientras su rival aún estaba pensando qué arma utilizar.

La indecisión nipona resultaría determinante para la suerte de la batalla. Cuando quisieron reaccionar ya era demasiado tarde; tenían a los aviones enemigos sobre sus cabezas. Los japoneses consiguieron armar una oleada con rumbo a la flota norteamericana, pero mientras tanto cuatro portaaviones japoneses habían resultado alcanzados, hundiéndose en las horas siguientes.

La batalla se prolongaría hasta la madrugada, pero estaba claro que los japoneses habían sido derrotados. Aunque finalmente un portaaviones norteamericano herido fue rematado por un submarino nipón, los cuatro perdidos por los nipones desequilibraban totalmente el balance del encuentro. A partir de entonces, la supremacía naval en el Pacífico correspondería a Estados Unidos.

La estrategia de Nimitz en esa crucial partida de ajedrez había sido la correcta. En cambio, Yamamoto había fracasado en el duelo decisivo; la derrota del Imperio Japonés ya no era más que cuestión de tiempo, pese a que el primer ministro, Hideki Tojo, no se dio entonces cuenta de ello.

Desembarco en Guadalcanal

Aunque la amenaza naval del Imperio Japonés había quedado neutralizada en Midway, su posición estratégica era aún muy sólida. Se había creado una inmensa barrera que comenzaba en Birmania, seguía por Sumatra, Java y Nueva Guinea y luego se prolongaba por un cinturón de islas del Pacífico hasta llegar a las Aleutianas. En estas remotas e inhóspitas islas los japoneses habían establecido unas bases con las que amenazaban la cercana Alaska, aunque la climatología adversa pronto les convencería de la imposibilidad de crear allí un frente estable.

Atacar esa fortaleza que cerraba el Pacífico casi por completo, de norte a sur, se presentaba como un objetivo aparentemente inabordable. Pero había un enclave en el que era necesario intervenir para evitar que los japoneses se lanzasen contra el último reducto de occidente, Australia, quien ya había sufrido el bombardeo de la ciudad de Darwin, tal como se refirió anteriormente. Si caía este país-continente, Japón establecería su dominio incontestable sobre Asia y el Pacífico. Ese punto de importancia capital era el archipiélago de las Salomón, situado al este de Nueva Guinea. Esas islas eran la puerta de entrada al norte de Australia, y estaban en poder de Japón.

En la madrugada del 7 de agosto de 1942, 10.000 soldados norteamericanos desembarcan en Guadalcanal, la isla más oriental de las Salomón, y en la que los japoneses están construyendo un aeródromo para castigar las rutas de aprovisionamiento de Australia y Nueva Zelanda.

Los soldados estadounidense comprobaron bien pronto que sus enemigos no tenían nada que ver con lo que habían visto hasta la fecha; se regían por el *bushido*, el antiguo código de honor de los caballeros japoneses, que exige un sacrificio y abnegación extremos, llegando a la entrega de la propia vida, y que no contempla la posibilidad de la rendición, considerada un deshonor. Esta actitud incomprensible para un occidental llevaría al terrible espectáculo de contemplar, por ejemplo, a náufragos japoneses negándose a ser rescatados por un barco norteamericano, prefiriendo ser devorados por los tiburones.

En Guadalcanal, los marines se encontraron con un enemigo que se ocultaba en la selva y que lanzaba ataques suicidas en medio de la noche. Gracias al apoyo aeronaval, los norteamericanos consiguieron apoderarse de Guadalcanal en febrero de 1943, tras perder 1.600 hombres. Por su parte, los japoneses perdieron 25.000 soldados en la defensa de la isla, siendo capturados un millar, una cantidad de prisioneros excesiva si se compara con las campañas posteriores, en las que no se logrará atrapar con vida a ningún nipón.

Guadalcanal supuso el freno definitivo a la expansión imperial, pero avanzó las terribles características que presentaría la lucha en las islas del Pacífico. Para derrotar a Japón era necesario arrebatarle una a una todas sus posesiones, y eso solo se podía conseguir tras una guerra larga y extenuante.

La estrategia aliada

El problema para los Aliados era establecer la estrategia a seguir una vez que los japoneses se habían puesto a la defensiva, forzados por las circunstancias adversas. La primera opción, situar el centro de la acción en el continente asiático, se descartó por la débil posición de salida y la dificultad de coordinar el esfuerzo de guerra en un frente tan complejo, además de la escasa fiabilidad demostrada por las fuerzas chinas nacionalistas.

Las otras dos opciones estaban rodeadas de ambiciones y rivalidades personales. MacArthur y el Ejército de Tierra apostaban por avanzar desde el sur, partiendo de Nueva Guinea para llegar a Filipinas. En cambio, la Marina, con el almirante Nimitz al frente, defendía un ataque a través del centro del Pacífico, basándose en el poderío de sus portaaviones, que tan buen servicio habían rendido en Midway.

Al final, Washington tomó una decisión salomónica, como era combinar ambas líneas de avance, lo que obligaba a dividir los recursos. Renunciando a un ataque directo en uno u otro frente, la guerra duraría probablemente más tiempo, pero se disminuían los riesgos y se aseguraba a largo plazo el triunfo aliado sobre el Imperio del Sol Naciente.

Escenarios

La batalla de **Midway** se libró casi por completo en el mar. En estas islas no quedan restos del ataque de la aviación nipona que dio inicio al encuentro aeronaval.

El recuerdo de esta decisiva batalla se limita al **Parque de la Batalla de Midway**; en él hay dos cañones costeros, un ancla, un monumento conmemorativo del duelo aeronaval y una exposición de fotografías. Pero el elemento más conocido de este parque es una figura de madera de tres de metros de altura que representa al Albatros de Laysan, el pájaro más habitual en la isla, apuntando al cielo con su pico.

La batalla de **Guadalcanal** se recuerda en el **Memorial** situado a las afueras de la ciudad de Honiara. El monumento consiste en un recinto cuadrado en el que se levantan cuatro muros de color terroso, señalando hacia los cuatro principales campos de batalla. En cada uno de los muros stá grabada una descripción de las operaciones.

Protagonistas

James Harold Doolittle (1896-1958). Teniente general norteamericano. Dirigió el primer bombardeo sobre Tokio (1942), llevado a cabo por bombarderos B-25, tras un arriesgado despegue desde el portaaviones *Hornet*. Jefe de la VIII flota aérea estadounidense en 1944, estuvo encargado de bombardear las ciudades alemanas. Nombrado caballero del Reino Unido por el rey Jorge VI.

Chester William Nimitz (1885-1966). Almirante norteamericano. Comandante en jefe de la flota del Pacífico durante toda la guerra. Consiguió reorganizar la Marina de guerra tras el ataque a Pearl Harbor. Gran estratega, a él se debe la gran victoria en la batalla de Midway. Más de 5.000 barcos y dos millones de hombres estuvieron a sus órdenes durante la guerra. Firmó el acta de la capitulación de Japón en nombre de la Marina.

Isoroku Yamamoto (1884-1943). Almirante japonés. Comandante en jefe de la flota desde 1939. Fue el encargado de elaborar y llevar a cabo el ataque a Pearl Harbor. En 1942 ordenó el ataque a Midway. Durante la batalla de las islas Salomon los norteamericanos lograron derribar su avión. Su muerte supuso un cambio de rumbo en el desarrollo de la guerra.

Filmografía

* **La Batalla de Midway** (*The Battle of Midway*, John Ford, 1942).
* **Guadalcanal** (*Guadalcanal Diary*, Lewis Seiler, 1943).
* **Treinta segundos sobre Tokio** (*Thirty seconds over Tokio*, Mervin LeRoy, 1944).
* **Zafarrancho de combate** (*Away all boats*, Joseph Pevney, 1956).
* **El ataque duró siete días** (*The thin red line*, Andrew Marton, 1964).
* **Midway** (*Midway*, Jack Smight, 1976).
* **La delgada línea roja** (*The thin red line*, Terrence Malick, 1998).

Capítulo 23
Duelo en el Alamein

A principios del verano de 1942, después de que el Afrika Korps hubiera tomado la fortaleza de Tobruk, se tenía la impresión de que los tanques de Rommel eran imparables. El rápido avance de las tropas germanas hacía pensar que el Zorro del Desierto no tardaría mucho tiempo en poder tomarse un café en El Cairo. Sin embargo, la realidad era un tanto diferente. Mientras las fuerzas británicas en Africa recibían a diario miles de toneladas de armamento procedente de Estados Unidos, las tropas alemanas se encontraban prácticamente al límite de sus reservas, a lo que había que sumar el agotamiento de los soldados, que no habían tenido prácticamente ni un día de descanso desde su llegada al escenario africano.

Las fuerzas británicas establecieron una última línea de defensa en El Alamein. Ese apeadero de ferrocarril situado a 95 kilómetros de Alejandría, que en ese momento no era más que un punto en el mapa, pasaría a formar parte de la historia. Ese lugar era la única ruta posible hacia Alejandría, puesto que a un lado estaba el mar y hacia el interior se extendían las arenas movedizas infranqueables de la Depresión de El Qatara, por lo que El Alamein era la cerradura que, en el caso de ser forzada, abriría para las fuerzas del Tercer Reich las puertas del milenario Egipto.

LA BATALLA DE LOS SUMINISTROS

El 30 de junio, Rommel intentó llevar a cabo su enésima maniobra en tenaza, en este caso para caer sobre la retaguardia de los británicos en El Alamein, en ese momento comandados por el general Auchinleck. Pero el

Zorro del Desierto no contaba en esta ocasión con la ayuda de los vuelos de reconocimiento de la *Luftwaffe*, por lo que tuvo que ejecutar la acción guiándose únicamente por su intuición.

El ataque alemán no logró romper las defensas aliadas, protegidas eficazmente por los neozelandeses, y el frente acabó estabilizándose. Ese periodo de calma fue aprovechado por ambos bandos para reabastecerse, pero mientras que los británicos recibían el material en la cercana Alejandría, los alemanes debían acarrearlo desde los puertos de Tobruk o de la lejana Trípoli, a donde llegaba después de una incierta travesía por el Mediterráneo.

Para desesperación de Rommel, la RAF estaba consiguiendo hundir la mitad de los buques cisterna que partían de los puertos italianos cargados de combustible. La aviación británica contaba para ello con la ayuda de los descifradores de mensajes, que conseguían interceptar las comunicaciones secretas alemanas transmitidas mediante la máquina Enigma, en las que se informaba de la ruta de estos buques, al igual que sucedía con la posición de los U-Boot en la Batalla del Atlántico. De todos modos, cuando un cargamento de combustible lograba atravesar el mar, los alemanes se veían obligados a emplear buena parte del carburante llegado a Africa para alimentar los vehículos que lo trasladaban desde los puertos hasta el lejano frente.

La batalla de los suministros era el factor que podía desequilibrar la balanza en la campaña africana y, en este caso, el tiempo corría en contra de los alemanes. Cada día que pasaba, el *Afrika Korps* es más débil y los británicos eran más poderosos. Además, el agotamiento y las enfermedades comenzaban a hacer mella entre los soldados alemanes; la disentería y la difteria estaban ya extendidas entre la tropa, y el propio Rommel enfermó del hígado. Ante este panorama, el Zorro del Desierto decidió jugarse la partida ese mismo verano, antes de que la diferencia con las fuerzas aliadas fuera ya insalvable; el flamante mariscal era consciente de que en ese momento la victoria era altamente improbable, pero que si esperaba más tiempo, esta se podría descartar por completo.

Objetivo: Destruir a Rommel

Ante la batalla decisiva en ciernes, Churchill en persona viajó a El Cairo para acometer una serie de cambios en los mandos militares. El más importante fue colocar al general Bernard Law Montgomery al frente del Octavo Ejército, tras la muerte en accidente de aviación del general inicialmente previsto para ese puesto. La misión específica de *Monty* era literalmente, según el encargo personal de Churchill, "destruir a Rommel".

El reto no era nada fácil. El primer paso era transformar por completo un ejército perdedor en una fuerza temible, capaz de entrentarse al Afrika Korps. El mérito de esta transformación recayó en Montgomery, al conseguir en poco tiempo reestablecer la disciplina perdida, que incluso se había llevado por delante el uso del saludo militar. En este rápido proceso ayudarían bastante los refuerzos que el gobierno de Londres envió con generosidad, y que elevarían la moral de la tropa, dejándola lista para el duelo con los hombres de Rommel.

Montgomery demostró su inteligencia al recurrir a los trucos habitualmente utilizados por el Zorro del Desierto. Así pues, *Monty* ideó un ingenioso plan para confundir a los alemanes, dejando una cartera en el asiento de un vehículo que supuestamente contenía información valiosísima, que los expertos germanos calificaron como auténtica. Rommel cayó en la trampa y ultimó los preparativos para su ofensiva en base a esos documentos, lo que proporcionó una gran ventaja a sus enemigos.

La Primera Batalla de El Alamein

Cuando Rommel inició el ataque por el sur la noche del 30 de agosto de 1942, en la que se conocería como Primera Batalla de El Alamein, no logró coger desprevenidos a los británicos, que le estaban esperando. Los soldados alemanes se vieron atrapados en los campos de minas, siendo acribillados por las ametralladoras inglesas. Los aviones de la RAF lanzaron bengalas, iluminando el campo de batalla y bombardeando a las columnas de blindados.

La ofensiva que debía llevar al Afrika Korps a Alejandría fracasó de forma inapelable. Estaba previsto que los *panze*r avanzasen cincuenta kilómetros y no consiguieron adentrarse más de quince, sin llegar en ningún momento a romper las defensas británicas. Los alemanes perdieron a tres de los cuatro generales que participaron en la dirección de la batalla.

En la tarde del día siguiente ya escaseaba el combustible y no llegaron los suministros para reabastecer a los 274 tanques germanos que aún quedaban en servicio; por si fuera poco, todos los petroleros italianos que se dirigían a las costas de Africa fueron hundidos por submarinos británicos.

El 1 de septiembre de 1942, un decepcionado Rommel se vio obligado a poner fin a la ofensiva y ordenar el regreso al punto de partida. Probablemente, en su fuero interno sabía que acababa de quemar el último cartucho, y que la esvástica nunca llegaría a ondear en El Cairo. Por su parte, Montgomery tenía motivos para sentirse optimista, pues contaba ya con un millar de tanques pesados y, además, la llegada de nuevos carros blindados norteamericanos *Sherman* era continua.

Rommel, ante la imposibilidad de iniciar otro ataque, optó por la única decisión razonable: establecer una sólida línea de defensa para evitar ser arrollados por la colosal fuerza aliada que se estaba formando. Para ello, dejó que sus zapadores construyesen con tranquilidad campos minados en su retaguardia para, en caso necesario, retroceder desde las posiciones más adelantadas y formar una nueva línea defensiva. Estos intrincados campos eran laberintos dotados de trampas de todo tipo, como bombas de aviación unidas por cables, además de minas anticarro y antipersona, todo ello rodeado de alambradas. El nombre con el que eran conocidos no podía ser más descriptivo: los Jardines del Diablo.

Aunque el ataque aliado era inminente, tras el agravamiento de su enfermedad hepática Rommel se vio obligado a acudir a Alemania para ser sometido a tratamiento médico. El general pasó por Roma para saludar a Mussolini y aprovechó su estancia en el Reich para recibir de Hitler las insignias de Mariscal de Campo que había ganado tras la toma de Tobruk. Más tarde confesaría a su esposa que, en lugar de esas condecoraciones, hubiera preferido que el *Führer* le hubiese enviado una División más.

La Segunda Batalla de El Alamein

En la noche del 23 de octubre, mientras Rommel se recuperaba de su afección en una clínica austríaca, más de mil cañones abrieron fuego a la vez contra las defensas alemanas en El Alamein. La arena del desierto estaba iluminada por la luna llena, ideal para que los zapadores británicos pudieran detectar las minas sembradas en los Jardines del Diablo. En un frente de cincuenta kilómetros, diez Divisiones aliadas esperaban que el camino se despejase para arremeter contra el muro alemán, que estaba formado por la mitad de efectivos, unos cien mil soldados.

Esta proporción de dos a uno se mantenía también en el número de tanques; mientras los Aliados podían poner en juego 1.230, el Eje había reunido 548, incluyendo obsoletos carros ligeros italianos conocidos como "ataúdes autopropulsados", que bien poco podían hacer contra los tanques norteamericanos, que concentraban las últimas novedades técnicas. En el aire, el dominio aliado era apabullante, alcanzando una proporción cercana a cinco a uno.

Los alemanes creían que el ataque de la infantería iba a llegar por el sur, como indicaban los oleoductos y casamatas que los británicos habían estado construyendo en ese sector. Pero estas instalaciones, en realidad no eran más que simple tramoya de madera y tela para desviar la atención mientras la ofensiva se lanzaba en el norte. Los trucos de *Monty* seguían dando resultado.

Al amanecer del 24 de octubre de 1942, los soldados británicos iniciaron su avance. Daba comienzo así la Operación Lightfoot ("pies ligeros"), en referencia al hecho de que la infantería debía atravesar los campos de minas para poder abrir luego un pasillo de unos siete metros de ancho con el fin de posibilitar el paso de los tanques. El combate entre las alambradas, conquistando metro a metro, recordaba a las encarnizadas batallas de la Primera Guerra Mundial. Los fieros neozelandeses, junto a los no menos avezados escoceses y australianos, arrollaron a la infantería italiana.

A primera hora de la mañana de ese día, una llamada de teléfono despertó a Rommel; el propio Hitler le comunicó las malas noticias que llegaban de El Alamein. El *Führer* le pidió que se desplazase allí de inmediato, pero no era necesario que insistiese, ya que el corazón de Rommel estaba con sus hombres. Tras una escala en Roma para exigir combustible y refuerzos, el Zorro del Desierto llegó al frente el 26 de octubre, cuando la batalla ya estaba en su tercer día.

Una vez allí, a Rommel se le informó que al amanecer del 24 de octubre el avance aliado había discurrido por debajo de las expectativas del enemigo, pero que a lo largo de esa jornada habían recuperado el tiempo perdido. El Afrika Korps lanzó entonces un desesperado contraataque, pero la falta de combustible cercenó cualquier posibilidad de hacer frente a la ofensiva de Montgomery.

El comandante alemán, Georg Stumme, había muerto de un ataque al corazón durante el bombardeo; el general Wilhelm Rotter von Thoma había ocupado su puesto. Rommel retomó el mando e intentó lanzar un nuevo contraataque, reuniendo todos los carros disponibles, con el fin de castigar los flancos británicos. Pero *Monty* no se alarmó ante la llegada de su formidable oponente y, fiel a su espíritu conservador, aceptó el envite de una batalla de desgaste, consciente de que únicamente podía concluir con el triunfo aliado.

El día 28 de octubre, el mariscal germano realizó un último esfuerzo para rechazar la ofensiva aliada, atacando con el sol del crepúsculo a la espalda para deslumbrar así al enemigo. Pero ese esfuerzo era inútil; la noticia de que los petroleros que había conseguido en Roma con sus gestiones ante Mussolini acababan de ser hundidos en el Mediterráneo le convencieron de que la batalla estaba irremisiblemente perdida. En el bando aliado, pese al éxito de la ofensiva, existía preocupación por el desgaste de las tropas, que no conseguían romper la defensa alemana. Montgomery ordenó entonces la Operación *Supercharge* (Supercarga) para alcanzar la victoria definitiva. La tenaz resistencia de Rommel, pese a estar enfermo y cansado, sorprendió a los británicos. Mientras tanto, en Londres, crecía la impaciencia al ver cómo Montgomery era incapaz de tumbar a un enemigo al borde del KO.

Para evitar un completo desastre y la consiguiente aniquilación del Afrika Korps, Rommel ordenó la retirada el 2 de noviembre. Pero Hitler no estaba

Montgomery consiguió que su Octavo Ejército resistiese los embates del Afrika Korps de Rommel.

dispuesto a renunciar a su sueño de conquistar Egipto, por lo que envió un mensaje al mariscal en el que ordenaba resistir en El Alamein hasta el último hombre. Rommel vaciló en su determinación de abandonar Egipto y finalmente accedió a intentar aguantar la posición algunos días más, pero la incontenible irrupción de la infantería británica por varios puntos de su línea de defensa obligó al Afrika Korps a emprender el repliegue.

De este modo, los británicos pudieron respirar tranquilos. Egipto se había salvado y ni el Canal de Suez ni los pozos de petróleo de Oriente Medio caerían ya en manos alemanas. Pero lo más importante era que los alemanes habían cosechado su primera gran derrota en la contienda. Aunque los aviones germanos habían fracasado en su intento de doblegar la resistencia británica y la *Wehrmacht* había sido frenada a las puertas de Moscú, las fuerzas alemanas todavía no habían sido claramente vencidas en el campo de batalla. Eso es lo que ocurrió por primera vez en El Alamein.

En aquella remota aldea del desierto egipcio, los hombres liderados por Montgomery habían señalado el camino del triunfo aliado. Todos sabían que iba a ser un camino largo y costoso, y que iba a requerir grandes sacrificios, pero el primer paso ya se había dado. El propio Churchill se encargaría de destacar la gran importancia del triunfo logrado en aquella batalla: "Antes de El Alamein no conocimos la victoria; después de El Alamein no conocimos la derrota".

Escenarios

En la aldea de **El Alamein**, situada a 100 kilómetros al oeste de Alejandria, y a la que se accede por una carretera costera, se encuentran las huellas más importantes de los combates que allí se dirimieron entre el Octavo Ejército de Montgomery y el *Afrika Korps* de Rommel.

Con ocasión del cincuenta aniversario de la batalla, en 1992, el gobierno británico colaboró con el egipcio para remodelar el pequeño **museo** que allí existía. El resultado es una aceptable exposición de uniformes y armamento utilizados en los combates. Sin embargo, los vehículos se mantienen desprotegidos a la intemperie.

También son interesantes los **cementerios militares**. En la misma aldea está el británico, perfectamente cuidado. El alemán y el italiano, situados a cinco kilómetros, son más austeros y ofrecen un desangelado aspecto.

No es recomendable salir de las rutas marcadas; se calcula que las arenas de El Alamein ocultan, todavía hoy, dieciocho millones de minas. Por tanto, las visitas al campo de batalla solo pueden realizarse con un guía especializado. En la franja sur de la depresión de Qattara se encuentra la mayor concentración de restos bélicos; según los que han podido visitarla, la superficie está colmada de cajas de munición, bidones, alambre de espino, munición, etc.

En **Marsa Matruh** puede visitarse en **Museo de Rommel**, en el que pueden encontrarse objetos relacionados con el mítico mariscal alemán. El museo se encuentra situado junto a la conocida como **Playa Rommel**, en donde el militar acostumbraba a nadar a diario.

Protagonistas

Bernard Law Montgomery (1887-1976). Mariscal británico, jefe del Octavo Ejército en Egipto (1942). Venció a los alemanes en El Alamein, aunque no pudo evitar que lograsen escapar rumbo a Túnez. Excéntrico y engreído, ni bebía ni fumaba. En el campo de batalla era muy conservador y no actuaba nunca sin una larga preparación artillera previa. Tras la campaña de Sicilia y el sur de Italia, mandó las tropas terrestres en el desembarco de Normandía. Fracasó en septiembre de 1944 en su única acción audaz, al intentar penetrar en Alemania a través de Holanda (Operación Market Garden), aunque nunca reconoció esa derrota. Fue el jefe de las tropas de ocupación británicas en Alemania y después recibió todos los altos cargos y honores del Imperio británico.

Georg Stumme (1886-1942). General alemán. Participó en la campaña de Polonia. Durante la Operación Barbarroja sirvió bajo el mando del mariscal Von Bock. Su carrera militar estuvo a punto de truncarse tras perder unos documentos que contenían los planes para la ofensiva de verano en Rusia. Fue juzgado y condenado, pero Von Bock logró su rehabilitación. Fue enviado a Africa. Con Rommel ausente, estaba al mando del Afrika Korps al iniciarse la Batalla de El Alamein, pero falleció a consecuencia de un ataque al cozarón durante el bombardeo aliado del 24 de octubre, con el que se iniciaba la ofensiva aliada.

Filmografía

* **El Alamein** (*El Alamein*, Fred F. Sears, 1953)
* **El Alamein** (*El Alamein*, Guido Malatesta, 1958)
* **La Batalla de Alamein** (*La Battaglia di El Alamein*, Giorgio Ferroni, 1968)
* **El Alamein** (*El Alamein*, Enzo Monteleone, 2002)

Capítulo 24
Operación Antorcha

La batalla de El Alamein había supuesto el final de las aspiraciones del Ejército alemán para apoderarse del Norte de Africa. A partir de entonces, el mariscal Rommel inició un repliegue ordenado con los restos de su ejército, del que tan solo quedaban intactos 38 tanques. Su objetivo ya no era llegar a El Cairo, sino poner a salvo esa fuerza experimentada de 70.000 soldados alemanes y 80.000 italianos. Con asombrosa maestría, el Zorro del Desierto conseguiría una y otra vez zafarse de las maniobras de cerco de los británicos.

Pero los Aliados querían acabar de una vez por todas con la inquietante amenaza que representaba Rommel. Así pues, decidieron abrir un segundo frente en el Norte de Africa, desembarcando en la zona occidental, con el fin de atrapar a las fuerzas de Rommel entre dos fuegos. De este modo, el Eje podría ser expulsado del continente africano, se mejoraría notablemente el control naval del Mediterráneo y se cimentarían las bases para poner el pie en la Europa meridional en 1943.

Los planes de desembarco

La invasión del Norte de Africa tendría como objetivo la costa de Marruecos y Argelia, un territorio que se hallaba en manos del gobierno francés de Vichy, colaboracionista de los nazis. Al principio se propuso desembarcar entre la frontera de Argelia y Túnez, pero se descartó al ser una zona cercana a las posiciones defendidas por el Eje

La Francia de Vichy contaba con unos 60.000 soldados en Marruecos, una pequeña cantidad de tanques y aviones, baterías costeras, una decena de buques de guerra y once submarinos fondeados en el puerto de Casablanca. A estas fuerzas había que añadir unos 40.000 soldados más en Argelia.

La gran incógnita era el comportamiento de los soldados franceses en cuanto se lanzase el desembarco en su territorio. Hay que tener presente la gran rivalidad histórica entre franceses y británicos, lo que hacía temer que el desembarco aliado en territorio francés fuera interpretado no como una ayuda, sino como una agresión.

A los franceses no les faltaba razón para considerar a los ingleses como enemigos; a las pocas semanas de la derrota de Francia, el 3 de julio de 1940, la armada británica atacó a los buques franceses situados en los puertos argelinos de Orán y Mers-El-Kebir, y en el puerto senegalés de Dakar. El objetivo de esta controvertida acción era impedir que los alemanes se apoderasen de la potente armada francesa, pero los ataques produjeron la muerte de muchos marineros galos.

En el momento en el que los aliados tenían previsto desembarcar en Africa del Norte, el recuerdo de estos ataques estaba aún muy vivo en la mente de los soldados franceses, así que no se descartaba la posibilidad de que estos vieran la oportunidad de vengar a sus compatriotas. El cónsul norteamericano en Orán se encargó de recoger información que permitiese pronosticar ese comportamiento; sus pesquisas arrojaron la conclusión de que los franceses no opondrían resistencia, pero aun así los Aliados mantuvieron un prudente escepticismo.

Los planes aliados contemplaban la necesidad, una vez completado el desembarco, de avanzar rápidamente hacia Túnez para atacar a las fuerzas del Eje por la retaguardia. La operación en su conjunto estaría comandada por el general norteamericano Dwight David Eisenhower. El comandante naval de la fuerza expedicionaria sería Andrew Cunningham, siendo su segundo, el vicealmirante Sir Bertran Ramsay, el encargado de planear el desembarco. La base de operaciones se estableció en Gibraltar. El plan se denominó inicialmente *Gymnast* (Gimnasta) aunque después tomó el nombre definitivo de *Torch* (Antorcha).

Se lanza la Operación Antorcha

El desembarco en la costa norteafricana se llevó a cabo el 8 de noviembre de 1942. El Ejército norteamericano, contando con la colaboración de británicos y de franceses libres, desembarcó en Safi, Casablanca, Orán y Argel.

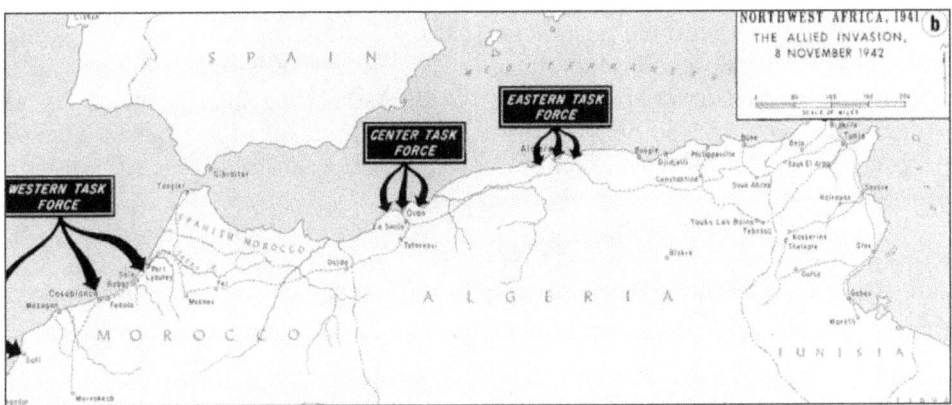
Mapa norteamericano de la época que muestra las zonas de desembarco de la Operación Antorcha.

Más de 600 buques desembarcaron a unos 70.000 soldados anglo-americanos. Al principio de la operación anfibia se produjeron algunos enfrentamientos con las tropas francesas que defendían la costa. Las fuerzas navales galas fueron las que ofrecieron más resistencia a los Aliados, quizás porque tenían muy presente la afrenta sufrida a manos inglesas. Las fuerzas aliadas se encontraron en Orán con una fuerte oposición por parte de los franceses de Vichy.

El general norteamericano Mark Clark logró convencer al comandante de Vichy en Francia, el almirante François Darlan, y al comandante en jefe, Alphonse Juin, para que se pasasen al bando aliado. Darlan y sus hombres comprendieron que aquello era el inicio de la liberación de su país, y pasaron a integrarse en la fuerza aliada, olvidando los episodios pasados. De este modo, tres días después del desembarco, Darlan permitió a las tropas aliadas dirigirse rápidamente hacia Túnez. El hecho de que Darlan fuera mantenido por los Aliados como comandante de las fuerzas francesas irritó a Charles de Gaulle, el líder de los franceses libres, pero sus protestas no fueron atendidas.

En Argel, los Aliados contaron con la inestimable ayuda de la Resistencia francesa, que dio un golpe de mano el mismo 8 de noviembre. Los guerrilleros consiguieron arrestar a los oficiales poco antes de la llegada de los Aliados, quedando así neutralizado el XIX Cuerpo de Ejército francés. Gracias a esta acción, Argel pudo ser tomada el primer día sin necesidad de entrar en combate.

En el balance eminentemente positivo de la Operación Antorcha los Aliados tuvieron que contabilizar 479 muertos y 720 heridos en sus filas, mientras que los franceses de Vichy sufrieron 1.346 muertos y 1.997 heridos.

Dejando a un lado la resistencia de los soldados franceses de Vichy, que excepto en Orán no pasó de testimonial, las fuerzas aliadas no encontraron prácticamente oposición al llegar a las playas norteafricanas. Los alemanes no organizaron ningún tipo de recibimiento hostil a estas tropas, pese a que, al parecer, en Berlín tenían numerosos indicios de que esa operación se iba a lanzar.

Según relataría el capitán naval Herbert Wichmann durante el Proceso de Nuremberg en diciembre de 1945, él mismo, diez días antes del desembarco, siendo jefe de los servicios secretos alemanes en Hamburgo, obtuvo los detalles de la operación gracias a la labor de uno de sus espías en Gran Bretaña. Wichmann remitió el informe a Berlín, dirigiéndolo personalmente al jefe de Estado Mayor Wilhelm Keitel. Cuando, posteriormente, Wichmann se enteró de que los Aliados habían desembarcado en Africa sin oposición, acudió a Berlín para saber lo que había ocurrido con su valioso informe. Inexplicablemente, el documento había desaparecido y nadie tenía constancia de haberlo recibido.

La Operación Anton

La noticia de los desembarcos Aliados provocó que Hitler ordenase la invasión de la Francia de Vichy el 11 de noviembre de 1942, una acción conocida como Operación Anton. Este plan había sido diseñado en 1940, tras la derrota francesa, y había sido aprobado por Hitler el 10 de diciembre de ese año.

Anton debía ponerse en marcha en caso de una amenaza de invasión aliada del sur de Francia desde Africa. En la operación también participarían las fuerzas italianas, ocupando la Riviera francesa y la isla de Córcega. Las fuerzas alemanas acantonadas en la costa atlántica debían penetrar en territorio de Vichy para hacerse con el control de toda la región sur del país galo.

Tres días después del desembarco en Africa del Norte, Hitler consideró llegado el momento de lanzar Anton, ante la posibilidad de que los Aliados pudieran atacar la costa francesa desde sus posiciones africanas.

Ese 11 de noviembre, las fuerzas alemanas e italianas atravesaron la frontera de la Francia de Vichy. Los franceses contaban únicamente con ocho divisiones de infantería, incompletas y mal armadas. No disponían de cañones de gran calibre ni tanques, por lo que no pudieron ofrecer resistencia a los invasores. De este modo, los alemanes no encontraron obstáculos para tomar posiciones a lo largo de la costa mediterránea en previsión de una invasión aliada.

Sin embargo, Hitler ordenó a sus fuerzas que se detuvieran a las afueras de Toulon, en donde se hallaba fondeado el grueso de la flota de guerra francesa. El almirante Raeder había convencido al *Führer* para dar este respiro a los franceses; en vez de apoderarse de la flota, con lo que el honor francés sería objeto de una dura afrenta, era mejor darles la posibilidad de ponerla en estado de beligerancia contra los Aliados, aprovechando el sentimiento antibritánico de la oficialidad.

El destino de esos valiosos barcos pasó a ser incierto, puesto que había dirigentes políticos y militares franceses que eran partidarios de aceptar la oferta alemana, e incluso atacar a los Aliados en sus posiciones africanas, mientras que había otros que preferían escapar de Toulon en dirección a Dakar para ponerse bajo el mando aliado.

Mientras iban pasando los días, los alemanes se fueron impacientando, hasta que al final decidieron asaltar la base y apoderarse de los buques. Estos iniciaron el ataque en la madrugada del 27 de noviembre, pero los marineros franceses tuvieron tiempo de mandar a pique ochenta buques, incluyendo tres acorazados, siete cruceros y veinte submarinos. En los combates que se produjeron en las instalaciones portuarias resultaron muertos doce franceses y solo un soldado germano sufrió heridas leves. Los alemanes pudieron apoderarse únicamente de tres destructores, cuatro submarinos y algunos buques menores.

La Conferencia de Casablanca

El Hotel Anfa, en la ciudad marroquí de Casablanca, acogió entre el 14 y el 24 de enero de 1943 una Conferencia interaliada, en la que estuvieron presentes Franklin D. Roosevelt, Winston Churchill, Charles de Gaulle y Henri Giraud. El general De Gaulle se había negado inicialmente e a participar de la conferencia, pero tuvo que cambiar de parecer debido a la amenaza de Churchill de reconocer a Giraud como único líder de las Fuerzas de la Francia Libre. Stalin fue también invitado a la conferencia, pero declinó la propuesta.

De la declaración final surgida de la Conferencia de Casablanca, lo más relevante fue la resolución de que debía buscarse la rendición incondicional de las potencias del Eje. Esa decisión rechazaba cualquier tipo de acuerdo para un final negociado del conflicto. Se ha debatido mucho sobre si la exigencia de la rendición incondicional supuso un innecesario alargamiento de la guerra, puesto que condenaba a Alemania a luchar hasta la victoria o hasta su total aniquilación. También se acordó ayudar a la Unión Soviética procediendo a abrir un segundo frente en Europa, invadiendo Sicilia e Italia; la apertura de esta campaña en julio de 1943 permitiría al Ejército Rojo responder con éxito a la ofensiva de verano emprendida por los alemanes en Kursk. Por último, en Casablanca se reconoció el liderazgo conjunto de la Francia Libre por parte de De Gaulle y Giraud.

Rommel no se rinde

Con el desembarco aliado, la guerra en el Norte de Africa tomaba una nueva dimensión. Si hasta entonces había sido el escenario de la expansión del Eje con vistas a expulsar a los Aliados del Mediterráneo, ahora se convertía en la antesala de una futura invasión del continente europeo.

Para impedir que los Aliados pudieran apoderarse de la costa tunecina, un punto estratégico desde el que iniciar el asalto a territorio italiano, los alemanes enviaron refuerzos por aire a Túnez, apoderándose de campos de aviación, carreteras y pasos de montaña. Desde la cercana Sicilia también se enviaron por mar tropas y material.

Aunque, tras el desembarco, la posibilidad de una victoria final aliada en el Norte de Africa aparecía como muy probable, la campaña no estaba ni mucho menos finiquitada. Los alemanes no estaban dispuestos a conceder facilidades a los Aliados si querían apoderarse de Túnez.

Aunque el avance aliado desde Argelia fue prometedor, la tenaz resistencia de las fuerzas alemanas e italianas provocó que los anglonorteamericanos se detuviesen en una línea que discurría desde Oudna hasta Mateur.

Al mismo tiempo, Rommel continuaba con su particular caravana hacia el oeste. El 13 de noviembre de 1942 los alemanes se vieron obligados a abandonar la disputada ciudad de Tobruk, que pasaba de nuevo a manos aliadas. Pese a las peticiones de Mussolini de resistir, Rommel seguía retrocediendo, pero sin perder la calma. Viendo todo perdido, el mariscal alemán viajó a Berlín para solicitar a Hitler que se organizase la evacuación del Afrika Korps desde Túnez. El *Führer* fue tajante: había que resistir en Africa a toda costa.

Rommel, desengañado, regresó junto a sus hombres. Hitler había prometido el envío de refuerzos y apoyo aéreo, pero no cumplió su palabra. Tan solo las lluvias invernales, al inutilizar los campos de aviación aliados, dieron un respiro a los alemanes. Rommel aprovechó para construir algunas línea de defensa, que pondrían en serios apuros a los norteamericanos.

Los alemanes tan solo pretendían ya ganar tiempo para permitir una evacuación similar a la que los Aliados habían llevado a cabo tres años antes en Dunkerque. Las líneas defensivas iban siendo superadas por los Aliados, pero Rommel lograba levantar otras nuevas que impedían así la ruptura del frente

No sería hasta febrero de 1943 cuando llegaron finalmente los ansiados refuerzos para el Afrika Korps. Una División Panzer y otra de Infantería se concentraron en Túnez junto a las tropas de Rommel, que se encontraban ya al borde de la extenuación. Aún así, Rommel organizó un ataque en el paso de Kasserine en el que derrotó de nuevo a los norteamericanos, un ejército en formación que pecaba aún de inexperiencia. Pero la llegada del carismático general George Patton revolucionaría por completo el Ejército norteamericano en Africa y lo convertiría en una eficaz fuerza militar.

En marzo de 1943, Rommel intentó frenar al Octavo Ejército en la frontera libio-tunecina, pero los ingleses, tan bregados como los alemanes, derrotaron en esta ocasión al Zorro del Desierto. Rommel regresó a Alemania para recibir un nuevo tratamiento médico. La apabullante superioridad aérea de los Aliados cortó casi definitivamente la llegada de suministros. La suerte del Afrika Korps estaba echada.

Sin munición, sin carburante y de espaldas al mar, las fuerzas germanas resistieron hasta la primera semana de mayo. Los Aliados capturaron, entre alemanes e italianos, cerca de 300.000 soldados. Si norteamericanos y británicos se hubieran lanzado de inmediato contra Sicilia, la hubieran encontrado casi desguarnecida, pero en este caso los Aliados prefirieron preparar a conciencia el próximo paso. Estaba a punto de dar comienzo el ansiado asalto a la fortaleza europea de Hitler.

Escenarios

En la fachada del número 31 de la calle **Norfolk House** de Londres se puede ver una placa que recuerda que desde este edificio el general Eisenhower dirigió los desembarcos en el Norte de Africa.

En la ciudad marroquí de Casablanca, el **Hotel Anfa**, en el que Roosevelt se reunió con Churchill, fue cerrado tras la guerra y quedó en estado de abandono. Recientemente fue remodelado y convertido en edificio de apartamentos.

En Túnez, cerca de las ruinas de Cartago, se encuentra **el Cementerio Americano del Norte de Africa**. En él están las tumbas de 2.841 soldados estadounidenses que cayeron en este escenario de guerra.

Protagonistas

Andrew Browne Cunningham (1883-1965). Almirante británico. Al comenzar la guerra, era comandante en jefe de la Flota británica del Mediterráneo. Tras la caída de Grecia, se encargó del aprovisionamiento de Malta. Planificó junto a Eisenhower la Operación Torch. Durante los posteriores desembarcos en Sicilia desempeñó el cargo de comandante naval. En octubre de 1943 fue nombrado Primer Lord del Almirantazgo. En los últimos meses de la guerra se le encomendó acabar con los restos de la *Kriegsmarine*. Fue apodado por la prensa "el Nelson de los tiempos modernos".

Jean François Darlan (1881-1942). Comandante en jefe de la Marina francesa en 1939 y ministro de Marina en 1940 con Pétain. En febrero de 1941 fue nombrado primer ministro enel Gobierno de Vichy. Un año después perdió el cargo a favor de Pierre Laval, pero fue nombrado comandante en jefe del Ejército francés y alto comisario en el norte del Africa francesa. Tras la Operación Torch, acordó el armisticio y fue reconocido por los Aliados como máxima autoridad francesa en la zona. Fue asesinado por Fernand Bonnier, un monárquico francés, el 24 de diciembre de 1942. Su desaparición mejoró las relaciones entre De Gaulle y los Aliados.

Alphonse Pierre Juin (1888-1967). Mariscal francés. En 1940 estaba al mando de una división del Ejército galo. Fue hecho prisionero por los alemanes, pero fue liberado gracias a la intervención de Pétain. Siendo comandante de las fuerzas francesas en Africa del Norte, se enfrentó a las autoridades de Vichy, uniéndose a la causa aliada en noviembre de 1942. En 1944 fue nombrado jefe de Estado Mayor del Comité Francés de Defensa Nacional, hasta liberación definitiva de su país. De Gaulle le distinguió con el título de mariscal a título póstumo.

FILMOGRAFÍA

* **Casablanca** (*Casablanca*, Michael Curtiz, 1942).
* **Patton** (*Patton, Lust of glory*, Franklin J. Schaffner, 1970).

Capítulo 25
Stalingrado

Hilter había fracasado en su intento de tomar Moscú en el invierno de 1941, pero sus tropas habían logrado rechazar las ofensivas que Stalin había lanzado a lo largo de todo el frente desde enero de 1942. Con la llegada de la primavera, el panorama se presentaba de nuevo despejado y favorable al Ejército alemán.

Pero el objetivo principal ya no era Moscú. La captura de los pozos de petróleo del Cáucaso era fundamental para alimentar las reservas alemanas de combustible, por lo que Hitler decidió que la campaña de verano se centraría en el sur de Rusia.

El primer obstáculo para el avance germano hacia el Cáucaso era la fortaleza de Sebastopol, en el mar Negro, que todavía estaba en manos soviéticas. Antes de emprender cualquier ofensiva, era necesario tomar ese reducto que amenazaba el flanco meridional. El objetivo no era nada fácil; fortificaciones excavadas en la roca, campos de minas y una guarnición de más de 125.000 hombres hacían de Sebastopol, según se decía en la época, "la fortaleza más poderosa del mundo". El reto se dejó en manos del general Erich von Manstein.

El 20 de mayo se inició el bombardeo de Sebastopol, utilizando enormes cañones de calibres nunca vistos hasta ese momento. El 7 de junio, cuando se creía que la posición ya estaba madura para ser tomada, se lanzó un asalto por parte de la infantería, pero fue rechazado. Diez días más tarde fueron tomadas unas posiciones en la orilla norte de la bahía que permitió a los alemanes disparar su artillería a placer contra el interior de la fortaleza. La intensidad de los bombardeos llevó a los defensores soviéticos, una vez agotada su munición, a evacuar la ciudad el 3 de julio. La brillante y meritoria conquista de Sebastopol supuso a Von Manstein la distinción de mariscal de campo.

Avance hacia el Cáucaso

Mientras Sebastopol caía en manos de las tropas de Hitler, los carros alemanes rodaban a toda velocidad por las polvorientas carreteras del sur de Rusia. Se habían puesto en marcha el 28 de junio, según un plan detallado por Hitler el 5 de abril de 1942. En él se fijaban los objetivos para la nueva ofensiva; una serie de maniobras envolventes a lo ancho de todo el frente sur, con el objetivo de conquistar Stalingrado y después girar en dirección al Cáucaso.

Una vez en el Cáucaso, los planes de Hitler incluían el establecimiento de una flota naval en el mar Caspio; se preveía trasladar los barcos desmontados hasta este mar interior para ensamblarlos una vez allí. En último término, si se alcanzaban estas metas, estaba previsto hacer un nuevo intento de tomar Leningrado en el norte, que continuaba resistiendo el asedio al que estaba siendo sometida.

Los alemanes contarían para su campaña de verano con la ayuda de los países satélites. Hungría, Eslovaquia y Rumanía, además de Italia, enviaron tropas que se unieron a la *Wehrmacht* en su camino hacia Stalingrado. Las tropas españolas y finlandesas no participarían en este escenario, quedando destinadas en el sector norte del frente.

Si durante la Operación Barbarroja Hitler cometió errores que se demostrarían fatales para el desenlace de la campaña, en esta ofensiva de verano el *Führer* tampoco anduvo acertado. Pese a que el plan original consistía, tal como se ha indicado, en tomar Stalingrado y después girar hacia el sur, Hitler decidió dividir sus fuerzas; el grupo operativo "A", con el mariscal Wilhelm List al mando, avanzaría directamente hacia el Cáucaso, mientras que el "B", con el mariscal Maximillian Von Weichs al frente, se dirigiría hacia Stalingrado.

El primer grupo encontraría en su camino dificultades de suministro de combustible, por lo que se ralentizó la marcha a la espera de que llegasen nuevos suministros. Además, las laderas de las abruptas montañas del Cáucaso, bien defendidas por tropas locales, se demostraron como una barrera casi insalvable para los vehículos. Hitler, enfurecido por la falta de progresión del avance, destituyó a List y él mismo se encargó de dirigir a distancia este grupo operativo. Aún así, el objetivo de tomar los pozos de petróleo siguió siendo esquivo.

Mientras tanto, el VI Ejército del general Friedrich Paulus, perteneciente al grupo "B", sería el encargado de tomar Stalingrado. La ciudad se levanta en la ribera occidental del Volga; había que conseguir expulsar a los rusos a la otra orilla. Si lo lograban, Stalingrado sería prácticamente inexpugnable, al contar con la protección natural del río.

A finales de agosto comenzó el ataque de las tropas de Paulus desde el noroeste, apoyadas por el IV Ejército Panzer desde el sudoeste, formando así una extensa pinza. Pero Stalin no estaba dispuesto de ningún modo a entregar la ciudad que llevaba su nombre; afirmó que "el Volga solo tiene una orilla", lo que arrancaba de raíz cualquier esperanza de poder huir atravesando el río. Incluso a la población civil se le impidió ponerse a salvo en la otra orilla. El destino de los ciudadanos de Stalingrado no podía ser más trágico; condenados a permanecer en primera línea de batalla, su futuro en caso de triunfo alemán no dejaba lugar a dudas, puesto que Hitler había decidido asesinar a todos los varones y a trasladar a las mujeres a campos de prisioneros.

El encargado de la defensa de la ciudad, el general Lopatin, mostró sus dudas de que la ofensiva alemana pudiera ser contenida. Su superior, el comandante en Jefe de la zona de Stalingrado, el general Yeremenko, no deseaba conocer hasta donde podía llegar la ira de Stalin en caso de que la ciudad cayera, así que sustituyó al pusilánime Lopatin por el veterano y curtido Chuikov.

Las rígidas e inequívocas órdenes que recibió Chuikov fueron de resistir en Stalingrado a cualquier precio. El entonces comisario político Nikita Kruschev —futuro líder de la Unión Soviética— velaría para que se cumpliese al pie de la letra la voluntad de Stalin. Al preguntar a Chuikov cómo interpretaba la misión que se le estaba encomendando, Kruschev obtuvo la respuesta que deseaba escuchar: "Defender Stalingrado o morir en el intento".

Desde el primer momento quedó muy claro que la retirada no era una opción a considerar. Kruschev dio órdenes a los comisarios políticos de disparar a todos aquellos que intentaran retroceder. En la orilla oriental del Volga, las ametralladoras soviéticas estaban preparadas para recibir con sus balas a los compatriotas que pretendiesen atravesar el río huyendo del infierno de Stalingrado, sin importar que se tratase de soldados, ancianos, mujeres o niños.

Stalingrado resiste el ataque alemán

El 1 de septiembre de 1942, las fuerzas alemanas habían rodeado completamente Stalingrado. La orden que Paulus recibió de Hitler era tan tajante como la que había recibido Chuikov; tomar Stalingrado a toda costa y no retroceder bajo ninguna circunstancia. Dos semanas más tarde, después de romper las sólidas defensas soviéticas, los alemanes lograron penetrar en los suburbios residenciales de la ciudad y en el sector en el que se concentraban las fábricas.

La presión germana fue creciendo, acompañada por las acciones de la *Luftwaffe*, que estaban reduciendo la ciudad a escombros; por ejemplo, el 4 de septiembre, un enjambre de mil aparatos había descargado casi sin oposición toda su carga mortífera sobre la ciudad.

Tropas alemanas combatiendo entre las ruinas de Stalingrado.

La *Luftwaffe* jugó un papel crucial en esta primera fase de la batalla, puesto que cortaban los intentos de aprovisionar a las tropas rusas a través del río. Los *Stuka* se lanzaban como aves de presa sobre las barcazas que atravesaban el Volga. Los cazas alemanes se encargaban de mantener a la aviación soviética alejada de aquella carnicería.

A mediados de septiembre, la situación comenzaba a ser desesperada para los rusos. Los oficiales estaban ya más preocupados por intentar pasar a la otra orilla del Volga que de resistir el avance alemán. Pero Chuikov cortó por lo sano con estas dudas, al ordenar el fusilamiento inmediato de todos los considerados traidores, sin importar el rango.

Las defensas de la ciudad estaban siendo ya superadas por muchos puntos, por lo que Chuikov renunció a mantener esas líneas. A partir de ese momento cualquier edificio se convertiría en un núcleo de resistencia. Los alemanes tendrían que luchar a muerte para ocupar cualquier edificio. Además, los rusos establecieron trincheras, fortines y casamatas en todas las calles y plazas de la ciudad. Stalingrado debería ser tomada piedra a piedra.

Con el paso de los días, las dificultades para los alemanes eran crecientes. Había que luchar casa por casa, habitación por habitación, en una batalla urbana en la que los tanques no tenían cabida. No era extraño que en un mismo edificio el sótano estuviera en poder de los rusos, el primer piso en manos alemanas y el segundo piso también bajo control soviético, o a la inversa. Pronto le dieron un nombre a este enfrentamiento que parecía el de una guerra entre ratas: la *Rattenkrieg*.

Este tipo de lucha, extraña para unos soldados, los alemanes, acostumbrados a las rápidas acciones de la guerra relámpago, iba minando poco a poco su moral, al ver que la victoria final, pese a estar tan próxima, se resistía. En cambio, los rusos, al combatir en terreno propio, se veían fortalecidos al comprobar las dificultades que encontraban los invasores alemanes para desalojarlos.

El 4 de octubre, Paulus lanzó una gran ofensiva contra la ciudad, que pretendía ser la definitiva. Bajo esa presión, Chuikov se vio obligado a trasladar su puesto de mando. Los alemanes tomaron la Plaza Roja y la estación principal del ferrocarril. Los cañones germanos seguían aplastando las defensas, pero los soviéticos no cedían posiciones, amparados precisamente en las ruinas provocadas por los proyectiles.

Hitler estaba deseoso de poder comunicar al pueblo alemán la toma final de Stalingrado, pero la noticia nunca llegaba. Aunque las fuerzas de Chuikov se habían visto reducidas a una sola división, el golpe final a las defensas rusas se resistía. El *Führer*, decidido a acabar con la desesperada resistencia de la ciudad, ordenó paralizar las demás operaciones en el frente ruso y centró toda su atención en lo que estaba ocurriendo en Stalingrado.

El 14 de octubre parecía que los alemanes iban a conseguir su objetivo de expulsar a los rusos al otro lado del Volga, pero la continua llegada de refuerzos a través del río logró que se mantuviera la resistencia en el pequeño sector que aún estaba controlado por los rusos. En los días siguientes, un buen número de transbordadores cargados de soldados y armas conseguía cruzar el Volga pese a los ataques aéreos que trataban de impedirlo. Para desesperación de Hitler, la ciudad que ostentaba el nombre de su formidable adversario resistía los embates de la *Wehrmacht*.

Pero lo que los confiados alemanes no sabían era que los rusos les estaban preparando una desagradable sorpresa.

La Operación Urano

En septiembre, el Alto Mando soviético había decidido ejecutar una brillante maniobra en forma de tenaza. Se trataba de la Operación Urano; un ejército procedente del norte y otro desde el sur presionarían los flancos del avance alemán sobre Stalingrado para estrangularlo, desgajando a las tropas que se encontraban en la ciudad del resto del frente alemán. El general Zhukov, el mismo que había salvado Moscú el invierno anterior, sería quien llevaría a cabo este audaz contraataque.

Unas semanas antes, algunos generales alemanes habían advertido la posibilidad de que los rusos pudieran organizar un contraataque en ese sector, pero Hitler estaba tan obsesionado con la toma de la ciudad que no les prestó atención.

Los rusos comenzaron a acumular secretamente los efectivos destinados a la operación pero, a principios de noviembre, aviones alemanes procedentes de Stalingrado informaban ya sobre esa concentración masiva de fuerzas. Todos los informes enviados por Paulus al Alto Mando alemán fueron ignorados; la prioridad absoluta era la toma de la ciudad y no podían distraer fuerzas en otros sectores.

Aun así, Paulus envió a la 22ª División Panzer para proteger el flanco que presumiblemente iba a ser atacado por los rusos. Sin embargo, el mal estado de los vehículos llevó a que tan solo medio centenar de tanques pudieran unirse a las tropas que defendían esa zona.

Cada vez más superado por los acontecimientos, el 11 de noviembre Paulus lanzó su última ofensiva en Stalingrado, poniendo en liza todas sus reservas, pero esta sería rechazada de nuevo por los defensores rusos. Los alemanes se habían jugado su última carta y habían perdido.

El ataque soviético comenzó en la madrugada del 19 de noviembre, dirigido por el general Vatutin. Siguiendo el principio de que la resistencia de una cadena es igual a la del más débil de sus eslabones, la presión soviética se dirigió contra el sector defendido por el IV Ejército rumano

En el norte, el ataque pudo ser defendido por los rumanos durante el primer día, pero la enorme superioridad de los soviéticos —en una proporción de tres a uno— no tardaría en imponerse. En cuanto a los tanques disponibles por ambos bandos, los rumanos eran superados en una proporción de siete a uno, pese a los refuerzos que habían sido enviados urgentemente por Paulus.

Al día siguiente, las defensas rumanas cederían, convirtiéndose en un dique que acababa de reventar por la presión incontenible del agua. A partir de ese momento, nadie podría parar la ofensiva rusa.

El segundo ataque que conformaba la Operación Urano tendría lugar por el sur, perforando también con cierta facilidad las líneas defendidas por el IV Ejército rumano, compuesto casi totalmente por caballería. La escasa resistencia de los rumanos demostró que había sido un error colocar a estos aliados tan poco fiables al cargo de una posición de tanta importancia. El ejército rumano estaba anclado en el pasado; las faltas de disciplina eran castigadas con azotes, mientras que los oficiales debían comer en mesas preparadas con manteles y cubiertos de plata. Es probable que el hecho de no sentirse tampoco demasiado identificados con los intereses de sus aliados alemanes les llevase a no ofrecer la resistencia que quizás hubieran ofrecido las tropas alemanas en idénticas circunstancias.

Finalmente, el 23 de noviembre, los rusos procedentes tanto del norte como del sur arrollaron por completo a los rumanos y convergieron sobre un puente que atravesaba el río Don en Kalash, que era la línea de comunicación y abastecimiento con el Ejército de Paulus.

El VI Ejército alemán, cercado

En tan solo cuatro días, la bolsa de Stalingrado había quedado cerrada. En su interior habían quedado aislados 300.000 hombres. Hitler, que estaba pasando unos días de asueto en su residencia alpina de Berchtesgaden, no salía de su asombro y se preguntaba una y otra vez cómo era posible que el IV Ejército hubiera quedado cercado.

Sobre las dos de la madrugada del 24 de noviembre, Hitler se había dejado convencer por sus generales de la necesidad de plantear una retirada ordenada de Stalingrado, pero en la mañana de ese mismo día, todo cambiaría. El fatuo mariscal Göring no dudó en comprometerse ante Hitler a que su *Luft-*

waffe abastecería al VI Ejército, estableciendo un puente aéreo. De este modo, los hombres de Paulus podrían resistir hasta que la comunicación con el resto del frente se restableciese. Hitler, no escarmentado suficientemente por los anteriores fracasos de Göring, aceptó la propuesta.

Stalingrado tenía que resistir. Paulus recibió un telegrama en el que Hitler le conminaba a defender su posición actual y esperar la llegada de las fuerzas de socorro, al mando del mariscal Erich Von Manstein. Al principio, las tropas aisladas en Stalingrado confiaron en la palabra del *Führer*, pero comenzaron a advertir algunos indicios de que el plan no funcionaba según lo previsto. El abastecimiento de la *Luftwaffe* se demostraría claramente insuficiente; Göring había prometido el envío diario de unas setecientas toneladas, pero casi ningún día pasaban de un centenar.

Además, se produjeron inexplicables errores a la hora de preparar los envíos destinados a los hombres de Paulus; cajas llenas de pimienta, caramelos, octavillas para subir la moral e incluso preservativos, llegaban a los aeródromos improvisados en los alrededores de Stalingrado ante la decepción y el enfado de los soldados, a la vez que comenzaban a escasear los alimentos básicos.

Los expertos en intendencia intentaron corregirlo enviando harina en lugar de pan, para aprovechar al máximo la capacidad de carga de los aviones; lo que estos entendidos desconocían era que los soldados carecían de los hornos necesarios para cocer la masa. Cuando se vio que el envío de los correspondientes hornos y el resto de elementos secundarios para el amasado del pan complicaba aún más la operación de suministro se decidió volver a enviar las piezas de pan. Todos estos episodios fueron calando negativamente en el espíritu de los soldados, sobre cuyas cabezas comenzaba a planear cada vez más la posibilidad cierta de una derrota, hasta entonces ni siquiera vislumbrada.

Desde todos los puntos de la ciudad, los heridos que podían caminar se dirigían a los escasos aeródromos que estaban aún en servicio, con la esperanza de subir en el viaje de regreso a la retaguardia de los aviones que llegaban con suministros. Miles de ellos morirían congelados mientras esperaban al lado de las pistas de aterrizaje el vuelo que les tenía que sacar del infierno. Naturalmente, tampoco faltaron los soldados que simulaban estar heridos para poder salvar la vida, o los oficiales que, amparándose en su rango, tomaban esos aviones rumbo a la seguridad que ofrecía la retaguardia.

Intentos de rescate

Paulus consiguió momentáneamente estabilizar las líneas de defensa, pero era consciente de que difícilmente llegaría ningún ejército para salvarles. Tan solo tendrían una oportunidad si Hitler rectificaba su orden de no retroceder y permitía al VI Ejército emprender un ataque hacia el oeste, para escapar así de la trampa mortal en la que se había convertido Stalingrado. Según los expertos, si Paulus hubiera desobedecido a Hitler y hubiera dado la orden de atacar en dirección a las líneas alemanas, es muy probable que el VI Ejército lo hubiera conseguido. Pero ahora Hitler no quería escuchar la palaba retirada; aseguró a Paulus que las tropas de socorro llegarían a tiempo. Mientras tanto, no debían retroceder ni un metro.

Pese al cada vez más incierto panorama, los hombres de Paulus creían aún en la palabra del *Führer* y, por lo tanto, confiaban en la pronta llegada de Von Manstein, que había iniciado la operación de rescate, con el nombre de Tormenta Invernal (*Wintersturm*). Esta ofensiva comenzó con éxito, pero pronto los soviéticos amenazaron con envolver al propio Von Manstein. Se trataba de la Operación Saturno, por la que los rusos pretendían ejecutar una nueva acción en tenaza para capturar al Grupo de Ejércitos del Don en una gigantesca bolsa.

Mientras tanto, los soldados alemanes en Stalingrado podían escuchar en la lejanía el ruido de los combates, lo que les llenó de esperanza. Las luces de las bengalas les señalaba el camino que estaban siguiendo las tropas de Von Manstein, que acudían a su rescate.

Pero la disyuntiva que se planteaba estaba clara; si Von Manstein continuaba su ataque en dirección a Stalingrado quedaría rodeado, pero si se retiraba podría conservar todo su potencial para hacer frente a las ofensivas soviéticas que amenazaban con desmoronar toda la línea del frente.

Finalmente, Von Manstein se retiró, salvando a sus fuerzas de caer en poder de los rusos, pero condenó ya sin remedio a las tropas de Paulus, que contemplaron con tristeza y desesperación cómo el rumor de la batalla se alejaba cada vez más hasta volver a quedar el frente en silencio.

Los alemanes, sentenciados

El VI Ejército quedó así sentenciado. Su final ya era solo cuestión de tiempo. El 8 de enero de 1943, el general Konstantin Rokossovski, comandante de las fuerzas soviéticas en el Don, conminó a Paulus a aceptar la rendición incondicional, pero el general alemán rechazó la propuesta.

El rostro de estos prisioneros alemanes es la viva imagen de la derrota.

Dos días después, el Ejército Rojo lanzó su mayor ofensiva contra las posiciones germanas. El día 21 de enero, los alemanes perdieron la única pista de aterrizaje que quedaba operativa. El VI Ejército había quedado también aislado por aire. Ya no era posible recibir las cartas que puntualmente llegaban a manos de los soldados; el aliento de la familia era lo único que les daba fuerzas para seguir luchando, pero a partir de entonces ya no tendrían ese estímulo. El 25 de enero, los restos del Ejército de Paulus quedaron partidos en dos. La única alternativa posible era aceptar la rendición.

Pero Hitler exigió un último y cruel sacrificio; ordenó que luchasen hasta el último hombre y la última bala. Para escenificar aún mejor ese último acto propio de una ópera wagneriana, a las que tan aficionado era Hitler, el 30 de enero de 1943 nombró a Paulus mariscal de campo, esperando que perpetuase la tradición de que nunca antes un mariscal se había rendido y, por lo tanto, obligándole a morir luchando u optar por el suicidio. Pero el flamante mariscal no tenía ningún deseo de convertirse en héroe póstumo y prefirió conservar la vida, rindiéndose al día siguiente a los rusos.

Mientras Paulus se entregaba a los soviéticos, algunos de sus hombres, comandados por el general Karl Strecker, continuaban luchando desesperadamente en una fábrica de tractores del norte de la ciudad, causando numerosas bajas a sus enemigos en violentos combates cuerpo a cuerpo, utilizando incluso piezas de maquinaria como armas arrojadizas. Esta tan heroica como inútil resistencia se prolongaría hasta las nueve de la mañana del 3 de febrero, cuando Strecker ordenó a sus hombres deponer las armas.

El 3 de febrero, un comunicado oficial del Cuartel General de Hitler anunció "el fin de la batalla de Stalingrado". Se declararon tres días de luto oficial por la derrota, durante los cuales todos los teatros y cines permanecieron cerrados. Como insólito gesto de solidaridad con los derrotados, en el Cuartel del *Führer* se decidió que durante los días de luto se prescindiese de la copa de *cognac* francés que los comensales solían tomar después de las comidas.

Punto de inflexión

A los soviéticos les costó asimilar el gran éxito alcanzado. Tenían ahora en su poder más de 90.000 soldados alemanes, lo único que quedaba de los 600.000 efectivos que habían formado el VI Ejército. Todos ellos comenzaron a marchar a pie penosamente en dirección a campos de trabajo en Siberia. La mayoría ni tan siquiera llegaría a su destino, muriendo por el camino. Tan solo unos cinco mil soldados regresarían a sus hogares, ya en la década de los cincuenta.

El botín no solo está integrado por un número tan elevado de prisioneros. Los rusos habían capturado 750 aviones, 1.550 tanques, 8.000 cañones y más de 60.000 camiones. Por último, tenían el honor de haber capturado, por primera vez desde el inicio de la contienda, a un mariscal de campo alemán.

Stalingrado fue quizás la batalla más dramática de la Segunda Guerra Mundial, en donde más de 300.000 alemanes perdieron la vida o fueron capturados. Por su parte, el Ejército Rojo perdió entre 400.000 y 500.000 de sus hombres, una parte de ellos asesinados por sus propios comisarios políticos, mientras que más de 100.000 civiles murieron a consecuencia de los bombardeos, el hambre o el frío.

La importancia de la batalla de Stalingrado es incuestionable. Aunque la batalla de El Alamein, dirimida tres meses antes, había sido la primera victoria importante de los Aliados, Stalingrado constituyó el auténtico punto de inflexión en la Segunda Guerra Mundial. Es posible que el daño al potencial alemán en el frente ruso provocado por el desastre de Stalingrado haya sido sobrevalorado, puesto que tan solo cinco meses más tarde los alemanes pudieron organizar una ofensiva de dimensiones colosales como la de Kursk, pero el daño psicológico ocasionado por la aniquilación del VI Ejército de Paulus sería irreparable.

El gran duelo entre Hitler y Stalin por la ciudad que llevaba el nombre del dictador soviético se había saldado con una aplastante victoria de este último. Hitler no encajó bien su humillante derrota en Stalingrado. Los que le trataban a diario dejaron constancia de que no volvió a ser el mismo. De hecho, hacia el final de la guerra, el líder nazi confesó a su médico que a partir de entonces casi cada noche se repetía el mismo sueño; una y otra vez, tenía ante sí un mapa con la posición que ocupaban sus ejércitos antes del desastre de Stalingrado y, noche tras noche, volvía a cometer los mismos errores que le habían llevado a aquel fracaso. Quizás para librarse de una vez de aquel perturbador sueño, Hitler se decidió a devolver el golpe a Stalin. El escenario de ese dramático duelo sería las estepas que rodeaban la ciudad de Kursk.

Escenarios

Stalingrado es hoy **Volgogrado**. Para homenajear a los que allí lucharon y cayeron, en 1967 se erigió el mayor monumento del mundo dedicado a los muertos de una batalla. En el túmulo de **Mamái**, un montículo que domina la ciudad y que fue objeto de una lucha feroz, se levanta una formidable estatua de 52 metros de altura, que representa una joven enarbolando una espada en actitud guerrera; una alegoría de la "Madre Patria". Debido a su enorme peso no fue necesario asegurarla al suelo y se mantiene en equilibrio por sí misma. Para llegar a los pies de la estatua es necesario antes subir doscientos escalones, uno por cada día que duraron los combates.

Como testigo mudo de la batalla, permanece hoy en pie el edificio del **Molino**, que muestra el mismo aspecto que tenía en el momento en que finalizaron los combates.

El **Museo de la Defensa** ofrece modernas exposiciones que incluyen armas, fotos, mapas y objetos de todo tipo. Lo más atractivo es una gran maqueta que muestra a Stalingrado en ruinas y un fusil perteneciente al mítico francotirador Vasili Zaitsev.

En los jardines Comsomol se levantan dos estructuras de hormigón que dan paso a los túneles usados por los defensores de la ciudad, aunque estos no pueden ser visitados.

El que fue cuartel general del mariscal Paulus acoge hoy el **Museo de la Rendición** (Ounivermag). Fue aquí en donde el jefe del VI Ejército fue capturado el 31 de enero de 1943. Los fríos pasillos de hormigón trasladan al visitante a aquellos terribles días.

Hay muchos más puntos de interés, como las fábricas que fueron el escenario de férreos combates. Tanto la **Octubre Rojo** (Krasny Oktiabr) como la **Barricada** (Barrikady) no están abiertas al público, pero la fábrica de **Tractores** (Traktorny Zavod), que nunca llegó a ser ocupada por completo por los alemanes, sí que permite visitas a un pequeño museo en el interior del edificio.

Protagonistas

Friedrich Paulus (1890-1957). Mariscal alemán. Participó en la campaña de Francia y en la preparación de la Operación Barbarroja. En enero de 1942 recibió el mando del VI Ejército, una decisión sorprendente, pues antes no había dirigido ni una división ni un regimiento. Recibió como objetivo tomar Stalingrado. Consiguió conquistar buena parte de la ciudad, pero tras quedar aislado, fue derrotado y capituló. Durante su cautividad en la Unión Soviética hizo un llamamiento para que los oficiales y soldados se rebelasen contra Hitler, sin encontrar ningún eco. Declaró contra sus antiguos superiores en el proceso de Nuremberg. En 1953 se trasladó a vivir a Alemania Oriental.

Vasili Ivanovich Chuikov (1900-1982). General soviético. Asesor militar en China entre 1926 y 1937, tras la invasión de la Unión Soviética fue transferido al Ministerio de la Guerra, en donde permanecería hasta 1942. Fue nombrado comandante del 62º Ejército con la misión de defender Stalingrado, donde sus tropas tuvieron una heroica actuación. En 1945 participó en la batalla de Berlín, al frente de VIII Ejército de Guardias Rojos. Terminada la guerra, fue el responsable de la zona de ocupación soviética.

Filmografía

* **La Batalla de Stalingrado** (*Stalingrads koya bitva*, Vladimir Petrov, 1949).
* **Nieve ardiente** (*Goryachiy Sneg*, Graviil Yegiazarov, 1973).
* **Stalingrado** (*Stalingrad*, Yuri Ozerov, 1989).
* **Stalingrado** (*Stalingrad*, Joseph Vismaier, 1992).
* **Enemigo a las puertas** (*Enemy at the Gates*, Jean-Jacques Annaud, 2001).

Capítulo 26
Lucha a muerte en el Pacífico

Tras la detención del avance japonés en el Pacífico gracias a las victorias aeronavales en el Mar del Coral y, especialmente, Midway, los norteamericanos se vieron con fuerzas para pasar a la ofensiva.

El primer objetivo era avanzar en Nueva Guinea y las islas Salomón, una campaña que se alargaría hasta 1943. Una vez decidido que el avance sobre Japón se realizaría desde el sur, con Filipinas en el punto de mira, y desde el Pacífico central, saltando de isla en isla, las dudas asaltaron a los Aliados. Pronto se vio que un ataque a Filipinas no resolvería nada, salvo posibilitar a MacArthur el cumplimiento de su histriónica promesa, y tampoco había acuerdo sobre las islas que era necesario tomar.

Tras muchas discusiones, finalmente se decidieron los objetivos: unas pequeñas islas del archipiélago de las Marshall y de las Gilbert. Sus nombres no decían entonces absolutamente nada a los marines norteamericanos —Betio, Tarawa o Kwajalein—, pero pronto se convertirían en un infierno, en los que muchos de ellos encontrarían la muerte. Todas estas islas eran muy parecidas; se trataba de atolones de escasa extensión en mitad de la nada, sin aparente interés militar, pero que, una vez construido un pequeño aeródromo, pasaban a convertirse en auténticos portaaviones insumergibles. Si se quería tomar el camino a Tokio, antes era imprescindible acabar con la amenaza que representaban estas bases aéreas, por lo que era necesario desalojar a las guarniciones japonesas, una misión que se revelaría ardua y penosa.

El encargado de dirigir la toma de estas islas sería el almirante William *Bull* Halsey. De este impulsivo militar de malos modales —pero que gozaba de gran simpatía entre la prensa— es célebre la arenga, dirigida a sus tropas: "¡Matad japoneses!, ¡matad japoneses!, y después ¡matad más japoneses!".

Jesús Hernández

La conquista de Tarawa

Los nipones se habían atrincherado en uno de los dieciséis atolones que forman las Gilbert, el de Tarawa. El comandante de las fuerzas japonesas, el almirante Keiji Shibasaki, había anunciado que "los Aliados no tomarán Tarawa ni con un millón de hombres en un millón de años".

Aunque el tiempo revelaría la inexactitud de esta apreciación, lo cierto era que el sistema defensivo del atolón lo convertía en prácticamente inexpugnable. Se había construido una red subterránea de casamatas que comunicaba toda la isla, gracias a la cual era posible cubrir rápidamente con refuerzos cualquier sector que fuera atacado. La orilla estaba rodeada de una empalizada por la que asomaban ametralladoras, situadas a pocos metros unas de otras. Además, hay que tener en cuenta que todas las playas contaban con la protección que le proporcionaba una barrera natural de arrecifes.

Los marines norteamericanos estaban decididos a tomar el atolón, ignorando hasta qué extremo estaba fortificado. En esos momentos no podían imaginar el sangriento carácter que tomaría la guerra en el escenario del Pacífico, y creían que no tendrían demasiados problemas para desalojar a los japoneses del atolón. En total, en Tarawa se encontrarían con cerca de 5.000 japoneses, además de unos 2.000 trabajadores civiles coreanos que, en caso necesario, podían tomar las armas.

A las cuatro de la madrugada del 20 de noviembre de 1943, 18.600 marines embarcaron en sus lanchas rumbo al atolón. Tras un intenso bombardeo naval para ablandar las defensas niponas, los norteamericanos pusieron el pie en la isla. De inmediato procedieron a destruir y retirar obstáculos para que pudieran llegar los tanques ligeros que debían facilitar su avance hacia el interior del atolón.

La batalla sería especialmente sangrienta. Los soldados japoneses se lanzaban contra el enemigo en cargas suicidas y, llevados por su fanatismo, preferían quitarse la vida antes que rendirse. Tarawa no sería tomada por completo hasta el mediodía del 23 de noviembre.

La prueba de la dureza de los combates es que tan solo 17 japoneses fueron capturados con vida; el encontrarse gravemente heridos fue lo único que les impidió suicidarse. El resto, o habían muerto luchando o se habían quitado la vida. La matanza también afectó a los coreanos, pues solo sobrevivieron 148. Por su parte, los norteamericanos perdieron 1.115 hombres y tuvieron 2.292 heridos.

Si en Tarawa se produjo una auténtica carnicería, lo mismo ocurrió en el atolón de Betio, también entre el 20 y el 23 de noviembre de 1943. En Betio, tras la aniquilación de los defensores japoneses, las playas del desembarco estaban cubiertas por los cadáveres de un millar de soldados norteamericanos, mientras que más de dos mil habían recibido heridas. El propio almirante Nimitz no pudo evitar el vómito al contemplar los cuerpos hinchados por el calor y los miembros esparcidos por la arena.

Los detalles de la terrible lucha ocurrida en Tarawa y Betio acabarían llegando a la opinión pública estadounidense. Nimitz comprendió que esos desembarcos podían poner en peligro la campaña, por lo que decidió tomar solamente las islas más importantes y pasar por alto el resto. Además, Nimitz buscaba atraer a los japoneses a una batalla decisiva en la que pusieran en juego lo que quedaba de su flota después de Midway, así como su fuerza aérea.

Pero Tokio, animado por la resistencia que se ofrecía en las islas, prefirió continuar con esa sangrienta guerra de desgaste para ganar tiempo, con vistas a emprender una ofensiva en 1944 con tres ejes: un ataque a las tropas británicas de la India, otro contra el Ejército chino y, el más importante, para frenar a la flota de Nimitz en el Pacífico central.

Luchando por cada isla

El tipo de guerra que se desarrolló en el Pacífico, consistente en asaltos anfibios a un rosario inacabable de pequeñas islas, destrozaba la moral de los combatientes norteamericanos. De hecho, los veteranos que participaron en estos sangrientos desembarcos considerían muchos años después de la guerra que no se había hecho justicia con el esfuerzo que tuvieron que hacer en aquellas remotas regiones, y que costó la vida a buena parte de sus compañeros.

La acción japonesa más sorprendente para los soldados norteamericanos, que tuvieron oportunidad de comprobar en Tarawa, era la carga *banzai*, en la que los nipones atacaban entre alaridos, con sus bayonetas en ristre, mientras eran acribillados por las ametralladoras norteamericanas. Tampoco entendían cómo era posible que muchos soldados japoneses se ocultasen en túneles y no se entregasen una vez que la isla en cuestión era tomada por los norteamericanos. Preferían permanecer en sus guaridas pese a padecer enormes privaciones, que les llevaban a beber su propia orina e incluso a recurrir al canibalismo. Ese inconcebible espíritu de resistencia se prolongaría incluso una vez terminada la guerra; el caso más extremo sucedería en 1974, cuando en la selva de la isla filipina de Lubang fue localizado un teniente nipón que tan solo accedió a rendirse una vez que se lo pidió el que entonces era su superior jerárquico.

Estos condicionantes, unidos al calor, la humedad y las enfermedades inherentes al clima tropical, hicieron de la lucha contra el Imperio nipón un frente especialmente duro, tan solo comparable a las campañas de invierno en Rusia.

La prueba de que la campaña del Pacífico fue diferente a las demás es que el índice de transtornos psíquicos entre las tropas que participaron en este escenario fue mucho mayor que entre las que lucharon en Europa. La mayoría de aquellos veteranos sufrieron cada noche terribles pesadillas, incluso décadas después de aquellos traumáticos días.

Japón toma la iniciativa

En el propio Japón comenzaron a surgir serias dudas de que fuera posible revertir el signo de la guerra. El motivo principal era el estrangulamiento económico que sufría el país. Debido a los ataques de los submarinos norteamericanos, la marina mercante se había visto reducida a la mitad; como dato más significativo, solo uno de cada diez litros de petróleo obtenido en el sudeste asiático llegaba a las refinerías niponas. Sin ese aporte de combustible, era impensable lanzar ninguna ofensiva aeronaval, pero el régimen militarista de Tokio no aceptaba ningún tipo de disensión y 1944 vería el último intento nipón de tomar la iniciativa.

Del mismo modo que la Batalla de las Ardenas supondría el último fogonazo del poderío militar germano antes de extinguirse definitivamente, las ofensivas que Japón emprendería en 1944 lograrían sorprender a los Aliados, pero no tardarían en agotarse en sí mismas.

El Ejército nipón destinó tres Divisiones a su ataque a las tropas británicas que guardaban la frontera de la India y que tenían previsto avanzar sobre Birmania. Entre marzo y julio de 1944, los japoneses avanzaron rápidamente. Las fuerzas anglo-indias se reagruparon en Imphal, el punto clave del sistema ferroviario de la región. Al final, los japoneses, tras sufrir más de 60.000 bajas, se vieron forzados a pasar a la defensiva, lo que coincidió con el exitoso ataque de las reforzadas tropas aliadas. El intento de amenazar la India, con la esperanza de que los nacionalistas indios se sumasen a la causa nipona para expulsar a los británicos, había fracasado.

La ofensiva contra China fue más afortunada al conseguir, entre abril y octubre de 1944, que las tropas nacionalistas retrocediesen, alejando así el emplazamiento de las bases aéreas norteamericanas, que comenzaban a amenazar el territorio japonés en su radio de acción.

Pero estos dos escenarios no eran determinantes para la suerte final de la contienda. La batalla decisiva se disputaría en el Pacífico, y ahí los norteamericanos no estaban dispuestos a dejarse comer el terreno. Las dificultades para tomar las pequeñas islas hizo dirigir de nuevo las miradas hacia el archipiélago filipino, para satisfacción de MacArthur. El objetivo final era obligar a que, tarde o temprano, los japoneses pusieran en juego su flota combinada.

Los almirantes nipones aceptaron el envite y concentraron sus fuerzas para el choque final en aguas de Filipinas, incluyendo nueve portaaviones y seis acorazados. Los japoneses presentaron una flota muy avanzada tecnológicamente, pero con tripulaciones inexpertas y sufriendo una escasez crónica de combustible. La Batalla del Mar de Filipinas, ocurrida el 19 y 20 de junio de 1944, se saldó con victoria de los norteamericanos, al perder los japoneses tres portaaviones y más de doscientos aeroplanos. Pero una excesiva prudencia estadounidense impidió aniquilar a la flota imperial, por lo que un buen número de buques lograron escapar.

Mientras tanto, los marines seguían estando obligados a capturar islas a un alto precio. Nombres como Guam, Saipan o Tinian se añadieron a esa larga lista de desembarcos que finalizaban con un balance de entre mil y dos mil muertos en las filas norteamericanas. Pero el aeródromo de Tinian tenia un valor incalculable. Desde allí, los bombarderos B-29 —conocidos como Fortalezas Volantes— tenían ya el territorio nipón dentro de su radio de acción. A partir de entonces, ningún japonés podría sentirse seguro.

Los militares nipones, ajenos a las evidencias de que la guerra estaba perdida, aún confiaban en poder asestar un golpe decisivo a la Marina estadounidense. Los restos de la flota derrotada en el Mar de Filipinas servirían para armar una nueva escuadra, que se enfrentaría a los norteamericanos el 24 de octubre de 1944 en el golfo de Leyte, también en las Filipinas, en donde cuatro días antes habían desembarcado las tropas de MacArthur.

La batalla no resultó nada fácil para la *US Navy*, al tener que apoyar la campaña terrestre de MacArthur mientras combatía a la vez contra los japoneses. Inexplicables errores de coordinación acabaron por crear una inesperada confusión entre los propios almirantes, pero al final se impuso la lógica y los norteamericanos consiguieron hundir los cuatro portaaviones con que contaba la flota nipona.

Por su parte, MacArthur ya había cumplido su promesa de volver. Ahora solo faltaba entrar triunfante en Manila, pero los japoneses, con el general Yamashita al frente, le pondrían muchos obstáculos en su camino a la capital filipina. Atascado en las montañas, MacArthur requirió de varios asaltos anfibios para apoderarse de la isla de Leyte; Manila, en la isla de Luzón, aún quedaba muy lejos.

Yamashita, consciente de que no podría detener un desembarco en Luzón, permitió a MacArthur llegar a sus playas, pero el hábil general nipón hostigó los flancos del general norteamericano, impidiéndole acercarse a la deseada capital, provocándole así un gran disgusto. La Batalla de Manila duró un mes, muriendo miles de civiles a causa de las bombas norteamericanas, pero MacArthur permaneció insensible al sufrimiento de sus antiguos administrados, obsesionado con tomar la ciudad. Tras salvajes combates urbanos, el general dio por liberada la ciudad el 27 de febrero, pero prefirió no celebrarlo ante la dantesca visión de los cadáveres que se amontonaban en sus destruidas calles.

En Birmania, los británicos reunieron en enero de 1945 más de 250.000 hombres para expulsar a los japoneses hacia la frontera tailandesa. Tras continuos choques que caían del lado aliado, las tropas niponas se escabullían y organizaban una nueva línea de defensa. La capital, Rangún, sería capturada en mayo, pero unos 50.000 japoneses resistirían en Birmania hasta el último día de la guerra.

Con Japón al alcance de las Fortalezas Volantes, se puso en marcha una vasta operación de bombardeo sobre las ciudades niponas, dirigida por el general Curtis LeMay. La primera en sufrir la denominada "manta de fuego" fue Tokio. El 9 de marzo de 1945, trescientos B-29 arrojaron más de 1.500 toneladas de bombas sobre la capital. Cuando se extinguieron las llamas, 250.000 edificios habían ardido en una ciudad sembrada de 80.000 cadáveres. Pero el ataque más espectacular fue el llevado a cabo el 10 de mayo de 1945 en Tokio, en el que quedaría arrasado un tercio de la ciudad.

Los B-29 sobrevolarían a placer el territorio nipón, sometiendo a sus ciudades a tormentas de fuego que se alimentaban de la madera y el papel con que estaban construidas las casas. Pocas ciudades se librarían de convertirse en hogueras; entre estas afortunadas estaban Hiroshima y Nagasaki, pero para ellas la historia les tenía reservado un destino mucho peor.

Escenarios

Los marines caídos en **Tarawa** fueron enterrados en la isla, en un cementerio contruido para recordar la batalla. Sin embargo, unos años más tarde los restos mortales de los soldados fueron trasladados a Honolulu, en Hawai. Hoy día, el lugar que ocupaba el cementerio es un parque conocido como el **Jardín Conmemorativo**.

Los restos de la batalla son visibles aún hoy día. Una veintena de vehículos anfibios permanecen todavía en la laguna, junto a varios carros blindados japoneses, además de restos de aviones en el interior de la isla. Pero el testimonio más espectacular es un tanque Sherman medio sumergido en una playa, que se mantiene en un sorprendente buen estado. Los habitantes más jóvenes le han encontrado una utilidad que los marines nunca hubieran imaginado; la torreta del tanque es ahora la plataforma desde la que se dan chapuzones en las cristalinas aguas de esta paradisíaca isla.

Protagonistas

William Frederick Halsey (1882-1959). Almirante norteamericano, apodado *Bull* (Toro). Se diplomó en la Academia Naval de Annapolis en 1912 y participó en la Primera Guerra Mundial, al mando de un destructor. En octubre de 1942 fue nombrado comandante en jefe del teatro de operaciones del Pacífico Sur. Gran estratega, dispuesto a correr riesgos, dirigió los combates por las islas Marshall, Gilbert y Salomón, y organizó el desembarco en las Filipinas en 1945. Fue ascendido a almirante de la Flota en diciembre de 1945.

Curtis Emerson LeMay (1906-1990). General de la Fuerza Aérea norteamericana. En 1942 se convirtió en el general estadounidense más joven, con 37 años. Ese mismo año se le encargó la ofensiva aérea diurna sobre Alemania. En julio de 1944 fue destinado al Pacífico, con la misión de dirigir los bombardeos de saturación sobre territorio japonés. Sus posiciones belicistas le llevarían después de la guerra a proponer el uso de la bomba atómica contra la Unión Soviética. En 1968 fue candidato a la vicepresidencia.

Filmografía

* **Objetivo Birmania** (*Objective: Burma!*, Raoul Walsh, 1945).
* **Situación desesperada** (*Halls of Montezuma*, Lewis Milestone, 1950).
* **El puente sobre el río Kwai** (*The bridge on the river Kwai*, David Lean, 1957).
* **Todos fueron valientes** (*None but the brave*, Frank Sinatra, 1965).
* **Playa roja** (*Beach red*, Cornel Wilde, 1967).
* **Infierno en el Pacífico** (*Hell in the Pacific*, John Boorman, 1968).
* **Windtalkers** (John Woo, 2002).

Capítulo 27
Desembarcos en Italia

La Italia de Benito Mussolini no fue un aliado demasiado útil para Alemania. Las decisiones del *Duce* supusieron en la mayoría de casos un contratiempo para Hitler, que no alcanzaba a percibir las ventajas que le proporcionaba ser su aliado. Esta falta de coordinación entre Berlín y Roma, que sería aún mayor con el tercer elemento del Eje, Tokio, contrastaba con la sintonía casi total de los Aliados, especialmente entre los occidentales.

Tanto la necesidad de embarcarse en una campaña en el norte de África, como el retraso en el lanzamiento de la Operación Barbarroja, fueron debidos a las decisiones equivocadas de Mussolini que, con una actitud casi infantil, pretendía emular los éxitos militares de Hitler. Por su parte, el *Führer* desconfiaba, no tanto del *Duce* como de los italianos en general, por lo que solía mantener sus planes secretos lejos del conocimiento de su aliado, que en ocasiones se enteraba de las acciones de Hitler después de que lo hiciera el bando enemigo.

Pese a la escasa capacidad del pueblo italiano para mantener una guerra total como la que se estaba llevando a cabo, para Alemania era preferible que el país transalpino militase en su mismo bando. Su posición geográfica convertía a Italia en la pieza fundamental de la defensa del Mediterráneo, siendo imposible mantener el control del sur del continente sin contar con ella.

Por otro lado, los Aliados sabían que Mussolini era el eslabón más débil de la cadena del Eje. Si Italia caía, el Mediterráneo pasaría a ser un *lago* aliado y podría destinarse un buen número de efectivos a la invasión que debía lanzarse en las costas francesas.

Jesús Hernández

Objetivo: Sicilia

Tal como hemos visto anteriormente, los Aliados habían conseguido expulsar a las tropas alemanas e italianas del norte de Africa en mayo de 1943. Ahora se abría un prometedor abanico de posibilidades; podían trasladarse todas las tropas a Inglaterra para abrir el segundo frente en el continente o uno alternativo en Noruega, era factible atacar directamente Córcega, Cerdeña o Grecia o incluso no se descartaba realizar un desembarco en España.

Finalmente se decidió seguir adelante con el plan acordado en enero de 1943 en la Conferencia de Casablanca, en la que Roosevelt y Churchill habían escogido Sicilia como el siguiente objetivo de los Aliados. Pese a ser este el más obvio, puesto que las tropas se encontraban en la cercana Túnez, los servicios de inteligencia británicos consiguieron mediante hábiles engaños que los alemanes creyesen que la invasión se produciría en Grecia. Hitler *picó* en el anzuelo y desvió numerosas fuerzas destinadas en Italia para frenar ese desembarco en tierras helenas que nunca se produciría.

La isla de Sicilia era la puerta de entrada del sur de la península itálica. Pero antes de desembarcar en ella era necesario romper el sistema de defensas que la protegía. Un cordón de pequeñas islas fortificadas situadas entre Sicilia y la costa africana estaba dispuesto para rechazar cualquier intento de invasión. La más importante era la de Pantellaria, en la que se había venido construyendo desde los años veinte una compleja red de túneles, troneras y nidos de ametralladora; en palabras de Mussolini, constituía "el rompeolas de Sicilia y el portaaviones de Italia".

Pantellaria fue atacada el 1 de junio de 1943. Tras un intenso bombardeo, que afectó a las escasas reservas de agua de la isla, los 15.000 soldados de la guarnición se rindieron. Lo mismo ocurriría en las islas de Lampedusa y Linosa, cuyos defensores agitaron de inmediato la bandera blanca de la capitulación. La única baja que tuvieron que contabilizar los Aliados fue la un soldado inglés que al desembarcar en la playa fue mordido por un burro, lo que ilustra las facilidades que concedieron las escasamente combativas tropas italianas.

La rápida caída de las tres islas fortificadas que debían proteger el camino de Sicilia era un indicio de que los italianos abrigaban la intención de salir de la guerra lo más pronto posible, algo a lo que los alemanes no permanecieron ajenos.

Los Aliados ya podían contemplar en el horizonte la isla de Sicilia. Al mando de la operación estaría el poco carismático pero siempre eficiente general Eisenhower. El veterano general inglés Harold Alexander se situaría al frente de las tropas terrestres, compuestas por el Octavo Ejército del general Montgomery y el Séptimo Ejército norteamericano del general Patton. Así pues, la casualidad quiso que en Sicilia se combinase un cóctel explosivo formado por los dos militares con el ego más exaltado de todos los que participaron en la Segunda Guerra Mundial. Como se comprobaría más adelante, Sicilia sería una isla demasiado pequeña para albergar los respectivos orgullos de Patton y de *Monty*.

El plan, denominado Operación Husky, era aparentemente sencillo, pese a que luego se desarrollaría de forma muy diferente. Montgomery desembarcaría en el sudeste de la isla para avanzar hacia el norte, en dirección a Messina, el punto más cercano a la *punta de la bota* italiana. De este modo se cerraría la vía de escape de las tropas del Eje y se procedería a la liquidación de la enorme bolsa resultante.

Mientras tanto, a Patton se le encargó la labor más sacrificada; sus tropas desembarcarían en la región sudoccidental y se desplazarían hacia el norte cubriendo en todo momento el flanco del triunfal avance de *Monty*. Era previsible que los hombres de Patton fueran los que sufriesen más bajas, mientras a los soldados del Octavo Ejército, protegidos siempre por los norteamericanos, les correspondería el honor de recibir los laureles al llegar a Messina.

Naturalmente, al irascible Patton le enojó la idea hacer de guardaespaldas de Montgomery, pero el plan se había diseñado así por criterios políticos, puesto que hasta ese momento los británicos habían soportado todo el peso de la guerra y Churchill deseaba ofrecer a sus compatriotas un motivo de celebración tras muchos sinsabores. Así pues, Patton acató las órdenes, pero no tardaría en demostrar que no había nacido para representar el papel de comparsa.

Desembarco en la isla

El 10 de julio de 1943 se llevó a cabo el desembarco en las playas sicilianas, tras una tormenta que había dejado un fuerte viento. Durante la madrugada se habían lanzado paracaidistas para despejar el camino por el que debían avanzar las tropas, entablando los primeros combates contra soldados alemanes.

Pese a la débil resistencia de los italianos, Montgomery se vio en dificultades para proseguir por la costa rumbo a Messina, por lo que solicitó permiso al general Alexander para traspasar el límite asignado, apropiándose así del terreno que estaba reservado a Patton. Por lo tanto, Patton debería trasladar su línea de avance aún más al interior, a un terreno montañoso que podía poner en graves dificultades a sus hombres.

El general norteamericano, ya de por sí muy molesto con la deslucida misión que se veía forzado a acometer, consideró que esa petición de Mont-

Imagen tomada durante el desembarco aliado en la playa de Gela, en Sicilia.

gomery era toda una *declaración de guerra*, por lo que a partir de ese momento optaría por tomar sus propias decisiones.

La capital de Sicilia, Palermo, está situada en la costa norte de la isla, por lo que quedaba fuera del avance de los Aliados; Patton solicitó al general Alexander poder dirigirse directamente hacia allí, con la intención de continuar hacia Messina por la costa. A Alexander no le pareció mal la idea como recurso para desbloquear la situación, puesto que en ese momento la invasión de la isla marchaba con retraso, así que concedió permiso a Patton para tomar la carretera de Palermo. Pero Montgomery, al enterarse de la noticia, montó en cólera y reclamó que Patton no se despegase de su flanco, por lo que Alexander, conocedor del carácter audaz de Patton, transmitió al norteamericano un inequívoco mensaje: "¡Deténgase de inmediato!".

Cuando Patton recibió la contraorden, los motores de sus tanques ya estaban en marcha para lanzarse sobre Palermo; pero un simple mensaje no iba a disuadirle de su encuentro con la gloria, así que ordenó a su oficial de radio que, pasadas unas horas, enviase una comunicación asegurando que existían problemas de recepción y solicitando que lo volviesen a transmitir.

Avance hacia el norte

Los veloces tanques de Patton no se detuvieron hasta llegar a la capital de Sicilia y Patton hizo la entrada triunfal en Palermo en 22 de julio, para enfado de Alexander y, sobre todo, de Montgomery, que se encontraba empantanado en su avance sobre Messina.

Una vez capturada Palermo, Patton se dirigió hacia Messina, estimulado por el apetitoso acicate de adelantarse a Montgomery. Se inició así un avance en dirección a Messina que se preveía rápido, pero que los alemanes se encargarían de entorpecer.

Tanto Patton como Montgomery se encontraban con grandes obstáculos para cubrir unos pocos kilómetros. Los motivos son los que se repetirían luego en la península italiana; los alemanes procedían a volar las carreteras, puentes y túneles que atravesaban las montañas e instalaban posiciones artilleras elevadas para hostigar los trabajos de reconstrucción. Cuando los zapadores aliados conseguían improvisar un paso, tan solo era para volver a encontrarse un poco más adelante con otro tramo destruido. Esta defensa organizada por los alemanes posibilitó la evacuación de todas sus fuerzas motorizadas a la península.

Finalmente, Montgomery se presentó a las puertas de Messina el 17 de agosto, pero se llevó una desagradable sorpresa: una avanzadilla del Séptimo Ejército de Patton había alcanzado la ciudad antes que él, pese a que el general norteamericano había tenido que dar toda la vuelta a la isla. El rencoroso *Monty* no olvidaría jamás esa *afrenta*, haciéndoselo pagar a Patton durante la invasión del continente tras el desembarco de Normandía, como se verá en el capítulo correspondiente.

Pero no todo serían buenas noticias para Patton. Una visita suya a un hospital de campaña, en la que abofeteó a un soldado aquejado de neurosis de guerra acusándolo de cobarde, fue aireada por la prensa estadounidense, estallando un escándalo de grandes proporciones. La presión de la opinión pública forzó a Eisenhower a exigir a Patton que se disculpase públicamente ante el soldado y los que estaban presentes durante el lamentable incidente. Aunque Patton cumplió la orden con disciplina, su prestigio se vería gravemente comprometido, lo que sería determinante para su marginación en las operaciones del Día-D, para indisimulada satisfacción de Montgomery.

Pese al poco edificante espectáculo ofrecido por las dos *prima donnas* de la fuerza aliada en su competición por alcanzar Messina en primer lugar y los retrasos causados por la tenaz resistencia tejida por los alemanes, la invasión de Sicilia había resultado un completo éxito.

El Eje había perdido en la defensa de la isla, entre muertos y prisioneros, cerca de 170.000 soldados, mientras que los norteamericanos habían sufrido 9.000 bajas, por 13.000 de los británicos. Aún así, los alemanes habían conseguido evacuar de Sicilia más de 100.000 soldados junto a la mayor parte de sus vehículos, que constituirían la espina dorsal de las fuerzas que debían impedir el avance aliado por la península.

LA TRAMPA ITALIANA

Tras la captura de Sicilia, surgieron las dudas en el mando aliado sobre el paso que se debía dar a continuación. Si el objetivo final era alcanzar el corazón de Alemania, era evidente que la península italiana no era el camino más adecuado, puesto que era un callejón sin salida que finalizaba en la barrera natural de los Alpes. La única vía para llegar a territorio del Reich era la que estaba prevista que se abriese en el verano de 1944 a través de Francia.

Aún así, se decidió avanzar a través de Italia, aunque la mayor parte del esfuerzo de guerra iría destinado a preparar la invasión a través del Canal de la Mancha. De este modo, la campaña italiana se convirtió en una enmarañada trampa, en la que los Aliados se veían obligados a pujar en esa desafortunada apuesta con más hombres, armamento y munición, mientras que los alemanes, magistralmente dirigidos por el mariscal Albert Kesselring y con una cantidad relativamente pequeña de medios, conseguían taponar con éxito todos los caminos de progresión hacia el norte.

En Italia, los Aliados actuaron de manera improvisada y variando continuamente los objetivos; la fórmula infalible para echar al traste cualquier ofensiva. Si la Operación Barbarroja fracasó debido precisamente a las indecisiones de Hitler, la campaña italiana no se saldó con un desastre aliado gracias a que una batalla de desgaste como esa tan solo podía acabar en derrota germana, pero globalmente puede calificarse como una derrota estratégica de los Aliados.

El único aspecto positivo que entrañaría el avance de norteamericanos y británicos sería la liberación del pueblo italiano del pesado yugo impuesto por los alemanes; un régimen de terror en el que se incluía la ejecución inmediata de sospechosos y de rehenes, la deportación de trabajadores a Alemania y el envío de los judíos a campos de concentración y de exterminio. En cambio, los soldados norteamericanos, en su avance por la geografía italiana, encontraron siempre el calor y la admiración de los naturales del país; muchos de ellos tenían parientes en América y agradecían con entusiasmo las chocolatinas y cigarrillos con que eran obsequiados.

Pero la principal preocupación de las autoridades militares aliadas no era cosechar simpatías, sino vencer a los alemanes. Uno de los principales objetivos de la invasión de Sicilia, forzar a la deserción de Italia, se consiguió el 3 de septiembre, cuando el mariscal Pietro Badoglio aceptó un armisticio. Badoglio había sustituido a Mussolini, cuando este recibió la desautorización del Gran Consejo Fascista el 24 de julio, y ese mismo día fue depuesto por el rey Victor Manuel III. Con la deposición de Mussolini y el nombramiento de Badoglio, Italia se desmarcaba claramente de su alieamiento con la Alemania nazi y buscaba un acuerdo con los Aliados para salir de la guerra.

Aquel 3 de septiembre, Badoglio alcanzó el compromiso con los Aliados de que, por el momento, el acuerdo no saliese a la luz, para no dejar en una situación comprometida a los soldados italianos. Pero los alemanes, que habían interpretado acertadamente el gesto de la defenestración de Mussolini, ya habían procedido a desarmar a las unidades locales, reforzando además las defensas de la península con veintiséis Divisiones propias, ante la previsible e inminente deserción italiana.

Ese mismo día, el Octavo Ejército de Montgomery ponía pie en la *punta de la bota* italiana, pero no encontró ningún alemán defendiendo la costa. El hábil Kesselring sabía que plantear batalla en esa región tan meridional era un suicidio, puesto que un desembarco aliado en Salerno rebasaría la adelantada defensa germana. Kesselring no se equivocaba; el 9 de septiembre, un día después de que Eisenhower hiciera público el armisticio, fuerzas anfibias aliadas desembarcaban en las playas de Salerno.

Mientras tanto, la mayoría de soldados italianos dejaron atrás sus armas y se desmovilizaron por su cuenta, aunque algunos de ellos resultaron muertos en enfrentamientos con los alemanes, que les acusaban de traidores, o trasladados a Alemania como prisioneros de guerra. Las unidades que aún deseaban combatir se repartieron según sus afinidades entre los alemanes y los Aliados. El mismo 9 de septiembre las tropas germanas ocuparon Roma.

Mussolini, que había sido arrestado y confinado en un refugio de montaña del Gran Sasso, fue rescatado por los alemanes en una audaz operación aerotransportada dirigida por el coronel de las SS Otto Skorzeny y trasladado al norte de Italia, en donde formó el gobierno *fantasma* de la recién constituida República Social Italiana.

Operación Avalanche

El desembarco en Sicilia había discurrido según los planes previstos, y los Aliados pensaban que la irrupción en la Italia continental encontraría unas facilidades similares. Esa acción, denominada Operación *Avalanche* (Avalancha), fue encargada al general norteamericano Mark Clark, un militar hambriento de gloria en los campos de batalla europeos.

La invasión, para la que Clark contaba con medio millar de buques —incluyendo siete portaaviones—, se iba a llevar a cabo en dos playas separadas por doce kilómetros, en el golfo de Salerno. El objetivo era asegurar la cabeza de playa, recibir a las tropas de Montgomery procedentes del sur y, atravesando las colinas circundantes, avanzar hacia el norte en dirección a Nápoles.

Pero los defensores alemanes caerían también víctimas del peor enemigo: la indecisión. Mientras que Kesselring veía posible resistir en Salerno, Hitler —aconsejado por Rommel— creía más factible hacerlo al norte de Roma. La consecuencia es que Kesselring no obtuvo los refuerzos necesarios para dar el golpe de gracia a las tropas desembarcadas; teniendo en cuenta que aún así estaría a punto de lograrlo, cabe pensar que, de haber contado con efectivos suficientes, los Aliados se habrían visto obligados a reembarcar.

Al final del primer día, las tropas aliadas habían ocupado todas las playas fijadas como objetivos, pero ofrecían una posición muy endeble, al alcance de la artillería situada en las colinas. La encarnizada resistencia de los alemanes sorprendió negativamente a Clark, que vio incluso cómo la debilitada *Luftwaffe* se atrevía a hundir los barcos de apoyo que acudían con refuerzos a la bahía. Por su parte, Montgomery enviaba mensajes animando a resistir, asegurando que no tardaría en llegar a Salerno.

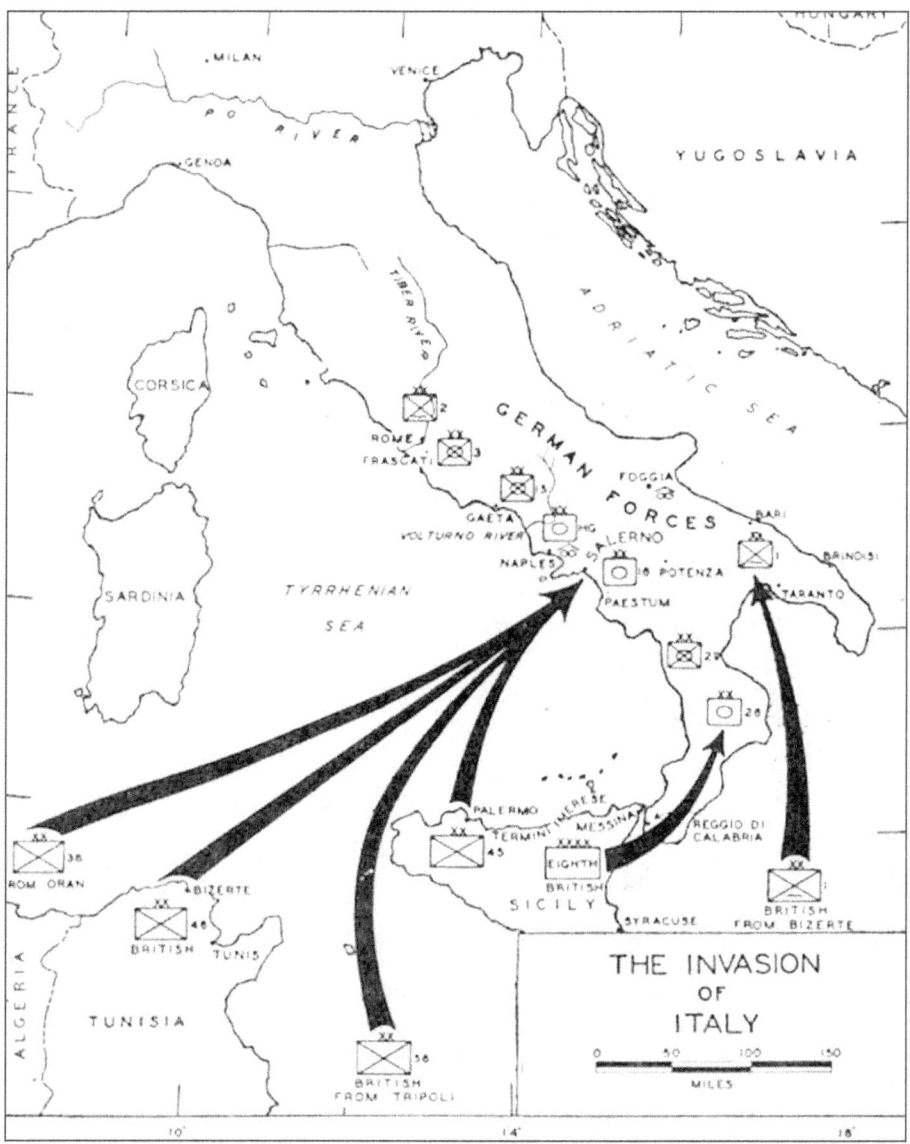

Mapa norteamericano de la época que muestra las distintas operaciones de desembarco acometidas en Italia.

Tras cuatro días de intensos combates, la situación para las tropas de Clark era ya desesperada y se comenzaban a tomar las primeras medidas necesarias para el reembarque. Pero, al día siguiente, el poderío aéreo aliado se impuso, la *Luftwaffe* fue barrida del cielo y las posiciones germanas fueron duramente castigadas por la artillería naval.

El 16 de septiembre, las fuerzas invasoras entraron por fin en contacto con Montgomery. Kesselring sabía que la batalla estaba perdida, por lo que decidió retirarse ordenadamente hacia el norte; esperará de nuevo a los Aliados en la línea defensiva del río Volturno.

Dos semanas más tarde, Nápoles caía ante el avance aliado. Los alemanes habían destruido el puerto, pero los zapadores norteamericanos lograrían abrirlo al tráfico naval en pocos días. Todo el sur de la península italiana había sido liberado, pero el precio que habían tenido que pagar los Aliados era de más de seis mil muertos.

La captura de Nápoles hizo pensar que Italia no tardaría en verse libre de soldados alemanes, pero no sería así. La auténtica campaña de Italia estaba por comenzar. En el mapa del camino a Roma se podía identificar entonces el nombre de una pequeña localidad llamada Cassino. En esos momentos nadie le prestó atención, pero en unos meses ese pueblo, y en especial el monasterio benedictino que se levantaba sobre un monte cercano, se convertiría en una sangrienta pesadilla para los Aliados.

Pausa invernal

Las fuerzas aliadas estaban ya firmemente asentadas en la península italiana, pero seguía sin existir un objetivo claro. Los británicos pretendían que este frente fuera considerado como prioritario, de cara a debilitar las reservas alemanas en territorio francés y quizás a llevar a cabo algún desembarco en los Balcanes; de hecho, se intentó capturar sin éxito las islas griegas bajo control germano. En cambio, los norteamericanos no estaban dispuestos a sacrificar efectivos en esa batalla de desgaste, teniendo en cuenta que la suerte de la guerra se resolvería en el asalto a las playas del norte de Francia.

De todo ello se aprovecharon los alemanes, que establecieron una muralla defensiva prácticamente inexpugnable, la Línea Gustav. Tras doblegar la resistencia germana en el río Volturno, a principios de noviembre los Aliados se dieron de bruces contra esa formidable fortificación que se extendía al sur de Roma, por detrás del río Sangro. La llegada del invierno paralizó momentáneamente las operaciones de asalto a esta línea de defensa formada por una tupida red de casamatas, nidos de ametralladora, alambradas y campos minados.

En ese invierno de 1943, los soldados norteamericanos sufrirían muchas penurias. Habían llegado a Europa pensando que iba a resultar un paseo triunfal, tal como había sucedido durante la Primera Guerra Mundial, y se encontraron con que la guerra era mucho más dura de lo que creían.

Ernie Pyle, un periodista norteamericano que se convertiría en el corresponsal de guerra más célebre del conflicto, describía así el estado en el que se encontraban los soldados estadounidenses, en un artículo publicado en la revista *Star and Stripes*:

"Nuestras tropas vivían en una miseria casi inconcebible. En los fértiles valles negros el barro llegaba hasta las rodillas. Miles de hombres no habían estado secos durante semanas. Otros miles se acostaban por la noche en las altas montañas a temperaturas bajo cero y con la fina nieve cubriéndoles. Se atrincheraban entre las piedras y dormían en pequeños huecos, detrás de rocas o en cuevas no muy profundas. Vivían como los hombres de la prehistoria".

"Los hombres —proseguía Pyle en su artículo—, tras regresar después de dos semanas en primera línea, vuelven como si fueran diez años más viejos de lo que eran al salir. Los soldados están agotados a nivel mental, espiritual y físico. La infantería alcanza un punto de agotamiento que es incomprensible para la gente que se encuentra en casa. Para resumirlo: los hombres están puñeteramente hartos de todo esto".

Desembarco en Anzio

La escarpada orografía de la región favorecía enormemente la defensa. Tan solo había un lugar en donde el relieve permitía un rápido avance sobre Roma, y ese punto era Cassino. La primera batalla por el control de este paso natural, por el que circulaba la línea férrea que unía Nápoles y Roma, se inició el 17 de enero de 1944, precedida por una aplastante preparación artillera. Este asalto a Cassino se combinaría con un desembarco más al norte, por detrás de las defensas germanas.

Con tropas procedentes del puerto de Nápoles, se decidió que un contingente formado por cuatro Divisiones tomase la playa de Anzio, a 112 kilómetros al norte de la línea del frente. Para ello se contó además con cobertura aérea con base en un aeródromo próximo a la ciudad del Vesubio.

Las playas de esta zona son poco profundas, lo que facilitaba el desembarco de tropas y vehículos. Además, a unos diez kilómetros discurría la carretera que unía Roma con el frente, por lo que era posible cortar esta importante línea de suministros alemana y avanzar por ella hacia la capital.

La operación anfibia, que recibiría el nombre en clave de Shingle, se inició a las dos de la madrugada del día 22 de enero. Con gran sorpresa para los aliados, nadie disparó contra las tropas atacantes, que desembarcaron sin oposición. Los alemanes no tendrán noticia de la invasión hasta que un cabo ferroviario destinado en la estación de Anzio logre ponerse en contacto con el Alto Mando germano.

En tan solo veinticuatro horas los Aliados desembarcaron 36.000 soldados; el camino a Roma estaba totalmente despejado e incluso una avanzadilla logró alcanzar las afueras de la capital sin toparse con ninguna patrulla germana, pero esta situación inmejorable no fue aprovechada por el general al mando de la operación, John Lucas, que en lugar de ordenar un rápido avance optó por consolidar el perímetro defensivo y esperar la llegada de más refuerzos. Pero la respuesta alemana no se hizo esperar y Kesselring, feliz por el oportuno espíritu conservador mostrado por Lucas, reunió en poco tiempo un total de treinta y tres batallones para hacer frente a los dubitativos asaltantes.

Finalmente, el 29 de enero, Lucas se decidió a salir de la cabeza de playa y pasar al ataque, pero era ya demasiado tarde; ahora tenía ante sí ocho Divisiones alemanas perfectamente preparadas para combatir. Tras continuas ofensivas y contraofensivas, ambos bandos quedarían atascados en una guerra de trincheras propia de la Primera Guerra Mundial.

Los 90.000 soldados aliados, sometidos a constantes ataques aéreos y batidos por las elevadas posiciones artilleras enemigas, no podían romper el cerco formado por 63.000 alemanes. Al final, los días irían pasando según una rutina establecida de forma tácita; por el día se intercambiaban algunos disparos y por la noche los enfermos o heridos eran evacuados, se procedía a reparar las alambradas o se transportaban suministros.

Ante el fracaso de Anzio, Churchill dejó para la historia la definición más descriptiva de la frustrada operación: "Esperaba que la fuerza de desembarco se abalanzara sobre la costa como un gato montés y me encontré con que había llegado a la playa como una ballena varada".

Escenarios

En **Sicilia** no abundan los vestigios de la Segunda Guerra Mundial. Las playas en las que se produjo en desembarco no muestran marcas o monumentos que recuerden ese hecho histórico, ni existe ningún museo centrado en esa campaña decisiva para la suerte de Italia.

En la localidad turística de Taormina, el edificio que ocupa el San Domenico Palace Hotel albergaba el **cuartel general de la *Luftwaffe***, que resultó muy dañado por los bombardeos.

En la zona en la que desembarcaron los británicos, entre Siracusa y Noto, hay varios **cementerios** para los soldados de la Commonwealth, aunque los canadienses poseen un recinto exclusivo en Agira.

A lo largo de toda la geografía siciliana pueden verse todavía hoy nidos de ametralladora, especialmente en el área de Licata y en la carretera de la costa entre Messina y Scalletta.

En **Anzio** se pueden visitar las playas del desembarco aliado. En el puerto, el lugar en donde desembarcaron las tropas está señalado por un gran monolito de mármol negro.

El **Museo Della Sbarco di Anzio** está emplazado en una casa del siglo XVII. En él se pueden encontrar objetos donados por los veteranos, como fotos, uniformes, cubiertos y armas pequeñas.

Aún pueden contemplarse en la costa de Anzio casamatas de hormigón y otros vestigios de la batalla. Los cuerpos de los que murieron en el desembarco descansan en varios cementerios distribuidos por la zona.

Protagonistas

George Smith Patton (1885-1945). General norteamericano. Nacido indiscutiblemente para la milicia, fue número uno de su promoción en West Point. En 1916 luchó contra las huestes de Pancho Villa. Durante la Primera Guerra Mundial resultó gravemente herido en una temeraria acción. Ya en la Segunda Guerra Muncial, desembarcó en Marruecos (1942), fue comandante de ejército en Túnez y luego en Sicilia (1942-43). Al mando del III Ejército en Normandía penetró con rapidez en las líneas alemanas, liberando Rennes y Nantes. Contuvo la ofensiva germana en las Ardenas en enero de 1945 y prosiguió su avance hasta Checoslovaquia, pese a las siempre escasas reservas de combustible que le proporcionaban. Creyente en la reencarnación, afirmaba que en vidas anteriores había sido cazador de mamuts, hoplita griego, legionario romano e incluso Aníbal. Falleció en Heidelberg en accidente de automóvil.

Pietro Badoglio (1871-1956). Mariscal de Italia. Comandante en jefe de los ejércitos italianos en 1940. No era partidario de unir el destino de su país al de la Alemania nazi. Participó en la conspiración para derribar a

Mussolini, sucediéndole como primer ministro en 1943. Negoció el armisticio con los Aliados.

Galeazzo Ciano (1903-1944). Político italiano, yerno de Mussolini. Ministro de Asuntos Exteriores en 1936, se opuso a la política belicista del *Duce* en 1940. En febrero de 1943 acabó siendo destituido y nombrado embajador en la Santa Sede. Se refugió imprudentemente en Alemania tras votar por la destitución de su suegro el 24 de julio de 1943, pero fue entregado a las autoridades fascistas, condenado a muerte y ejecutado en Verona. Sus "Diarios" resultan de gran importancia para conocer los entresijos de la guerra.

Albert Kesselring (1885-1960). Mariscal de campo alemán. Nombrado en 1942 jefe del X Ejército y del frente sur, supo organizar una férrea defensa a lo largo de la península italiana ante el avance de los Aliados, que les costó una sangría de hombres y material. Afable y extravertido, era apodado "el sonriente Albert". Encarcelado en Italia y condenado a muerte como criminal de guerra en 1946, se le conmutó la pena por la de cadena perpetua, aunque fue liberado en 1952 por razones de salud. Está considerado por los expertos como uno de los talentos militares más sobresalientes de la contienda.

FILMOGRAFÍA

* **Un paseo bajo el sol** (*A walk on the sun*, Lewis Milestone, 1946).
* **¿Qué hiciste en la guerra, papi?** (*What you did in the war, daddy?*, Blake Edwards, 1966).
 * **La batalla de Anzio** (*Anzio*, Edward Dmytryk, 1968).

Capítulo 28
La batalla de Montecassino

Mientras los soldados aliados tratan de salir de Anzio, los alemanes estaban firmemente asentados al sur, en la Línea Gustav. El punto más visible de esta línea de defensa era la abadía de Montecassino. Kesselring, consciente de que peligraban los tesoros milenarios que custodiaba el monasterio, decidió trasladar los objetos de valor a Roma. La población civil de Cassino, pensando que los Aliados no atacarían el sagrado edificio, se refugiaron en él.

De todos modos, los alemanes no confiaron toda su suerte en la defensa del monasterio y establecieron sólidamente su artillería en las laderas del monte y en las alturas cercanas.

La ofensiva aliada se desató contra Cassino, aprovechando el envío de tropas alemanas allí destinadas para taponar la brecha de Anzio, debilitándose así supuestamente la Línea Gustav. Al principio parecía que iba a saltar la cerradura del camino a Roma, pero los alemanes luchaban pegados al terreno y no daban un paso atrás. Además, los inexplicables errores de coordinación entre los ataques en Cassino con los que se producían en Anzio, en la retaguardia germana, hacían que los alemanes pudieran defender a la vez ambos frentes sin excesiva dificultad.

Los norteamericanos consiguieron llegar a tan solo un kilómetro del monasterio, pero fueron rechazados violentamente por un batallón de paracaidistas que acudió en el último momento en ayuda de los defensores. El 12 de febrero, el general Clark ordenó suspender la ofensiva y los norteamericanos se retiraron de las posiciones conquistadas.

Destrucción de la abadía

Ante ese fracaso, el general Alexander decidió que le había llegado el turno a los soldados de la Commonwealth; los británicos, reforzados con un importante contingente de neozelandeses e hindúes, se disponían a iniciar de nuevo el asalto a Montecassino, comandados por el general Bernard Freyberg. Pero antes de atacar el monasterio, los británicos pusieron la condición de que tanto el edificio como el pueblo de Cassino fueran sometidos a un bombardeo aéreo de gran intensidad.

El 15 de febrero de 1944, una imponente escuadra de cerca de ochocientos aviones dejó caer más de 2.500 toneladas de bombas sobre el sector. Tras el bombardeo, otros ochocientos cañones abrieron fuego contra el pueblo y la abadía. El monasterio quedó reducido a escombros; cuando trascendió la noticia, se levantó una ola de indignación en todo el mundo, más si cabe al descubrirse que no había ni un solo soldado alemán en Montecassino. Ante el escándalo, del que el ministerio de Propaganda nazi intentaría lógicamente obtener réditos, ningún militar aliado se haría responsable en última instancia de la polémica decisión.

Pese al éxito del bombardeo, el resultado de la demolición del edificio no fue demasiado positivo para los Aliados; los paracaidistas alemanes ocuparon las ruinas del monasterio y se hicieron fuertes allí, estableciendo posiciones defensivas aún mejores. En Cassino, las fuerzas de Freyberg consiguieron cruzar el río Rápido, pero la presión alemana les obligó a vadear de nuevo el río de regreso.

En esos momentos, la climatología acudió en socorro de los defensores germanos; las lluvias formaron lagos en los cráteres dejados por las bombas y se produjeron deslizamientos de tierra. El lodo impregnó por completo los uniformes de los soldados aliados, que caían víctimas de la desmoralización al ver cómo la línea de defensa germana seguía sin ceder pese a sus enormes sacrificios. Los Aliados consideraban que continuar los ataques en esas pésimas condiciones era inútil y decidieron esperar la llegada de la primavera. Así pues, el frente de Cassino quedó envuelto en un tenso silencio, roto tan solo por el eco de algún disparo aislado.

El asalto definitivo

El nerviosismo comenzó a hacer mella en el mando aliado. Se aproximaba la fecha prevista para llevar a cabo el desembarco en Francia y el frente italiano seguía consumiendo grandes cantidades de hombres y armamento. Era necesario terminar con esa sangría antes de que llegase el verano. Roma debía caer, como muy tarde, en el mes de junio. Si no era así, probablemente el desembarco debería aplazarse hasta julio.

Los Aliados decidieron lanzar el asalto definitivo contra Montecassino, pero combinado con un ataque a las líneas de abastecimiento alemanas. Los expertos calculaban que las dieciocho Divisiones que resistían en la Línea Gustav necesitaban más de 4.000 toneladas diarias de suministros diarios por lo que, si se conseguía yugular las comunicaciones con la retaguardia, Kesselring se vería obligado a retirarse. Así pues, en marzo de 1944 dio comienzo una extensa campaña de bombardeos de nudos ferroviarios, puentes, carreteras, talleres y almacenes, que llegó incluso hasta la frontera suiza.

El cese de las lluvias a principios de ese mes de marzo hizo posible la nueva ofensiva sobre Montecassino. Más de mil toneladas de bombas aéreas cayeron sobre el pueblo y después un millar de cañones abrieron fuego contra lo poco que quedaba de él. Tras una semana de bombardeo, los soldados neozelandeses ocuparon la estación de tren y las ruinas de lo que una vez fue el pueblo de Cassino.

Pero, increíblemente, un centenar de paracaidistas alemanes seguían resistiendo entre las piedras del monasterio y ni los embravecidos soldados neozelandeses consiguieron desalojarlos de allí. El 23 de marzo, ante la imposibilidad de asaltar esa posición estratégica, el ataque se vio detenido.

El general Alexander, presionado por los dirigentes aliados, que no entendían cómo no se había conseguido ya doblegar a los defensores germanos, reorganizó sus fuerzas para lanzar un ataque masivo que hiciera saltar por los aires de una vez el candado de Montecassino. Reunió un total de catorce Divisiones y el 11 de mayo lanzó el enésimo ataque contra la abadía.

Ante el inminente desembarco en las costas francesas, los alemanes decidieron rebajar la importancia concedida al frente italiano, por lo que dejó de ser prioritario mantener a toda costa la Línea Gustav. Aún así, las tropas aliadas, mucho más numerosas que las germanas, se vieron impotentes para alcanzar la cima de Montecassino. El Segundo Cuerpo Polaco, pese a luchar tremendamente motivado contra los alemanes, quedó sin resuello en la ladera de la montaña tras una semana de lucha, sufriendo considerables bajas, y se vio forzado a regresar a sus posiciones en el valle.

Los alemanes consideraron finalmente que la defensa acérrima de Montecassino había cumplido su misión y que era hora de retirarse hacia una nueva muralla fortificada situada más al norte, la Línea César, en las afueras de Roma. El 17 de mayo las tropas germanas destacadas en el sector iniciaron la retirada, pero el centenar de defensores de Montecassino se resistió a cumplir las órdenes. Tuvo que ser el propio Kesselring el que se dirigiera a sus hombres para obligarles a dejar la cima. Al final, obedecieron al mariscal y descendieron por la cara norte de la montaña.

Cuando los polacos consiguieron llegar a la cumbre, todo estaba en silencio. La alegría de los asaltantes, que izaron la bandera de su país entre las ruinas, se vio únicamente turbada por las innumerables trampas explosivas que habían dejado atrás los alemanes.

Los cinco meses de combates habían supuesto a los Aliados la pérdida de más de 100.000 soldados, 4.000 de ellos solamente en el asalto a la abadía. Pero lo importante es que el paso de Cassino había quedado por fin abierto, y con ello la ruta hacia Roma aparecía por fin despejada.

Los norteamericanos entran en Roma

La campaña de Italia, hasta ese momento favorable estratégicamente a los alemanes, cambió definitivamente de color tras la caída de Montecassino. Hitler se vio forzado a trasladar varias Divisiones a Francia, mientras que no cesaban de llegar refuerzos a los Aliados a través del puerto de Nápoles. El objetivo para las tropas alemanas era establecerse en la Línea César y, en caso de no ser posible mantenerla, retirarse aún más al norte, hacia la Línea Gótica.

El general Alexander decidió el 23 de mayo que las tropas que aún estaban resistiendo en Anzio rompiesen el bloqueo y se dirigiesen hacia el norte para cortar la retirada alemana, embolsando a los ejércitos en fuga. Pero el general Clark creyó que la decisión de Alexander no era más que una maniobra para mantenerle alejado de Roma y permitir que fueran las tropas británicas las que tomasen la capital. Para no ser acusado de desobedecer las órdenes de Alexander, envió una tercera parte de sus fuerzas a cerrar la retirada alemana, pero los dos tercios restantes fueron lanzados en veloz carrera hacia Roma. Clark no quería que nadie le pudiese arrebatar los laureles del triunfo, a los que él se creía merecedor. Churchill se indignó en la distancia con la actitud del general norteamericano, pero Clark estaba decidido a entrar el primero en la Ciudad Eterna.

La satisfacción del ego de Clark resultará muy cara a los Aliados, puesto que los alemanes pudieron retirarse con toda tranquilidad, dando simplemente un pequeño rodeo. Si el general norteamericano hubiera cerrado la trampa, el X Ejército alemán hubiera sido capturado, pero convertirse en *conquistador* de Roma era una oportunidad que, con total seguridad, no se le iba a presentar a Clark otra vez en su vida, por lo que decidió aprovecharla sin importar el precio.

Lo único que separaba a las fuerzas de Clark de la capital italiana era la Línea César, una débil defensa fortificada que aún no había sido ocupada por

Una columna de soldados norteamericanos avanzan por una zona montañosa, durante la campaña de Italia.

los alemanes en su totalidad. En la noche del 30 de mayo, los norteamericanos descubrieron un sector que no estaba defendido y, tras una marcha silenciosa, pudieron penetrar por él. Al amanecer del 1 de junio los alemanes intentaron cerrar la brecha pero ya era tarde. Aunque los combates continuarían, las tropas germanas optaron por retirarse hacia la Línea Gótica, declarando Roma ciudad abierta.

En la mañana del 4 de junio, Clark estaba impaciente por entrar en la capital, pero dos cañones autopropulsados asistidos por alemanes rezagados cubrían la entrada. El general norteamericano se había comprometido con los corresponsales de guerra a que haría la entrada triunfal a las cuatro de la tarde, así que forzó a sus hombres a que silenciasen los cañones antes de esa hora.

La liquidación de ese último punto de resistencia se prolongó durante más tiempo del previsto, por lo que Clark no pudo cumplir a tiempo con su compromiso. Los norteamericanos no entrarían en la ciudad hasta las nueve y media de la noche, media hora más tarde de que el último alemán hubiese salido de la ciudad.

A la luz de la luna llena, los romanos contemplaron eufóricos la llegada de los tanques y poco después, las columnas de soldados. Aunque todos los ciudadanos salieron de sus casas para darles la bienvenida, los agotados hombres de Clark no pudieron corresponderles como merecían. Repartieron algunas chocolatinas y cigarrillos, pero en cuanto se les dio la orden de "alto" se derrumbaron sobre el suelo para descansar, quedándose dormidos sobre aceras y escalones.

Los que no pudieron hacer su entrada en Roma fueron los soldados norteamericanos de raza negra. Aunque resulte difícil de creer, el papa Pío XII había pedido expresamente que no pusieran sus pies en la capital, al temer —emponzoñado por sus propios prejuicios— que no pudieran dominar sus instintos ante la presencia de las mujeres romanas.

Aunque fuera con retraso, al día siguiente el general Clark pudo hacer su entrada triunfal en Roma, desfilando por las calles de la capital. Había alcanzado su ansiado momento de gloria. Pero el destino le haría una jugada al militar norteamericano, puesto que su hazaña desaparecería rápidamente de las portadas de los periódicos; el día 6 de junio de 1944, la atención del mundo ya no estaba en la recién conquistada Roma, sino en las playas de Normandía, el lugar en el que se decidiría el desenlace de la Segunda Guerra Mundial.

Escenarios

La **abadía de Montecassino**, que fue totalmente destruida durante la famosa batalla fue reconstruida tras la guerra. Hoy se levanta orgullosa exactamente en el mismo lugar, sin que nada denote el dramático episodio que allí se vivió en 1944, si no fuera por los cementerios militares que se encuentran en los alrededores, destacando especialmente el polaco.

En cambio, en el pueblo de **Cassino** la presencia del recuerdo de la guerra es casi obsesiva; monumentos, placas conmemorativas, un carro norteamericano *Sherman* en una plaza o una pieza de artillería frente al Ayuntamiento.

En Roma, el recuerdo más trágico de la Segunda Guerra Mundial es el lugar en donde se hallan las **fosas ardeatinas**. En esta antigua cantera, situada a las afueras de la ciudad, fueron masacrados 335 civiles, en represalia por un atentado cometido contra unos soldados alemanes. En esa acción, 32 hombres de la *Wehrmacht* murieron en una emboscada en la **Vía Rasella** de la capital romana (aún se pueden observar los agujeros de bala en las paredes). Hitler respondió ordenando la ejecución inmediata de diez italianos por cada alemán muerto; la orden se cumplió sacando de las cárceles a detenidos que nada tenían que ver con el ataque, añadiéndose quince rehenes más. Fueron conducidos a la cantera de la Vía Ardetina y ametrallados; después se voló la bóveda con dinamita para que los cuerpos quedasen enterrados. El lugar está dedicado hoy a la memoria de los que allí murieron.

También es interesante conocer el antiguo **cuartel de las SS** en la Vía Tasso. Sorprende su aspecto de inocente bloque de viviendas, que hace difícil imaginar los terribles episodios que se dieron en su interior. El siniestro edificio acoge hoy el **Museo de la Liberación de Roma**.

Protagonistas

Mark Wayne Clark (1896-1986). General norteamericano. Delegado de Eisenhower durante la Operación Antorcha. Comandante del V Ejército norteamericano en Túnez y después en Italia, avanzó con extrema lentitud, participando en el fracasado desembarco en Anzio. Entró al frente de sus tropas en Roma el 4 de junio de 1944 al precio de desaprovechar la oportunidad de atrapar a los alemanes en su retirada, pero no quiso dejar pasar la ocasión histórica irrepetible de entrar victorioso en la Ciudad Eterna.

Harold George Alexander, conde Alexander de Túnez (1891-1969). Mariscal británico. Alcanzó el grado de general con solo 43 años. Combatió en Francia y formó parte de las tropas evacuadas en Dunkerque. Tras una misión en Birmania y en Oriente Medio, fue adjunto de Eisenhower en Africa del Norte (1943) y jefe del teatro de operaciones del Mediterráneo (1944). El pueblo británico lo conoció como el "soldado-caballero".

Pío XII, Eugenio Pacelli (1876-1958). Elegido papa en 1939, publicó dos encíclicas sobre la paz. Aunque intentó evitar el estallido de la guerra abogando por una reunión conjunta de las potencias enfrentadas, su figura es discutida; mientras unos aseguran que sus silencios oficiales salvaron la vida de miles de judíos, otros consideran que habría sido más útil una condena firme de los crímenes nazis.

FILMOGRAFÍA

* **Montecassino** (*Montecassino*, Arturo Gemmiti, 1946).
* **También somos seres humanos** (*Story of G.I. Joe*, William A. Wellman).
* **Roma, ciudad abierta** (*Roma, città aperta*, Roberto Rosellini, 1945).
* **Paisà** (*Paisà*, Roberto Rosellini).
* **La Batalla de San Pietro** (*The Battle of San Pietro*, John Huston, 1945).

Capítulo 29
La batalla de Kursk

Aunque la batalla de Stalingrado está comúnmente considerada como el choque decisivo en el formidable duelo que mantuvo la *Wehrmacht* y el Ejército Rojo, no son pocos los expertos, por el contrario, que consideran que el encuentro militar realmente determinante de la campaña de Rusia fue la batalla que se produjo en la región de Kursk en julio de 1943.

Este combate no goza de la celebridad ni del conocimiento popular que sí poseen otros, por lo que su importancia se suele infravalorar. No obstante, la batalla de Kursk constituiría, esta vez sí, el desafío final entre Hitler y Stalin, un duelo en el que se dilucidaría de una vez por todas el vencedor de la guerra.

Pero antes de que se reiniciase el duelo entre esos dos colosales ejércitos tras la pausa invernal, se produjo un hecho que situaría a la Unión Soviética en una posición muy delicada ante sus aliados occidentales.

La masacre de Katyn

El 13 de abril de 1943, Radio Berlín anunciaba el descubrimiento de una enormes fosas comunes en Katyn, cerca de Smolensk, en territorio soviético. Según aseguraba la emisora germana, "todos los cadáveres llevan el uniforme del Ejército polaco, las manos atadas y presentan un agujero en la nuca producto de un disparo de bala".

En cuanto a la identidad de los fallecidos, los alemanes explicaban que esos oficiales "estaban detenidos en un campo de prisioneros en Kozelsk y fueron transferidos a Smolensk en trenes de ganado en febrero y marzo de

1940. Más tarde fueron trasladados a Katyn, donde fueron asesinados. Se calcula que el número de oficiales ejecutados asciende a 10.000, número que se corresponde con todos los cuadros del Ejército polaco arrestados por los soviéticos". Esa cifra se demostraría exagerada, puesto que acabarían contabilizándose 4.143 cadáveres, pero la evidencia de esa masacre perpretada por los soviéticos dejaba a estos en muy mal lugar.

La respuesta de Moscú fue acusar a los alemanes de ese asesinato masivo. Pero, este caso, era fácil descubrir la verdad; tan solo había que dilucidar cuándo habían sido enterrados aquellos cuerpos. Si era cierto que habían muerto en 1940, los responsables eran los soviéticos; pero si se demostraba que la fecha era posterior al verano de 1941, serían los alemanes.

El gobierno germano auspició una comisión médica internacional, integrada por especialistas procedentes de diversas universidades europeas, para que investigaran sobre el terreno los pormenores de la matanza. Los especialistas internacionales no tardaron en extraer sus conclusiones. Tras analizar concienzudamente las fosas comunes y practicar numerosas autopsias, los expertos dictaminaron sin ningún género de duda que la matanza había tenido lugar en los meses de marzo y abril de 1940, lo que señalaba directamente a los rusos como autores del crimen masivo.

La prueba concluyente de la culpabilidad soviética era el hecho de que ni uno solo de los documentos hallados en los cadáveres —agendas, cartas, periódicos— era posterior a esa fecha. La certificación de la responsabilidad de los rusos sería ampliamente aprovechada por el ministerio de Propaganda nazi para instigar la división entre los Aliados. Una consecuencia del descubrimiento de la masacre fue la ruptura de relaciones entre el gobierno polaco en el exilio, con sede en Londres y dirigido por el general Wladislaw Sikorski, con el gobierno de Moscú.

Por su parte, los soviéticos no admitieron su responsabilidad en la matanza de Katyn e intentaron que en el Proceso de Nuremberg fueran incriminados los supuestos autores alemanes. Sin embargo, los Aliados occidentales lograrían que los soviéticos desistiesen, conscientes de la causa podía volverse en su contra. La culpabilidad rusa no sería admitida hasta 1990.

Mientras en aquel mes de abril de 1943 alemanes y soviétivos se empleaban a fondo para acusar a su enemigo de la responsabilidad en la matanza, sus respectivos ejércitos entablaban combate en el sur de la Unión Soviética.

La batalla del Kuban

El desastre sufrido en Stalingrado por las tropas alemanas había animado a los rusos a lanzar una ofensiva generalizada en todo el frente sur. Los alemanes fueron obligados a evacuar el Grupo de Ejércitos A, ubicado en el Cáucaso, por temor a quedar aislados, lo que hubiera provocado una catástrofe aún mayor que la sufrida en Stalingrado. Las fuerzas germanas en retirada se amontonaron inútilmente en la cabeza de puente del río Kuban, iniciándose el 17 de abril de 1943 la gran batalla del Kuban, en la que la aviación jugaría un papel muy destacado, librándose diariamente un centenar de combates aéreos.

El 26 de mayo se desataría el gran choque, cuando los soviéticos lanzaron un ataque terrestre contra la llamada línea Azul germana. Los alemanes contraatacaron con éxito, parando en seco el avance del Ejército Rojo, que perdió ese día un centenar de tanques y unos 350 aviones. Pero los alemanes también sufrieron notables pérdidas, lo que llevó a la *Luftwaffe* a suspender sus operaciones una semana después. Los alemanes lograrían mantener su posición en la cabeza de puente. Sin embargo, tuvieron que evacuar Crimea y el Cáucaso, al quedar aislados por las fuerzas soviéticas. Se cree que cada bando pudo perder cerca de un millar de aviones en la batalla del Kuban.

El saliente de Kursk

El Ejército Rojo continuó empujando con fuerza hasta sobrepasar Jarkov, cerca del Cuartel General de Erich von Manstein. Una contraofensiva de este mismo general consiguió rechazar a los soviéticos. De este modo, los alemanes recuperaron Jarkov.

Ante la inesperada reacción alemana, Stalin mandó al general Zhukov a resolver la delicada situación. Este tomó medidas desesperadas pero que sirvieron para frenar a los alemanes el tiempo suficiente para que llegase el deshielo. Los caminos embarrados impidieron a las fuerzas germanas proseguir con su contraofensiva.

Fruto de estos cambios en la línea del frente, en el mes de marzo se había formado un enorme saliente que penetraba cerca de 160 kilómetros en el terreno alemán y de unos 170 kilómetros de anchura. En el norte de este saliente estaba la ciudad de Orel, en manos germanas, y más al sur, casi en línea recta, se encontraba la ciudad de Bjelgorod, también en poder de los alemanes. En el centro se hallaba la ciudad de Kursk, que es la que daría nombre al saliente y a la posterior batalla.

Los generales alemanes comunicaron a Hitler la posibilidad de llevar a cabo un ataque en tenaza en los flancos de esta protuberancia, con el objetivo de cerrar la bolsa resultante y proceder a su liquidación, tal como los rusos habían hecho seis meses antes en Stalingrado. Pero, teniendo en cuenta que los soviéticos habían concentrado una gran cantidad de hombres y armamento en esa zona, era indispensable contar con una gran ventaja para poder romper las bien tejidas líneas de defensa.

A Hitler le entusiasmó la idea de propinar a Stalin el mismo tipo de golpe que él antes le había asestado en Stalingrado. Estaba dispuesto a jugarse el todo por el todo en Kursk, lanzando la Operación Ciudadela (*Zitadelle*). El objetivo era, según sus propias órdenes, "rodear a las fuerzas adversarias que se encuentran en la región de Kursk por medio de un ataque muy concentrado, brutal y muy dinámico". Se trataba de reeditar los éxitos cosechados por la *Blitzkrieg* en Polonia, Francia o durante los primeros meses en Rusia.

El dictador sabía que en esa batalla ponía en juego toda la crediblidad del Ejército alemán: "Esta operación es de una importancia fundamental. Debe concluir con un rápido y decisivo éxito. Cada jefe y cada soldado habrán de ser debidamente preparados para que se den cuenta de la importancia decisiva de esta ofensiva. La victoria de Kursk será un faro que iluminará al mundo".

Para alcanzar este objetivo, Hitler puso a disposición de la *Wehrmacht* y de las divisiones SS el último prodigio de la técnica alemana: el carro de combate Tiger, considerado el tanque más avanzado del mundo en esos momentos. Tal como las unidades del nuevo modelo iban saliendo de las cadenas de montaje, eran enviadas por vía férrea rumbo a Rusia.

Pero estos preparativos no pasaron desapercibidos a ojos de los observadores soviéticos, pero sobre todo de los británicos que, gracias al descifrado de las comunicaciones secretas germanas transmitidas mediante la máquina Enigma, lograron predecir el movimiento que Hitler estaba a punto de realizar.

Así pues, los rusos, advertidos por Churchill, procedieron a reforzar aún más el frente. Recurrieron a los civiles, incluyendo mujeres y niños, para que, pertrechados de picos y palas, cavasen fosas antitanque capaces de parar el previsto avance de los carros alemanes. De este modo se llegaron a excavar sucesivamente hasta ocho cinturones defensivos, cubriendo unos doscientos kilómetros de profundidad. Cada uno de ellos disponía de artillería y un importante contingente de infantería. Por su parte, los alemanes permanecían ajenos a este refuerzo de la defensa y concentraron a ambos lados del saliente a siete de cada diez tanques destinados al frente oriental.

Maniobra en tenaza

La táctica a seguir para cerrar la bolsa de Kursk seguiría el modelo utilizado por Von Manstein para recuperar Jarkov dos meses antes. Este general atrajo al máximo número de fuerzas rusas a la zona para ejecutar después una veloz maniobra envolvente. El resultado fue la aniquilación de la quinta parte de estas fuerzas.

El plan de Von Manstein para Kursk consistía en una tenaza de dos brazos. La del norte estaba bajo el mando del general Walter Model, que atacaría desde Orel, y la del sur tendría al frente al general Hoth y partiría desde el norte de Jarkov. La tenaza debía unirse cerca de Kursk.

La ofensiva se programó para el 4 de mayo, pero los alemanes comprobaron que no estaban preparados para lanzar el ataque en esas fechas. Las tropas aún no se habían recuperado de los durísimos combates del invierno y comienzo de la primavera y los vehículos se hallaban en unas condiciones lamentables. El retraso en la llegada de los nuevos tanques acabó de decidir el aplazamiento del gran ataque contra el saliente de Kursk.

Los generales alemanes eran conscientes de que el tiempo corría en contra de ellos. Los soviéticos estaban reforzando los bordes del saliente y cada día iban acumulando en la región más tropas y material. La siguiente fecha fijada para lanzar la ofensiva fue el 12 de junio. Hitler estaba impaciente por atacar, pero el Alto Mando prefería acumular más fuerzas antes de emprender la trascendental ofensiva, por lo que esta fue nuevamente aplazada hasta el 4 de julio, a la espera de los nuevos tanques Panther y Tiger, así como del cañón de asalto Elephant. La evidencia de que el factor sorpresa se había perdido por completo condujo a que las dudas sobre la fecha idónea para emprender la ofensiva dieran paso a las dudas sobre si valía la pena llevarla a cabo.

Los más escépticos sobre el resultado del ataque previsto en Kursk tenían motivos para ser partidarios de cancelar la operación. El retraso alemán había permitido a los soviéticos convertir el saliente en el punto mejor defendido de todo el frente. Los rusos habían concentrado allí 1.300.000 soldados, 3.300 tanques, 20.000 piezas de artillería y 2.400 aviones. Además, habían sembrado la región con 400.000 minas y se habían excavado más de 5.000 kilómetros de trincheras.

Comienza la batalla

A primeros de julio de 1943, la *Wehrmacht* estaba ya preparada para el ataque. Había conseguido reunir unos 2.700 tanques, 2.000 aviones y a 900.000 hombres. Tenían ya a su disposición los modernos Elephant y Tiger,

La imagen de este soldado alemán muerto en el frente ruso refleja el trágico destino que le esperaba a la Wehrmacht tras su derrota en la decisiva batalla de Kursk.

si bien el grueso de su fuerza blindada lo integraban los Panzer III y Panzer IV. Dos centenares de unidades del nuevo tanque Panther llegaron a tiempo de sumarse a la batalla.

Al igual que en 1941 y 1942, la ofensiva de verano en el frente oriental comenzaba con retraso. Los soviéticos habían tenido tiempo, no solo de reforzar las defensas, sino de diseñar una contraofensiva en todos sus detalles. Además, los servicios de inteligencia soviéticos contaron con una excepcional ayuda: un soldado rumano que había sido capturado por una patrulla rusa. Este prisionero reveló que el ataque tendría lugar al amanecer del 5 de julio, en los alrededores de la ciudad de Orel, al norte del saliente, por lo que se enviaron allí buena parte de los recursos defensivos.

Esta advertencia sería crucial para la suerte de la batalla. Los soviéticos, sabiendo la hora exacta del ataque alemán, iniciaron un bombardeo masivo de la artillería sobre las líneas enemigas diez minutos antes de que los generales germanos tuvieran previsto dar la orden de avanzar. Además, la aviación rusa lanzó un ataque masivo contra las bases de la *Luftwaffe* para eliminar los aparatos en tierra. Los alemanes contaban con un radar que les alertó de esta acción, por lo que pudieron responder, enviando sus cazas a salir al encuentro de los aviones soviéticos. Pero la ofensiva alemana ya comenzó a traspié, a lo que había que añadir el mal estado de los caminos, pues esa noche había llovido de manera torrencial. El resultado fue que las fuerzas alemanas que debían seccionar la bolsa desde el norte se encontraron casi incapaces de moverse.

El 9 de julio se libró una feroz batalla en Ponyri, que recibiría el nombre de "El Pequeño Stalingrado" debido a su brutalidad. Este fue el último intento en el norte de perforar las defensas soviéticas. Las fuerzas de Model gastaron en Ponyri sus últimas reservas de blindados, obteniendo un raquítico resultado; en esos primeros días, los alemanes pudieron avanzar tan solo diez kilómetros.

En el extremo sur de la tenaza, los blindados germanos del general Hoth no encontraron tantas dificultades y lograron cubrir 120 kilómetros, lo que llenó de optimismo el cuartel general del *Führer*. Pero posteriormente la artillería rusa y los obstáculos antitanque consiguieron frenar también el avance procedente del sur.

En la retaguardia alemana permanecían en reserva diecisiete Divisiones Panzer, preparadas para acudir en ayuda de las unidades que hasta entonces habían llevado el peso de la ofensiva. Hitler decidió que acudieran al sur de la bolsa para apoyar el ataque que había tenido más éxito, para romper definitivamente la resistencia soviética.

Pero los rusos también habían enviado sus reservas a ese punto en el que se iba a decidir el resultado del choque. El escenario sería una seca y polvorienta llanura cercana a la localidad de Prokhorovka. Allí, en un día de intenso calor, se produciría la batalla de tanques más grande de la historia; mientras que el general alemán Hoth pudo reunir unos 600 carros de combate, el general Shumilov logró afrontar la amenaza germana con unos 850 tanques.

La carnicería de Prokhorovka

A primera hora de la mañana del 12 de julio, las Divisiones Panzer comenzaron a avanzar decididamente por el llano, pero la martilleante acción de la artillería y la aviación rusa ralentizaron el ataque. La infantería rusa también atacó valientemente con granadas. Los tanquistas alemanes acusaban ya la fatiga del penoso avance, cuando de repente aparecieron los carros soviéticos T-34, que hasta ese momento se habían mantenido ocultos en zanjas camufladas con redes, escondiendo incluso sus antenas para que no pudieran ser vistos por los aviones de reconocimiento.

Aunque, sobre el papel, las fuerzas estaban equilibradas, las tripulaciones de los carros soviéticos se encontraban descansadas y listas para combatir, mientras que las alemanas llevaban varias horas luchando. Las Divisiones blindadas rusas se lanzaron a toda velocidad contra las líneas alemanas, mientras los *panzer* continuaban su avance sin aminorar la marcha. Como si de un torneo medieval se tratase, las puntas de ataque se dirigían una contra la otra en un duelo a muerte en el que solo uno de los contendientes sobreviviría a la brutal colisión.

Como no podía ser de otro modo, el choque entre ambas formaciones fue increíblemente violento. Los tanques se entrecruzaron entre sí formando una abigarrada masa de acero. Los aviones de uno y otro bando se vieron obligados a dejar de intervenir, al estar los tanques tan próximos que era ya imposible distinguir a amigos de enemigos. Esta cercanía sería beneficiosa para los intereses rusos; el grueso blindaje de los carros germanos dejaba de ser efectivo a corta distancia, por lo que los proyectiles de los T-34 consiguieron penetrar en las corazas de los *panzer*. Cuando estos estallaban en su interior, la munición explotaba a su vez, arrancando la torreta de cuajo y elevándola varios metros.

Entre los hierros candentes de los tanques destruidos se podían ver los cadáveres ennegrecidos de los miembros de la dotación, aunque en ocasiones alguno de sus tripulantes conseguía salir arrastrándose, envuelto en fuego y gritando horriblemente, tan solo para caer unos metros más allá y acabar consumido por las llamas, si no aplastado por las cadenas de algún tanque en veloz carrera. Escenas tan terribles como esta sucedían a cada minuto; los rusos denominarán aquel día acertadamente como "la carnicería de Prokhorovka".

Los trigales que unas horas antes cubrían el terreno aparecían totalmente quemados. En un pasillo de unos trece kilómetros de largo, toda la vegetación resultó abrasada. Las continuas explosiones causaban una inmensa nube de humo que provocaba el choque de unos tanques con otros; la confusión era total y absoluta.

La batalla se prolongará durante ocho inacabables horas, en las que el impulso alemán se iría agotando ante la resistencia soviética. Al final, los tanques germanos que no habían quedado inutilizados regresarían a sus puntos de partida, mientras que los rusos se retirarían también a restañar sus abundantes heridas.

Fracaso alemán

Una vez que el frente volvió a estabilizarse, se calculó la pérdida de aproximadamente trescientos tanques por cada bando, a lo que había que sumar un número indeterminado de cañones y vehículos. Teniendo en cuenta las cifras resultantes de la batalla, el resultado de esta podía calificarse de un empate, pero en realidad suponía una derrota para las fuerzas alemanas. Mientras que los rusos podían seguir recibiendo refuerzos, los alemanes habían consumido ya casi todas sus reservas.

Conseguir cerrar el saliente de Kursk no era ya más que una utopía. Además, los Aliados occidentales acababan de desembarcar en Sicilia, lo que obligaba a reforzar urgentemente el frente italiano. El general von Manstein creía que aún podían lograr la victoria haciendo un último esfuerzo, argumentando que el enemigo también estaba al borde del derrumbamiento, pero Hitler ordenó cancelar la ofensiva. La Operación Ciudadela se había saldado con un fracaso. A mediados de agosto, los dos entrantes que habían servido de tenaza para los alemanes habían sido recuperados por los soviéticos.

Las cifras que definen la Batalla de Kursk son colosales. En total se enfrentaron dos millones de hombres y entraron en liza seis mil tanques. Los alemanes perdieron treinta divisiones, de las que siete eran acorazadas. Las bajas alemanas fueron más de 56.000 muertos sin contar los heridos. Las pérdidas soviéticas fueron de 70.000 muertos y 110.000 heridos.

Kursk fue la última oportunidad de Hitler para alcanzar una victoria en el este. Si tras Stalingrado los alemanes habían podido rehacer sus líneas y soportar la presión de las ofensivas soviéticas, a partir de la decepción de Kursk el camino hacia el Reich quedaba expedito para las tropas rusas.

Después de aquel día funesto para las armas alemanas, la llegada de los tanques soviéticos a Berlín podía ser demorada por más o menos tiempo, pero era ya inevitable. Posiblemente, tras la derrota en Kursk, Hitler fue consciente por primera vez de que había perdido la guerra.

Escenarios

La ciudad de **Kursk** (500.000 habitantes), pese a haber dado nombre a la batalla, no fue el escenario de ningún choque; los escenarios de los combates están situados a cien kilómetros al norte y al sur. Kursk estaba en el centro de la tenaza que los alemanes tenían que cerrar para atrapar en su bolsa a las fuerzas rusas, pero no pudieron llegar hasta ella.

En esta ciudad, tan solo un arco conmemorativo que se levanta en la entrada norte y un pequeño memorial en la plaza central recuerdan la batalla. Sin embargo, Kursk es el lugar idóneo desde el que programar las diferentes visitas a los escenarios de la batalla.

En cuanto se sale de Kursk por carretera, uno obtiene una idea fidedigna de la inmensidad de la estepa, un territorio tan vasto que dificulta cualquier operación militar que pretenda conquistarlo y retenerlo.

Para visitar todo el campo de batalla es necesario emplear dos días completos. La localidad más interesante es **Ponyri**, a 80 kilómetros al norte de Kursk. Esta pequeña localidad sufrió todos los rigores de la batalla, puesto que la línea del frente llegó a pasar a través de ella. En la plaza central se halla el modesto **Museo de la Batalla de Kursk**, que consta solamente de tres salas, y en el que se exhiben armas, munición y objetos empleados en el choque, en su mayor parte recuperados de los campos de los alrededores.

En Ponyri es interesante visitar la **estación de ferrocarril**; se construyó después de la guerra sobre la anterior, que quedó destruida. Cumple la función de memorial y en sus paredes se pueden contemplar escenas de la batalla y retratos de los protagonistas, como el mariscal Rokossovsky. En la plaza exterior se levanta un pedestal de color negro que contiene los restos mortales de 2.000 soldados que participaron en la batalla.

A diez kilómetros al sudoeste de Ponyri, en la carretera de **Olhovotka**, se pueden apreciar todavía hoy trincheras y cráteres. Un sendero permite adentrarse un kilómetro en un bosque y contemplar esos restos a uno y otro lado. La zona sigue siendo peligrosa; en 2002 un hombre se llevó a casa un proyectil que había encontrado aquí y murió cuando este hizo explosión.

En **Svoboda**, a cuarenta kilómetros al sur de Ponyri, se encontraba el cuartel general soviético del frente central. En realidad, el pequeño edificio subterráneo, de solo dos habitaciones, es una réplica construida nada más acabar la guerra, pero respeta fielmente el original. Desde aquí, el mariscal Rokossovsky dirigió ese frente.

El monumento más relevante es una gigantesca torre de mármol blanco y adornos dorados que se levanta en el campo de batalla de **Prokhorovka**.

Además de estos puntos de atención, hay numerosos monumentos y cementerios diseminados por todo el área de la batalla, por lo que se recomienda la contratación de un guía local. Además, es interesante la recorrer los pueblos de la región, pues muchos mantienen un aspecto similar al que tenían en 1943, resultando fácil imaginar la batalla que allí tuvo lugar.

Para contemplar buena parte de los modelos de tanques presentes en la batalla de Kursk, entre muchos otros, es preceptiva una visita al **Museo de Tanques de Kubinka**, a 64 kilómetros al suroeste de Moscú. Por la cantidad de tanques expuestos —trescientos— y la presencia de modelos únicos, Kubinka merece el título de ser el más completo museo de tanques del mundo, por encima del de Bovington (Gran Bretaña) o Saumur (Francia). Por ejemplo, entre los carros alemanes se puede encontrar el único Mouse -un monstruo de 180 toneladas- que se conserva. Incluso están representados los tanques japoneses, con ocho modelos distintos. Al visitante se le ofrece la posibilidad de dar un paseo exclusivo en un T-34 o un Panzer IV, aunque la tarifa ronda los 500 dólares.

Los carros blindados germanos tienen presencia mayoritaria en el **Deutsches Panzermuseum** de Munster (una pequeña ciudad al norte de Hannover, no confundir con la histórica Münster). En él se pueden contemplar unos cuarenta tanques de la Segunda Guerra Mundial, como un enorme Tiger II.

Para conocer la vida y la personalidad del líder del gobierno polaco en el exilio, el general Wladislaw Sikorski, es aconsejable la visita al **Sikorsky Museum** de Londres, en donde se exhiben algunos de sus objetos personales.

Protagonistas

Hermann Hoth (1885-1971). General alemán. Participó en la Operación Barbarroja, logrando un éxito tras otro hasta llegar a las puertas de Moscú. El fracaso de la toma de la capital supuso la destitución de otros generales, pero no de Hoth, que contaba con el favor de Hitler. Intentó romper el cerco de Stalingrado, pero fracasó, al igual que en la batalla de Kursk, en la que estuvo al mando de la tenaza sur. Hitler lo destituyó.

Konstantin Rokossovsky (1896-1968). Mariscal de la Unión Soviética. Se le encomendó la defensa de Moscú en diciembre de 1941 y después participó en el cerco de los alemanes en Stalingrado. En la batalla de Kursk mandó el Frente del Centro, al norte de Kursk, tomando Orel y Bryansk. En 1944 fue destinado a Varsovia, su ciudad natal. En 1945 atacó la Prusia Oriental alemana y el 3 de mayo se reunió con el Ejército británico en Wismar. Estaba considerado como uno de los escasos hombres de confianza de Stalin.

Filmografía

* **La balada de un soldado** (*Ballada o soldate*, Grigori Chukhrai, 1959).
* **La Cruz de Hierro** (*The Iron Cross*, Sam Peckinpah, 1976).
* **Cerco roto** (*Breakthrough*, Andrew McLaghen, 1979).
* **Los panzers de la muerte** (*The misfit brigade*, Gordon Hessler, 1987).
* **Katyn** (*Katyn*, Andrzej Wajda, 2007).

Capítulo 30
El cerco de Leningrado

El 18 de enero de 1944, el Ejército Rojo rompió el cerco de Leningrado. Habían pasado casi novecientos días desde que los alemanes habían puesto sitio a la ciudad. Durante ese tiempo, la población rusa sitiada fue sometida a la más increíble lucha por la supervivencia. Los muertos provocados por este cruel asedio ascendieron a un 1.200.000.

En esa ofensiva de enero de 1944, los soviéticos despedazaron el "anillo de hierro" que los alemanes habían dispuesto alrededor de la ciudad. El desmoronamiento de las fuerzas germanas en ese sector fue absoluto y las tropas rusas pudieron por fin liberar Leningrado. El 27 de enero, en una Orden del Día especial, el Alto Mando del Ejército soviético anunciaba que el sitio sobre Leningrado había sido completamente roto, restableciéndose la comunicación por ferrocarril con Moscú. Esa tarde, cuatrocientas piezas de artillería dispararon salvas para celebrar el fin del asedio.

El martirio de la ciudad cuyo nombre homenajeaba al padre de la Revolución Rusa había concluido, pero los supervivientes padecerían durante años las secuelas físicas de tan duro castigo. El cerco se había iniciado en una fecha tan lejana como el 15 de septiembre de 1941, cuando los alemanes amenazaban con derrotar a la Unión Soviética, con la invasión que habían lanzado tres meses antes.

COMIENZA EL ASEDIO

En la Operación Barbarroja, iniciada el 22 de junio de 1941, el Grupo de Ejércitos Norte, con el general Von Leeb a la cabeza, tenía la misión de tomar

Leningrado y después esperar la llegada del Grupo Centro para avanzar hacia Moscú. El objetivo importante era la capital soviética, pero Hitler concedía también relevancia a Leningrado. En primer lugar, la conquista de esta ciudad neutralizaría para siempre a la flota soviética del Báltico, permitiendo así el libre transporte de hierro desde Suecia hasta Alemania. Pero para el *Führer* existía tambien un componente psicológico; Leningrado, la antigua capital zarista con el nombre de San Petersburgo, había sido la cuna de la Revolución Rusa. La caída de esta ciudad de tanto valor simbólico sería indudablemente un fuerte golpe a la moral del enemigo.

La *Wehrmacht*, desplegando una fuerza incontenible, llegó el 14 de julio al río Luga, amenazando Leningrado. El general soviético Voroshilov, comandante en jefe del Frente Norte, anunció en su orden del día destinada a los soldados: "Leningrado, cuna de la revolución proletaria, está gravemente amenazada por la invasión enemiga". El Ejército Rojo contraatacó en la zona del lago Ilmen, para dar tiempo a concluir las obras de fortificación de la ciudad. La desorganización e inexperiencia de las tropas rusas hizo fracasar esta contraofensiva.

En Leningrado no había tiempo que perder. El Soviet de la ciudad ordenó la movilización de todos los civiles, que fueron obligados a cavar trincheras, construir refugios, reforzar fortalezas o colocar alambres de púas. En total, se construirían 650 kilómetros de obstáculos y zanjas antitanque, y la extensión total de las trincheras llegaría a la increíble cifra de 25.000 kilómetros.

El general Von Leeb se aprestó a conquistar la ciudad, tal como estaba planeado. El 20 de agosto, la vía ferroviaria directa entre Lenigrado y Moscú fue cortada y diez días después cualquier comunicación ferroviaria con el exterior desapareció por completo. El 4 de septiembre los primeros obuses alemanes cayeron en el casco urbano de la ciudad. Tres días después los alemanes emprendieron un violento bombardeo, lanzando minas de acción retardada, que causarían numerosas muertes. Progresivamente se habían ido cortando todos los caminos terrestres, hasta que el 8 de septiembre Lenigrado quedó aislada del resto de la Unión Soviética. Las comunicaciones solo serían posibles a través del lago Ladoga.

La suerte de Leningrado parecía echada, pero Von Leeb se encontró con que los soviéticos habían tenido tiempo de construir alrededor de la ciudad una sólida e impenetrable línea de defensa. Los aviones germanos tenían dificultades para orientarse durante los bombardeos, ya que los principales edificios habían sido camuflados con redes. Además, se habían colocado explosivos por todo el subsuelo de la ciudad para volarla en el caso de que fuera tomada.

Un proyectil alemán cae sobre la famosa Perspectiva Nevski, durante el cerco de Leningrado.

Ante estas dificultades, y la perspectiva de tener que alimentar a una población enemiga de más de tres millones de habitantes, Hitler dio a Von Leeb la orden de que se limitase a cercar a Lenigrado, condenando a sus habitantes a morir de hambre y frío. Lo que el dictador no podía imaginar era que la población de Leningrado sería capaz de soportar todas esas penalidades durante tanto tiempo.

La Guerra de Continuación

Tras la Guerra de Invierno de 1939-40, saldada con una victoria pírrica de los soviéticos, los finlandeses se rearmaron, esperando que llegase el momento de saldar cuentas. Esa oportunidad llegaría con la Operación Barbarroja en junio de 1941; de inmediato, Finlandia formó una alianza con Alemania para que esta le ayudase a recuperar los territorios perdidos.

El Ejército finlandés atravesó la frontera rusa, reconquistando el istmo de Carelia en agosto de 1941. Había dado comienzo la llamada Guerra de Continuación (en finés, *Jaktosota*), un término acuñado por los finlandeses con el fin de señalar su carácter de continuación de la Guerra de Invierno de 1939-40. El siguiente objetivo natural era la cercana Leningrado, pero los finlandeses se detuvieron en la antigua frontera de 1939, dejando así claro que los intereses de germanos y fineses no eran coincidentes.

Los alemanes, sorprendidos y contrariados por la prudencia finesa, presionaron al general finlandés Carl Gustaf Mannerheim para que se sumase al ataque contra Leningrado, disparando su artillería contra la ciudad. Pero

Mannerheim, que con gran visión de futuro prefería no atar el destino de su país al de la Alemania nazi, y para no enemistarse más de lo debido con el poderoso vecino soviético, soportó las presiones germanas y mantuvo a su país al margen de la operación de conquista de Leningrado.

En efecto, desde territorio finés no se disparó ni una sola vez contra la ciudad. Este hecho dio lugar a que en las avenidas de Leningrado se colocasen carteles recomendando caminar por la acera meridional, porque el tiro artillero procedía exclusivamente del Sur, que era en donde se hallaban los cañones alemanes.

Hambre y frío

El 2 de septiembre de 1941, con los alemanes a las puertas de Leningrado y previendo un prolongado asedio, las autoridades disminuyeron las raciones alimenticias diarias a 595 gramos de pan para los combatientes, 340 para los obreros y 300 para el resto de la población, incluidos los niños. Debido a la falta de adecuadas defensas aéreas, algunos almacenes de granos y harina fueron destruidos por las bombas alemanas. Inexplicablemente, no se tomó la previsión de clausurar los restaurantes, que derrocharon comida que luego sería echada en falta.

El 12 de septiembre se calculó que solo había reservas de grano y carne para un mes, mientras que el azúcar duraría sesenta días. Las raciones fueron reducidas aún más. Mientras tanto, las provisiones que se enviaban a Leningrado cruzando el lago Ladoga eran hundidas por los ataques de la *Luftwaffe*. Más tarde, la hambruna llevaría a que se enviasen buzos a rescatar estos alimentos del fondo del lago.

La prioridad para las autoridades soviéticas era romper el cerco para que pudieran llegar alimentos procedentes del exterior. Miles de trabajadores murieron en la construcción de una nueva carretera que uniese Leningrado con Tikvin, pero esa carretera solo pudo utilizarse durante tres días, el tiempo que tardaron los alemanes en cortar esa vía de aprovisionamiento.

Con la llegada del invierno, se abrió la posibilidad de utilizar para este fin la superficie helada del lago Ladoga. Así se hizo, y el 20 de noviembre de 1941 se puso en marcha el transporte de provisiones a través de las frágiles capas de hielo del lago, por una ruta que sería conocida como la Carretera de la Vida.

En el primer viaje a través de esa carretera de hielo, sesenta camiones llevaron a Lenigrado 33 toneladas de harina. Ese cargamento, dividido entre los tres millones de habitantes de la ciudad, daba como resultado diez gramos escasos de harina por persona, pero supuso una puerta abierta a la esperanza. En los meses siguientes, el nuevo camino de la supervivencia no dejó de funcionar ni un solo día, a pesar de las ventiscas y las temperaturas de 40 grados bajo cero. La ruta era peligrosísima y no eran pocos los camiones que caían en las grietas que se abrían en el hielo; en diciembre de 1941 se contabilizaron un total de 126 camiones que habían acabado en el fondo del lago junto a sus preciosos cargamentos. Los que participaban en esta operación no podían esperar ninguna comodidad; los conductores debían mantenerse al volante durante 48 horas seguidas y los reguladores del tráfico debían dormir en tiendas de campaña sobre el hielo.

Pero los alimentos que lograban atravesar el lago por esa improvisada carretera no serían suficientes para abastecer a toda la población de Lenigrado. Ante la falta de carne, se molieron dos mil toneladas de tripas de cordero que fueron encontradas en el puerto. Las palomas, los gatos e incluso las ratas desparecieron de la ciudad.

El 20 de noviembre, las raciones se redujeron por quinta vez. Las muertes por inanición y congelación aumentaban diariamente. Los cadáveres eran enterrados en fosas comunes abiertas con dinamita, puesto que el frío impedía cavar en el suelo congelado. Durante ese mes de noviembre murieron 11.000 personas de hambre, frío y heridas provocadas por los bombardeos. En diciembre la cifra aumentaría a 52.000 y a mediados de enero se calculó que ya habían muerto más de 200.000 personas.

Se intentaron encontrar soluciones de urgencia a la desnutrición. El pan estaba constituido por centeno, lino, malta, soja y desperdicios diversos, mientras que el Instituto Científico de Leningrado creó una especie de harina sintética a base de conchas y caparazones, complementada con serrín. Llegó a utilizarse el aceite industrial en la alimentación y se creó un aceite para cocinar partiendo de barnices y pinturas. Llegaron a consumirse lociones, vaselina, jabones o linimentos. Hubo quienes prepararon sopa con las raspaduras del barniz de los muebles. Evidentemente, el consumo de estas sustancias no comestibles provocó numerosos casos de transtornos intestinales de gravedad, que llegaron a abarrotar los hospitales de la ciudad.

Al final del año, los habitantes de Leningrado consumían solo una décima parte de las calorías indispensables. El agotamiento de los alimentos llevaría a parte de la población a realizar incluso desesperados actos de antropofagia, en uno de los capítulos más espeluznantes de toda la Segunda Guerra Mundial. Hubo quienes, al borde de la locura provocada por el hambre, llegaron a cocinar la carne de algún pariente muerto.

El problema principal para la población era el del hambre, pero el frío también provocó una catástrofe, debido a la falta de combustible. Además, en ese primer invierno del asedio se registraron unas temperaturas excepcionalmente bajas, lo que provocó la muerte por congelación de miles de civiles. Debido a esa escasez de combustible, el transporte público desapareció, y muchas fábricas tuvieron que cerrar sus puertas. Tan solo las instalaciones militares tenían derecho al uso de la energía, aunque de forma limitada. La desesperación de los habitantes para no morir congelados les obligó a emplear la biblioteca de la ciudad, de dos siglos de antigüedad, como fuente de combustible para las estufas.

Pero si llegaba la muerte, esta no solía aparejar el descanso definitivo del fallecido. No había madera, ni energías físicas, para construir los ataúdes necesarios. En ocasiones, el cansancio de los supervivientes no permitía trasladar los cuerpos sin vida a las fosas comunes que los zapadores abrían en el suelo helado con dinamita. Entonces, el cadáver del familiar era guardado en la habitación más fría de la casa a la espera de que alguien reuniese fuerzas para trasladarlo. En otros casos, los muertos se quedaban allí donde se habían desplomado, aunque fuera en mitad de la calle. Esta visión de Leningrado convertido en un gigantesco cementerio se prolongaría hasta bien entrada la primavera de 1942.

Si durante el asedio surgieron frecuentes ejemplos de solidaridad y generosidad, tambien apareció la cara más brutal del ser humano; el asesinato para conseguir comida fue una constante e incluso llegaron a crearse bandas organizadas que asaltaban las casas para arrebatar los escasos alimentos que podían guardar sus ocupantes. También hay que reseñar, sobre todo a partir de febrero de 1942, el mercado negro de pastelillos de carne picada, en la que los compradores preferían no preguntar su origen, aunque todos sabían muy bien su macabra procedencia.

Aunque el presente era sobrecogedor, en caso de que los alemanes lograsen capturar la ciudad, el futuro de sus habitantes no sería mucho mejor. El general Franz Halder, jefe del Estado Mayor del Ejército de Tierra alemán, dejó escrito en su "Diario de guerra" el 8 de julio de 1941: "El *Führer* ha tomado la firme decisión de arrasar Moscú y Leningrado para evitar la supervivencia de seres humanos a los que habríamos de alimentar durante el invierno". Hitler planeaba, tras el asalto definitivo, arrasar la ciudad y expulsar a los supervivientes hacia los bosques y pantanos, para abandonarlos allí a su suerte, sin alimentos y en pleno invierno. Posteriormente, el dictador germano tenía pensado entregar a los finlandeses el terreno que había ocupado la ciudad.

Improvisado cementerio alemán en el frente de Leningrado.

El diario de Tania

El cerco de Stalingrado dio lugar a numerosas historias dramáticas. Una de ellas fue la que quedó plasmada en el diario de una niña de once años, Tania Savicheva. En este diario, compuesto únicamente por nueve pequeñas cuartillas, Tania anotó el día y la hora en las que se produjeron las sucesivas muertes de los integrantes de su familia, hasta que quedó ella como única superviviente. La octava cuartilla decía "Murieron todos" y en la última se podía leer "Solo quedó Tania".

Aparte de estas anotaciones, Tania llevaba un auténtico diario en el que relataba todo lo importante que sucedía a lo largo del día, pero durante ese invierno de 1941-42 se vio obligada a quemarlo cuando ya no había nada más para alimentar la estufa.

En agosto de 1942, Tania pudo ser rescatada de Leningrado y enviada a una aldea para que se recuperase, pero las secuelas de la desnutrición padecida en el asedio le causarían finalmente la muerte el 1 de julio de 1944. El testimonio que dejó por escrito, tan lacónico como conmovedor, sería utilizado como prueba contra los alemanes durante el Proceso de Nuremberg.

La División Azul

Durante el cerco de Leningrado, el XVI Ejército alemán contó en sus filas con voluntarios españoles, encuadrados en la llamada División Azul. España no entró oficialmente en la guerra, pese a las presiones a las que Hitler sometió a Franco en la entrevista celebrada en Hendaya el 23 de octubre de 1940, pero aportaría tropas voluntarias al esfuerzo de guerra alemán contra la Unión Soviética. De este modo, el general Franco conseguía aplacar a Hitler a la vez que mantenía la neutralidad española. La propuesta del envío de tropas se hizo llegar a Berlín al principio de la Operación Barbarroja y el dictador germano aprobó la incorporación de los voluntarios españoles el 24 de junio de 1941.

El 13 de julio partieron de Madrid los primeros voluntarios hacia Alemania, de un total de 18.104 hombres que se habían alistado. El 20 de agosto, tras tomar juramento, la División Azul fue enviada al frente ruso, siendo destinada al asedio de Leningrado. Al frente de estas tropas estaba el general Agustín Muñoz Grandes.

La División Azul sufriría fuertes pérdidas en este frente, debidas tanto al combate en sí como a las bajas temperaturas. A partir de mayo de 1942 empezaron a llegar desde España más efectivos para cubrir las bajas y relevar a los combatientes heridos.

Entre octubre de 1941 y agosto de 1942, los miembros de la División Azul sirvieron a las afueras de Novgorod, y luego fueron destinados al sureste del cerco. Fue en ese sector cuando el 10 de febrero de 1943 se produjo en los arrabales de Leningrado el más sangriento hecho en el que intervino la División Azul: la batalla de Krasny Bor.

Un mes antes, los soviéticos habían lanzado la Operación Iskra (en ruso, "chispa"), que implicaba ataques coordinados desde los frentes de Volchov y Leningrado. Después de durísimas batallas, los soviéticos habían expulsado a los alemanes de sus fortificaciones al sur del Lago Ladoga, y el 18 de enero los dos frentes se habían encontrado, formando un solo frente que permitía el paso limitado de provisiones a través de un estrecho corredor.

Pero el cerco no se había levantado por completo, y eso fue lo que intentaron las tropas rusas en Krasny Bor. En el duelo resultante, 5.600 soldados de la División Azul hicieron frente a un total de cuatro divisiones soviéticas —unos 44.000 hombres— y dos regimientos acorazados con más de un centenar de carros de combate.

En Krasny Bor, los españoles sufrieron casi 4.000 bajas, pero se consiguió detener el avance, haciendo fracasar la ofensiva soviética destinada a liberar la ciudad. Los soviéticos tuvieron que anotar unas 14.000 bajas en sus filas[16].

Leningrado, liberada

En diciembre de 1941, Hitler esperaba que la resistencia de Leningrado se quebrase antes de finalizar el año, pero sufrió una decepción al ver que la ciudad no estaba dispuesta a entregarse. Nada más comenzar 1942, Hitler

---

[16] Después de la batalla de Krasny Bor, las unidades españolas comenzaron a ser relevadas por alemanas. Esto coincidió con el cambio en el mando de la División, que fue asignado al general Emilio Esteban Infantes. Los Aliados comenzaron a ejercer presiones sobre Franco para que retirase las tropas voluntarias. Las negociaciones iniciadas por este a finales de 1943 concluyeron con una orden de repatriación escalonada el 10 de octubre de ese año. Sin embargo, entre 1.500 y 3.000 hombres rechazaron volver y se integraron en otras unidades alemanas, formando la llamada Legión Azul. Estos voluntarios lucharían en lugares tan dispares como Letonia, Francia o Yugoslavia, y algunos de ellos llegarían a combatir en la Batalla de Berlín, al mando del capitán Miguel Ezquerra.
En la División Azul sirvieron un total de 46.000 voluntarios. El número de bajas ascendió a 4.954 muertos y 8.700 heridos. De los 372 españoles que fueron hechos prisioneros por los rusos, 286 serían mantenidos en cautiverio hasta el 2 de abril de 1954, cuando regresaron a España en el buque Semíramis, fletado por la Cruz Roja.

decidió dar un nuevo impulso a ese frente destituyendo al general Von Leeb como jefe del Grupo de Ejércitos Norte y nombrando en su lugar al general Von Küchler, tomando el relevo en la misión de tomar Leningrado.

Pero los soviéticos se habían fijado el objetivo de romper el bloqueo. Para ello lanzaron a finales de febrero de 1942 violentos ataques que provocaron graves pérdidas al XVI Ejército alemán. Por su parte, las fuerzas germanas intentaron progresar hacia la ciudad en mayo, sin lograr ningún avance. El 22 de junio de 1942, coincidiendo con el primer aniversario de la Operación Barbarroja, Hitler anunció que la captura de la ciudad era uno de los objetivos de la campaña de verano. Sin embargo, los alemanes tuvieron que limitarse a frenar las sucesivas ofensivas soviéticas para romper el cerco.

La insistencia soviética tendría su premio en enero de 1943, cuando lograron abrir un estrecho pasillo que permitiría enviar regularmente suministros a la ciudad. En abril de ese año se producirían fuertes combates en los arrabales de la ciudad e intensos bombardeos aéreos, pero ese cordón umbilical permitiría mantener viva la resistencia de Leningrado.

El 14 de enero de 1944, el Frente de Volchov al mando del general Meretskov y el Frente de Leningrado al mando del general Govorov atacaron de nuevo contra las cada vez más debilitadas tropas de asedio. En esta ocasión, el Ejército alemán no pudo ofrecer resistencia al empuje soviético y en unos días las fuerzas germanas fueron barridas de las puertas de Leningrado, quedando esta liberada.

El 10 de junio, las fuerzas soviéticas atacaron desde ambas orillas del Lago Ladoga a los finlandeses, haciéndolos retroceder hasta la frontera de 1939, conscientes de su inminente derrota, y deseando evitar una masacre dentro del suelo finlandés, los líderes fineses firmaron un segundo armisticio con la Unión Soviética el 4 de septiembre de 1944.

El cerco de Leningrado había finalizado. La cifra oficial de muertes fue de 700.000 civiles, la mayoría de hambre y frío. No obstante, se estima que pudieron fallecer entre un millón y medio y dos millones de civiles. Después de la Segunda Guerra Mundial, a los heroicos supervivientes del cerco les gustaba proclamar con orgullo: "Troya cayó, Roma cayó, pero Leningrado no cayó".

Escenarios

En el **Museo de la Defensa de Leningrado** se exponen fotografías y objetos personales de las personas que sufrieron el asedio. El enorme **Museo de Artillería** presenta una gran colección de armamento de la Segunda Guerra

Mundial, incluyendo un lanzador de cohetes Katyusha. El **Museo Naval** recorre toda la historia de la marina de guerra rusa, pero incide especialmente en el papel jugado por la flota del Báltico durante el sitio de la ciudad.

La memoria de la tragedia de Leningrado reposa en el **Cementerio de Piskariovskoie**, una fosa común improvisada durante el asedio para evitar epidemias. En ese recinto, que entonces era una aldea situada al norte de la ciudad, están enterradas unas 470.000 personas. En este lugar se levanta una gran estatua de bronce que representa a la "Madre Patria" y hay una llama que arde eternamente en recuerdo de los que fallecieron a los largo de esos novecientos terribles días.

El conjunto funerario, que se extiende sobre 26 hectáreas, posee varios pabellones de gran valor arquitectónico. Uno de ellos alberga una exposición permanente sobre el cerco de Leningrado, que incluye el diario original de la niña Tania Savicheva. Esta necrópolis, inaugurada en 1961, es el centro conmemorativo de la Segunda Guerra Mundial en territorio ruso más visitado.

Protagonistas

Georg von Küchler (1881-1968). Mariscal de campo alemán. Participó en la campaña de Polonia y durante la ofensiva occidental dirigió la ocupación de Holanda y Bélgica. Se incorporó a la Operación Barbarroja, participando en los ataques contra Leningrado. Sustituyó al general Ritter von Leeb en 1942, tras ser ascendido a mariscal de campo, como Comandante del Grupo de Ejércitos del Norte. Fue destituido tras el fracaso de la batalla de Kursk. Tras la guerra fue juzgado en Nuremberg y condenado a veinte años de prisión, aunque fue liberado en 1953.

Dmitri Shostakovich (1906-1975). Compositor ruso. Cuando Alemania invadió la Unión Soviética, el músico permaneció en Leningrado, su ciudad natal. Durante el asedio comenzó su Séptima sinfonía, conocida precisamente como "Leningrado". En octubre de 1941, el compositor y su familia fueron evacuados hacia Kuybishev, donde terminó su composición, que exaltaba la actitud valiente de los habitantes de la ciudad bajo el asedio. La Séptima Sinfonía sería adoptada como un símbolo de resistencia tanto en la Unión Soviética como en Occidente.

FILMOGRAFÍA

* **Embajadores en el infierno** (José María Forqué, 1956).
* **Extranjeros de sí mismos** (José Luis López-Linares, 2001).
* **Leningrado** (*Leningrad*, Alexandr Buravsky, 2007).

Capítulo 31
Los crímenes nazis

No hay duda de que el episodio más execrable de la Segunda Guerra Mundial fue el del exterminio de millones de seres humanos, la gran mayoría de ellos judíos, por la Alemania nazi en los campos de exterminio. Ese asesinato masivo, siguiendo los cauces de un eficiente proceso industrial, llenó de horror al mundo cuando fue conocido, una vez finalizada la guerra.

Pero ese exterminio planificado no había surgido de la noche a la mañana. Era la fase final de un largo y constante proceso que los nazis habían iniciado nada más alcanzar el poder.

El 1 de abril de 1933, tres meses después de que Hitler fuera nombrado canciller, se ponía en marcha un boicot a los negocios regentados por judíos. Los oficiales de las SA[17] montaron guardia en las puertas, impidiendo la entrada a cualquier persona. El boicot también alcanzaba a los profesionales; los despachos de abogados o las consultas de los médicos judíos recibían la visita de las patrullas de las SA para comprobar que el boicot se llevaba a cabo. El motivo aducido por las autoridades nazis para alentarlo era, según martilleaba la propaganda, que se trataba de una medida de defensa y revan-

---

[17] SA: Abreviatura de Sturmarbteilung, la fuerza de choque creada en 1921 para proteger a los líderes nazis en las reuniones públicas. Las SA sobrevivieron a su prohibición tras el fracasado golpe de Estado de Hitler y crecieron bajo el liderazgo de Ernst Röhm, hasta llegar a convertirse en una enorme fuerza paramilitar que llegaría a contar con más de medio millón de integrantes en 1934. El poder creciente de esta fuerza en el entramado nazi, así como la dudosa lealtad de sus dirigentes, despertaría los recelos de Hitler. En junio de ese año, el propio Röhm y la mayoría de altos cargos serían asesinados en una operación de castigo. Desde entonces, las SA serían empleadas sólo en las demostraciones públicas, mientras que su papel pasaría en gran medida a ser desempeñado por las SS de Heinrich Himmler.

cha por las calumnias que supuestamente los judíos vertían en el extranjero sobre la nueva Alemania.

En los días siguientes las medidas se endurecerían. Las empresas debían despedir a sus empleados judíos. Mientras tanto, los negocios objeto del boicot estaban obligados a continuar pagando los sueldos de los empleados "arios", lo que obligaba en la mayoría de casos a traspasarlos. Comenzaba de este modo el proceso destinado a desposeer a los judíos de todas sus pertenencias, que culminaría años más tarde con la exploración corporal *post mortem* en busca de dinero o joyas escondidas, una vez asesinados en las cámaras de gas.

En honor a la verdad, aquellas primeras medidas tomadas por los nazis no contaron con la aprobación generalizada de los ciudadanos alemanes. Aunque no se atrevían a entrar en las tiendas pintarrajeadas con símbolos judíos, asustados por la presencia de los matones de las SA, se hizo patente en todo el país un cierto murmullo de desaprobación. Así pues, algunas de las medidas serían retiradas, aunque el objetivo de los nazis se había cumplido: el bacilo del odio hacia los judíos ya había sido inoculado en la sociedad germana.

A partir de entonces, la gente comenzó a hablar sobre la que pérfidamente se denominó "cuestión judía". Se barajaron cifras manipuladas que pretendían demostrar que la cantidad de judíos alemanes caídos en la Primera Guerra Mundial era muy inferior a la que correspondía por su población, mientras se insistía en que la proporción de judíos entre los miembros del Partido Comunista era muy alta. Se comenzó a criticar el hecho de que una parte significativa de los médicos, abogados o periodistas fueran judíos y se les acusaba también de "extranjerizar" el arte o la ciencia.

La propaganda nazi se encargó de azuzar la animadversión contra los judíos con una intensa campaña de octavillas y carteles, proclamando que eran "seres inferiores" y acuñando la expresión "¡Pereced, judíos!" como consigna para ser repetida en todo momento y que incluso era inocentemente coreada por los escolares. La maquinaria del Holocausto comenzaba pesadamente a ponerse en marcha.

Probablemente, Hitler comprendió a la perfección la necesidad de crear un enemigo exterior que galvanizase a sus seguidores y al que se le pudiera culpabilizar de las deficiencias del sistema, una estrategia que —no por casulidad— han seguido todos los regímenes totalitarios sin excepción. Así pues, el judío se convertía en el gran enemigo del Reich.

Ese odio tendría pronto su plasmación en el aparato legislativo. El 15 de septiembre de 1935 durante el congreso del partido nazi en Nuremberg, se promulgaron las leyes que anulaban el derecho de los judíos a la ciudadanía alemana y prohibían los matrimonios entre judíos y germanos. Aún así, hubo muchos judíos que creían ingenuamente que se trataba del último capítulo de su marginación social, pero estaban equivocados.

En la noche del 9 al 10 de diciembre de 1938 se produjo un asalto masivo a miles de establecimientos y hogares de propiedad judía, que fueron destrozados y saqueados. Se incendiaron numerosas sinagogas, mientras las turbas nazis atacaban a los judíos que no habían tenido tiempo de ocultarse. Entre 20.000 y 30.000 judíos fueron arrestados y enviados a campos de concentración. Esa jornada sería conocida como la *Kristallnacht*, o "Noche de los cristales rotos", y supondría el punto de no retorno hacia el Holocausto.

La "muerte piadosa"

Pero los judíos no eran las únicas víctimas de la locura nazi. El sector más indefenso de la población, el compuesto por los enfermos mentales, sería el primero en verse desposeído de único bien: la vida. Entre septiembre de 1939 y agosto de 1941, más de 70.000 personas recibieron una "muerte piadosa" —según expresión de Hitler— en el marco de una operación que se llevó a cabo en el mayor de los secretos.

Este asesinato masivo serviría de campo de ensayo para el que posteriormente se llevaría a cabo con los judíos. Los enfermos eran seleccionados por los médicos y trasladados a supuestos centros de tratamiento. Una vez allí, se les introducía en salas de inhalación recubiertas de azulejos, con falsas duchas en el techo; el gas penetraba a través de unos orificios hasta que todos morían. A los cadáveres se les arrancaban los dientes de oro y después eran incinerados en hornos crematorios.

A los confiados familiares se les enviaba una carta en la que se les comunicaba el fallecimiento de su pariente debido a causas naturales. Sin embargo, la población comenzaba a sospechar que algo extraño ocurría con sus enfermos mentales; se prohibía cualquier visita a los centros mientras que, por ejemplo, había quien le llegaba una carta indicando como causa de la muerte una apendicitis aguda, cuando a su familiar le habían extirpado el apéndice años atrás.

Quizás para evitar que la cara más terrible del Tercer Reich fuera descubierta, esta operación sería suspendida en el verano de 1941, pero la experiencia acumulada durante este holocausto a pequeña escala sería decisiva para organizar el exterminio de toda la población judía de Europa.

Las primeras matanzas

La red de campos de la muerte y la consiguiente maquinaria destinada a conducir allí a toda la población que iba a ser asesinada no se pondría oficialmente en marcha hasta principios de 1942, pero en realidad la eliminación física de inocentes se había iniciado prácticamente desde el primer día de guerra. Durante los avances a través de Polonia, las SS llevaron a cabo matanzas entre la población civil, especialmente judíos, que provocaron incluso las quejas airadas de los oficiales de la *Wehrmacht*, que creían ingenuamente que Hitler no tenía conocimiento de ello.

Estas acciones sangrientas se repetirían a gran escala y de forma sistemática durante la Operación Barbarroja. Los soldados alemanes iban avanzando por las inmensas llanuras rusas y tras ellos marchaban los llamados *Einsatzgruppen*, unos pelotones de exterminio formados por la Policía de Seguridad y miembros de las SS.

El procedimiento era siempre el mismo. Cuando una localidad caía en manos de los alemanes, se citaba públicamente a la población judía para que acudiera con sus pertenencias a un punto de reunión, normalmente al amanecer. Una vez concentrados, se les hacía formar y caminar en filas hacia algún bosque cercano. Al llegar al punto de destino, se les obligaba a desnudarse y a correr a través de un túnel humano formado por guardianes de las SS, hasta llegar a unas zanjas. Aquí se les mandaba arrojarse a ellas y colocarse boca abajo en el fondo de la misma, formando filas apretadas. Este método era conocido con el expresivo nombre de *Sardinenpackung*. Después, los soldados los ejecutaban mediante un disparo en la nuca, un *Genickschüssen*.

Seguidamente, otro grupo de judíos entraba en la zanja y se colocaba sobre los que habían muerto y la operación se repetía. Cuando la fosa estaba llena, unos prisioneros judíos se encargaban de taparla con tierra. Sin embargo, en la mayoría de ocasiones un buen número de personas quedaban malheridas y quedaban enterradas mientras conservaban aún un hálito de vida. Según testimonios posteriores, los alemanes se sorprendían del hecho de que los que iban a ser asesinados no ofreciesen ningún tipo de resistencia.

La masacre de Babi Yar

Las matanzas de judíos en territorio soviético a manos de los alemanes serían incontables. Pero quizás el lugar más representativo sería el tristemente célebre barranco de Babi Yar, cercano a Kiev, testigo de innumerables fusilamientos llevados a cabo por las SS.

En septiembre de 1941, 33.771 judíos fueron asesinados en Babi Yar en solo dos días por el SS-Sonderkommando 4-a, en una "acción de represalia", según era calificada por los nazis. La excusa había sido un supuesto sabotaje de la NKVD —la policía política soviética—, que había hecho explotar una bomba en un hotel de Kiev.

Pese a tratarse de un asesinato en masa cometido por las SS, el Ejército también colaboró; el comandante local de la *Wehrmacht*, el general de División Kurt Eberhard, cooperó para convencer a los judíos de Kiev de que iban a ser trasladados a otro lugar, consciente de que su destino era la muerte. Este hecho, unido a otros episodios similares que se dieron durante el avance alemán, pone en duda la tesis defendida por algunos de que el Ejército se mantuvo al margen de los abominables crímenes de las SS.

En los meses posteriores se repitieron los fusilamientos masivos en Babi Yar. Se calcula que en sus fosas comunes se enterraron más de 100.000 cuerpos.

Mediante estos brutales métodos de asesinato fue eliminado cerca de un millón de personas, aunque es posible que se rebasase ampliamente esta cifra. Además de judíos, se procedió a la ejecución de partisanos, comisarios políticos o supuestos elementos comunistas. Para cumplir con las cantidades asignadas para cada uno de los responsables, no se dudaba en matar incluso a personas atrapadas al azar, acusándolas de colaborar con los partisanos.

Un nuevo método de asesinato

Pero el 15 de agosto de 1941 sucedió un hecho que, a la larga, cambiaría diametralmente el desarrollo de estas matanzas. El jefe de las SS, Heinrich Himmler, se encontraba de visita en la ciudad bielorrusa de Minsk, cuando pidió asistir a una ejecución. Paradójicamente, hasta ese momento Himmler no había visto nunca matar a un hombre. Así pues, se organizó el asesinato de un centenar de prisioneros en un bosque al norte de la ciudad.

Las víctimas fueron conducidas en camiones a las zanjas que se habían cavado con anterioridad. Se les obligó a bajar y se puso en práctica el terrible método del *Sardinenpackung*. Al parecer, Himmler, además de pálido, estaba extremadamente nervioso y no paraba de moverse, mirando hacia otro lado cuando oía los disparos.

Himmler se mostró especialmente alterado cuando los encargados de efectuar el tiro en la nuca, acusando también la tensión, comenzaron a fallar los disparos. Los gritos de los prisioneros malheridos hicieron exclamar al jefe de las SS: "¡Disparad!, ¡daos prisa y matadlos!".

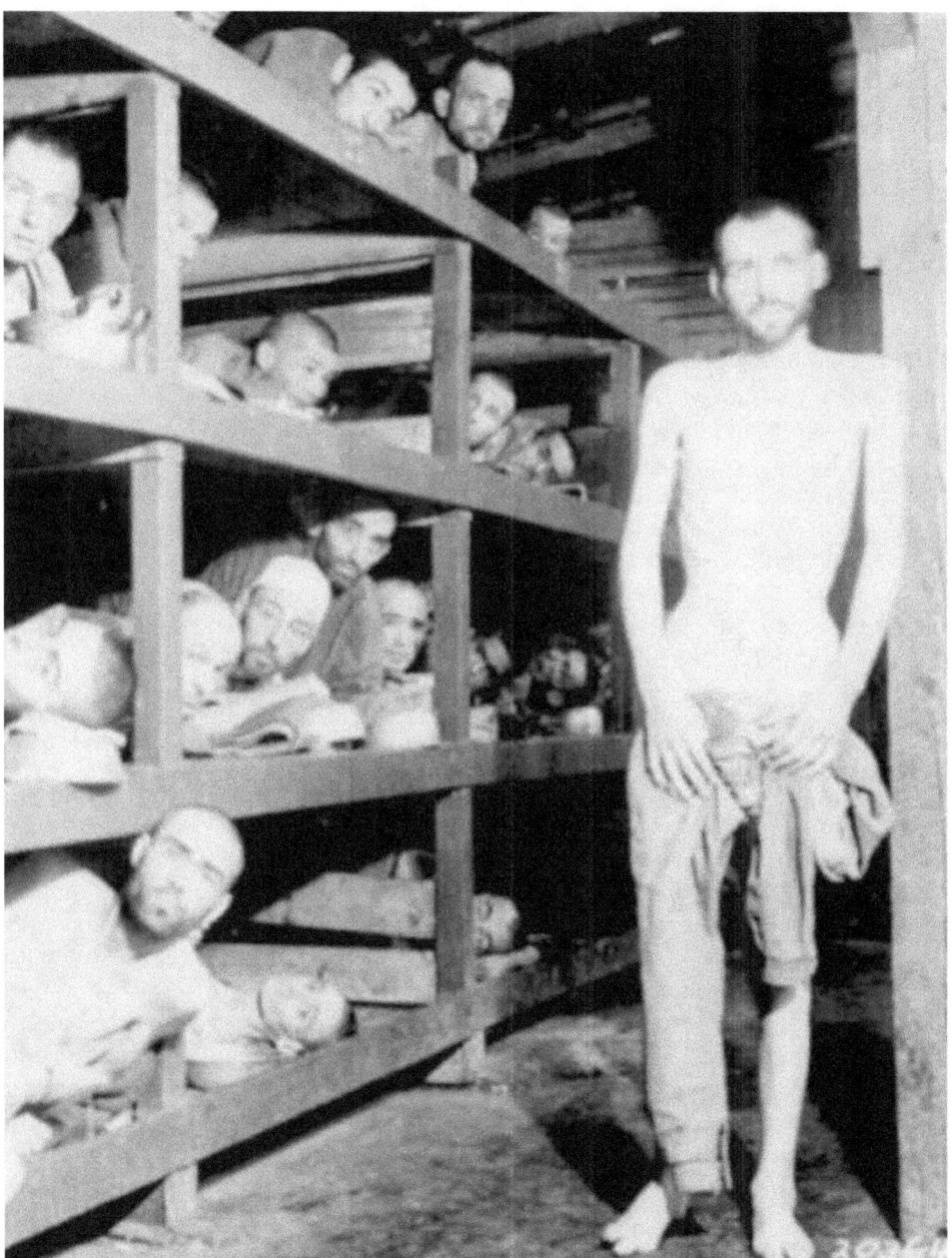
Las condiciones en que debían sobrevivir los internos de los campos de concentración eran terribles.

Pero cuando Himmler perdió los nervios definitivamente —según un testigo— fue en el momento en que los fragmentos de un cerebro salpicaron su cara; fue entonces cuando sufrió arcadas, aunque no llegó a vomitar. El jefe de las SS comprendió al instante las noticias que tenía sobre los numerosos casos de crisis nerviosas que se daban entre los soldados que participaban en las masacres.

Aunque pueda dar la sensación que los verdugos eran monstruos insensibilizados, en realidad tuvieron que vencer las lógicas reservas morales sobre el crimen que estaban cometiendo. Como es de suponer, la primera vez que un soldado asesinaba mujeres y niños indefensos suponía para él una experiencia traumática insoportable. Muchos vomitaban o sentían fuertes dolores físicos durante o después de las ejecuciones. En ocasiones, si las ejecuciones se prolongaban a lo largo de semanas o meses, ese estrés causaba depresiones, trastornos digestivos y desórdenes nerviosos. Estas consecuencias psicosomáticas del crimen eran conocidas como "Cólicos del Este". Las SS poseían un sanatorio en Karlsbad donde los altos mandos se reponían de los asesinatos; curiosamente, Himmler prescribía a sus subordinados pan tostado y la supresión de las patatas cocidas para superar estos "cólicos".

Otros intentaban por todos los medios librarse de esa responsabilidad; apuntaban su arma al lado de la víctima o simplemente se retiraban momentáneamente del lugar alegando cualquier excusa y no regresaban hasta que todo había finalizado. Hubo quien se negó rotundamente a disparar a inocentes; el ser o no castigado por esa desobediencia dependía de la benevolencia del oficial al mando, aunque la consecuencia de esta heroica actitud era verse relegado por los compañeros, que consideraban al objetor como un desertor.

Empujados por un falso espíritu de camaradería y, si era necesario, estimulados por la ingestión de alcohol en el mismo lugar de la ejecución, los soldados alemanes lograban romper sus últimas barreras morales. Aunque resulte sorprendente, los oficiales solían prescindir de los hombres que daban muestras de crueldad gratuita o que se ensañaban con sus víctimas; eso delataba algún tipo de desequilibrio psíquico que en algún momento podía girarse en contra del grupo, por lo que el soldado era apartado y enviado a la retaguardia para evitar que se resintiese la disciplina general. Lo que se esperaba del soldado alemán es que obedeciese de forma mecánica, fría e impersonal, convirtiendo el exterminio en una labor rutinaria y exenta de cualquier tipo de sentimiento en uno u otro sentido.

Pero los oficiales no podían cerrar los ojos ante la progresiva e inevitable brutalización de sus hombres, por lo que se acabó recurriendo a extranjeros, principalmente procedentes de los países bálticos, para que fuesen ellos quienes efectuasen las ejecuciones. Así pues, los soldados alemanes acabaron limitándose a ordenar el traslado de los prisioneros y a coordinar las acciones, dejando el *trabajo sucio* a los estonios o los letones.

De todos modos, desde el frío punto de vista de los verdugos, este sistema presentaba numerosos inconvenientes. Era costoso en gasto de munición, minaba psicológicamente a las tropas, existían también muchos testigos potenciales de los asesinatos y los cadáveres podían reaparecer en el futuro con consecuencias imprevisibles.

Las descripciones que llegaron a oidos de Himmler de otras ejecuciones, como una en Ucrania en la que se emplearon granadas, hachas y perros de presa, convirtiéndose en una matanza propia del medievo en la que morirían 16.000 judíos, acabaron por convencerle de que debía poner fin a aquellas orgías de sangre y aplicar la técnica y la organización germanas a aquel exterminio masivo. Siguiendo el habitual cinismo nazi, había que encontrar un método más impersonal, más *humano*, pero una *humanidad* referida obviamente a los verdugos.

La conferencia de Wannsee

Bajo la batuta de Himmler, se hicieron numerosos ensayos para encontrar ese nuevo método para exterminar a poblaciones enteras de forma rápida y eficaz. En una ocasión se intentó eliminar a un grupo de personas introduciéndolas en un búnker y haciendo explotar en su interior una carga de dinamita. El resultado fue la voladura del propio búnker, quedando los fragmentos de los cuerpos esparcidos en decenas de metros a la redonda.

También se hicieron pruebas para envenenar a las víctimas con monóxido de carbono en cámaras selladas. En la mayoría de ocasiones, debido a la insuficiente potencia de los motores empleados, tan solo se conseguía aturdirlas. Más éxito tuvieron los ensayos realizados con camiones convertidos en cámaras de gas, utilizando el propio tubo de escape, cuyo funcionamiento ya está documentado en la invadida Polonia en 1940 y que comenzó a emplearse en Rusia en septiembre de 1941.

Pero en ese momento de duda sobre el método a seguir para continuar las matanzas, se recurrió a los expertos que habían llevado a cabo el asesinato en masa de los enfermos mentales, una operación que había finalizado formalmente en el verano de 1941. Su experiencia sería fundamental para poner en marcha el exterminio con parámetros industriales.

El impulso decisivo partiría del propio Hitler. Aunque cuesta comprender la relación entre ambos hechos, la declaración de guerra a Estados Unidos tras el ataque a Pearl Harbor animó a Hitler a dar la orden de exterminar físicamente a todos los judíos europeos. Pese a que el dictador alemán se cuidó de que su firma no figurase en ningún decreto que ordenase directamente el asesinato masivo, en los días posteriores mantuvo una serie de reuniones para coordinar la gigantesca operación de exterminio que iba a producirse.

La puesta en marcha definitiva de la Solución Final se produciría el 20 de enero de 1942, cuando catorce funcionarios dirigentes de la administración ministerial y las SS se reunieron en una apacible villa en Wannsee, junto a un bucólico lago cercano a Berlín, para organizar la denominada Solución Final al *problema* judío. En ese lugar, bajo la presidencia de Reinhard Heydrich, jefe de la Oficina Central de la Seguridad del Reich (RSHA), y con el teniente coronel de las SS Adolf Eichmann como secretario, se coordinaron los esfuerzos de todos los estamentos del Reich para conseguir la eliminación física —calificada eufemísticamente de *tratamiento adecuado*— de once millones de personas.

En esa reunión, conocida oficialmente como conferencia de *Staatssekretäre* (subsecretarios del gobierno), aunque pasaría a la historia con el nombre de la villa en la que se celebró, se estableció el complejo sistema que a partir de ese momento se seguiría para la ejecución de los judíos.

Los campos de exterminio

En 1942, el régimen nazi contaba ya con una extensa red de campos de concentración, bajo el mando de las SS de Heinrich Himmler. El primero, Dachau, había sido inaugurado en 1933, en una de las primeras decisiones de los nacionalsocialistas al llegar al poder. A partir de entonces, el número de campos continuó creciendo, ante la llegada masiva de nuevos internos, ya fuera por motivos políticos, o por tratarse de mendigos, prostitutas, homosexuales, Testigos de Jehová, gitanos, personas aquejadas de enfermedades venéreas, alcohólicos, "psicópatas" e incluso "infractores de las normas de circulación", considerados todos ellos como "asociales incontrolables".

A finales de 1938, el número de internos sería de unos 24.000. Buchenwald, Flossenburg, Gusen, Sachsenhausen o Mauthausen verían la luz durante este periodo. Antes de la guerra los judíos aún no eran arrestados masivamente, aunque la Noche de los Cristales Rotos se saldó con la detención de unos dos mil, incluyendo niños o ancianos. Poco después serían enviados a los campos unos 13.000, a los que se les devolvería la libertad después de donar *voluntariamente* sus pertenencias al Reich. Durante esa primera fase, aunque la muerte en los campos siempre estaba presente, el asesinato de los internos no constituía la finalidad del sistema, sino —al menos en teoría— la "rehabilitación".

Tras el estallido de la guerra, los campos se poblarían de prisioneros de guerra polacos y, a partir del verano de 1941, de rusos. Si antes los detenidos se contaban por decenas de miles, después lo hicieron por centenares de miles. Esto obligó a ampliar los campos y a crear nuevas instalaciones. El 14 de junio de 1940 se inauguró Auschwitz, con la llegada de un convoy de prisioneros polacos compuesto por 728 personas. Este sería el primer campo en el que se llevarían a cabo matanzas masivas; en diciembre de 1941 se realizaron las primeras operaciones de gaseado, en este caso con prisioneros rusos.

Por lo tanto, los funcionarios reunidos en Wannsee disponían ya de la infraestructura necesaria para organizar el Holocausto. La red de campos de concentración existente serviría para este propósito, pero se crearía un nuevo concepto de campo que sería el hecho diferenciador con otros regímenes totalitarios del siglo XX. Esta deleznable novedad sería la de los campos de exterminio.

Hasta entonces, los internos que fallecían lo hacían como resultado de las terribles condiciones de trabajo o la escasa alimentación. Algunos de esos campos disponían de instalaciones industriales que eran utilizadas por las principales empresas alemanas, aprovechando la mano de obra esclava que les ofrecía las SS. Pero los campos de exterminio tenían como única y exclusiva misión eliminar físicamente al mayor número de personas en el menor tiempo posible.

Belzec, Sobibor, Treblinka y Chelmno constituirían esa terrible geografía del horror. Estos campos constaban de unas instalaciones mínimas. Junto a la vía férrea se construía una estación de aspecto agradable, pintada de vivos colores y con flores en las falsas ventanas, a la que llegaban los deportados, en su mayoría judíos procedentes de los guetos polacos. Desde allí eran conducidos al campo y se les hacía entrar en unos vestuarios en donde debían desnudarse. Seguidamente se les hacía entrar en supuesta sala de duchas, en donde sufrían el envenenamiento por gas.

Después de dejar pasar unos quince minutos, los encargados de sacar los cadáveres abrían la puerta. La sala, que había quedado a oscuras, se iluminaba potentemente. En el centro se podía ver una montaña de cadáveres desnudos, formando una pirámide hasta el techo de la habitación. El gas venenoso había inundado primero las capas inferiores. Eso había hecho que aquellos desgraciados se pisoteasen y fueran subiéndose unos encima de los otros. Abajo quedaban los niños, los ancianos y las mujeres. En la parte superior aparecían los jóvenes y los más fuertes. Los cuerpos presentaban numerosas heridas ocasionadas por la lucha terrible por sobrevivir, pero aquella reacción instintiva por escapar de la muerte había sido inútil.

Estremecedora imagen tomada por los Aliados tras liberar un campo de concentración.

Tan solo se libraban momentáneamente de morir los que eran escogidos para calmar y tranquilizar a los deportados cuando llegaban al campo, o bien para realizar las labores de cremación de los cadáveres.

En otros campos, como Auschwitz, Birkenau o Majdanek, también se seguía este proceso, pero existía la posibilidad de ser seleccionado para permanecer como interno, aunque lo más probable es que acabase muriendo igualmente, víctima del cansancio, el hambre, la enfermedad o los castigos. También existía la aterradora posibilidad de ser escogido para sufrir horribles experimentos médicos; inoculación de enfermedades, calor o frío extremo, amputaciones o trasplantes provocaban sufrimientos indecibles que no acababan hasta que al prisionero se le inyectaba gasolina en el corazón.

Auschwitz, fábrica de muerte

Finalmente, como se ha avanzado, el método empleado para el asesinato masivo sería el envenenamiento por gas. El primer comandante del campo de Auschwitz-Birkenau, Rudolf Höss (no confundir con Rudolf Hess, el lugarteniente de Hitler), explicó en el proceso de Nuremberg cómo se escogió este método. Según su testimonio, visitó Treblinka, en donde su comandante utilizaba monóxido de carbono procedente del motor de un tanque, habiendo causado ya la muerte a 80.000 prisioneros. Pero a Höss no le pareció el sistema más adecuado:

"Sin embargo —según afirmó en Nuremberg—, sus métodos no me parecieron muy eficaces. Se decidió a su vez, buscando esa eficiencia, por el Zyklon B, ácido prúsico cristalizado o cianhídrico que dejábamos caer en la cámara mortuoria a través de una pequeña abertura. Dependiendo de las condiciones atmosféricas, bastaban entre tres y quince minutos para que el gas hiciera efecto".
"Sabíamos que estaban muertos —continúa Höss— cuando dejaban de gritar. Esperábamos una media hora antes de abrir las puertas y sacar los cuerpos. Tras ello, nuestros comandos especiales les quitaban las sortijas y los anillos, lo mismo que los dientes de oro".

Las *mejoras* introducidas por el comandante de Auschwitz se vieron reflejadas en las estadísticas. Mientras que en Treblinka solo se podían matar dos centenares de personas en cada uno de estos asesinatos masivos, Höss lograba quitar la vida a más de dos mil personas; teniendo en cuenta que el proceso de gaseado podía repetirse unas diez u once veces por día, la cifra total de prisioneros ejecutados rondaba los 22.000 diarios, lo que pone en evidencia la terrible eficacia demostrada por Höss.

Auschwitz se convertiría para siempre en el símbolo del horror nazi. La maldición sufrida por esta pequeña población polaca situada a unos sesenta kilómetros al sudeste de Cracovia, y de la que tomó su nombre el campo, ha llegado hasta la actualidad; pese a que ahora su nombre oficial es Oswiecim, sus agricultores se ven forzados a ocultar la procedencia de sus productos, puesto que en los mercados nadie desea comprar frutas u hortalizas cultivadas allí.

Además de la apropiación por parte de las SS de las joyas y el dinero de los deportados, en Auschwitz se llevaría a cabo el tratamiento industrial de los cadáveres, conformando un auténtico glosario del horror. Aunque no se ha demostrado que se llegase a fabricar jabón con la grasa de los cuerpos, sí que se ha probado que las cenizas y los huesos triturados eran vendidos como fertilizante, mientras que el cabello era utilizado como aislante en los submarinos o para fabricar zapatillas para sus tripulaciones. Cuando el Ejército Rojo liberó el campo el 27 de enero de 1945, los soviéticos encontraron allí unos 7.000 kilos de cabello humano, que una fábrica de fieltro alemana compraba a 500 marcos la tonelada.

Desgraciadamente, la llegada de los rusos tan solo pudo suponer el rescate de unos siete mil prisioneros. Ante el avance soviético, las SS habían evacuado a unas 60.000 personas en una penosa marcha hacia el oeste, que dejó los caminos sembrados de cadáveres. En el complejo de Auschwitz quedaron unos 10.000 reclusos, incapaces de moverse. Algunos se aventuraron a huir, aprovechando que las alambradas ya no estaban electrificadas y que no había centinelas, aunque la mayoría optó por quedarse. Pero una unidad de las SS en retirada pasó por Auschwitz y asesinó salvajemente a dos millares más de víctimas antes de marcharse. Muchos de los que sobrevivieron para ver llegar a sus liberadores morirían en los días siguientes debido a su extrema debilidad.

Las estadísticas del horror

Los horrores de los campos de concentración podrían llenar cientos de volúmenes como este, por lo que quizás sea más significativo conocer los resultados de aquel exterminio ordenado por Hitler, pese a que la frialdad de las cifras nunca pueda sustituir la descripción de aquella tragedia humana sin precedentes.

Tal como se ha apuntado, los funcionarios reunidos en Wannsee proyectaron el asesinato de unos once millones de personas. Los números finales sobre la cantidad de judíos que perecieron en las cámaras de gas difieren según las fuentes. Esto es lógico, puesto que aunque en algunos casos se llevó una contabilidad exacta de los asesinados, en otros casos no fue así. Teniendo en cuenta estos factores, la hipótesis más baja sería de 4.800.000 y la más alta de 6.500.000, aunque la franja más probable es la situada entre 5.100.000 y 6.000.000 de judíos asesinados.

Según los expertos, si incluimos los bombardeos sobre ciudades, ataques contra la población civil, represalias contra acciones guerrilleras y las persecuciones contra otros grupos étnicos como los gitanos —que pudieron sufrir medio millón de víctimas—, el número total de muertes provocadas por el nazismo podría elevarse a dieciocho millones.

Por países, el más castigado fue la Unión Soviética, con más de siete millones y medio de muertos, seguido de Polonia, que sufrió la pérdida de cinco millones de sus habitantes. Miles de judíos procedentes de Francia, Holanda, Bulgaria, Rumania, Hungría o Italia, además de miles de republicanos españoles, completan el mapa del terror nazi en Europa.

Por campos de exterminio, el más mortífero fue el de Auschwitz-Birkenau, con cerca de dos millones de víctimas; seguido de Treblinka, con 700.000; Belzec, con 600.000; Majdanek, con 400.000; Chelmno con 350.000 y Sobibor con 250.000, todos ellos en Polonia. Los campos situados en territorio alemán o austríaco, como Dachau o Mauthausen entre otros, aportarían otro millón y medio de muertos a estas espantosas estadísticas, a causa del trabajo agotador, la mala alimentación, el frío, las torturas, los experimentos médicos, las enfermedades o las ejecuciones. Mientras tanto, el mundo permanecía ignorante de que lo que sucedía en los campos de concentración nazis, aunque entre las potencias aliadas circulaban informaciones sobre los detalles de la operación de exterminio que se estaba llevando a cabo, gracias a los mensajes descifrados por los servicios secretos.

La realidad es que los Aliados no hicieron nada concreto para colapsar el sistema de deportación; aunque disponían de fotografías aéreas de Auschwitz en donde se veía con claridad el humo que surgía de los hornos crematorios, los aviones no bombardearon la vía férrea que conducía al campo, tal como reclamaba una y otra vez la resistencia polaca.

Pese a que aún hoy es motivo de debate, desde el Vaticano tampoco se llevó a cabo ninguna acción enérgica contra el Holocausto, pese a contar con información de primera mano; las condenas morales con sordina efectuadas por Pío XII no ejercieron ningún tipo de presión sobre el Tercer Reich para que detuviese su furia asesina.

Pero la responsabilidad del Holocausto no hay que buscarla, obviamente, fuera de Alemania. Desde el momento en el que la población germana comenzó a descubrir los crímenes que se habían consumado en nombre de su país, un sentimiento de incredulidad, primero, y vergüenza, después, embargó a todos aquellos que habían permitido que su nación quedase en manos de un vesánico visionario. Tras la liberación de los campos situados en el oeste de Alemania por las tropas aliadas, los soldados norteamericanos y británicos trasladaron a los lugareños a aquellos recintos y les obligaron a caminar entre los cadáveres esqueléticos de los que allí habían dejado su vida.

ROBO DE NIÑOS

La justificada focalización de la barbarie nazi en el Holocausto ha eclipsado otros aspectos de la cruel represión a la que fue sometida la población en la Europa que se encontraba bajo el control del Tercer Reich. Una de las tragedias que, aunque no significó la muerte de sus víctimas, sí que destrozó a miles de familias fue el del robo de niños por parte de los alemanes en los territorios ocupados, especialmente en Polonia. Allí, un total de 250.000 niños, incluso bebés, fueron arrebatados a sus padres con engaños o por la fuerza, con la excusa de que debían ser sometidos a una serie de pruebas para su futura escolarización.

Los exámenes estaban destinados en realidad a detectar características raciales adecuadas para que los niños pudieran ser *germanizados*. Los que no cumplían esos requisitos eran devueltos a sus padres o enviados a campos de trabajo. Los que superaban los supuestos cánones de *germanidad* eran destinados a centros en donde se les preparaba para ser entregados en adopción a familias alemanas que, en muchos casos, acababan de perder algún hijo en el frente.

En cuanto a los padres polacos, estos recibían una notificación en donde se les informaba de que sus hijos habían sido trasladados a Alemania por motivos de salud y que no podían proporcionarles detalles del lugar en donde se encontraban, aduciendo razones de seguridad. Cuando los padres exigían la entrega de sus hijos no recibían ningún tipo de respuesta.

Si este secuestro masivo tuvo dramáticas consecuencias para los padres originales, la tragedia se repetiría una vez finalizada la guerra. La ONU estableció un programa para devolver a los niños a sus familias, pero se encontraron con que la mayoría de ellos se encontraban felices y plenamente integrados en las familias alemanas que los habían adoptado, convencidas estas de que sus padres habían muerto.

La terrible decisión de arrancarlos de sus casas para enviarlos a una empobrecida Polonia, una vez que muchos de ellos habían olvidado por completo el idioma polaco, dio origen a muchas dudas sobre el acierto de esta medida, pero aún así prevaleció el inalienable derecho de los padres a recuperar a sus hijos. En total, unos 40.000 niños polacos regresaron con sus padres.

El caso de los niños que procedían de familias rusas, ucranianas o de los países bálticos sería aún más sangrante. La mayoría de ellos fueron separados de sus familias de adopción en Alemania y concentrados en orfanatos, a la espera de poder ser enviados a la Unión Soviética. No obstante, la fricción existente entre las potencias occidentales y Moscú obstaculizó este regreso, por lo que muchos de estos niños acabarían siendo trasladados a orfanatos de Canadá o Australia. Tan solo unos centenares volverían junto a sus progenitores en Rusia, por cauces extraoficiales. Pero hubo muchas otras familias en toda Europa Oriental, como las yugoslavas, que no volvieron a saber nada más de sus hijos.

Desgraciadamente, el trauma de la separación marcaría a todos estos niños para el resto de sus vidas, al ocasionarles graves perjuicios psicológicos, perpetuándose así el crimen cometido en su día por los nazis.

Escenarios

El 20 de enero de 1942, en la villa de **Wannsee**, a 25 kilómetros de Berlín, se organizaron los detalles de la deportación y el asesinato masivo de los judíos europeos. La sesión se celebró en esa lujosa casa. Rodeado de extensos bosques, este lugar es desde hace mucho tiempo uno de los preferidos por los berlineses para sus excursiones.

Hoy día se puede visitar ese tristemente célebre edificio. Con motivo del cincuenta aniversario de la conferencia se inauguró en la villa un memorial y un centro de información para recordar el crimen contra la humanidad que allí se cometió.

En Polonia, cerca de Cracovia, se encuentra el campo de concentración de **Auschwitz**, el gran símbolo del Holocausto. En realidad este complejo, al que han acudido más de veinticinco millones de visitantes, consta de dos campos, separados por tres kilómetros; Auschwitz, el campo primigenio destinado sobre todo al trabajo esclavo, y Auschwitz II **Birkenau**, un campo de exterminio en el que fue asesinado un millón de personas.

La visita al complejo, que no está recomendada para niños menores de 14 años, tiene como principales puntos de interés la *Judenrampe* —el lugar a donde llegaban los deportados para ser seleccionados, la primera cámara de gas o los crematorios.

Probablemente, el campo de concentración que presenta una historia más insólita esté en la República Checa: **Theresienstadt** o Terezín, cercano a la capital, Praga. Esta antigua fortaleza, construida en 1780, sirvió como "campo modelo" para ser mostrado a los inspectores de la Cruz Roja, por lo que era pintado de vivos colores y adornado con flores cuando se producían estas visias. A él estaban destinados judíos veteranos de la Primera Guerra Mundial o judíos importantes cuya desaparición no era aconsejable. De todos modos, cuando el campo agotaba su capacidad, se enviaba el excedente humano a las cámaras de gas de Auschwitz. Hoy se puede visitar esta ciudadela, en la que se encuentra el **Museo del Gueto**. Los barracones ocupados entonces por los internos presentan el mismo aspecto que ofrecían entonces.

En Austria y situado a veinte kilómetros de Linz, **Mauthausen** era en realidad un complejo compuesto por cuarenta y nueve campos de concentración. Mauthausen fue utilizado por los nazis sobre todo para el exterminio por el trabajo de intelectuales, artistas o políticos. Los republicanos españoles allí confinados encabezarían el recibimiento a las tropas aliadas cuando el campo fue liberado. Hoy se puede visitar la cantera en la que los deportados trabajaban doce horas diarias bajo terribles condiciones y se pueden subir los ciento ochenta y seis escalones que debían ascender cargados con grandes piedras.

Una buena parte de los deportados que iba a morir a estos campos partían de Polonia. En **Varsovia** existía un importante punto de expedición, radicado en el extremo norte del gueto de esta ciudad y muy próximo a la estación de ferrocarril. En la actualidad, nada queda de aquel lugar, ni siquiera la disposición de las calles es la misma. La plaza en la que se concentraban los judíos que iban a ser enviados a los campos, la *Umschlagplatz*, es hoy un cruce de calles. Lo único que recuerda el drama que se vivía allí a diario es un pequeño monumento de piedra, de menos de un metro de alto, situado en una esquina. Esta piedra negra fue entonces traída expresamente de Suecia para construir un monumento a la victoria alemana, pero hoy día sirve para recordar a los que partieron de allí rumbo a una muerte cierta.

En las proximidades de la *Umschlagplatz* se levanta un gran **Monumento** a los que participaron en el **Levantamiento del Gueto de Varsovia** del 19 de abril de 1943. Cerca de allí hay también un **Memorial** en homenaje a los judíos que tomaron las armas para enfrentarse a los alemanes; concretamente, está situado en lo que antes era la calle Mila, una calle mítica, puesto que era el "cuartel general" de los combatientes, que hoy ya no existe.

El gueto, cuyo perímetro medía 18 kilómetros, constaba de dos zonas separadas por una calle por la que discurría el tranvía que unía las zonas "no judías". Al principio solo se podía pasar a pie de calle cuando el tranvía no circulaba, pero después se construyó un puente. Esa amplitud del gueto era engañosa, ya que fueron recluidas allí tantas personas que la gente no cabía en los pisos, por lo que pasaban la mayor parte del tiempo en la calle. Además, los alemanes fueron reduciendo cada vez más el perímetro del gueto. Cuando se extendió el hambre y las enfermedades la gente se moría por la calle, especialmente los niños, y los cadáveres se quedaban tirados durante horas.

En la actualidad ya no queda prácticamemte ningún vestigio de lo que fue el Gueto de Varsovia. Después de que los alemanes reprimiesen a sangre y fuego el Levantamiento del Gueto, el barrio quedó totalmente arrasado por la artillería. Tras la guerra, el régimen comunista creó una nueva trama de calles y construyó bloques prefabricados. Hoy día, el antiguo gueto es atravesado de norte a sur por una ancha avenida, la Juan Pablo II, y la distribución del barrio ya no tiene nada que ver con aquélla. Tan solo se conservan pequeñas secciones del muro que rodeaba el gueto en algunos patios interiores.

En Estados Unidos hay varios museos dedicados a este trágico episodio. El **Museo del Holocausto de Washington**, situado cerca del monumento a George Washington, rememora todo el proceso que llevó al exterminio de los judíos, desde el ascenso nazi al poder hasta la liberación de los campos. Tienen especial presencia el recuerdo a los niños que sufrieron este asesinato masivo. Destaca la exhibición de un vagón de ferrocarril que fue utilizado en la deportación.

Una instalación similar se encuentra en la ciudad texana de **Houston**, que acoge su propio Museo del Holocausto. Exhibe objetos aportados por supervivientes y posee un importante centro de documentación. El tercer gran centro de este tipo es el Museo del Holocausto de Florida, situado en la ciudad de **Saint Petersburg**, que presenta unas interesantes exposiciones temporales. Otras ciudades norteamericanas que cuentan con un museo dedicado al Holocausto son **Saint Louis** y **Richmond**, y son muchas más las que cuentan con memoriales promovidos por las comunidades judías locales.

PROTAGONISTAS

Heinrich Himmler (1900-1945). Jefe de las SS y ministro alemán del Interior. Nacido en una familia católica, estudió para ingeniero agrónomo, graduándose en 1921. Fracasó como criador de pollos, pero en el movimiento nazi escaló rápidamente posiciones hasta convertirse en jefe de las SS en 1929. Durante la guerra puso sus dotes de organizador al servicio del exterminio masivo de judíos. En abril de 1945 intentó pactar con los Aliados a espaldas de Hitler y fue destituido. Al ser apresado por los Aliados se suicidó ingiriendo una cápsula de veneno oculta en la boca. Alguien aseguró que "su cara era la de un cerdo con ojos de pájaro", mientras que otros lo comparaban con un oso hormiguero. Pero fue un juez del proceso de Nuremberg quien le retrató más acertadamente: "No hay ninguna larva viscosa que se retuerza entre el fango y el hedor de la cloaca más sucia que, comparada con él, pudiera ser acusada de despreciable".

Reinhard Heydrich (1904-1942). General de las SS. Aficionado al violín, el piano y la esgrima. De aspecto nórdico —era llamado "la bestia rubia"—, fue hombre de confianza de Himmler, pese a tener probablemente un antepasado judío, por lo que sus enemigos le llamaban el "Moisés rubio" o "la cabra", por su estridente risa. Fue jefe del Servicio de Seguridad del Reich (la SD o *Sicherheitdienst*). Como Protector de Bohemia-Moravia, cometió atrocidades de todo tipo. Unos resistentes checos apoyados por Londres lograron asesinarlo, sufriendo una larga agonía de una semana, aunque la represión posterior fue durísima.

Adolf Eichmann (1906-1962). Teniente coronel de las SS, encargado de asuntos judíos en la oficina central de la Gestapo (1940-45). Su principal tarea fue coordinar las leyes raciales alemanas y la deportación de los judíos a los campos de exterminio, labor que ejecutó con terrible eficacia. Paradójicamente, estaba interesado en la cultura judía y hablaba *yiddish* con fluidez. Al terminar la guerra se refugió en Argentina, pero en 1960 fue descubierto y capturado por agentes israelíes. Conducido a Jerusalén, fue juzgado, condenado a muerte y ejecutado. Sus cenizas fueron esparcidas en aguas internacionales.

Rudolf Franz Ferdinand Höss (1900-1947). Oficial de las SS. Luchó en la Primera Guerra Mundial, ascendiendo a sargento. Miembro del partido nazi, entró en las SS en 1934. Fue destinado a varios campos de concentración, hasta que en 1940 fue nombrado comandante del campo de Auschwitz, organizando fríamente el aspecto administrativo de los asesinatos masivos. Fue capturado por los Aliados el 11 de marzo de 1946. Fue juzgado en Polonia, condenado a muerte y ahorcado en Auschwitz el 2 de abril de 1947.

Filmografía

* **Noche y niebla** (*Nuit et bruillard*, Alain Resnais, 1955).
* **Holocausto** (Shoah, *Claude Lanzmann*, 1985).
* **La vida es bella** (*La vita é bella*, Roberto Benigni, 1998).
* **El tren de la vida** (*Train de vie*, Radu Mihaileanu, 1998).
* **La lista de Schindler** (*Schindler's list*, Steven Spielberg, 1993).

* **La zona gris** (*The grey zone*, Tom Blake Nelson, 2001).
* **La solución final** (*Conspiracy*, Frank Pierson, 2001).
* **Sin destino** (*Sorstalansag*, Lajos Koltai, 2005).
* **Los falsificadores** (*Die Fälscher*, Stefan Ruzowitzky, 2007).
* **El niño con el pijama de rayas** (*The boy in the stipped pyjamas*, Mark Herman, 2008).

Capítulo 32
Asalto a la "Fortaleza Europa"

Tras dos años de preparación, estaba a punto de comenzar el asalto a la fortaleza europea de Hitler. El reto no era nada fácil, tal como había demostrado el fracaso del desembarco en Dieppe, el 19 de agosto de 1942. Aquella desatrosa experiencia, relatada en detalle en el capítulo correspondiente, serviría al menos como lección para evitar cometer los mismos errores, como intentar apoderarse de una zona portuaria bien defendida. Pero ahora, dos años después de aquella frustrante operación, no habría más que una oportunidad; si los alemanes lograban expulsar la fuerza de invasión al mar, seguramente no podría organizarse otro desembarco hasta dentro de varios años, si es que llegaba a poder lanzarse de nuevo algún día.

El objetivo de la denominada Operación Overlord (Señor Supremo) era asaltar el continente europeo, en esos momentos dominado por Hitler. La principal dificultad con la que debían enfrentarse los Aliados era el denominado "Muro del Atlántico". Este sistema de fortificaciones cubría toda la costa atlántica francesa, desde Hendaya hasta Dunkerque, y se extendía luego por Bélgica, Holanda, la propia Alemania, Dinamarca e incluso Noruega. Su objetivo era impedir el previsible desembarco de norteamericanos y británicos, con el que se abriría el Segundo Frente reclamado insistentemente por Stalin.

El Muro del Atlántico

El Muro del Atlántico se había iniciado oficialmente a principios de 1942, aunque con anterioridad ya se habían llevado a cabo trabajos destinados a proteger la costa de posibles incursiones aliadas. Esta colosal muralla, que la propaganda nazi presentaba como inexpugnable, estaba formada por campos de minas, obstáculos en las playas, alambradas, búnkers, casamatas y piezas de artillería.

Las cifras que presentaba esta línea de defensa sin precedentes eran espectaculares. Cubría un litoral de 3.800 kilómetros y requería la construcción de 15.000 puestos fortificados permanentes, que debían acoger a un total de 300.000 soldados. Los ingenieros alemanes habían diseñado 700 tipos distintos de búnker; algunos de ellos fueron esbozados por el propio Hitler. Se contó con un equipo de artistas que tenía la misión de camuflar las instalaciones militares para que no pudieran ser identificadas desde el aire o el mar.

Para construir esta muralla se necesitó la aportación de un cuarto de millón de hombres, en turnos de día y noche, empleando un millón de toneladas de acero y más de veinte millones de metros cúbicos de hormigón. Estos trabajadores, en su mayoría prisioneros de guerra, eran aportados por la Organización Todt, creada en 1938 por Fritz Todt, un ingeniero que se había convertido en una figura destacada en el partido nazi.

En realidad, a principios de 1944, algunos tramos del Muro dejaban mucho que desear, por lo que se encargó al mariscal Rommel que elaborase los informes necesarios para su mejora. Pero el mítico Zorro del Desierto se vería impotente para organizar esta crucial línea de defensa. La imposibilidad de coordinar las guarniciones costeras con la *Luftwaffe* o la Marina dificultó enormemente la tarea encomendada al veterano general; por ejemplo, Göring se negó a proporcionarle cañones antiaéreos, mientras que la *Kriegsmarine* tan solo aportó tres destructores para la protección del litoral.

Además, aunque la *Wehrmacht* podía enfrentar un total de 59 Divisiones a la fuerza de invasión —una cantidad similar a la que estaba a disposición de Eisenhower—, la mayoría estaban integradas por soldados de edad madura, escasamente motivados, o incluso por rusos o cosacos a los que el alcohol les ayudaba a soportar mejor las horas de tedio, por lo que era difícil creer que pudieran ofrecer una resistencia organizada ante las tropas aliadas, y más teniendo en cuenta que el armamento con el que contaban era inadecuado y obsoleto.

Por último, la defectuosa organización del resorte militar, auspiciado por Hitler para impedir que algún general acumulase demasiado poder, obstaculizaba la toma de decisiones rápidas en caso de invasión. Esta condición era fundamental para rechazar a las tropas aliadas en las playas durante las primeras veinticuatro horas, el único modo —según el clarividente Rommel— de poder rechazar el asalto al continente.

Todo ello confirmaba el principio napoleónico de que una batalla está ganada o perdida antes de que se dispare la primera bala. Los Aliados gozaban de todas las ventajas para lograr abrir el ansiado Segundo Frente pero, aún así, el objetivo no resultaría tan sencillo como hacía pensar por la disposición de fuerzas que existía sobre el papel.

El escenario finalmente elegido para Overlord sería la costa normanda, puesto que las defensas de este sector presentaban numerosas deficiencias, aunque Rommel estaba tratando desesperadamente de corregirlas.

Una compleja operación

El asalto anfibio que estaba a punto de lanzarse en las playas de Normandía en el verano de 1944 era, sin duda, la operación militar más compleja de las organizadas hasta esa fecha, y probablemente lo siga siendo durante mucho tiempo.

En la operación de desembarco estaba previsto que participasen 100.000 soldados del Ejército estadounidense, 58.000 hombres del Ejército británico y 17.000 efectivos del Ejército de Canadá. La operación naval que debía trasladar a estas tropas a través del Canal de la Mancha recibía el nombre en clave de Neptune; las playas situadas al oeste, a las que llegarían los soldados norteamericanos, se *bautizaron* como Utah y Omaha, las correspondientes a los británicos, al este, serían Gold y Sword, mientras que Juno, situada entre estas dos últimas, estaba reservada a los canadienses.

Para facilitar la conquista de las playas, la noche anterior se lanzarían paracaidistas detrás de las líneas alemanas con la misión de obstaculizar la llegada de tropas de refresco una vez comenzada la invasión, así como impedir la voladura de los puentes que permitirían salir de las playas hacia el interior. Además, la resistencia francesa recibiría instrucciones de Londres para iniciar actos de sabotaje en las líneas férreas de todo el país, impidiendo así el envío de refuerzos.

Un elemento decisivo para el éxito de la invasión era convencer a los alemanes de que la operación sobre Normandía no era más que un señuelo y que el grueso de la fuerza de desembarco llegaría a Calais, el punto más cercano a las costas inglesas. Para engañar al servicio de inteligencia nazi, los Aliados se sirvieron del general Patton, que se vio obligado a pasearse por los puertos del Canal situados enfrente de Calais para que fuera visto por los espías alemanes; allí estaba al frente de un gran ejército de invasión, tal como podían comprobar los aviones de reconocimiento germanos, pero en realidad estaba compuesto de tanques hinchables y lanchas de desembarco de madera y lona. Unos estudios cinematográficos de Londres se encargaron de crear campamentos, hospitales, depósitos de munición y hasta una instalación portuaria completa en la playa de Dover, todo ello de cartón piedra.

Estaba previsto que el engaño se prolongase durante las primeras horas de la invasión, para retener en Calais a las temibles Divisiones Panzer. Para ello se decidió que algunos barcos zarpasen desde Dover pertrechados con grandes antenas emisoras, para simular el tráfico de una gran escuadra. Además, se arrojarían desde el aire toneladas de láminas de aluminio en este sector para que las pantallas de radar alemanas detectaran una enorme cantidad de puntos, lo que les haría creer que se aproximaba la fuerza naval de invasión.

Para terminar de confundir a los alemanes, durante los meses anteriores al Día-D los británicos radiaron mensajes destinados a hacer creer a los servicios de inteligencia enemigos que existía un ejército de un cuarto de millón de hombres en Escocia, listo para un desembarco en Noruega. La solicitud urgente de miles de bastones de esquí por parte de este ejército *fantasma* hizo creer a los alemanes que el asalto a Noruega era inminente, lo que provocó que Hitler —que tenía una extraña fijación en proteger este país escandinavo a toda costa— ordenase que 27 divisiones permaneciesen allí en lugar de ser enviadas a rechazar la invasión de Francia. Los expertos coinciden en que esa decisión fue crucial para el desarrollo de la invasión en Normandía. Si Hitler hubiera enviado a Francia, con anterioridad al 6 de junio, las tropas que mantenía en Noruega, los Aliados habrían tenido dificultades casi insalvables para consolidar las cabezas de playa en la costa normanda.

Esperando el momento idóneo

Desde principios de 1944, cada hombre de los que iban a participar en el Día-D se había entrenado a diario hasta conocer de memoria su misión. Durante la última semana de mayo, las tropas quedaron recluidas en sus campamentos sin posibilidad de enviar cartas. Todo lo que hacía referencia a la invasión de Europa fue clasificado como alto secreto.

Pese a las espectaculares medidas de seguridad para que no trascendiese ningún detalle de la operación, en un maletín olvidado en un taxi, en la estación londinense de Waterloo, apareció el listado completo de las frecuencias de radio y las claves que se emplearían ese día; por fortuna, estos documentos no cayeron en manos de ningún espía alemán.

Pero el olvido del maletín no fue el único susto que se llevaron los servicios de inteligencia aliados. Durante las cinco semanas anteriores al desembarco, en los crucigramas del rotativo británicos *Daily Telegraph* fueron apareciendo los términos secretos del Día-D; desde los nombres en clave de las playas (Utah u Omaha) hasta el propio nombre de la operación (Overlord) además de otros como Neptune o Mulberry. Una vez disparada la alarma ante esta supuesta evidencia de que se había roto el secreto, los agentes de *Scotland Yard* detuvieron al autor del crucigrama pero, sorprendente, era un maestro de escuela que los confeccionaba desde hacía dos décadas, por lo que no se trataba más que de una increíble coincidencia.

Sin duda, el nerviosismo ya estaba haciendo mella en el mando aliado, pero no era para menos. Aunque el plan de desembarco se había trazado meticulosamente, existía un imponderable que no podía ser dominado de ningún modo: el tiempo meteorológico. Aunque a un profano le puede parecer que cualquier día con buen tiempo es adecuado para lanzar una operación anfibia, no es así. Era necesario que los primeros rayos de sol del amanecer coincidiesen con la marea baja para dejar al descubierto los obstáculos; en el mes de junio de 1944, eso reducía los días válidos a seis. Pero teniendo en cuenta que debía haber luna llena para poder efectuar los lanzamientos nocturnos de paracaidistas, los días *verdes* quedaban reducidos a tres.

Estas condiciones podían predecirse con la ayuda de unas sencillas tablas, pero ahora entraban en juego otras mucho menos predecibles. En esos tres días válidos no podía haber un viento excesivo, debía darse una visibilidad mínima, las nubes no podían ser espesas y tampoco tenía que haber oleaje. Todo ello hacía que tan solo se diera un día válido en dos meses.

Evidentemente, era necesario sacrificar alguna de estas condiciones, por lo que se decidió que Overlord se lanzaría a primeros de junio, siempre y cuando un tiempo excesivamente malo aconsejase aplazar la operación. A principios de mayo se determinó que el día del desembarco fuera el 5 de junio, una elección que fue confirmada a final de mes.

Con toda seguridad, nunca tantas personas han estado tan pendientes de un parte meteorológico como en los primeros días de junio de 1944. En esos tensos momentos, la historia de Europa, y quizás del mundo, dependía del acierto de un anónimo *hombre del tiempo*, el coronel de la RAF James Stagg. En base a la predicción expresada por este flemático escocés, asesorado por un equipo de meteorólogos británicos y norteamericanos, el general Eisenhower debía tomar la que sería probablemente la decisión más arriesgada y comprometida de toda la Segunda Guerra Mundial.

Eisenhower: "¡Allá vamos!"

La maquinaria del Día-D se había puesto definitivamente en marcha. Desde todos los puntos de Inglaterra partieron convoyes de soldados y vehículos —algunos de más de un centenar de kilómetros de largo— para concentrarse en los campamentos de la costa. El 3 de junio, los 170 .000 soldados que iban a participar en la mayor operación anfibia de la historia ya estaban embarcados y recibieron allí las últimas instrucciones. Se podía percibir la tensión de unos hombres que se iban a enfrentar a un enemigo que les estaba esperando al otro lado del Canal de la Mancha, parapetados en sus casamatas y nidos de ametralladora, mientras que ellos deberían avanzar sin protección por la playa.

Pero a última hora de ese sábado 3 de junio llegaron muy malas noticias; tres depresiones procedentes del Atlántico llegarían sucesivamente a Inglaterra en las próximas horas. Se esperaba un tiempo muy inestable, con nubosidad del cien por cien y vientos intensos que no amainarían hasta dentro de cuatro días. En esas condiciones, era imposible lanzar la invasión.

A las cuatro de la madrugada, Eisenhower se reunió con el coronel Stagg, esperando que este le diese alguna buena noticia, pero no fue así y le confirmó el pronóstico anterior; habría mal tiempo en los próximos días. La operación, prevista para el día 5, quedó aplazada para el siguiente día, pese a que nada hacía pensar que el tiempo mejoraría para entonces.

En la mañana del domingo 4 de junio, una furiosa tormenta azotó el mar de Irlanda. A primera hora de la tarde, las olas llegaban ya a las playas de Normandía. Mientras tanto, los barcos anclados en los puertos del sur de Inglaterra, atestados de soldados, se balanceaban bruscamente, provocando vómitos y mareos en una tropa que ya acusaba síntomas del nerviosismo.

Al anochecer, nada invitaba a pensar en una mejoría del tiempo. Pero no era posible aplazar más el desembarco previsto para el día 6 de junio. Los hombres no podían permanecer otras veinticuatro horas en el interior de los barcos, pero tampoco cabía la posibilidad de desembarcarlos, puesto que sus campamentos ya habían sido ocupados por las tropas que debían seguirles en la segunda oleada sobre las playas francesas.

Se barajaron nuevas fechas para la invasión, pero ninguna era factible. En los días siguientes, la marea comenzó a crecer y no ya no bajaría hasta después de dos semanas, pero para entonces ya no habría luna llena, lo que impediría el lanzamiento de paracadistas. Si se aplazaba hasta julio, ya sería imposible ocultar la acumulación de efectivos frente a las costas normadas, por lo que se perdería el efecto sorpresa, permitiendo a los alemanes reforzar las defensas en ese sector.

Afortunadamente para los Aliados, en esos momentos era Eisenhower el que estaba en el puente de mando; sus nervios de acero y su perenne sonrisa conseguían transmitir serenidad en esos momentos dramáticos, pero a nadie se le escapaba que se estaba al borde del desastre. Para colmo, Stalin, desde Moscú, exigía a sus aliados occidentales que abriesen de una vez ese nuevo

Eisenhower anima a un grupo de paracaidistas norteamericanos antes de emprender vuelo hacia Francia, la víspera del Día-D.

frente en Europa, para hacerlo coincidir con su ofensiva de verano, que estaba a punto de ponerse en marcha.

La situación no podía ser más dramática. Según confesaría más tarde Eisenhower, "las consecuencias de un retraso eran tan amargas que, sencillamente, era una posibilidad que no podía contemplarse". Los comandantes aliados se reunieron a las nueve y media de la noche de ese domingo 4 de junio; en el exterior el viento silbaba y se escuchaba el ruido de la lluvia repiqueteando en el tejado. Las miradas estaban fijas en el suelo. La invasión no podía aplazarse más, pero era una locura intentarlo con este tiempo. Tan solo un milagro podía sacarles de este terrible dilema.

En ese momento se presentó el coronel Stagg, tan serio y circunspecto como siempre. Los presentes intuían que no era portador de buenas noticias. Stagg tomó la palabra: "Caballeros, parece ser que el primero de los tres frentes procedentes del Atlántico ha avanzado más deprisa de lo que esperábamos, por lo que, una vez que atraviese el Canal de la Mancha, habrá un espacio de tiempo sin perturbaciones que irá de la tarde del lunes 5 de junio hasta la noche del martes 6 de junio, cuando llegará el segundo frente frío".

Acababa de resonar en la sala la predicción meteorológica más importante y decisiva de la historia. Los reunidos se quedaron en silencio. El milagro se había producido, pero nadie se atrevía a expresar su alegría. Todo dependía ahora de Eisenhower. El norteamericano preguntó a Montgomery su opinión, y este se mostró partidario de impulsar la operación. Tras unos minutos de reflexión, Eisenhower expresó la necesidad de dar *luz verde* a Overlord. Sin embargo, la decisión final quedaba a expensas de un último parte meteorológico previsto para las cuatro de la madrugada.

Llegada esa hora, mientras en el exterior caía un intenso chaparrón, los comandantes aliados esperaban con impaciencia la aparición del coronel escocés, tras varias horas de insoportable tensión. Stagg entró en la sala y, sin perder su gesto adusto, afirmó que no se habían producido cambios importantes desde el último parte. El buen tiempo se mantendría durante todo el martes 6 de junio. En ese momento, todas las miradas confluyeron en Eisenhower, que tenía en sus manos dar la orden más trascendental de la Segunda Guerra Mundial.

De repente, *Ike* dejó atrás su mirada de preocupación, se dirigió hacia Stagg y, sonriendo, le espetó: "Está bien, haga que el tiempo se atenga a lo que usted ha pronosticado y le prohíbo que nos traiga malas noticias". Dicho esto, el general se acomodó en su butaca, miró a los ojos a los presentes y con aire relajado dijo: "Bien, ¡allá vamos!".

Overlord, en marcha

Todo estaba preparado para poner en marcha el asalto a la "Fortaleza Europa", el término empleado por la propaganda nazi. En cuanto Eisenhower dio la orden de puesta en marcha de la operación, en aquella desapacible madrugada del 5 de junio, una flota compuesta por 5.000 embarcaciones se puso en camino hacia el punto de reunión desde el que se dirigirían a las costas francesas. Los hombres que debían participar en el asalto anfibio, y que atestaban las bodegas y las cubiertas, sufrieron algún mareo debido al oleaje, pero nadie se quejó; sus mentes estaban muy ocupadas asimilando las últimas instrucciones recibidas.

A última hora de ese día, los paracaidistas que debían caer tras las líneas germanas tomaron su cena y cargaron con el equipo; cuarenta y cinco kilos en sus espaldas y veinticinco kilos atados a sus piernas. Con el rostro pintado de negro subieron a los aviones después de recibir personalmente ánimos de Eisenhower, que acudió a despedir a algunos de ellos.

Pasaban unos minutos de la medianoche cuando los paracaidistas pudieron ver a través de las ventanillas, gracias a la luz de la luna llena, la línea de la costa francesa. Ahora era el momento de la verdad; había llegado el Día-D.

Escenarios

Hoy día es posible visitar dos de los búnkers que formaban parte del Muro del Atlántico, en perfecto estado de conservación.

El primero y más importante es el conocido como **Le Grand Bunker** y está situado en la ciudad portuaria francesa de **Ouistreham**, en la costa de Normandía. En realidad se trataba de un puesto de observación con la misión de comunicar a la artillería de costa las coordenadas de los barcos aliados que se acercaban a la bahía del Sena. Su radio de visión era de cuarenta kilómetros. Para que no fuera detectado por los observadores enemigos desde el mar, el búnker se encontraba disimulado tras una inocente mansión, que hacía también las funciones de residencia de oficiales. Esta imponente atalaya de hormigón conserva el mismo aspecto que ofrecía el día que fue tomada, el 9 de junio de 1944. El edificio consta de cuatro plantas, en las que se pueden contemplar la sala de máquinas, la enfermería, la sala de los filtros de aire, la centralita telefónica o el depósito de municiones. En las habitaciones más grandes se encuentra una importante exposición sobre el Muro del Atlántico. En estas salas se exponen maquetas de las playas del desembarco, así como una gran variedad de armas, cascos y un conjunto de objetos militares recuperados del mar en fechas recientes. En el último piso se encuentra el elemento que daba sentido a esta instalación; un sofisticado telémetro de grandes proporciones, destinado a calcular con exactitud la posición de los barcos enemigos.

El otro búnker que se conserva en buen estado es el que se encuentra en **Batz-sur-Mer**, una población costera cercana a Saint Nazaire. El nombre por el que se le conoce es **Le Grand Blockhaus**. Rehabilitado en 1997, consta de cinco plantas, sumando un total de 300 metros cuadrados. El interior ofrece también el aspecto que tenía el día que fue tomado por las tropas aliadas, el 11 de mayo de 1945, tres días después de que Alemania firmase la rendición. En sus salas se expone material de guerra de los soldados alemanes, además de objetos de la vida cotidiana de los franceses bajo la ocupación nazi o recuerdos personales de los miembros de la Resistencia. Este búnker posee también una amplia vista sobre el mar, pero era muy difícil de detectar por los barcos aliados porque en su fachada de hormigón los alemanes habían pintado ventanas y balcones para camuflarlo.

En suelo británico, son varios los escenarios de los preparativos del Día-D. En la base de la *Royal Navy* de **Southwick**, al norte de Portsmouth, se encuentra la conocida como **Southwick House**, en donde Eisenhower planeó y dirigió la Operación Overlord. Destaca el enorme mapa del Canal de la Mancha y la costa francesa utilizado entonces.

En la misma localidad de Southwick se halla el **Pub Golden Lion**, lugar habitual de encuentro para Eisenhower, Montgomery y otros altos oficiales, para compartir unos momentos de asueto. El pub está decorado con insignias de las unidades destinadas entonces en esa zona y carteles de la época. Según la placa que hay en la puerta, *Ike* solía pedir media pinta de cerveza, mientras que *Monty* —que era abstemio— tomaba invariablemente zumo de pomelo.

En **Southampton**, lugar de embarque para las tropas enviadas a las playas de Normandía, existe un curioso vestigio de la presencia de aquellos soldados. En el lado este del Hotel De Vere Grand Harbour hay un muro de ladrillo en el que los soldados norteamericanos que estaban a punto de partir grabaron sus nombres, escarbando con algún objeto punzante. Aunque la realidad es que las únicas fechas que se pueden distinguir son posteriores al verano de 1944, lo que hace dudar de que esos nombres correspondan a los soldados que desembarcaron en Normandía, el muro es conocido con el nombre de **D-Day Wall**.

Protagonistas

Fritz Todt (1891-1942). Ingeniero alemán. Tras el ascenso de Hitler al poder fue nombrado Inspector General de Carreteras, encargado de la construcción de la red de autopistas. En 1938 fundó la Organización Todt, en la que se integraban las compañías privadas y las del gobierno, y que estuvo a cargo de la construcción de la Línea Sigfrido. El 17 de mayo de 1940 fue nombrado ministro de Armamento y Munición. El 8 de febrero de 1942 murió cuando el aparato en el que acababa de despegar, un Heinkel 111, estalló en el aire. Hitler detuvo la investigación sobre el accidente y nombró en su lugar a Albert Speer. La Organización Todt sería la encargada de construir el Muro del Atlántico.

James Martin Stagg (1900-1975). Capitán de la RAF y meteorólogo. Fue el encargado de proporcionar los partes meteorológicos que debían determinar el momento adecuado para lanzar la Operación Overlord. Tras la guerra, trabajó como director de la Oficina Meteorológica hasta 1961. Fue nombrado presidente de la Real Sociedad de Meteorología en 1959.

Dwight David Eisenhower (1890-1969). General y estadista norteamericano. Organizó el desembarco en Africa del Norte de noviembre de 1942. Como jefe de las fuerzas aliadas, dirigió la campaña de Túnez y los desembarcos en Sicilia e Italia. Jefe supremo de las fuerzas aliadas en 1944, tuvo la máxima responsabilidad en el desembarco de Normandía. Recibió la capitulación alemana en Reims. Conocido popularmente como *Ike*, nunca destacó por su carisma, pero era capaz de coordinar las distintas —y a veces enfrentadas— fuerzas aliadas gracias a sus grandes habilidades diplomáticas. En la posguerra inició una carrera política que le llevaría a la presidencia de Estados Unidos en 1952, siendo reelegido en 1956.

Capítulo 33
El desembarco de Normandía

A las 00.18 horas del 6 de junio de 1944, los primeros paracaidistas aliados saltaron a través de las portezuelas de sus aviones. Pocos después, los planeadores fueron desenganchados de los aviones de arrastre e iniciaron el descenso hacia suelo francés. Acababa de dar comienzo el asalto a la fortaleza europea de Hitler.

Nada hacía pensar a los alemanes que la invasión se estaba produciendo en ese mismo momento. Paradójicamente, el mal tiempo de los días anteriores había disipado el temor a un ataque, por lo que Rommel había viajado a Alemania para celebrar el cumpleaños de su mujer, Lucie. Creyendo que los Aliados no intentarían nada hasta la próxima fecha en la que las mareas y la luna fueran favorables, los oficiales del Muro del Atlántico estaban convocados en la mañana de ese 6 de junio para asistir a un ejercicio teórico que se llamaba precisamente "Desembarcos en Normandía precedidos por lanzamientos de paracaidistas".

Sin embargo, los servicios secretos germanos sí que tuvieron en sus manos el indicio más claro de la inminencia de la invasión. La BBC debía emitir unos versos del poeta Paul Verlaine el día anterior al desembarco para alertar a la Resistencia francesa, según había averiguado un espía alemán infiltrado en estos grupos. El día 5 de junio, los versos fueron detectados por el centro de escuchas y este elevó inmediatamente el informe avisando que la invasión se produciría en unas horas. Sin embargo, inexplicablemente, la alerta no fue tomada en consideración al ver el mal tiempo que reinaba en el Canal y se creyó que se trataba de un error.

De forma también incomprensible, los alemanes no reaccionaron cuando en las primeras horas de la madrugada del 6 de junio más de mil bombarderos de la RAF comenzaron a aplastar las defensas costeras normandas. En ausencia de los más altos oficiales, la confusión se apoderó de todas las guarniciones costeras; los informes sobre los bombardeos en Normandía se sumaban a los falsos informes de acciones aéreas sobre Calais, instigados por los Aliados con emisiones en alemán desde Londres.

Para agravar el enredo, el lanzamiento de centenares de muñecos en paracaídas restó credibilidad a los informes que alertaban del aterrizaje de los paracaidistas auténticos en la retaguardia germana.

Las primeras horas del Día-D

Con la llegada de la claridad del amanecer, la mayoría de objetivos señalados a las tropas aerotransportadas habían sido alcanzados, pese a que miles de paracaidistas se perdieron en los intricados campos de setos de la región —el llamado *bocage*— y no llegaron a desempeñar ninguna acción. Quizás, las dos proezas más célebres conseguidas en estas primeras horas del Día-D serían la captura del mítico puente Pegaso, en el Canal de Caen, y la toma de la estratégica localidad de Sainte-Mère-Eglise.

Pero una de las hazañas más extraordinarias del Día-D sería el asalto por parte de los *rangers* norteamericanos a Pointe-Du-Hoc, un promontorio en el que se encontraba una temible batería costera de seis cañones que tenía en su radio de acción tanto la playa de Omaha como la de Utah. Los *rangers* llegaron en botes y comenzaron a escalar el acantilado de treinta metros de altura, soportando los disparos que efectuaban los alemanes desde la cumbre. Pero cuando alcanzaron la cima, a costa de un gran número de bajas, se llevaron la desagradable sorpresa de que la batería ya no estaba allí; siguiendo las huellas que habían dejado los cañones en su traslado, consiguieron localizarlos ocultos en un bosque, destruyéndolos de inmediato. Los *rangers* habían cumplido la comprometida misión que se les había encomendado.

Tardía reacción alemana

Mientras tanto, en el campo alemán, la reacción ante la invasión no fue instantánea. La primera confirmación de que se estaba produciendo un ataque a gran escala no llegaría hasta las dos y cuarto de la madrugada, aunque no sería hasta poco antes de las tres cuando se envió un mensaje al cuartel general de Hitler. De todos modos, no sirvió de nada el aviso, puesto que el *Führer* se había tomado unos somníferos y dormía profundamente; nadie se atrevió a despertarle para darle esa mala noticia, temiendo provocar uno de sus cada vez más frecuentes ataques de ira.

A las cuatro y cuarto, tras detectar la flota de desembarco, se confirmó que la invasión estaba en marcha. Entonces se transmitió al cuartel general la petición urgente para el traslado a la costa de dos Divisiones Panzer que estaban en reserva, pero el mensaje tampoco llegó a manos de Hitler, que continuaba durmiendo. Ante la falta de noticias, esas dos Divisiones fueron puestas en marcha hacia las playas, pero la orden fue revocada desde el cuartel general, a la espera de disponer de más información. En ese momento los alemanes cometieron su primer error de importancia.

Increíblemente, no sería hasta las seis de la mañana cuando a alguien se le ocurrió avisar por teléfono a Rommel, casi en el mismo momento en el que la flota de invasión comenzaba a disparar sus cañones contra las defensas costeras en Normandía. Allí, los soldados alemanes ensordecían ante la tormenta de fuego que les caía encima, que hacía volar por los aires los cascotes de hormigón, mientras toda la amplitud del horizonte se presentaba cubierta por una línea contínua formada por barcos, en una visión que nunca más olvidarían. Aquellos hombres, más interesados en huir o en entregarse que en resistir a ultranza, no tenían ya ninguna duda: la invasión había comenzado.

COMBATES EN LAS PLAYAS

A lo largo de casi cien kilómetros de costa, los cañones de los barcos aliados abrían fuego una y otra vez contra las defensas germanas. A su vez, los bombarderos machacaban las playas que estaban a punto de ser asaltadas. Mientras tanto, los soldados norteamericanos se dirigían, mareados y nerviosos, en sus lanchas de desembarco hacia las playas de Utah y Omaha. Ellos serían los primeros en pisar suelo francés, a las 6.30 de la mañana. Una hora más tarde estana previsto que británicos y canadienses llegasen a Gold, Juno y Sword.

Hacía un frío impropio de esas fechas veraniegas, y el agua helada salpicaba los rostros de aquellos soldados a los que se les había reservado un lugar en la historia. Pero en esos momentos la situación no presentaba un cariz demasiado épico. Mientras algunos no habían podido evitar hacerse sus necesidades en los pantalones ante ese probable encuentro con la muerte, otros vomitaban mareados por un mar embravecido, al haber iniciado su andadura demasiado lejos de la costa —dieciocho kilómetros de distancia—, para evitar el radio de acción de las baterías costeras. Aun así, el resplandor de las bombas en la costa indicaba que los defensores alemanes estaban siendo barridos; con suerte, no encontrarían resistencia a su llegada a las playas.

La suerte sí que acompañó a los destinados a tomar Utah. Por un error, sufrieron un desvío y tocaron tierra a dos kilómetros del lugar previsto, pero afortunadamente en ese punto las defensas germanas eran mucho menos sólidas y buena parte de las tropas alemanas, formadas por reservistas y reclutas ucranianos, habían huido ante la violencia del bombardeo previo. Al bajar a la arena, los norteamericanos corrieron enarbolando sus fusiles y dando gritos de alegría. Los tanques que desembarcaron con ellos acabaron con los escasos focos de resistencia. En pocos minutos, la playa de Utah estaba en manos de los Aliados, con un coste de solo dos centenares de bajas. Al final del Día-D, habrán desembarcado en esta playa más de 21.000 soldados y 1.700 vehículos, y las líneas se extenderán hasta nueve kilómetros hacia el interior.

Carnicería en Omaha

Muy distinto será el destino de los que debían tomar la playa de Omaha. Allí, los norteamericanos se encontraron con un recibimiento inesperado, ya a medio kilómetro de la orilla. Los alemanes, desde los acantilados, tenían una posición inmejorable para disparar. En cuanto se abrieron los portones de las lanchas de desembarco, las ráfagas de ametralladora segaron en pocos segundos la vida de los soldados que estaban a punto de salir de ellas. La única opción era saltar por la borda y tratar de llegar a la playa por el agua. Pero el peso del equipo arrastró a muchos de ellos hacia el fondo, por lo que tuvieron que desprenderse rápidamente de él para no perecer ahogados, aunque los más desafortunados no lo consiguieron.

Los que lograron llegar a la arena tras unos setenta metros caminando con el agua por la cintura, se encontraban con que era imposible avanzar. Delante de ellos tenían más de doscientos metros de playa, en la que estaba cayendo una granizada de balas y obuses. Tan solo podían resguardarse tras los obstáculos colocados por los alemanes, pero no podían mantenerse allí durante mucho tiempo; seguían llegando más lanchas y tenían que avanzar para dejar sitio a los que venían detrás. Los alemanes, desde las alturas y bien protegidos en sus búnkers, ametrallaban a placer a los infortunados norteamericanos, que además habían perdido la mayor parte de sus armas, como *bazookas*, morteros o lanzallamas.

La razón por la que las defensas de Omaha se encontraban prácticamente intactas hay que buscarla en el defectuoso bombardeo aéreo de la zona. Aunque los aviones aliados habían soltado en esa zona su carga de bombas, estas habían caído más al interior. Además, el bombardeo naval había sido demasiado breve, de tan solo treinta y cinco minutos. Esos errores acabarían costando muchas vidas.

Conforme subía la marea, los soldados se veían obligados a avanzar en dirección a los alemanes, que no paraban de barrer todo lo ancho de la playa con sus ametralladoras. El agua se tiñó de rojo, mientras que centenares de hombres agonizaban mecidos por el agua. Omaha se convirtió en una auténtica carnicería.

Las noticias del desastre llegaron al mando aliado, pero aún había esperanzas de que cambiase el signo del combate. A las nueve en punto las pérdidas eran ya tan grandes que se decidió evacuar la playa y trasladar esas tropas a Utah, pero antes de que se ejecutase la orden comenzaron a llegar informes de que algunos grupos, tras un denodado esfuerzo, habían logrado atravesar un extremo de la playa y llegar hasta la meseta. A las nueve y media, ya habían conseguido abrir una brecha en la línea de defensa; en esos momentos recibieron la ayuda de un acorazado y varios destructores que, con peligro de embarrancar al rozar sus quillas con el fondo, se aventuraron a acercarse a menos de un kilómetro de la orilla para demoler con los disparos de sus cañones las fortificaciones de hormigón, haciendo el trabajo que debía haberse realizado antes del desembarco.

Pese al auxilio de la artillería naval, no será hasta la una de la tarde cuando las tropas atascadas en la playa consigan finalmente avanzar, capturando los puestos fortificados alemanes. Los Aliados habían sufrido unas 3.000 bajas, pero Omaha también estaba conquistada; al atardecer, más de 34.000 hombres estaban ya asentados en esta playa, cuya arena estaba aún impregnada del olor dulzón de la sangre.

Británicos y canadienses, sin oposición

En cuanto a los británicos y los canadienses, que debían desembarcar más al este, Montgomery se aseguró que las defensas alemanas fueran aplastadas antes de que sus hombres llegasen a las playas. Para ello, fiel a sus principios, *Monty* ordenó que el bombardeo previo durase dos horas.

El vencedor de El Alamein tampoco cometerá el error de enviar las lanchas de desembarco desde tan lejos y los barcos se aproximarán a menos de cinco kilómetros. Además, al atacar a las 7.30 se aseguró que la marea estuviera más alta, con lo que el recorrido por la playa a descubierto fue más corto.

La consecuencia es que el desembarco de estos hombres fue extrañamente plácido, favorecido por el relieve bajo de este tramo de costa, que posibilitaba la llegada de los tanques aliados para proteger el avance. De todos

Soldados norteamericanos desembarcando en la playa de Omaha. La resistencia alemana estuvo a punto hacer fracasar el asalto.

modos, las minas hundieron varias lanchas y en algunos puntos los alemanes ofrecieron una feroz resistencia, pero incluso aquí las ametralladoras germanas quedarían acalladas tras una escasa hora de lucha.

Al terminar el día se habrá conseguido penetrar seis kilómetros hacia el interior, aunque no se logrará el objetivo previsto de tomar Caen, una ciudad cuya captura costaría varias semanas de intensos combates.

La respuesta alemana

Mientras el destino de la fortaleza europea de Hitler se estaba jugando en las playas normandas, los comandantes alemanes, increíblemente, aún no tenían noticia de ello. Los bombardeos aliados de la madrugada habían destruido los sistemas de comunicación, por lo que los primeros informes contrastados no llegarían hasta poco antes de las nueve.

En esas primeras horas, los alemanes disfrutaban aún de su última oportunidad para expulsar al mar a las fuerzas de desembarco. Desde Normandía se insistió de nuevo en la necesidad urgente de enviar a la reserva de blindados hacia las playas ocupadas por los británicos, pero desde el cuartel general de Hitler —en donde el *Führer* continuaba durmiendo— se prohibió esta acción, ante los informes secretos que señalaban que el verdadero ataque se produciría en Calais, fruto de las maniobras de engaño pergeñadas por la Inteligencia aliada.

Finalmente, Hitler se despertó a las diez de la mañana. Aún vestido con ropa de cama, escuchó atentamente las informaciones de sus generales, pero no se dejó impresionar por el despliegue aliado y confirmó la orden de que los *panzers* no se moviesen y permaneciesen listos para trasladarse a Calais, pese a que en ese momento ya tenían sus depósitos llenos de gasolina y estaban listos para ponerse en marcha. Si los alemanes tenían alguna opción para derrotar a las fuerzas de invasión, en ese preciso instante la acababan de perder.

Mientras los Aliados ya estaban asaltando con éxito el continente europeo, Hitler, ajeno por completo a la realidad, centraba su atención en los detalles del futuro bombardeo de Londres con las revolucionarias bombas volantes V-1 y decidió mantener una reunión que tenía prevista al mediodía con el primer ministro húngaro.

Los informes que llegaban de Normandía eran cada vez más preocupantes, pero eso no alteró los planes del *Führer*, que no se ocupará del asunto hasta que no dé por acabado su almuerzo vegetariano. Es entonces cuando decidió por fin dar permiso para el envío de sus unidades acorazadas, que no recibirán la orden de marcha hasta las cuatro de la tarde, cuando los Aliados estaban ya firmemente asentados en las playas. Esta fuerza es la que conseguiría contener a los británicos a las puertas de Caen; teniendo en cuenta las dificultades que afrontaron los hombres de Montgomery para tomar la ciudad, cabe imaginar lo que hubiera sucedido si esas divisiones hubieran llegado a tiempo de rechazar la invasión en las playas.

En cuanto a Rommel, que había sido alertado a las 6.30 del lanzamiento de los paracaidistas, recibió a las diez de la mañana la noticia de que la invasión anfibia finalmente se había producido. Cuando le confirmaron que hacia más de tres horas que los Aliados estaban en las playas, Rommel, profundamente deprimido, comprendió que ya no había nada que hacer. Aunque a la una de la tarde se puso en camino hacia Normandía, a donde llegaría a medianoche, era consciente de que —tal como confesó a un ayudante— no solo la batalla estaba ya perdida, sino también la guerra.

Rommel no se equivocaba en su pronóstico tan poco optimista. Aunque los Aliados debían realizar todavía un ímprobo esfuerzo para consolidar y expandir sus cabezas de playa, la apertura del segundo frente en el continente europeo era ya un éxito. Overlord había marchado incluso mejor de lo previsto; aunque los expertos aliados habían calculado un balance de 10.000 muertos en las primeras horas del asalto, en realidad la operación se había saldado con la pérdida de 2.500 vidas, siendo la suma total de bajas —incluyendo heridos y prisioneros— de 12.000.

Al anochecer de aquel histórico día, el panorama que se presentaba ante los Aliados no estaba libre de riesgos y amenazas, pero todos tenían la impresión de que lo peor había pasado ya. Eran conscientes de que durante las primeras luces de esa intensa jornada había estado en juego el destino de Europa, y este se había decantado de su lado. Nadie podía poner en duda que aquel 6 de junio de 1944 había sido el día más largo.

Escenarios

Normandía ofrece innumerables escenarios de extraordinario interés. El principal foco de atención es la **playa Omaha**. La inabarcable extensión de cruces blancas del adyacente cementerio norteamericano de **Colleville** es testimonio del generoso sacrificio realizado por este país para liberar el continente europeo. La historia del difícil desembarco en esta playa puede conocerse en el **Musée D-Day** de la cercana Vierville-sur-Mer.

La **playa Utah** también merece una visita, ya que acoge el **Utah Beach Musée du Débarquement**. Este moderno museo explica la historia del desembarco en esta playa mediante una impresionante colección de fotos, documentales, mapas, maquetas, armas, vehículos y lanchas de desembarco.

La iglesia de **Sainte-Mère-Église** es célebre porque de su campanario quedó colgado el paracaidista norteamericano John Stelle, quien se hizo el muerto para no ser capturado por los alemanes. Este episodio fue recreado en la película *El día más largo* (1962). Durante el verano, un maniquí representando a Stelle cuelga del campanario, para satisfacer las expectativas de los turistas.

En esa misma localidad se encuentra el **Musée Airborne**, dedicado a las tropas aerotransportadas que fueron lanzadas sobre Normandía para facilitar la invasión. En el museo se muestra un planeador original y un avión C-47 Dakota, un modelo empleado para el arrastre de esos aparatos y el lanzamiento de paracaidistas.

En el **Museo de Bénouville** se encuentra el **Puente Pegasus** original, construido en 1934. En 1993 fue sustituido por otro más funcional; el histórico puente fue comprado por el precio simbólico de una libra por veteranos de guerra británicos y entregado al Museo.

En Quineville se halla el **Musée de la Liberté**, en un edificio que era utilizado como puesto de mando por los alemanes. Este museo ilustra cómo era la vida cotidiana de los franceses durante la ocupación germana.

Otros puntos de interés son las baterías costeras alemanas de **Longues-sur-Mer** o **Azeville**, el **Museo de los Rangers** de Grandcamp-Maisy, el **Musée de la Liberation** de Cherburgo, el **Musée Memorial de la Bataille de Normandie** y el **De Gaulle Memorial** de Bayeux, el **Musée du Débarquement** de Arromanches, el **Gold Beach Musée** de Ver-sur-Mer, el **Juno Beach Memorial** de Graye sur-Mer, el **Musée Radar** de Douvres o el cementerio alemán de **La Cambe**, entre otros muchos puntos de interés.

Como se puede comprobar, Normandía posee tal cantidad de alicientes que se requiere una planificación previa. El mejor punto de partida es la ciudad de Caen, en donde se puede visitar uno de los mejores museos militares del mundo, **Le Mémorial de Caen**, y desde ahí proceder al recorrido de las diversas rutas señalizadas que cubren la región.

En Estados Unidos se encuentra la exposición más grande dedicada al desembarco de Normandía. Es el *National D-Day Museum* de Nueva Orleans, en el que se exhibe una gran cantidad de armas, vehículos y objetos protagonistas del Día-D y presenta los hechos del 6 de junio de 1944 empleando la tecnología más espectacular. Las numerosas salas —que ocupan un total de 16.000 metros cuadrados— dedicadas a toda la intervención norteamericana en la contienda y a los orígenes de la misma convierten a este museo en un referente mundial para este tipo de instalaciones.

Protagonistas

James Earl Rudder (1910-1970). Oficial estadounidense. Mandó el asalto a Point du Hoc al frente del 2º Batallón de Rangers. Sus hombres lograron escalar el acantilado en el que se creía que los alemanes habían emplazado artillería, aunque esta había sido desplazada con anterioridad. Sufrieron un cincuenta por ciento de bajas y él mismo resultó herido. Obtuvo numerosas condecoraciones por su acción. Tras la guerra alcanzaría el grado de general.

John Howard (1912-1999). Oficial británico. Dirigió el asalto al Puente Pegasus, en las primeras horas del Día-D. Para ello se emplearon tres planeadores con 28 hombres en cada uno. Resistió los contraataques alemanes hasta que a las 13.00 llegaron los refuerzos desde la playa de Sword. Tras la guerra trabajó para el Ministerio de Agricultura británico.

Filmografía

* **Día D, Hora H** (*Breakthrough*, Lewis Seiler, 1950).
* **Día D, 6 de junio** (*D-Day, the six of June*, Henry Coster, 1956).
* **El día más largo** (*The Longest Day*, Ken Annakin, Andrew Marton y Bernhard Wicki, 1962).
* **Salvar al soldado Ryan** (*Saving Private Ryan*, Steven Spielberg, 1998).

Capítulo 34
París, liberada

En Normandía, el 7 de junio de 1944 se unieron todas las cabezas de playa, excepto la de Utah, en la península de Cotentin, pero cinco días después se pudo establecer ya un frente continuo. Tras el éxito del desembarco, los Aliados creían que la conquista de la región normanda no les demoraría más que unos días. No obstante, y pese a que el grueso de las fuerzas acorazadas alemanas permanecía en Calais a la espera de un nuevo desembarco que jamás se produciría, las tropas aliadas encontraron una firme resistencia. Además, la especial orografía de la zona no ayudaría a que los soldados aliados avanzasen con facilidad.

Ese terreno, conocido como *bocage*, consistía en una mezcla de pantanos, bosques y tierras abandonadas, separadas por setos de arbustos o montículos de tierra dispuestos de forma irregular sobre un territorio de colinas y depresiones. El origen de estos setos vivos se remontaba a más de dos mil años de antigüedad, al haber sido empleados por los primeros campesinos celtas para delimitar sus campos. El tiempo había acabado formando una red de ramas y raíces entrelazadas de gran consistencia.

Aunque aparentemente estos campos eran una superficie adecuada para combatir, en realidad lo era solamente para los que debían mantener posiciones defensivas, en este caso los alemanes. Estos podían ocultarse en cada seto o recodo del camino, o refugiarse en las pequeñas construcciones de piedra que abundaban en la zona, por lo que, en lugar de tratarse de un combate en campo abierto, adquiría las características de la lucha urbana.

Además, la infantería no podía contar con los tanques; aunque resulte sorprendente, los setos, que podían llegar a los tres metros de altura, llegaban a impedir por completo la evolución de los carros blindados por el campo, que debían limitarse a las carreteras y caminos anchos.

Este grave inconveniente fue superado por los norteamericanos gracias al proverbial ingenio norteamericano; unos soldados idearon un sistema para que los tanques pudieran abrirse paso a través de los sólidos muros vegetales. Para ello se hicieron con varias vigas de hierro de las empleadas por los alemanes como obstáculos en las playas y las cortaron en forma de sierra, soldándolas a la parte delantera de los tanques Sherman.

De este modo, los carros se convertían en improvisadas máquinas cortacésped, pudiendo atravesar los setos con relativa facilidad. Tras unos días de práctica, descubrieron que no era necesario soldar la viga completa ni darle forma quebrada; con tan solo dos secciones, colocadas en punta como si se tratase de los cuernos de un toro, era suficiente para arrancar los setos y pasar a través de ellos.

Por su parte, los alemanes despreciaron este invento, por lo que sus tanques siguieron encorsetados a moverse por las carreteras, concediendo esta incomprensible ventaja a los blindados enemigos.

Otro problema inherente al *bocage* era la orientación. Al tener que efectuar la mayor parte de operaciones campo a través, los hombres se quedaban sin puntos de referencia. Si no disponían de brújula, e incluso con ella, no era raro que acabasen perdidos en un laberinto de caminos y senderos sin señalizar que se bifurcaban y unían contínuamente. En ocasiones, tras una marcha a pie de varias horas, comprobaban con estupor que volvían a estar en el lugar desde el que habían partido.

El balance para los Aliados de lo que se acabaría conociendo como "el combate del *bocage*" no fue positivo, al saldarse con más de cinco mil bajas entre la infantería norteamericana, aproximadamente la mitad de las que se habían producido durante el asalto a las playas.

Objetivos: Cherburgo y Caen

En las semanas siguientes, los Aliados se enfrentarían a un importante reto, como era alimentar el avance de este nuevo frente. Para ello era necesario un aporte constante de tropas, vehículos, armamento, munición y combustible, y todo debía canalizarse a través de muelles provisionales en las playas, con los inconvenientes que ello entrañaba. Por lo tanto, era vital capturar el cercano puerto de Cherburgo; sin embargo, tras una enconada resistencia, la ciudad no pudo ser tomada hasta el 27 de junio, pero su captura no sirvió de nada, puesto que las instalaciones portuarias habían sido inutilizadas por los alemanes antes de rendirse.

El otro gran objetivo de los Aliados, la ciudad de Caen, resistió todas las acometidas de los británicos. Más tarde, Montgomery afirmaría que su retraso en tomar Caen estaba motivado por su intención de mantener a las tropas alemanas ocupadas allí el máximo tiempo posible, para aligerar así la presión sobre las playas de los norteamericanos.

La realidad es que Caen solo pudo ser capturada el 18 de julio, tras una serie de injustificados bombardeos indiscriminados que dejaron la ciudad reducida a escombros, pero su caída no resultó determinante, puesto que los blindados alemanes impidieron la progresión de los británicos hacia el sur.

La bolsa de Falaise

El 25 de julio, los norteamericanos desencadenaron una violenta ofensiva, en la que ya pudo intervenir el impulsivo Patton, encargado de tomar los puertos de Bretaña. Pese a la opinión de Rommel de que era mejor retirarse y establecer una sólida línea de defensa en la otra orilla del Sena, Hitler ordenó lanzar un contraataque en dirección a Avranches para aislar a los veloces blindados de Patton, pero el dominio del aire por parte de los Aliados asfixió este intento alemán, ya que los tanques estaban condenados a avanzar de noche, debiendo permanecer ocultos durante el día.

Esta extensión de las líneas germanas fue aprovechada para ejecutar un movimiento de tenaza, que culminaría en la población de Falaise. Aunque el 20 de agosto se logró cerrar la bolsa resultante, una detención de última hora ordenada por Eisenhower posibilitó que una parte de las tropas alemanas consiguiese escapar de la trampa, aunque dejando atrás todo el equipo pesado. De todas formas, ya nada podía impedir que las fuerzas aliadas se extendieran por Francia, liberando una ciudad tras otra, siendo recibidas con vítores por una población que ofrecía flores y vino a los soldados que llegaban a lomos de los tanques, persiguiendo a los alemanes en retirada.

Mientras las tropas anglo-norteamericanas avanzaban de forma incontenible desde el norte, en la Costa Azul los Aliados habían llevado a cabo otro desembarco.

La Operación Dragón

Los planes iniciales de los Aliados antes del desembarco en Normandía incluían un ataque simultáneo en el sur de Francia para que los alemanes se vieran obligados a dividir sus fuerzas, que recibió el nombre en clave de "Anvil".

No obstante, la necesidad de garantizar el éxito del Día-D llevó a destinar el mayor número posible de buques de guerra al asalto de las playas normandas, con lo que la Operación Anvil tuvo que ser aplazada hasta que se pudiera contar con el apoyo naval suficiente. Finalmente, a mediados de agosto, el plan ya podía ponerse en marcha, en este caso con un nuevo nombre: "Dragón".

La fuerza anfibia encargada de la Operación Dragón estaba formada por tres divisiones norteamericanas y dos francesas, que sumaban unos 450.000 hombres, y contaba con el apoyo de nueve portaaviones y cinco acorazados. Un total de 1.300 lanchas de desembarco debían trasladar a ese casi medio millón de hombres a las playas y unos 800 buques tendrían la misión de transportar todo el material. El objetivo era desembarcar en Saint Raphael y desde allí tomar los puertos de Marsella y Toulon, lo que facilitaría la llegada de hombres y pertrechos a Francia para avanzar desde el sur, siguiendo la frontera suiza, en dirección a Alemania.

La Operación Dragón se inició la noche del 14 al 15 de agosto, cuando 5.000 paracaidistas procedentes de Roma y Córcega se lanzaron al norte de Saint Tropez. Poco después, se simuló un ataque contra Marsella y Tolon, dejando caer muñecos en paracaídas con dispositivos explosivos. Los alemanes, confundidos por el engaño, descuidaron la auténtica zona de desembarco, a la que comenzarían a llegar los primeros hombres a partir de las ocho de mañana del 15 de agosto.

Los alemanes no pudieron oponer demasiada resistencia. Tan solo contaban con siete divisiones de infantería y una acorazada para proteger toda la costa sur de Francia. Además, los doscientos aparatos de la *Luftwaffe* de los que disponían fueron puestos rápidamente fuera de combate por la aviación aliada.

Aunque los Aliados no tuvieron dificultades para consolidar su posición en las playas, los combates posteriores no serían nada fáciles. Pese a la clara superioridad aliada en todos los órdenes, los alemanes se aferraban con decisión al terreno. Uno de los mayores puntos de resistencia era uno de los dos objetivos, Toulon, en donde la guarnición alemana cumplía a rajatabla las órdenes dadas por Hitler a su comandante, el almirante Heinrich Rufhus: resistir hasta el último hombre y la última bala.

Los Aliados entran en París.

Los Aliados no lo tenían nada fácil. Rufhus contaba con unos 25.000 hombres y un centenar de cañones ligeros. Además disponía de 16 grandes piezas de artillería y habían minado todos los accesos. La batalla se presentaba larga y costosa.

Aunque era inevitable la caída de la posición defensiva germana, al encontrarse aislada y rodeada por las tropas aliadas, se calculaba que sería necesaria una semana, como mínimo, para conseguir la rendición de la plaza.

Pero a un coronel francés, que conocía la mentalidad prusiana de sus enemigos, le permitieron intentar un original ardid. Pidió que la línea telefónica germana fuera intervenida y él mismo, que hablaba alemán a la perfección, se puso en comunicación con el almirante Rufhus, haciéndose pasar por un oficial encargado de transmitirle órdenes directas de Hitler. El francés le conminó a presentarse con bandera blanca ante las fuerzas aliadas, exclamar tres veces "¡Heil Hitler!" y arrojar las armas al suelo.

Ante la sorpresa de todos, el comandante alemán cayó en la trampa y obedeció las supuestas órdenes del *Führer*, rindiéndose. De este modo, el sur de Francia quedaba libre de enemigos y ya era posible avanzar hacia el norte para unirse a las tropas que avanzaban desde Normandía.

Avance hacia París

En el norte, una vez controlada toda la región normanda, el gran objetivo era ya la liberación de París. El general De Gaulle, que se enteró de los desembarcos aliados en la misma mañana del 6 de junio, vio llegado su momento.

Pero para Eisenhower, la captura de la capital, que conllevaba la necesidad de aprovisionarla, no representaba ninguna ventaja para el avance de las tropas aliadas, por lo que decidió rodearla hasta que la guarnición alemana acabase rindiéndose, evitando cualquier ataque frontal. Era mucho más provechoso tratar de enlazar con las tropas aliadas que subían desde el sur, para cerrar de este modo la escapatoria del I Ejército alemán, que quedaría aislado.

Pero los parisienses no estaban dispuestos a aplazar la ansiada liberación, por lo que se enfrentaron a los ocupantes en combates callejeros. Ante las súplicas de los habitantes de París, finalmente De Gaulle consiguió que Eisenhower permitiese la liberación de la ciudad.

En la noche del 24 de agosto, soldados franceses de la unidad acorazada del general Leclerc, que luchaban integrados en el III Ejército de Patton, alcanzaron los suburbios de la ciudad. Al día siguiente, el grueso de una unidad hizo su entrada en París. Esa tarde, el general Dietrich Von Choltitz,

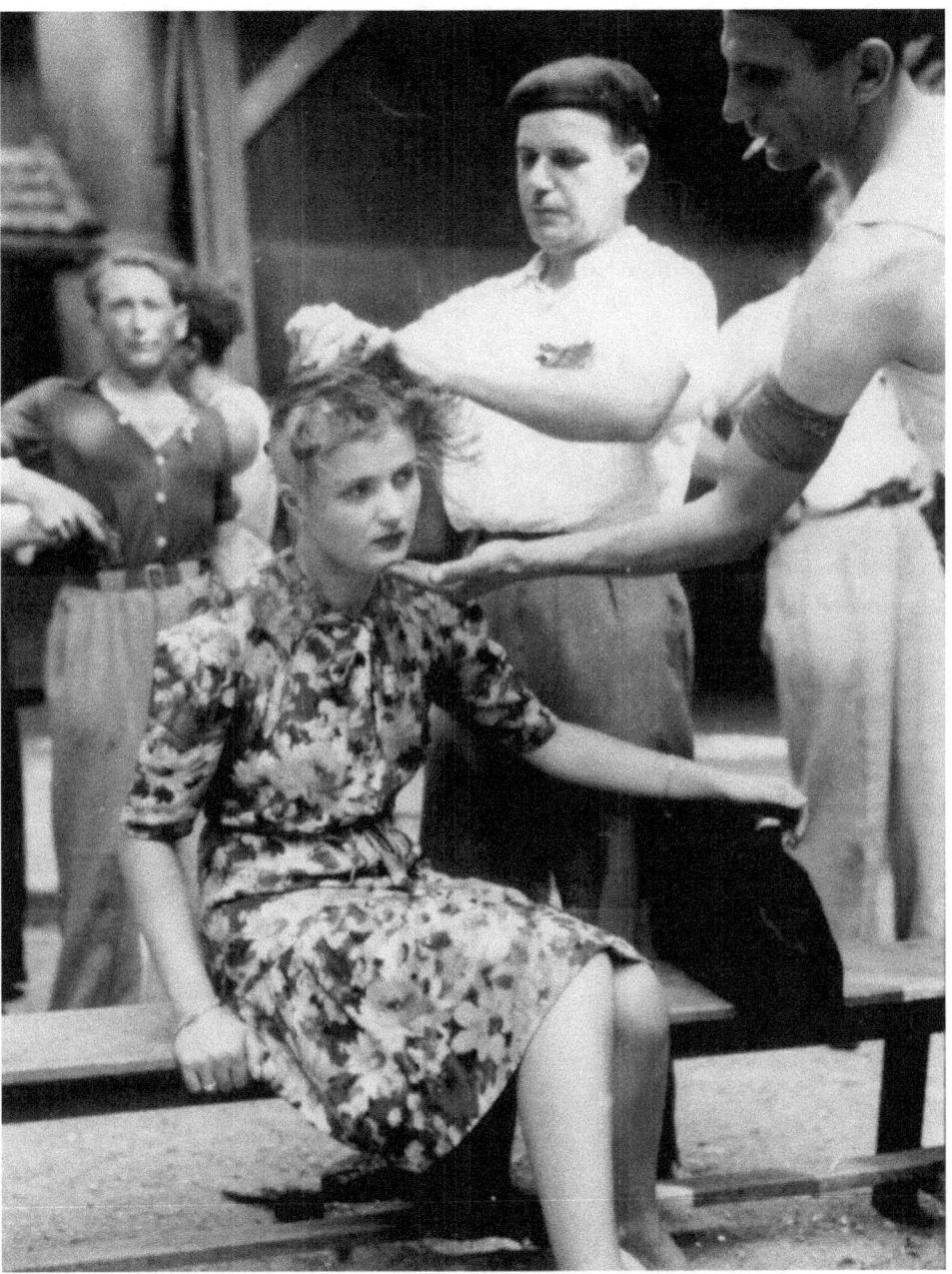

Una colaboracionista francesa paga cara su amistad con los alemanes.

que desempeñaba el cargo de gobernador militar de París desde el 9 de agosto de 1944, se rendía en su Cuartel General. El nombre de este militar alemán pasó a la historia tras negarse a obedecer las supuestas órdenes de Hitler de destruir la capital francesa, aunque existen sospechas de que ese episodio —la famosa pregunta del *Führer*: "¿Arde París'"— fue una invención suya para escapar a las represalias de los Aliados.

A las cinco de esa misma tarde, De Gaulle hacía su entrada triunfal en la capital francesa, ante una multitud enfervorizada. París había sido liberada.

Escenarios

El **Arco de Triunfo** de París fue testigo diariamente de los desfiles que realizaban las fuerzas de ocupación germanas, lo que era acusado como una humillación por los franceses. Sin embargo, los alemanes permitieron que siguiera ardiendo la llama eterna en homenaje a los soldados galos muertos durante la Primera Guerra Mundial.

La **Torre Eiffel** estuvo a punto de ser desmantelada, puesto que Hitler pretendía apoderarse de sus 7.300 toneladas de hierro para el esfuerzo de guerra alemán. Durante la ocupación, una enorme bandera alemana ondeó en la cúspide.

El **Palacio de Luxemburgo** acogió el cuartel general de la *Luftwaffe*. Sus bellos jardines sirvieron como aparcamiento para tanques.

La **Gestapo** tenía varios edificios a donde eran conducidos los detenidos para ser interrogados: el número 74 de la Avenida Foch y el número 9 de la Rue de Saussaies.

En la fachada del edificio de la **Prefectura de Policía**, en la Rue de la Cité, enfrente de la catedral de Notre Dame, se han conservado los agujeros de baja producidos en los combates callejeros que precedieron a la liberación de la ciudad.

El **Hotel Meurice**, en el número 228 de la Rue de Rivoli, sirvió como cuartel general de Von Choltitz; aquí, en una mesa de billar, se firmó la rendición de la guarnición alemana.

Protagonistas

Charles de Gaulle (1890-1970). General y estadista francés. Era conocido como "el gran espárrago" por sus compañeros en la academia militar, debido a su gran estatura y su aspecto desgarbado. Luchó con gran valentía en la Primera Guerra Mundial, siendo herido y capturado por los alemanes. Gran teórico del arma blindada, sus recomendaciones no fueron asumidas por el estado mayor galo. Tras la caída de Francia en junio de 1940, se trasladó a Londres para seguir combatiendo desde allí a los alemanes. Estaba considerado por Roosevelt y Churchill como un "niño problemático" y trataron en vano de librarse de él. En 1943 preside el Comité Francés de Liberación Nacional; el 3 de junio de 1944 este órgano se convierte en gobierno provisional. Su gran tenacidad permitió a Francia sentarse en la mesa de los vencedores, obteniendo una zona de ocupación propia. Después de la victoria, es elegido presidente (noviembre 1945) para dimitir al año siguiente, pero volvería a la presidencia en 1958.

Philippe Leclerc (1902-1947). General francés. Fue capturado durante la invasión alemana, pero logró escapar, uniéndose a las fuerzas de la Francia Libre, encabezadas por De Gaulle. Partió para Camerún y organizó un ejército en el Chad, con el que atacó a los alemanes por la retaguardia en la Cirenaica. Ascendido a general, fue el primer jefe militar aliado en el entrar en París. Junto al VII Ejército norteamericano llegó hasta Berchtesgaden. Tras la guerra, combatió en Indochina. Falleció en un accidente de aviación.

FILMOGRAFÍA

* **¿Arde París?** (*Paris, brûle-t-il?*, René Clement, 1966).

Capítulo 35
Las "Armas de represalia"

A mediados de 1944, el destino de Alemania parecía ya decidido. El Tercer Reich se encaminaba hacia la derrota. El pueblo alemán, castigado de forma inclemente por las penurias, los bombardeos y la pérdida de padres e hijos en el frente, era consciente de ello. Pero aun así, muchos alemanes preferían pensar que alguna solución milagrosa iba a conseguir enderezar el rumbo de la guerra.

El Ministerio de Propaganda se encargaría de atizar esta fútil esperanza cantando las excelencias de unas nuevas armas que estaban a punto de llegar para inclinar la balanza de la guerra del lado alemán. Se trataba de las denominadas *Wunderwaffen* o "armas maravillosas".

Estas armas revolucionarias eran de muchos y variados tipos, y se encontraban en diferentes fases de desarrollo. Entre ellas se podía destacar una bomba antibarco guiada por control remoto como la Fritz X, un misil tierra-aire como el Hs-117 Schmetterling, un misil aire-aire guiado por cable como Ruhrstahl X-4, un bombardero transcontinental como el *Amerika Bomber* o incluso un colosal tanque de 1.500 toneladas (un tanque Tiger I pesa 57 toneladas) dotado de un cañón de 800 milímetros, el Landkreuzer P-1500 *Monster*.

Muchas de estas "armas maravillosas" no pasaron de la fase experimental o incluso de la mesa de dibujo. Pero algunas sí que llegaron a ser producidas en serie y utilizadas; entre ellas, las más conocidas son las bombas volantes V-1 y V-2. Esa letra era la inicial de *Vergeltungswaffe* o "arma de represalia", el nombre con el que eran designadas. Su gran objetivo consistía en castigar Londres en venganza por los ataques que padecían las ciudades alemanas a diario.

La V-1

La bomba volante V-1 fue el primer misil guiado que se utilizó en la guerra y fue el precursor de los actuales misiles de crucero. Este aparato a reacción sin piloto fue diseñado por Robert Lussar y Fritz Groslau. En su fase experimental eran lanzadas desde el aire, pero después fueron catapultadas desde una rampa. Su primer vuelo fue a finales de 1941 en el complejo de Peenemünde, en el nordeste de Alemania. Hitler confiaba en poder utilizarla durante 1943, pero su estreno se retrasaría hasta junio de 1944.

Durante los días en los que se dirimía el éxito o el fracaso del desembarco aliado en Normandía, la V-1 pudo haber sido un factor desequilibrante si hubiera sido dirigida contra las playas normandas, pero Hitler se reafirmó en su propósito de utilizarla para atacar a la población civil como represalia por los bombardeos aliados y ordenó su lanzamiento contra Londres.

El 13 de junio de 1944, una semana después del desembarco aliado en Normandía, los londinenses sufrieron en carne propia los efectos de la primera de las "armas de represalia" con las que Hitler les había amenazado insistentemente. Ese día, tan solo uno de estos artefactos cayó sobre la capital, de una salva inicial de diez, causando ocho víctimas mortales.

Más acertados estarían los alemanes tres días más tarde, cuando lograron que un total de 73 V-1 alcanzasen Londres, pese a que para ello fuera necesario el lanzamiento de 244 bombas volantes. El resto habían sufrido fallos técnicos o habían sido derribadas por los aparatos de la RAF o los cañones antiaéreos. Churchill se vio obligado a aumentar el número de baterías antiaéreas y a desplegar más globos cautivos, además de proceder a la instalación de nuevos radares.

La escasa proporción de V-1 que lograban atravesar las barreras defensivas causaban en Londres entre cien y doscientas víctimas diarias, sumando finalmente más de 5.000; aunque era preocupante, estaba claro que Hitler no iba a conseguir poner de rodillas a los británicos con la primera de sus "armas de represalia".

De todos modos, el ataque con las V-1 supuso un quebradero de cabeza para los Aliados. Mientras el futuro de la guerra se estaba jugando en la costa normanda, en donde algunas unidades germanas oponían una feroz resistencia, la población de Londres se hallaba sometida a un bárbaro castigo.

Un efecto secundario pero no menos importante del lanzamiento de las V-1 sobre Londres sería el desarbolamiento de la estrategia que debían emplear los ejércitos norteamericano y británico en el continente. En principio, era necesario que los Aliados se dirigiesen a la zona del Paso de Calais, el lugar desde el que despegaban las bombas volantes, para poder neutralizar las bases de lanzamiento. Sin embargo, Eisenhower tenía como misión terminar con la guerra cuanto antes, y para esto era necesario forzar al máximo el avance en dirección a Alemania, por lo que no podía desviarse de este objetivo para encaminarse a esa región.

Por otro lado, Churchill también deseaba derrotar cuanto antes a los alemanes, pero mientras tanto no podía cruzarse de brazos contemplando como cada día se lanzaban cientos de V-1 desde el otro lado del Canal de la Mancha en dirección a la capital británica. Se planteaba así un dilema de difícil solución.

Ante esta disyuntiva, se optó por emplear a la Fuerza Aérea para tratar de destruir las bases de lanzamiento, aunque fuera apartando a estos aparatos de las misiones que estaban efectuando sobre los cielos alemanes, destinadas a destruir instalaciones industriales. Este desvío forzado de los bombardeos aliados fue una de las escasas aportaciones positivas de las V-1 para los alemanes, que consiguió reducir así los ataques aéreos contra las ciudades germanas.

Los datos reflejan claramente la escasa respuesta de este arma a lo que en ella se había invertido. De las 8.892 bombas volantes V-1 que fueron lanzadas contra la capital británica, solo 2.419 alcanzaron su objetivo. El balance de personas que perdieron la vida ascendió a 6.184. La fría estadística indica que, afortunadamente, las V-1 en su conjunto no fueron capaces de conseguir ni tan siquiera una víctima mortal por cada una de las bombas que despegaron rumbo a Londres. Teniendo en cuenta estas frías cifras, los bombardeos protagonizados por las V-1 no se pueden calificar más que de estrepitoso fracaso.

Hitler, que soñaba con ver a Londres arrasada por sus "armas de represalia" y, de este modo, dar un giro radical al desarrollo de la contienda, sufrió una gran decepción al ver que sus expectativas de muerte y destrucción sin límites no se cumplían.

Es una incógnita lo que habría ocurrido si Hitler hubiera hecho caso a sus generales y, en lugar de disparar sus V-1 contra Londres, las hubiera empleado para atacar las cabezas de playa durante las primeras semanas. Es probable que el resultado final hubiera sido el mismo y los Aliados las hubieran consolidado igualmente, pero también es posible que un bombardeo masivo con estas bombas volantes, combinado con un ataque terrestre con sus mejores divisiones Panzer, hubiera dado alguna opción a los alemanes de cambiar el signo de la batalla.

Bombas volantes contra Amberes

Seis meses después de iniciarse el lanzamiento de las bombas volantes sobre Londres, otra ciudad, Amberes, se convertiría en el objetivo de estos artefactos. Pero la ciudad belga tampoco quedaría devastada, tal como Hitler pretendía. Aunque se lanzaron 5.662 cohetes, entre V-1 y V-2, el efecto fue

Jesús Hernández

La revolucionaria bomba volante V-1 no fue tan decisiva como los alemanes esperaban.

similar al que hubiera provocado un ataque aéreo convencional, causando la muerte de 3.470 civiles.

El único logro de importancia que se pudieron anotar las V-1 en Amberes fue debido a la casualidad. El 16 de diciembre de 1944, una bomba volante cayó sobre el cine Rex, situado en la avenida Keuzer, a las tres y media de la tarde, justo en el momento en el que la sala estaba llena de espectadores. Más de la mitad de las 1.200 personas que allí se encontraban eran soldados norteamericanos o británicos.

La explosión de la bomba causó el desplome del techo del local, sepultando bajo los cascotes a buena parte parte del público. Después de largas horas de desescombro, se contabilizó un total de 587 cadáveres, de los que 296 eran soldados. A esta cifra habría que añadir los heridos graves, 291, incluyendo 194 soldados. Casi la mitad de estos heridos morirían en los días siguientes.

Hilter reclamaba continuamente informes sobre los daños causados por sus bombas en Amberes, que eran proporcionados por espías y agentes; aunque los datos que recibía solían ser exagerados para aplacarle, el dictador se mostraba decepcionado con los resultados. Pero las V-1 no solo provocaron el desencanto de Hitler, sino que estuvieron a punto de proporcionarle un serio disgusto.

INCIDENTE EN MARGIVAL

El 17 de junio de 1944, con el fin de coordinar las acciones destinadas a impedir la progresión de las fuerzas aliadas en Normandía, en donde habían desembarcado once días antes, Hitler se entrevistó con los mariscales Rommel y Von Rundstedt en suelo francés.

El lugar elegido para la reunión fue el cuartel de Margival, próximo a la ciudad de Soissson. Esta instalación había sido construida durante la campaña occidental de 1940, pero nunca llegó a ser utilizada por el dictador germano.

La intención de Hitler era permanecer la noche del 17 de junio en Margival y dirigirse al día siguiente a otro cuartel próximo, pero el siempre imprevisible *Führer* decidió cambiar de planes y esa misma noche abandonó Margival para regresar a Alemania.

Poco después de que Hitler y sus mariscales abandonasen el cuartel, una V-1 sufrió una avería en su sistema de navegación y, cuando ya se dirigía a Londres, emprendió el camino de vuelta, estallando cerca del cuartel en donde poco antes Hitler había mantenido una reunión con Rommel. Paradójicamente, si hubiera decidido pasar aquella noche en Margival, tal como tenía previsto, Hitler habría sido víctima de sus propias "armas maravillosas".

La V-2

La segunda "arma de represalia" sería la V-2, el primer misil balístico del mundo. Fue diseñada por el joven científico Wernher Von Braun en el complejo de Peenemünde. La primera V-2 experimental se probó el 13 de junio de 1942, pero no consiguió levantar el vuelo, se precipitó sobre un lado y explotó. El segundo ensayo fue un mes más tarde y solo se logró un vuelo de 45 segundos antes de que el misil se partiese en el aire, pero en octubre ya se consiguió cerrar un vuelo completo, alcanzando una altura de cinco kilómetros haciendo blanco a casi 200 kilómetros de distancia. Hitler, entusiasmado por este prometedor avance, ordenó su producción masiva, que no pudo iniciarse hasta finales de 1943.

La producción preliminar del cohete comenzó en una planta situada al sur de Peenemünde, pero la producción masiva fue encargada a la colosal fábrica subterránea Mittelwerke, en donde 50.000 trabajadores forzados los construirían padeciendo unas condiciones terribles. En abril de 1944 saldrían de la fábrica 300 unidades, llegando a un millar en octubre de ese mismo año.

La V-2, pese a compartir el nombre de "bomba volante" con la V-1, era muy diferente a esta. El cohete ideado por Von Braun cargaba una tonelada de explosivos y era capaz de alcanzar los 1.500 kilómetros por hora, por lo que era totalmente imposible interceptarlo. En su trayectoria se elevaba hasta las capas altas de la atmósfera -90.000 metros de altura- y caía prácticamente en vertical sobre el objetivo. No producía ningún ruido, por lo que no había tiempo de alertar de su llegada.

No obstante, las desventajas eran numerosas. Su coste económico (38.000 marcos) era excesivo; si los fondos destinados a la producción de las V-2 se hubieran empleado en la construcción de bombarderos pesados, los alemanes hubieran podido contar con más de un millar de aviones similares a los bombarderos pesados Lancaster británicos. Además, las V-2 consumían mucho combustible; cada una requería cinco toneladas de oxígeno líquido, la producción diaria de cada una de las 35 plantas encargadas de fabricarlo.

El primer lanzamiento se produjo el 6 de septiembre de 1944, pero no fue contra Londres sino contra París, que se hallaba ya en poder de los Aliados. Se lanzaron dos cohetes, con resultados poco precisos. El ataque contra Londres se inició dos días después. Al principio, el gobierno británico intentó rebajar el impacto moral sobre la población asegurando que las explosiones causadas por los cohetes en realidad eran debidas a estallidos de tuberías de gas defectuosas. Sin embargo, a los pocos días se tuvo que admitir la verdad. La propaganda nazi reveló entonces la existencia de esta "arma de represalia".

La bomba volante V-2 era una de las últimas esperanzas de Hitler para dar un vuelco a la guerra.

Las autoridades británicas quedaron paralizadas ante la evidencia de que nada se podía hacer para neutralizar las V-2, al contrario de lo que sucedía con las V-1. Los nuevos cohetes eran invulnerables; al alcanzar velocidades supersónicas, ni los cazas más veloces de la época podían interceptarlos. La artillería antiaérea asistía impotente a su vuelo, mientras los radares de la época no conseguían detectarlos. Además, al ser disparados desde lanzadores móviles, la localización de sus bases resultaba muy difícil. Algunos cazas aliados lograron avistar a estos cohetes justo en el momento del despegue, pero ninguno consiguió destruirlo aprovechando esos instantes en los que eran vulnerables. Por lo tanto, los alemanes habían logrado crear un arma devastadora para la que no existía antídoto.

Pero los británicos intentaron suplir con imaginación e ingenio esa falta de recursos para luchar contra las V-2. Para ello, sus servicios de Inteligencia consiguieron que los alemanes confiasen en las informaciones de falsos espías alemanes, que transmitían el lugar de los impactos. Por ejemplo, cuando una V-2 caía en el centro de Londres, el falso agente nazi aseguraba que había caído al norte de la ciudad. Así, a las siguientes V-2 se les fijaba una trayectoria más corta, alejándolas del centro de la capital.

Esta táctica de engaño fue muy efectiva para salvar vidas de londinenses, pero lo único que hacía era trasladar el rastro de muerte y destrucción a otras zonas menos habitadas. Esta decisión conllevó un dilema ético de difícil resolución, pero Churchill no dudó en ahorrar vida aunque fuera a costa de aumentar los riesgos en esas otras áreas.

A lo largo de la guerra se lanzarían unas 4.320 V-2. El último disparo se produjo el 27 de marzo de 1945. De ese total, unas 1.400 se dirigieron contra territorio británico, de las cuales 1.054 alcanzaron su objetivo. Las restantes se perdieron o explotaron en algún punto a lo largo de su trayectoria. En 1945 se dispararon 1.675 V-2 contra Amberes y las fuerzas aliadas en Aquisgrán.

Este cohete constituyó uno de los avances más relevantes en tecnología armamentística de la Segunda Guerra Mundial. Sin embargo, su intervención fue demasiado tardía como para cambiar el curso de la guerra.

La V-3

Aún habría una tercera "arma de represalia", mucho menos conocida, la V-3, que también tenía como objetivo impactar sobre Londres. Era un proyectil especial compuesto de cromo y níquel; aunque el coste por unidad era similar al de un avión de caza *Messerchsmitt* 109, se llegaron a fabricar 20.000 de estos sofisticados proyectiles. Para su lanzamiento se requería un cañón especial, con una longitud de cien metros y un calibre de 150 milímetros. El proyecto preveía la construcción de un total de 25 cañones.

El principio de funcionamiento de esta arma revolucionaria era similar al de los cohetes; conforme el proyectil ascendía a lo largo del cañón se iban produciendo explosiones provocadas eléctricamente en el interior del tubo de acero, que iban aumentando la aceleración del proyectil. Al salir del cañón, este adquiría una velocidad seis veces superior a la del sonido, lo que le permitía recorrer los 150 kilómetros que separaban sus bases de lanzamiento de la capital británica.

Los ensayos con este cañón de enormes dimensiones no resultarían prometedores. Los científicos alemanes no conseguían superar las dificultades que entrañaba la puesta a punto de esta arma experimental y tenían que ver como, en algunas ocasiones, los cañones explotaban al no poder soportar la presión de cuatro toneladas por centímetro cúbico que se daba en su interior.

Para la construcción de este "arma maravillosa" se creó un avanzado complejo en la localidad francesa de Mimoyecques, cerca de Calais. Estas instalaciones, diseñadas por Albert Speer, entonces ministro de Armamento del Reich, fueron construidas en 1943. Cosntaban de siete kilómetros de túneles y estaban protegidas por cerca de medio millón de toneladas de hormigón. Para ello fue necesario emplear a unos 60.000 hombres, la mayoría de ellos prisioneros de guerra o deportados políticos; la mitad de ellos morirían a consecuencia de las terribles condiciones de trabajo que hubieron de sufrir.

Cuando las informaciones sobre la construcción de este poderoso cañón llegaron a los Aliados, estos decidieron destruir las instalaciones de Mimoyecques antes de que los alemanes pudieran utilizarlo. Para ello, en julio de 1944 se enviaron catorce bombarderos pesados Lancaster con la misión de arrasar el lugar.

Para decepción de los Aliados, la operación prácticamente no produjo daños en las instalaciones, ya que las bombas fueron incapaces de perforar la gruesa capa de hormigón. Sin embargo, por desgracia, el bombardeo sí provocó una tragedia entre los prisioneros encargados de su construcción. La onda expansiva de las bombas produjo un movimiento de tierras que se saldó con un escape de agua y lodo; un túnel inferior, precisamente en donde se encontraban refugiados unos 10.000 de estos trabajadores forzados, quedaría inundado, causando la muerte de todos ellos. Posteriormente no fue posible recuperar los cuerpos, puesto que el gobierno francés decidió en 1947 rellenar el túnel con cemento.

Operación Paperclip

La avanzada tecnología empleada en las V-2 y en otras "armas fantásticas" atrajo el interés de las autoridades norteamericanas. Poco antes de que Peenemünde pasase a formar parte de la zona ocupada por los soviéticos, los norteamericanos trasladaron a su país 400 toneladas de cohetes y material técnico. Una vez terminada la guerra, las V-2 capturadas fueron sometidas a exhaustivas pruebas.

A la vez se puso en marcha la denominada Operación Overcast, por la que 118 científicos alemanes especializados en aeronáutica fueron enviados con sus familias a Estados Unidos para seguir desarrollando su trabajo.

Posteriormente, el programa Overcast se convirtió en el proyecto Paperclip. Entre mayo de 1945 y diciembre de 1952, 642 científicos, técnicos y especialistas fueron llevados a Estados Unidos y empleados en programas de desarrollo aeronáutico, guerra biológica y química o investigación nuclear.

Gracias a la aportación de los hombres de ciencia alemanes, los norteamericanos pudieron hacer frente a la carrera espacial emprendida por los soviéticos, que también habían conseguido hacerse con los servicios de científicos germanos, pues estos eran los mejores de la época en tecnología de misiles y cohetes. Von Braun y su equipo demostrarían su extraordinaria valía creando el cohete Saturno V de la NASA, que llevaría el hombre a la luna.

Escenarios

Es posible ver estas "armas de represalia" en varios museos. Destacan las V-1 y V-2 que se conservan en el **Imperial War Museum** de Londres y en el **Museo del Aire y del Espacio** de Washington.

En el puente ferroviario de **Grove Road**, en el distrito londinense de Tower Hamlets, una placa circular de color azul señala el lugar en el que cayó la primera V-1 sobre la capital británica.

Las instalaciones de lanzamiento de las V-2 en **Peenemünde** estaban destruidas en tres cuartas partes por los bombardeos aliados cuando llegaron los soviéticos, el 5 de mayo de 1945. En los años siguientes, el complejo sufrió un gran deterioro. Tan solo la central de energía, el aeródromo y un enlace de ferrocarril se mantuvieron en activo. En la actualidad se pueden ver las ruinas de la planta de producción de oxígeno líquido a la entrada del recinto; del resto de instalaciones prácticamente no quedan vestigios. La excepción es el refugio en el que se situaba el centro de control, que fue rehabilitado en 1992 para acoger el **Centro de Historia y Técnica** de Peenemünde. La central de energía es una de las sedes de la Ruta Europea de la Tradición Industrial; en ella se exhibe una V-2.

Las instalaciones en donde se llevaron a cabo los trabajos de construcción del cañón V-3, en **Mimoyecques**, son ahora un museo de propiedad particular, dedicado a la memoria de los que allí murieron.

A 45 kilómetros al suroeste de Calais, a las afueras de Saint-Omer, se puede visitar **La Coupole**. Esta enorme construcción, en forma de cúpula, fue levantada para proteger este punto de lanzamiento de las V-2. El edificio alberga dos salas de cine y varias exposiciones que explican el programa alemán de bombas volantes, así como reproducciones a escala natural de estos cohetes.

Otra base de lanzamiento de V-2 se encontraba en **Éperlecques**, a 30 kilómetros al sureste de Calais y que también puede ser visitada. Unos 35.000 obreros se encargaron de construir estas instalaciones, que podían almacenar hasta 120 cohetes.

PROTAGONISTAS

Wernher Von Braun (1912-1977). Ingeniero alemán, especialista en cohetes dirigidos. Desde pequeño, se enamoró de las posibilidades de la exploración espacial a través de las novelas de Julio Verne. En 1930 se graduó en ingeniería mecánica en el Instituto Politécnico de Berlín, y dos años más tarde se doctoró en Física por la Universidad de Berlín. Siendo muy joven, fue director del centro de Peenemünde, en donde se fabricarían las bombas volantes V-2. Tras la guerra, los norteamericanos lo incorporaron a su cuerpo de científicos, teniendo un papel muy destacado en el desarrollo de la NASA y la carrera espacial. Obtuvo la nacionalidad estadounidense.

FILMOGRAFÍA

* **Green for Danger** (Sidney Gilliat, 1946).
* **13 Rue Madeleine** (Henry Hathaway, 1947).
* **Wernher von Braun** (J. Lee Thompson, 1960).
* **Operación Crossbow** (*Operation Crossbow*, Michael Anderson, 1965).

Capítulo 36
La resistencia

Con el asalto de las fuerzas aliadas a las playas normandas y la posterior liberación de París, el continente europeo comenzaba a recuperar la libertad perdida a manos de la Alemania nazi. Hasta ese momento, la hegemonía del régimen de Berlín presentaba una solidez granítica, pero no todos los habitantes de los países ocupados por el Tercer Reich se habían resignado a padecer ese "Nuevo Orden".

En 1940, Churchill había intentado alentar esos movimientos de resistencia. Para ello creó en el verano de ese año la Junta de Operaciones Especiales (SOE). La misión de este organismo era proporcionar apoyo a los resistentes, mediante el envío de material, la introducción de agentes, el rescate de personas en peligro, etc. La orden inequívoca de Churchill al director del SOE fue: "Y ahora, ¡a prender fuego a Europa!".

El *premier* británico esperaba que una revuelta continental pudiera poner contra las cuerdas a los nazis. Este objetivo, evidentemente, no se cumplió, pero al menos mantuvo viva la llama de la esperanza de que Europa fuera liberada.

LA RESISTENCIA FRANCESA

En Francia, la llamada a la resistencia no tuvo al principio mucho eco. Durante los dos primeros años, el dominio alemán fue aceptado, de mejor o peor grado, por el grueso de la población francesa. Pero las primeras derrotas de los ejércitos germanos, en El Alamein y en Stalingrado, hicieron ver a los franceses que la hegemonía alemana no era indiscutible.

En marzo de 1943, se creó en Francia el Conseil National de la Résistence. Su líder era Jean Moulin, quien había sido prefecto de Chartres en 1940; se había negado a firmar declaraciones propagandísticas de los alemanes y pasó a la clandestinidad, organizando un pequeño movimiento de resistencia en el valle del Ródano. Después de escapar a Londres, en donde se puso a disposición de Charles de Gaulle, regresó a Francia con la misión de organizar la oposición no comunista. Un mes después de crear esa organización, fue detenido por los alemanes y torturado, falleciendo el 8 de julio de 1943, pero el impulso que había dado a la Resistencia era ya imparable.

La aportación de los guerrilleros franceses a la victoria aliada fue relevante. Gracias a ellos, pudieron establecerse rutas de escape para los aviadores que habían sido derribados, o para los prisioneros que habían logrado huir de los campos de internamiento. Los sabotajes realizados en las fábricas francesas que colaboraban en el esfuerzo de guerra alemán también fueron impulsados y coordinados por la Resistencia. Además, destacaron las labores de información realizadas en la costa atlántica para diseñar el desembarco aliado en el continente. La actuación de los guerrilleros sería especialmente destacada horas antes del Día-D, saboteando las vías de comunicación para impedir a los alemanes el envío de refuerzos a las playas.

Partisanos en el este

Si en Francia la población tardó un par de años en reaccionar al terror impuesto por los alemanes, en Europa Oriental esta reacción fue casi instantánea. Hitler pretendía ganarse la colaboración de los franceses, pero los planes del dictador para los países conquistados en el este incluían esclavizar, expulsar o exterminar a sus habitantes. Esto hizo que la resistencia fuera más extendida y enconada.

En Yugoslavia, por ejemplo, se formaron de inmediato unidades de partisanos que combatieron a los alemanes hasta su retirada, ocultándose en las regiones montañosas. Su líder era Josip Broz Tito. Sin embargo, estas regiones no tenían importancia militar, por lo que el dominio alemán sobre los Balcanes no se vio comprometido. Más relevancia tuvo un ataque llevado a cabo por partisanos griegos contra la línea de tren Salónica-Atenas en octubre de 1942, que logró cerrar el grifo del abastecimiento destinado a las tropas de Rommel en Africa.

Algo parecido sucedería en Ucrania y Bielorrusia. Allí, los partisanos actuaban en zonas pantanosas y bosques, que no gozaban de importancia estratégica para la *Wehrmacht*. No obstante, el hecho de que las acciones de los partisanos interferían en el aprovisionamiento del frente, especialmente cuando actuaban contra las líneas férreas, hizo que en este caso la resistencia infligiese un daño mayor a los alemanes que el que podía provocar en las aisladas montañas de los Balcanes.

Alemanes contra Hitler

Si en la Europa ocupada surgían grupos contrarios al dominio del Tercer Reich, en la propia Alemania también había quien estaba dispuesto a acabar con el régimen nazi, pese a la amenaza de su implacable aparato represivo. La falta de coordinación y la ausencia de un programa común, además del lógico temor a caer en manos de los esbirros de Himmler, hicieron que el trabajo de los que se oponían al nazismo no diese su fruto. Fueron numerosos los políticos, militares y dirigentes sociales que se conjuraron para combatir al régimen, pero fueron pocos los que decidieron pasar a la acción.

La oposición antinazi constituye un fenómeno enormemente complejo, que no ha podido ser estudiado en profundidad. Por un lado, la mayoría de protagonistas de la resistencia no sobrevivieron a la guerra y además la documentación fue en buena parte destruida por la propia Gestapo o por los bombardeos. Por otro lado, tras la guerra, los Aliados intentaron minimizar el papel de la resistencia antinazi, pues convenía a sus intereses extender la culpabilidad al conjunto de la población germana, con el fin de legitimar el nuevo ordenamiento impuesto tras la derrota del nazismo. Estos condicionantes han hecho que la resistencia en el interior de Alemania sea un capítulo virtualmente ignorado, aunque progresivamente va obteniendo el reconocimiento que merece.

En los primeros compases del régimen nazi, la lucha contra la dictadura fue liderada por los comunistas, pero muchos de ellos fueron recluidos en campos de concentración, siendo neutralizados casi por completo. Curiosamente, los que más se distinguieron en la oposición al nazismo fueron algunos círculos aristócratas o eclesiásticos, al tener más margen de maniobra que los comunistas. De todos modos, ya avanzada la guerra, algunos oficiales que simpatizaban con el comunismo organizaron lo que se dio en llamar la "Orquesta Roja", que transmitía información muy valiosa a Moscú. Pero las ramificaciones de la oposición se extendían por todos los ámbitos, incluido el propio círculo de poder del Reich; por ejemplo, el jefe de los servicios de Inteligencia, el almirante Wilhelm Canaris, también actuó desde su parcela de poder para derrocar al régimen nazi, aunque finalmente sería descubierto.

Jesús Hernández

Hitler muestra a Mussolini el estado de la sala en la que unas horas antes había sufrido un atentado. La bomba dejada por Stauffenberg no logró acabar con la vida del *Führer*.

Pero el principal centro de oposición estaría radicado en el Ejército. Ya desde antes de la guerra, con ocasión de la agresiva política de expansión de Hitler, los militares se mostraron contrarios al poder omnímodo del *Führer*, y estuvieron muy cerca de impulsar un golpe de Estado. Incluso había un nombre escogido para tomar las riendas de la nación: el general Ludwig Beck, antiguo jefe de Estado Mayor, que había dimitido en 1938 por su desacuerdo con Hitler. Una vez iniciada la guerra, los militares cerraron filas en torno al máximo dirigente germano, sirviendo como aglutinante el éxito avasallador de la guerra relámpago, pero los primeros fracasos en el frente del este llevaron a algunos oficiales a pensar que era necesario apartar a Hitler del poder para evitar a Alemania una dolorosa derrota.

Fruto de estas conspiraciones llegaría el conocido como "atentado de las botellas", planeado por el general Henning Von Tresckow y el comandante Fabian Von Schlabrendorff; en una visita de Hitler al frente oriental, unos oficiales lograron introducir un artefacto explosivo, disimulado en un paquete que contenía dos botellas, en el avión utilizado por Hitler, pero una vez en el aire la bomba no hizo explosión al helarse el mecanismo de ignición.

Los que sí estuvieron a punto de acabar con la vida de Hitler fueron los oficiales conjurados alrededor del conorel Claus von Stauffenberg, quien consiguió colocar una bomba a escasos centímetros del dictador en la sala de conferencias de la Guarida del Lobo, en Rastenburg, el 20 de julio de 1944. Poco antes de que hiciera explosión, uno de los asistentes colocó el maletín que contenía la bomba tras una gruesa pata de la mesa en la que se apoyaba Hitler, lo que le sirvió de escudo protector. El posterior intento de golpe de Estado en Berlín fracasó al conocerse que el *Führer* había sobrevivido al atentado; los conspiradores fueron detenidos y fusilados ese mismo día. El resto de implicados fueron objeto de una durísima represión, incluido el mariscal Erwin Rommel, que fue obligado a suicidarse el 14 de octubre de 1944. El frustrado intento del coronel Stauffenberg fue la última acción de los opositores al régimen.

Escenarios

La resistencia a la ocupación alemana en Francia está presente en muchos memoriales y museos. Quizás el más importante sea el **Centro de Documentación de la Resistencia** de **Lyon**, inaugurado en 1992. Está instalado simbólicamente en los edificio que ocupó la Gestapo entre la primavera de 1943 y el 26 de mayo de 1944, cuando quedó destruido por un bombardeo. Este centro tiene la misión de conservar el recuerdo y sensibilizar al público sobre aquel periodo histórico.

El símbolo de la resistencia yugoslava, Tito, continúa vivo en **Belgrado**. Su mausoleo es visitado cada año por más de 150.000 personas. Su tumba se halla en la colina de Dedinje, al lado del estadio del Estrella Roja. Hasta 1992 era vigilada permanentemente por una guardia de cuatro soldados. Al lado hay un pequeño museo en el que se muestran todo tipo de objetos relacionados con esa figura histórica, como una colección de bastones de mariscal.

La resistencia antinazi en Alemania se vio brutalmente reprimida por la Gestapo. En el número 8 de la *Niederkirchnerstrasse* de **Berlín** se encuentran los restos del que fue el cuartel general de esta siniestra organización, que representaba el centro del poder del estado policial nazi. Allí, en el lugar que ocupaban el Hotel Prinz-Albert y el Prinz-Albert Palais antes de 1933, se establecieron las sedes de la Gestapo y las SS. Entonces la calle era la *Prinzalbertstrasse*, un nombre que después de la guerra sería cambiado por el de la luchadora antinazi Katia Niederkirchner. El edificio de la Gestapo quedó destruido por los bombardeos y a finales de los cincuenta ya no quedaba nada de él.

Durante los años ochenta se realizaron excavaciones que dejaron al descubierto las celdas de detención y en 1987 se abrió la zona al público, inaugurando la exposición permanente **Topografía *del Terror***. Aunque en 1995 se puso la primera piedra del proyectado edificio definitivo, que debía albergar un Centro de Documentación, las obras se abandonaron en 2004 y actualmente se está a la espera de convocar un nuevo concurso arquitéctonico. Hoy no es más que un extenso solar, atravesado por un foso accesible que se abre paralelo a la calle, en la que se conserva todavía un largo tramo del Muro de Berlín.

El Cuartel General de Hitler en Prusia Oriental, conocido como la **Guarida del Lobo**, se encuentra a cinco kilómetros de la localidad polaca de Kertrzyn (Rastenburg, mientras perteneció a Alemania). Allí, el *Führer* sufrió el atentado con bomba del 20 de julio de 1944. Pese a los intentos de demolición emprendidos por los alemanes en su retirada, y por los soviéticos tras la guerra, el complejo de barracones y búnkers de hormigón se encuentra en buen estado y es posible hacerse una idea fidedigna del aspecto que tenían entonces. El punto exacto en el que estalló el artefacto explosivo colocado por Claus von Stauffenberg, situado al principio del recorrido por el recinto, está señalado con una placa. Es posible pernoctar en un hotel emplazado en el edificio de la guardia de las SS.

El **Ministerio de la Guerra** del Reich, en Berlín, fue el centro neurálgico del intento de golpe del 20 de julio, inmediatamente posterior al intento de asesinato. Aquí residía el Mando Supremo de la *Wehrmacht*, bajo jurisdicción directa de Hitler desde 1938. El patio del edificio conocido como **Bendlerblock**, al estar situado en la *Bendlerstrasse*, fue el escenario del fusilamiento de Stauffenberg y sus compañeros. Como recuerdo y homenaje a Stauffenberg, se le erigió una estatua de bronce. En el muro más próximo al lugar en el que fueron fusilados están inscritos los nombres de los conjurados. El Bendlerblock acoge hoy día un **museo** dedicado a la resistencia alemana, en el que se exponen numerosas fotografías, anotaciones y documentos sobre la actividad de los diferentes grupos integrantes de la resistencia al régimen nazi.

La sede del **Tribunal del Pueblo**, en Berlín, en el que fueron juzgados los implicados en el golpe del 20 de julio, bajo la autoridad del infame juez Roland Freisler, resultó destruida el 3 de febrero de 1945, a consecuencia de un bombardeo aéreo. Hoy no queda nada de aquel edificio, pero una placa erigida entre el moderno Sony Center y el parque Kleist, cerca de la *Postdammer Platz*, señala la localización de aquella ignominiosa institución, que se distinguió por su persecución contra todos los que osaban oponerse al régimen nazi; entre agosto de 1934 y el final de la guerra, un total de 4.951 personas fueron condenadas a muerte en este lugar.

La prisión de **Plötzensee** fue construida en 1879, a las afueras de Berlín. En la actualidad es un reformatorio juvenil pero aquí, bajo el régimen nazi, unos 3.000 opositores al régimen fueron ejecutados. La mayoría de los sentenciados a muerte por su participación en el complot del 20 de julio vieron también aquí cumplidas sus penas. Los altos muros de la prisión encierran un pequeño recinto pavimentado rodeado de árboles. En 1951, en un pequeño edifico de la penitenciaria se instaló el **Plötzensee Memorial**, en donde se exponen fotografías de los ajusticiados, así como documentos que ilustran sobre las prácticas judiciales y penales del régimen nazi. La cámara de ejecuciones es hoy un memorial dedicado a las víctimas. En la parte exterior del edificio hay una gran urna con tierra procedente de todos los campos de concentración.

Protagonistas

Jean Moulin (1899-1943). En 1939 fue nombrado prefecto de Chartres. El 1940 fue detenido por el gobierno colaboracionista de Vichy y entregado a los alemanes, por negarse a suscribir una acusación injusta sobre unas tropas coloniales francesas. Mientras estuvo detenido se intentó suicidar cortándose la garganta con un cristal, pero no lo logró, quedándole una cicatriz que siempre trató de esconder con una bufanda. Pétain lo liberó en noviembre y escapó a Londres para ponerse a las órdenes de De Gaulle. Fue el encargado de dirigir el Consejo Nacional de la Resistencia. Fue capturado por el jefe de la Gestapo Klaus Barbie, el carnicero de Lyon, y sometido a terribles torturas. Convertido en una piltrafa humana, falleció mientras era trasladado en tren de París a Berlín. Considerado como uno de los héroes de la Resistencia, está enterrado en el Panteón de Paris.

Josip Broz "Tito" (1892-1980). Mariscal yugoslavo. Nacido en Croacia, participó en la Primera Guerra Mundial en el ejército austrohúngaro. Después de que Yugoslavia fuera invadida por las fuerzas del Eje, fue nombrado en abril de 1941 jefe del comité militar del Partido Comunista, liderando así la resistencia. Tito fue el protagonista de una intensa campaña de guerrillas que liberó parte del territorio ocupado. El 4 de diciembre de 1943 proclamó un gobierno provisional. Los alemanes estuvieron muy cerca de capturar y matar a Tito al menos en tres ocasiones. En 1945 logró derrotar a los alemanes con la ayuda del Ejército Rojo, aunque posteriormente se enfrentaría a Stalin al defender su propia vía al socialismo. Fue el máximo dirigente de su país hasta su muerte.

Wilhelm Canaris (1887-1945). Almirante alemán, jefe de los servicios secretos del Ejército germano (*Abwehr*) de 1935 a 1940. Fue espía durante la Primera Guerra Mundial y se llegó a decir que fue amante de Mata Hari. Desde su privilegiado puesto opuso resistencia a la política agresiva del Tercer Reich y ya desde 1938 trabajó en la sombra para derrocar a Hitler. En agosto de 1944 fue detenido por su implicación en el atentado contra Hitler, siendo ahorcado el 9 de abril de 1945 en el campo de concentración de Flossenburg.

Claus von Stauffenberg (1907-1944). Hijo de una familia aristocrática, destacaba por su simpatía, elegancia, carisma y poder de persuasión. Al principio aceptó la hegemonía nazi, hasta que la política de exterminio de que fue testigo en el frente del este le abrió los ojos sobre la verdadera naturaleza del Tercer Reich, decidiéndose a conspirar contra él. Pese a la pérdida de un ojo, una mano y dos dedos en un ataque aéreo sufrido en Túnez, tomó la responsabilidad de llevar a cabo personalmente el atentado. Su intento de asesinar a Hitler el 20 de julio de 1944 fue el que más cerca estuvo de su objetivo. Murió fusilado por orden del general Fromm antes de que acabase esa misma jornada.

Filmografía

* **La gran evasión** (*The Great Escape*, John Sturges, 1963).
* **La noche de los generales** (*The night of the generals*, Anatole Litvak, 1966).

* **La batalla del río Neretva** (*Nitka na Neretvi*, Veljko Bulajic, 1969).
* **La quinta ofensiva** (*Sutjeska*, Stipe Delic, 1973).
* **Evasión o victoria** (*Escape to victory*, John Huston, 1981).
* **La Rosa Blanca** (*Die weisse Rose*, Michael Verhoeven, 1982) .
* **Masacre, ven y mira** (*Idi i smotri*, Elem Klimov, 1985).
* **Sophie Scholl: Los últimos días** (*Sophie Scholl: Die leszten Tage*, Marc Rothemund, 2005).
* **Operación Walkiria** (*Operation Valkyrie*, Jo Baier, 2004).
* **Resistencia** (*Defiance*, Edward Zwick, 2008).
* **Valkiria** (*Valkyrie*, Bryan Singer, 2008).

Capítulo 37
Operación Bagration

A principios de junio de 1944, Stalin esperaba impaciente noticias de sus aliados occidentales. El desembarco en Normandía estaba a punto de producirse, pero las complicaciones meteorológicas amenazaban no solo con un aplazamiento sino con una hipotética cancelación. Esa posibilidad suponía un grave contratiempo para Stalin, puesto que deseaba hacer coincidir la apertura de ese segundo frente en Europa con una gran ofensiva que estaba preparado para lanzar en ese mismo mes de junio.

Cuando llegaron a Stalin las noticias de que el desembarco en Normandía se había producido y que la extensa cabeza de playa se había asegurado, el *zar rojo* respiró tranquilo. Su gran ataque en el este, que debía expulsar a los alemanes de territorio soviético, podía comenzar.

FINLANDIA SE RINDE

Como preludio de la gran ofensiva contra el invasor germano, Moscú se decidió a dejar finiquitada de una vez por todas su guerra con Finlandia. Ese conflicto, la Guerra de Continuación, iniciada a la par que la Operación Barbarroja, se había desarrollado en regiones muy septentrionales y había implicado a cantidades relativamente pequeñas de tropas, por lo que su importancia estratégica siempre había sido secundaria.

La dinámica de esta Segunda Guerra ruso-finlandesa difirió de la seguida por Alemania en su enfrentamiento con la Unión Soviética, por lo que se la ha percibido como un conflicto independiente. Pero los rusos consideraban la guerra con Finlandia como un frente más de la Gran Guerra Patriótica, por lo que decidieron aplastar la resistencia finesa, como primer paso antes de enfrentarse a los alemanes. De paso, Moscú confiaba en vengarse de la humillación sufrida cuatro años antes, cuando fue incapaz de doblegarla y los soviéticos tuvieron que conformarse con una paz negociada, alejada de la victoria total que buscaban.

Así pues, el 10 de junio de 1944 dio comienzo la última fase de la Guerra de Continuación. Con medio millón de soldados y 10.000 cañones, los rusos no hallaron en esta ocasión obstáculos serios para doblegar a los voluntariosos finlandeses.

Aunque se esperaba que Stalin fuera especialmente duro con los derrotados, las condiciones que les impuso no fueron tan draconianas como se temía. El hecho de que los finladeses no hubieran participado en los ataques sobre Leningrado tuvo peso a la hora de obtener la benevolencia de Moscú, aunque también hay que destacar la intercesión de los norteamericanos a favor del país escandinavo.

LA GRAN OFENSIVA SOVIÉTICA

La campaña de verano contra los alemanes daría comienzo el 22 de junio de 1944, coincidiendo con el tercer aniversario de la invasión nazi de la Unión Soviética. Esta operación se denominaría "Bagration", en recuerdo del general ruso Piotr Bagration (1765-1812), que murió en la Batalla de Borodino.

Esta colosal ofensiva soviética, en la que participaron casi dos millones de soldados, causaría a la *Wehrmacht* más bajas que en la catástrofe de Stalingrado y dejaría encauzado el posterior avance sobre Berlín pero, de forma incomprensible, ha sido pasada por alto por la mayoría de historiadores. Pese a su enorme trascendencia, la acción que permitió al Ejército Rojo expulsar a las tropas de Hitler de su territorio, rebasar la frontera alemana en Prusia Oriental y presentarse a las afueras de Varsovia permanece en un inmerecido segundo plano en comparación con Stalingrado e incluso la batalla de Kursk.

El enemigo que tenían ante sí los soviéticos, el Grupo de Ejércitos Centro, seguía siendo temible pese al desgaste sufrido durante esos tres años de guerra. No obstante, en junio de 1944 había quedado expuesto tras la aniquilación del Grupo de Ejércitos Sur en los choques que siguieron a la Batalla de Kursk y la liberación de Kiev y Crimea, en la primavera de ese año. Aunque el Grupo de Ejércitos Centro, con el general Busch al frente, había acortado la línea del frente para poder contener mejor las andanadas soviéticas, su posición estratégica era bastante comprometida.

Esa circunstancia fue aprovechada por los rusos. El Grupo de Ejércitos Centro fue atacado por cuatro Grupos de Ejército soviéticos, comandados por los generales Bagramyan, Cherniaj, Zajarov y Rokossovsky. La táctica del Ejército Rojo consistió en desbordar las defensas estáticas alemanas para cercar con fuerzas acorazadas las bolsas resultantes, que habían quedado aisladas. Esta táctica dio como resultado tres grandes cercos: Vitebsk al norte, Minsk en el centro y Bobruisk en el sur.

La coincidencia entre el desembarco en Normandía y la Operación Bagration fue decisiva para el éxito soviético. El traslado urgente de unidades hacia el oeste, en respuesta a la invasión de Francia, posibilitó que en algunos puntos la superioridad rusa fuera de diez a uno en tanques o de siete a uno en aviones. En la mayoría de puntos de ataque, la ventaja del Ejército Rojo era aplastante.

La capital de Bielorrusia, Minsk, fue tomada el 31 de julio, siendo capturados 50.000 alemanes. Diez días después los rusos llegaron a la frontera polaca. La operación solo se detuvo cuando las líneas de suministro soviéticas comenzaron a ser demasiado extensas.

La *Wehrmacht* perdió en la Operación Bagration unos 350.000 hombres, es decir uno de cada cuatro hombres con que contaba en el frente oriental. Además, la derrota del Grupo de Ejércitos Centro costó a los alemanes mil tanques y dos mil vehículos.

Los soviéticos pagaron también un precio importante por ese último esfuerzo para expulsar a los alemanes de su país; 60.000 muertos, 110.000 heridos y unos 8.000 desaparecidos. Las pérdidas materiales fueron muy elevadas: tres mil tanques, dos mil piezas de artillería y casi un millar de aviones.

El Levantamiento de Varsovia

El 1 de agosto, con los soviéticos a once kilómetros de la capital, la resistencia polaca inició una revuelta para expulsar a los alemanes de Varsovia, con la esperanza de que el Ejército Rojo acudiese en ayuda de los sublevados. El Levantamiento de Varsovia supuso un reto sin precedentes al incontestado dominio nazi sobre Polonia. Tan solo el Levantamiento del Gueto de Varsovia, en marzo de 1943, había puesto en entredicho el poder absoluto de las autoridades alemanas en la capital.

Pero en ese momento en el que los polacos habían encendido la llama de la liberación, los rusos pusieron en práctica una deleznable estrategia; sus tropas se quedaron en la orilla oriental del Vístula, abandonando a los resistentes polacos a su suerte.

Los polacos, tanto combatientes como civiles, serían víctimas de una despiadada represión por parte de tres Divisiones de las SS, que convertirían las calles de Varsovia en una orgía de sangre difícilmente imaginable, en la que no serían respetados ni hospitales ni orfanatos. Los más crueles excesos serían cometidos por los hombres del general de las Waffen SS Oskar Dirlewanger; los detalles de sus fechorías llegarían incluso a escandalizar en el Cuartel General de Hitler.

Mientras esto ocurría, Stalin no solo permanecía de brazos cruzados, sino que impedía a los Aliados occidentales, que sí querían socorrer a los sublevados, utilizar los aeródromos bajo control soviético para que sus aviones pudieran arrojar desde el aire armas a los resistentes. El motivo de la inacción soviética era que la feroz represión alemana estaba liquidando a los sublevados polacos, una fuerza leal al gobierno polaco en el exilio y que podía girarse más tarde en contra de los rusos al reclamar su protagonismo en la liberación de Varsovia. Así pues, las SS estaban llevando a cabo el *trabajo sucio*, aplanando el dominio soviético posterior. La muerte de 15.000 resistentes a manos alemanas fue un involuntario favor que Hitler proporcionó al astuto y calculador Stalin.

Con Varsovia a tiro de piedra de las tropas rusas, los soviéticos se daban por satisfechos con el avance conseguido en ese verano. El haber sobrepasado las fronteras de la URSS proporcionaba a Stalin una nueva visión de la contienda. El objetivo ya no era expulsar al invasor, lo que prácticamente se había conseguido, sino aprovechar el impulso para expandirse por Europa Oriental. Stalin aseguró públicamente que la Unión Soviética "ha de prestar también su ayuda a los pueblos que gimen bajo el yugo del fascismo".

Esa misión "liberadora" del Ejército Rojo fue advertida por los británicos, pero no por los norteamericanos, aunque la realidad es que poco podían hacer ambos por contener la arrolladora marea soviética.

Varsovia, arrasada

Los combates en las calles de Varsovia entre los sublevados polacos y las tropas alemanas se prolongarían hasta septiembre. A finales de ese mes, el cansancio ya había hecho mella en ambas partes. Los polacos, decepcionados, comprendieron que nadie acudiría a socorrerles. Los británicos llegaron a valorar la posibilidad de lanzar paracaidistas sobre la ciudad, pero a las dificultades propias de la operación había que sumar el previsible enojo de Stallin, por lo que el plan no pasó de ser un bienintencionado proyecto, quizás planteado simplemente para contentar al gobierno polaco en el exilio, que exigía el auxilio urgente de los sublevados.

Al final, los combatientes polacos pudieron contar tan solo con los escasos contenedores que algunos aviones británicos o norteamericanos acertaban a arrojar sobre los sectores de ciudad controlados por los sublevados, pese a la oposición de Stalin a que estos vuelos se produjesen. En esos contenedores de forma cilíndrica, los aliados occidentales les hacían llegar armas, munición y medicamentos, pero era frecuente que acabasen cayendo en manos alemanas. Los sublevados eran conscientes de que si Stalin no les ayudaba a liberar la ciudad, no tendrían ninguna posibilidad de derrotar a la *Wehrmacht*, pero aun así continuaron ofreciendo resistencia.

Por su parte, los alemanes no estaban dispuestos a seguir perdiendo hombres en un goteo incesante, a consecuencia de las tácticas de guerrilla urbana de sus oponentes. En cuanto tomaban un edificio desde el que se lanzaban ataques, los sublevados escapaban por las azoteas o por las alcantarillas, para hacerse fuertes en otro punto de la ciudad. La lucha fue tan intensa, que el jefe de las SS, Heinrich Himmler anotaría que la represión del Levantamiento había sido "de las más mortíferas batallas desde el comienzo de la guerra, tan difícil como la lucha por Stalingrado".

Finalmente, los alemanes ofrecieron a los combatientes una salida honrosa para poner fin a esa sangría inútil. El 2 de octubre de 1944, el general polaco Bór-Komorowski firmó la capitulación. De acuerdo con ese documento, los alemanes se comprometían a tratar a los polacos sublevados de acuerdo con los términos establecidos en la Convención de Ginebra, además de respetar la vida de los civiles.

Unos 15.000 polacos fueron enviados, en calidad de prisioneros de guerra, a distintos campos en Alemania, pero el compromiso con la población civil no se respetó, puesto que unas 60.000 personas fueron enviadas a campos de concentración, donde muchas de ellas morirían.

La ciudad fue evacuada por completo y los alemanes comenzaron la destrucción sistemática de su casco urbano. Grupos de ingenieros se encargaron de la demolición controlada de los edificios que habían sobrevivido a los bombardeos. La destrucción se cebó en los archivos nacionales, los monumentos históricos y en los distintos puntos de interés de la ciudad. Se calcula que en total fueron destruidos 10.455 edificios, así como 923 edificios históricos, 25 iglesias, 14 bibliotecas incluyendo la Biblioteca Nacional, además de un centenar de escuelas y las dos universidades de la capital. En enero de 1945, el 85 por ciento de los edificios de Varsovia habían desaparecido. Ese era el panorama que iban a encontrar los soviéticos cuando entrasen en ella el 16 de enero de 1945.

Jesús Hernández

Escenarios

En la capital de Bielorrusia, **Minsk**, se puede visitar el impresionante **Museo Estatal de la Gran Guerra Patria**. Es uno de los mayores museos de historia militar en el mundo. Sus colecciones cuentan con más de cien mil documentos originales, fotografías, y objetos de los años 1939-45. Destacan especialmente las salas dedicadas a la Operación Bagration, que supuso la liberación de Bielorrusia.

En 2004, se inauguró en la capital polaca el **Museo del Levantamiento de Varsovia**, coincidiendo con el 60 aniversario. Durante la época comunista, este episodio histórico había sido un tabú, para no crear fricciones con la Unión Soviética; los combatientes polacos eran considerados en los libros de historia como "fascistas" que habían actuado "por ansias de poder y para poder satisfacer sus ambiciones personales". Pero tras la caída del comunismo, aquellos luchadores pudieron ser rehabilitados y considerados como héroes nacionales. Uno de los frutos de esta justa reivindicación es este espectacular museo, dotado de las herramientas museísticas más sofisticadas para dar a conocer aquellos hechos, sustraídos a la población polaca durante casi cinco décadas.

Además de la muestra de objetos y documentos, el museo aprovecha las nuevas tecnologías para ser totalmente interactivo. Se pueden oír de fondo disparos y explosiones y se ofrece al visitante la posibilidad de internarse por una reproducción de las alcantarillas por las que tuvieron que huir los combatientes polacos. Otra aproximación a aquel periodo es la entrega de una octavilla recién impresa con una de las imprentas clandestinas que utilizaron entonces los sublevados.

En el exterior del museo se exhibe un curioso vehículo denominado "Kubus". Se trata de un blindado construido por los combatientes, utilizando el chasis de un camión Chevrolet y cubriéndolo con placas de acero, siguiendo las indicaciones de un ingeniero, Walerian Bielecki, alias *Jan*. Se utilizó dos veces, el 23 de agosto y el 2 de septiembre, en la zona de la Universidad. Finalmente fue abandonado en retirada en la calle Okolkic. El vehículo aquí expuesto es una réplica exacta del "Kubus" original, que se conserva en el Museo del Ejército Polaco.

Protagonistas

Ernst Busch (1885-1945). Mariscal alemán. Combatió en la Primera Guerra Mundial. Participó en la invasión de Polonia y Francia. En octubre de

1943 recibió el mando del Grupo de Ejércitos Centro, en el frente del Este. La Operación Bagration supuso su reemplazo por el mariscal Model, poco antes del colapso de las fuerzas germanas en Bielorrusia. Fue designado comandante en jefe en el Noroeste, con base en Noruega, en donde permaneció hasta el final de la guerra. Murió en un campamento de prisioneros de guerra en Inglaterra.

Otto Moritz Walther Model (1891-1945). Luchó en la Batalla de Verdún durante la Primera Guerra Mundial. Sirvió en las campañas de Polonia y Francia. Durante la invasión de la URSS su División Panzer atacó con éxito en el Dniéper. De fuertes convicciones nazis, se ganó la confianza de Hitler, por lo que su carrera militar fue meteórica. Hitler lo utilizó con frecuencia destinándolo a los sectores más comprometidos, como el Grupo de Ejércitos Norte durante la Operación Bagration. Se suicidó el 21 de abril de 1945 para no caer en manos de las tropas anglo-norteamericanas que lo tenían rodeado.

Andrei Yeremenko (1892-1970). Mariscal soviético. Dirigió las contraofensivas de Smolensk o Bryansk durante la Operación Barbarroja y logró contener a los alemanes en su asalto a Moscú, resultando herido. Participó en cerco de Stalingrado. En la primavera de 1944 estuvo destinado en el Frente Sur. Durante la Operación Bagration, su Frente logró liberar Riga, atrapando a lo que quedaba del Grupo de Ejércitos Norte en Curlandia. En 1945 se encargó de la liberación del este de Hungría y de Checoslovaquia. En 1955 fue nombrado Mariscal de la Unión Soviética.

FILMOGRAFÍA

* **La infancia de Iván** (*Ivanovo detstvo*, Andrei Tarkovski, 1962).
* **Rebelión en Polonia** (*Urprising*, John Avnet, 2001).
* **Estrella, señal de socorro** (*Zvezda*, Nicolai Lebedev, 2002).

Capítulo 38
Un puente lejano

Una vez liberada París, los Aliados creyeron que la guerra podía quedar concluida antes de final de año. Los soldados soñaban con la posibilidad de que pudieran pasar la Navidad en sus hogares. Pero para que la contienda acabase era necesario penetrar como un estilete en el corazón de Alemania antes de que llegasen las lluvias otoñales.

Quien estuvo más cerca de lograrlo fue Patton, que al frente de sus tanques tuvo al alcance de la mano cruzar el Rin, pero la falta de combustible le impidió avanzar más allá del curso alto del río Sena. De nada sirvieron las amargas quejas del visceral militar norteamericano: "Mis hombres pueden comerse sus cinturones, pero mis tanques no pueden funcionar sin gasolina".

Por motivos políticos, y quizás personales, un viejo conocido de Patton, Montgomery, era el gran beneficiado de los aprovisionamientos que llegaban al frente, en detrimento del estadounidense. La enorme influencia del general inglés sirvió para que el combustible fuera escatimado a Patton en beneficio de sus unidades. Y fue *Monty* precisamente quien creyó haber descubierto un atajo para irrumpir en territorio alemán.

Aprovechando el impulso proporcionado por el éxito del desembarco en Normandía, Montgomery creyó posible penetrar en Alemania a través de Holanda, en una audaz operación combinada entre tropas terrestres y aerotransportadas para, según él mismo, "acabar la guerra por Navidad".

Operación Market Garden

La operación destinada a irrumpir en el Reich alemán a través de territorio holandés, denominada "Market Garden", fue ideada y desarrollada por Montgomery en tan solo una semana, un plazo demasiado breve para una acción de estas características tan complejas. Aunque muchos de los que tuvieron que participar en ella se mostraban escépticos ante la viabilidad del improvisado plan, el gran prestigio del mariscal británico, sirvió para aplanar todas las dificultades.

Market Garden constaba de dos fases cuya coordinación resultaba esencial para poder lograr el objetivo. Por una parte, las tropas aerotransportadas (Market) debían apoderarse de los puentes situados a lo largo de los cien kilómetros de carretera entre Eindhoven y Arnhem; por otra, fuerzas terrestres (Garden) debían cubrir en solo dos días el trayecto entre dichas ciudades para enlazar con las divisiones Market.

Es decir, los paracaidistas descenderían con la misión de impedir la voladura de esos puentes y de mantener la carretera despejada para que irrumpiesen por ella las fuerzas motorizadas aliadas, penetrando como una lanza en la línea de frente alemana. Al menos sobre el papel, esta audaz operación —curiosamente, ajena al espíritu conservador de *Monty*— se presentaba enormemente atractiva, pero el plan no contaba con un pequeño detalle; que los alemanes estarían allí para impedirlo.

Para la primera fase fueron designadas la 82ª y la 101ª División Aerotransportada de Estados Unidos, y la 1ª Aerotransportada británica al mando del general Robert Urquhart, a la que se agregó la brigada polaca del general Stanislaw Sosabowski, con la misión de capturar y mantener el vital puente de Arnhem sobre el Rin. En esta colosal invasión por aire participarían un total de 35.000 hombres.

Contraataque en Arnhem

La operación se inició el 17 de septiembre de 1944. Aunque las fuerzas norteamericanas lograron alcanzar la mayoría de sus objetivos, la División británica sufrió todo el empuje del contraataque alemán en la zona de Arnhem. Inexplicablemente, pese a que los aliados contaban con informaciones fiables procedentes de la resistencia holandesa en las que se advertía de la presencia de Divisiones acorazadas en las proximidades, se siguió adelante con el plan sin incrementar las precauciones.

Market Garden: paracaidistas aliados son lanzados sobre Holanda. Montgomery no reconocería nunca que la operación fue un fracaso.

Las tropas terrestres que debían tardar 48 horas en llegar, a los nueve días se encontraban aún enzarzadas en violentos combates, después de haber cruzado con mucho retraso el puente sobre el río Waal en Nimega. Mientras tanto, la división británica fue virtualmente destruida en Arnhem por los *panzer* alemanes y los refuerzos que se enviaron con inesperada eficiencia.

El general Urquhart tuvo que unirse a sus hombres en ese combate cuerpo a cuerpo por el control del puente de Arnhem, como un soldado más, en un hecho sin precedentes en la Segunda Guerra Mundial. De todos modos, cuando la resistencia era más encarnizada, Urquhart recibió órdenes de ponerse a salvo. Por la noche, en una lancha neumática, el general y varios oficiales descendieron por el río, al encuentro de un comando que les llevaría al cuartel general.

Al final, se admitió que las columnas aliadas nunca llegarían a su objetivo, por lo que se decidió evacuar a los paracaidistas. El 25 de septiembre, una quinta parte de los soldados fueron recogidos en embarcaciones, mientras que los restantes acabarían siendo hechos prisioneros.

El fracaso de Market Garden sería injustamente colocado sobre los hombros del general Urquhart, una deshonra que le perseguiría durante el resto de su vida. Aunque Urquhart recibió varias condecoraciones, incluida la orden noruega de San Olaf, no sería premiado con ningún ascenso. En cambio, el gran responsable de que la operación acabase en fiasco, el mariscal Montgomery, fue considerado como un héroe después de la guerra. Nada empañó su gloria, ni los 7.000 muertos y heridos británicos ni las 1.500 bajas norteamericanas o los más de 6.000 prisioneros que arrojó el balance de Market Garden.

Pese a la inutilidad de estas bajas, teniendo en cuenta que el pasillo que consiguió abrirse acabó convirtiéndose en un callejón sin salida, el petulante Montgomery, que tenía previsto entrar en Berlín a lomos de un caballo blanco, aseguró que "los objetivos se habían cumplido en un 90 por ciento".

Pero desde Holanda, el país que había padecido el desastre de Market Garden, se acuñó la frase más certera referida a esta operación, atribuida a la reina Guillermina pero pronunciada en realidad por Bernardo de Holanda, esposo de la entonces princesa Juliana y padre de la futura reina Beatriz: "Mi país no puede permitirse el lujo de otro triunfo de Montgomery".

Los Aliados, cuyas líneas de abastecimiento ya estaban estiradas al máximo, comprendieron que la inercia del Día-D estaba agotada y que era necesario tomar aire antes de afrontar el asalto final al Reich. Mientras, en el este, los soviéticos se encontraban también acumulando energías para descargar el definitivo golpe contra Alemania.

La frustrada operación Market Garden fue la última gran ofensiva de los Aliados en 1944. Al llegar el otoño, las lluvias dejaron impracticables los caminos y muchos ríos se desbordaron. La perspectiva de las bajas temperaturas invernales obligaba a aplazar el asalto final al territorio del Reich hasta la primavera de 1945.

Escenarios

El museo **Alas de Liberación** de Best, cerca de Eindhoven, proporciona una visión completa de Market Garden. En las 16 hectáreas que ocupa el museo destaca la presencia de dos aviones C-47 Dakota utilizados entonces en el lanzamiento de los paracaidistas. Además, posee una interesante colección de vehículos, sobre todo norteamericanos, aunque también se exhibe un tanque T-34 soviético y un lanzacohetes Katyusha.

El **Museo Nacional de la Liberación**, en Groesbeek, también ofrece información sobre Market Garden, pero su interés se extiende a la ocupación, la liberación y la reconstrucción en la posguerra.

Los puntos de interés relacionados con Market Garden ascienden a más de 250. Entre ellos se pueden destacar los tanques **Sherman** que se pueden contemplar al aire libre en las localidades belgas de Leopoldsburg y Hechtel.

Son numerosos los monumentos conmemorativos que se levantan en suelo holandés, como los de Eindhoven, Valkenswaard, Son, o Veghel. Cada uno de ellos está dedicado a un episodio acaecido en ese lugar.

En **Nimega**, además de su puente, que fue tomado por los Aliados en un brillante asalto directo, se puede visitar el **Hunnerpark**, un parque en el que se levantan varios monumentos relacionados con la operación. Aquí, una placa señala el lugar en el que está enterrada una cápsula del tiempo que será abierta en 2044, con ocasión del centenario de Market Garden.

El escenario más conocido es el **puente de Arnhem**. El original fue demolido en octubre de 1944; el actual es una réplica construida en 1950. Una gran piedra recuerda aquel episodio histórico con la inscripción "17 Septiembre 1944", la fecha cuando oficialmente se inició Market Garden.

Protagonistas

Robert Elliott Urquhart (1901-1988). General británico. Entre 1941 y 1942, comandó a la Segunda División de Infantería Ligera, y en 1943 fue transferido a Africa del Norte. Participó también en la campaña de Sicilia. Su reto más importante llegó cuando fue puesto al frente de la 1ª División Aerotransportada Británica durante la Operación Market Garden. Pese a la valentía demostrada en la batalla, sobre él recaería de forma injusta el fracaso de la operación. Afectado por este desengaño, se retiró del Ejército en 1955 para dedicarse a la ingeniería. Jubilado en 1970, Urquhart tuvo el honor de presidir las ceremonias conmemorativas del aniversario de la batalla, en 1974 y en 1979.

Stanisław Franciszek Sosabowski (1892-1967). General polaco. Participó en la Primera Guerra Mundial, resultando herido. Después de la rendición polaca en 1939, fue hecho prisionero por los alemanes, pero logró escapar y se exilió en Gran Bretaña junto a otros 6.000 hombres para formar parte de las fuerzas aliadas. Tomó parte en la Operación Market Garden como Comandante de la Primera Brigada Polaca de Paracaidistas Independiente. Tras la guerra no pudo regresar a su país, al negarle la ciudadanía polaca las nuevas autoridades comunistas. Permaneció exiliado en Londres y tuvo que trabajar en una empresa de componentes eléctricos. Falleció en Londres, pero su cuerpo fue trasladado en 1969 a un cementerio de Varsovia. En 2006, la reina Beatriz de Holanda le condecoró con el "León de Bronce" a título póstumo.

Filmografía

* **Theirs is the glory** (Brian Desmond Hurst, 1946).
* **Un puente lejano** (*A Bridge Too Far*, Richard Attenborough, 1977).
* **El último asalto** (*The Last Drop*, Colin Teague, 2005).

Capítulo 39
La batalla de las Ardenas

En el otoño de 1944, el panorama que se le presentaba por delante a Alemania no era nada halagüeño. Las derrotas sufridas durante el verano le habían privado del petróleo rumano y habían cortado el suministro de minerales desde España. Finlandia, Rumanía y Bulgaria luchaban ahora en el bando aliado, mientras Hungría planeaba en secreto su deserción. Tan solo los gobiernos de la República Social Italiana, Croacia y Eslovaquia permanecían leales al Eje, pero su existencia era casi fantasmagórica. Nadie deseaba ya unir su suerte a la del agonizante Tercer Reich.

Las formaciones aéreas aliadas sobrevolaban día y noche las principales ciudades germanas, destruyendo los centros industriales y efectuando ataques intimidatorios contra los núcleos habitados, para quebrar la moral de la población. La *Luftwaffe* se mostraba totalmente impotente para impedirlo, pero aún así no se resintieron las cifras de producción, al haber sido trasladada en su mayor parte a instalaciones subterráneas.

Los Aliados conocían la debilidad alemana, y sabían que nada podría ya arrebatarles la victoria sobre el Tercer Reich. Sin embargo, sabían que no podían confiarse, puesto que la fuerza militar alemana aún podía dar sus últimos coletazos. Aunque la gran ofensiva sobre Alemania no se iba a producir durante ese invierno, era necesario seguir presionando al Ejército germano, para no darle ocasión de tomar la iniciativa. Por este motivo, pese a la escasez de tropas y suministros que padecían los Aliados al tener que ser desembarcados y trasladados desde las playas de Normandía, estos no dejarían de hostigar a las tropas alemanas, aunque con resultado desigual.

En ese otoño, ya en territorio alemán, se produciría una de las batallas más sangrientas de la contienda, pero que, quizás debido a que resultaría en un fiasco aliado, prácticamente desaparecería de los libros de historia.

La batalla del bosque de Hürtgen

Al tupido bosque de abetos de Hürtgen, situado al sur de Aquisgrán, cerca de la frontera belga, llegaron los norteamericanos a finales de septiembre. En cuanto intentaron ocuparlo, el 6 de octubre, para evitar que se convirtiese en un futuro reducto germano, les salieron al paso tropas experimentadas apoyadas por fuego procedente de la cercana Línea Sigfrido, el sistema de defensa que protegía la frontera germana. En cinco días tan solo se había logrado penetrar un kilómetro y medio, y diez días más de combates sirvieron únicamente para avanzar esa misma distancia. Mientras los norteamericanos debían desplazarse por los intrincados caminos que solían utilizar los leñadores, en el lado alemán existían anchos caminos que permitían trasladar refuerzos rápidamente.

La táctica de los artilleros germanos era insólita pero muy efectiva; las bombas y granadas eran disparadas contra las copas de los árboles, provocando el estallido de miles de astillas incandescentes, convertidas en metralla; no era posible resguardarse de semejante granizo mortal.

Durante un mes la aviación y la artillería aliadas intentaron destruir los cañones alemanes, pero las sólidas fortificaciones soportaron bien el bombardeo. El 2 de noviembre, una División estadounidense llegó al bosque para reforzar a los que allí combatían, pero once días después toda esta División había sido aniquilada. Los soldados se vieron obligados a continuar luchando en Hürtgen, pero comenzaron a producirse deserciones a consecuencia de la claustrofobia que provocaba el bosque, formado por árboles tan altos y frondosos que impedían que la luz llegase al suelo, que siempre permanecía húmedo. Muchos hombres regresaron a la retaguardia y se negaron a regresar, aterrorizados por un bosque en perpetua sombra, plagado de trampas y minas, que acabó por quebrar la resistencia psicológica de los soldados.

La batalla degeneró para los norteamericanos en una serie de ataques más propios de la Primera Guerra Mundial, incluyendo estériles avances para tomar posiciones enemigas que poco más tarde debían ser abandonadas ante el demoledor fuego de la artillería o de los tanques alemanes.

Finalmente, la importancia de la captura del bosque se vería eclipsada por la inmediata ofensiva germana en las Ardenas. Aunque se sabe que esta absurda y casi desconocida batalla de Hürtgen costó un número alto de bajas, que podría superar las 25.000, es imposible conocer su volumen exacto, puesto que muchas de ellas fueron acumuladas posteriormente en las cifras oficiales de bajas de la Batalla de las Ardenas.

Más suerte tuvieron los Aliados en la histórica ciudad alemana de Aquisgrán. Esta localidad se convirtió en un apetecible objetivo, puesto que en ella convergían dos sectores de la Línea Sigfrido. El 8 de octubre la ciudad quedó cercada, pero no se rendiría hasta trece días después, tras encarnizados combates urbanos que pusieron a prueba también la resistencia de los soldados aliados.

La histórica ciudad de Carlomagno había caído, pero el avance aliado no iría más allá. El crudo invierno ya llamaba a la puerta y era necesario reservar fuerzas para la última acometida, que debía conducir a los Aliados al corazón de Alemania. El frente occidental se estabilizó, pero no sería por mucho tiempo.

Ofensiva en las Ardenas

La derrota de Alemania parecía inevitable; el territorio del Reich se encontraba totalmente cercado y nada hacía pensar que el Ejército germano tuviera poder de reacción. Pero los temores aliados de que los alemanes pudieran restablecerse inesperadamente de su marasmo se cumplieron.

Hitler conservaba aún la audacia que le había llevado a obtener los grandes éxitos diplomáticos anteriores a la guerra, que le había permitido apoderarse de Austria y Checoslovaquia, y lanzar las ofensivas triunfantes de la primera fase del conflicto sobre Polonia o Francia. Pero a finales de 1944 esa audacia se había convertido más bien en la inconsciencia de un jugador desesperado, capaz de arriesgarse a perderlo todo a cambio de unas ganancias limitadas. Eso es lo que ocurrió en diciembre de 1944, cuando Hitler puso sobre el tapete su última apuesta para derrotar, o al menos frenar, a los ejércitos aliados que estaban poniendo sitio a las fronteras del Reich. El objetivo era obtener una victoria aplastante en el frente del oeste para forzar a los Aliados occidentales a negociar una paz separada con Alemania. De este modo, podría centrar todos sus recursos en la lucha contra la Unión Soviética.

Hitler estaba convencido de que podría reeditar los ya añejos éxitos de la guerra relámpago. Su plan consistía en lanzar un ataque masivo y contundente en la agreste e inhóspita región de las Ardenas, escasamente defendida, para llegar hasta el río Mosa. En una segunda fase, las Divisiones Panzer se dirigirían nuevamente en veloz carrera hacia el mar, en dirección a Bruselas y Amberes, dejando aislado al Ejército de Montgomery.

Sobre el papel la idea no dejaba de resultar prometedora, pero Hitler se olvidaba de que la *Wehrmacht* y la *Luftwaffe* no eran las mismas que en 1940 y de que las tropas aliadas, bien pertrechadas y con un firme espíritu de victoria, nada tenían que ver con aquel desmoralizado Ejército francés que se disgregó ante el avance de los panzer.

Si la ofensiva prevista en las Ardenas tenía escasas posibilidades de éxito, estas opciones quedaron reducidas al mínimo al no poder reunir todo el potencial necesario para el ataque. Estaba previsto que los tanques dispusiesen de cinco depósitos de combustible, pero tan solo se les pudieron proporcionar dos. El resto deberían tomarlo de las reservas capturadas a los Aliados. En cuanto a la cobertura aérea, los más de tres mil aviones prometidos por la *Luftwaffe* se vieron reducidos a trescientos, debido a que el resto tuvo que destinarse a proteger a las ciudades alemanas de los bombardeos.

Aun así, Hitler ordenó poner en marcha la ofensiva, para la que reunió efectivos procedentes del frente oriental. Sin que los Aliados pudieran descubrirlo, los alemanes fueron concentrando sus tropas y vehículos en las proximidades del frente. Para ello se desplazaban durante la noche y antes del amanecer se procedía a ocultar todas las fuerzas que debían participar en el ataque.

Al mando de la ofensiva estaría el veterano mariscal Von Rundstedt; tendría a su cargo al 7º y 15º Ejércitos, que habían estado luchando en Normandía, y que acusaban un gran desgaste. Estos dos Ejércitos debían guardar los flancos, limitándose a una función de contención, mientras el 5º Ejército Panzer, a las órdenes del general Hasso von Manteuffel, y el 6º Ejército Panzer, con el general de las SS Joseph *Sepp* Dietrich al mando, se encargarían de romper el frente.

El 16 de diciembre de 1944, un total de veinticinco Divisiones alemanas iniciaron el ataque en los bosques de las Ardenas, tomando por sorpresa a las cuatro Divisiones norteamericanas que se encontraban destinadas en la región. Tal como se había previsto, ese gélido día se despertó con una densa niebla, que impidió que la aviación aliada pudiera operar, lo que se dio en llamar el "tiempo del *Führer*".

Al atardecer de ese día, el frente se había roto en varios puntos y parecía que los blindados alemanes estaban de nuevo en camino de obtener una gran victoria en el oeste. Las tropas de Von Manteuffel arrollaron a sus inexpertos oponentes, capturando 7.000 prisioneros en un solo día. Las cuatro divisiones norteamericanas que protegían la región no pudieron hacer nada para taponar la abertura que los panzer alemanes habían abierto en sus líneas.

La Operación Greif

Consciente de que se jugaba sus últimas cartas, Hitler no dudó en saltarse las reglas de la guerra, organizando un grupo de soldados que se infiltrarían tras las líneas enemigas vestidos con uniforme norteamericano y con dominio del inglés coloquial. Su misión sería cambiar señales indicadoras, transmitir órdenes falsas y dirigir erróneamente el tráfico de vehículos para extender así la confusión. Era la Operación Greif, que fue encargada el 22 de octubre al coronel de las SS Otto Skorzeny.

Skorzeny contó con 80 soldados que hablaban inglés con soltura, así como 14 *jeeps* y 60 carros blindados camuflados como tanques Sherman. Skorzeny poseía también unos 3.500 hombres que avanzarían detrás de los soldados camuflados. Después de internar a sus soldados por varias semanas en campos aislados del exterior para enseñarles costumbres americanas, Skorzeny estuvo preparado para llevar a cabo la misión.

Mientras el 16 de diciembre se iniciaba la ofensiva alemana, los hombres de Skorzeny se infiltraron en las líneas enemigas, consiguiendo algunos éxitos de importancia, como el desvío del tráfico en direcciones equivocadas. Durante unos días las fuerzas aliadas se verían sumidas en una confusión generalizada. A este desbarajuste se sumaron los efectos de la reacción de las autoridades militares aliadas al comprender que había agentes alemanes alterando el orden. Cualquier soldado u oficial pasó inmediatamente a convertirse en un sospechoso y se inició una *caza de brujas* en busca de los infiltrados que obstaculizó aún más la respuesta a la ofensiva germana. El rumor de que Eisenhower iba a ser asesinado por un comando en su cuartel de Versalles, hábilmente extendido por los propios alemanes, provocó un caos aún mayor. El propio Eisenhower permanecería recluido durante dos semanas en su cuartel general.

Pero una vez superado el pánico inicial, los alemanes disfrazados fueron siendo descubiertos uno a uno y arrestados. Debido a que utilizaban el uniforme enemigo, se les acusó de espionaje y fueron fusilados inmediatamente. Unos doscientos alemanes acabarían ante un pelotón de ejecución. En cuanto a Skorzeny, resultó herido en la cabeza mientras se desplazaba por el frente y fue trasladado a Berlín.

JESÚS HERNÁNDEZ

BASTOGNE RESISTE

La Batalla de las Ardenas o, como la llamaron los norteamericanos, la Batalla del Saliente[18], parecía que podía caer del lado alemán. Los Aliados debían reaccionar rápidamente si querían impedirlo.

La clave de la batalla sería la heroica resistencia aliada en unos pocos puntos clave, como Bastogne, en donde se logró inmovilizar el avance de las Divisiones Panzer. Pero hasta el día 19 de diciembre Eisenhower no fue consciente del alcance de la ofensiva alemana. A partir de entonces se planeó el contraataque, consistente en taponar los huecos abiertos en el norte y golpear desde el sur con los blindados de Patton como ariete.

Ya antes de que se pusiera en marcha la respuesta aliada, los generales germanos se dieron cuenta de que el ímpetu inicial había sido frenado y que era difícil que las tropas pudieran progresar más. El paso de los días tan solo daría más tiempo a los Aliados para hacer llegar refuerzos, por lo que lo más aconsejable era replegarse. Pero Hitler no quiso ni oír hablar de una retirada y ordenó continuar con la ofensiva, enviando sus reservas de carros de combate a la batalla.

En Bastogne, la División 101ª Aerotransportada resistía totalmente rodeada, sin alimentos y con escasa munición. A su mando estaba el general Anthony McAuliffe, que no estaba dispuesto de ningún modo a rendir la plaza a los alemanes. El 22 de diciembre, el general Heinrich Freiherr von Lüttwitz envió el siguiente ultimátum a McAuliffe:

> Para Estados Unidos. Comandante de la ciudad rodeada de Bastogne. La fortuna de la guerra está cambiando. Esta vez las fuerzas de EE.UU. están cercadas en Bastogne, rodeadas de fuertes divisiones blindadas alemanas (...).
>
> Solo hay una posibilidad de salvar las tropas de Estados Unidos de la aniquilación total: la honorable entrega de la ciudad rodeada. Concedemos un plazo de dos horas a partir de la presentación de esta nota para que den una respuesta. Si esta propuesta es rechazada, un Cuerpo de Artillería y seis batallones pesados

---

[18] El 17 de diciembre, se encargó al historiador militar S.L.A. Marshall, que se encontraba en París, que encontrase un nombre para designar la operación militar que acababa de iniciarse. Marshall propuso el nombre de "Batalla de las Ardenas", que fue aceptado oficialmente. Pero en esos momentos la batalla ya tenía su propio nombre, el que habían creado los miles de soldados norteamericanos que estaban participando en ella. Como los alemanes habían logrado crear una enorme cuña que penetraba en las líneas aliadas, los norteamericanos la habían calificado como *Bulge* (traducible como Saliente), con lo que empleaban este nombre para referirse a la batalla. Con el paso de los días, *Battle of the Bulge* se iba imponiendo a la versión del historiador Marshall, hasta que oficialmente se adoptó esta versión popular para nombrar los combates. Aun así, esta denominación tan solo tuvo éxito entre los norteamericanos; en el resto de países se impuso la lógica y los duros enfrentamientos que duraron hasta mediados del mes de enero de 1945 pasarían a la historia como la "Batalla de las Ardenas".

están listos para aniquilar a las tropas de los Estados Unidos. Después de estas dos horas de plazo, se dará inmediatamente la orden de disparar. Todas las pérdidas civiles que cause este fuego de artillería serán responsabilidad de las fuerzas de EE.UU.
    El comandante alemán.

Cuando se le comunicó a McAuliffe la demanda de rendición alemana, este exclamó: *Nuts!* ("¡al cuerno!"). Como era necesario responder al requerimiento germano, un oficial sugirió que esa primera observación resumía bien la situación, por lo que se acordó que la respuesta oficial fuera:
    Para el comandante alemán.
    Nuts!
    El Comandante americano.

Este lacónico mensaje fue escrito a máquina y entregado a la delegación alemana, a quienes se les tuvo que explicar el significado de la palabra.

Cuatro días más tarde, una columna de socorro con Patton al frente logró romper el cerco, aunque la lucha por Bastogne no cesaría hasta el 9 de enero. Pero desde ese momento, animados por el ejemplo de heroísmo que les había insuflado la resistencia de Bastogne, los soldados norteamericanos ya no darían un solo paso atrás.

La meteorología también pareció ponerse de lado de los Aliados; el 23 de diciembre irrumpió un anticiclón procedente del este, impropio de esas fechas, y durante seis días seguidos lució el sol en toda la región de las Ardenas, lo que permitió por fin actuar a la aviación aliada.

El canto del cisne del Ejército alemán

El 28 de diciembre, hasta el propio Hitler se dio cuenta de que la batalla no podía ganarse. Sus tanques estaban inmovilizados por falta de gasolina y eran objetivo fácil de los cazabombarderos aliados. Pero el *Führer* no ordenó la retirada a las posiciones seguras de la Línea Sigfrido, tal como dictaba el sentido común y defendían sus generales, sino que se empeñó en resistir a toda costa en el saliente que dibujaban las posiciones ocupadas en ese momento.

Esta decisión resultaría desastrosa, al convertir un fracaso asumible en un descalabro total. El 31 de diciembre, Patton contaba ya con seis Divisiones en la región, con las que no tuvo excesivas dificultades para arrollar a los blindados germanos. Aunque Patton pretendía llevar a cabo una maniobra en tenaza para atrapar a los alemanes en el saliente, al final se impuso el plan más conservador, defendido obviamente por Montgomery, consistente en atacar por el centro para ir empujando progresivamente a las tropas de Hitler hacia la Línea Sigfrido. Los alemanes intentarían mantener sus posiciones pero era inútil; el saliente se iría reduciendo cada vez más hasta que el 20 de enero de 1945 las fuerzas germanas se retiraron a sus posiciones de partida.

La Batalla de las Ardenas había supuesto el canto del cisne de la maquinaria de guerra del Tercer Reich. Hitler, que continuaba viviendo en su insensato autoengaño, afirmaba que "aunque desgraciadamente no se haya producido el éxito resonante que se esperaba, la mejoría producida es inmensa". El *Führer* consideraba que se había logrado ganar tiempo, retrasando la ofensiva aliada sobre Alemania, pero ese supuesto beneficio que tan solo existía en su obtusa mente se había conseguido a un coste elevadísimo.

En las Ardenas los alemanes sufrieron 120.000 bajas, muriendo 20.000 hombres. Se perdieron 800 carros de combate, 1.200 aviones y más de 6.000 camiones. Esas eran las últimas reservas con las que contaba el Reich para defender su propio territorio, y habían sido malgastadas en una ofensiva que había dejado la línea del frente prácticamente intacta.

En cuanto a los norteamericanos, la Batalla de las Ardenas confirmó a su Ejército —cuya capacidad de lucha aún levantaba algunas dudas— como una fuerza de combate tan poderosa como fiable. Aunque en los primeros días cundió el nerviosismo, que llevaría a Eisenhower incluso a plantearse pedir a Washington el envío de 100.000 marines, conforme avanzaba la batalla los norteamericanos fueron ganando solidez, demostrando que sus soldados sabían luchar a muerte por un palmo de terreno. El precio que pagaron también fue considerable, al sufrir 81.000 bajas, incluyendo 19.000 muertos en combate.

Aunque la frialdad de las cifras puede hacer creer que la partida finalizó en tablas, en realidad la batalla significó solo un contratiempo para los Aliados, mientras que para los alemanes supuso el agotamiento de buena parte de sus reservas.

Los alemanes quedaron en una precaria posición tras la batalla debido a su incapacidad para reponer el material destruido durante la ofensiva. Los grandes beneficiados serían los soviéticos; bien atrincherados en sus cuarteles de invierno, asistieron al desangramiento de la *Wehrmacht* en el oeste, al haber empleado los efectivos destinados a la defensa de las fronteras orientales. De este modo, el Ejército Rojo podría lanzar su ataque final contra el Reich teniendo enfrente a unas fuerzas muy debilitadas.

Escenarios

Bastogne, una pequeña población belga cercana a la frontera con Luxemburgo, fue el punto clave de la Batalla de las Ardenas. Los norteamericanos consiguieron resistir aquí el asedio alemán y hoy día Bastogne lo recuerda con orgullo y agradecimiento.

Aquí se encuentran varios puntos de interés, como el **Memorial de Mardasson**, el museo oficial de Bastogne y en cuyo exterior se encuentra una colosal estrella de cinco puntas; **L'Original Museum**, un pequeño museo privado en cuya tienda puede adquirirse material militar utilizado en la batalla, desde morteros a cascos o granadas de mano; la **Maison Mathelin**, una casa del siglo XVII en la que se muestran uniformes, banderas o armas; también hay monumentos dedicados al general McAuliffe, al general Patton o a los soldados indios norteamericanos, así como un cementerio militar alemán.

Como curiosidad, existe el llamado **Camino de la Libertad**, que cubre la ruta que siguió Patton para liberar Bastogne, y que está jalonada por hitos conmemorativos a cada kilómetro.

Protagonistas

Hasso von Manteuffel (1897-1978). General alemán. Tomó parte en la Operación Barbarroja, con la 7ª División Panzer. Luchó también en el Norte de Africa, donde ascendió a general. Fue trasladado a Rusia, donde llevó a cabo meritorias acciones de contención. En la Batalla de las Ardenas, al frente del 5º Ejército Panzer, consiguió la mayor penetración, logrando casi llegar al río Mosa. Después fue trasladado de nuevo al frente oriental para defender Berlín y finalmente fue hecho prisionero por los norteamericanos. En la posguerra fue elegido diputado en el Parlamento alemán por el partido liberal y fue recibido por Eisenhower en la Casa Blanca, siendo este presidente.

Joseph *Sepp* Dietrich (1892-1966). General de las SS. Miembro veterano del partido nazi, había sido guardaespaldas de Hitler. Fue comandante del regimiento de guardia de las SS Leibstandarte Adolf Hitler. Al estallar la guerra fue nombrado general de las Waffen SS. Combatió en el frente ruso hasta 1944, participó en la batalla de Normandía y en la batalla de las Ardenas al frente del 6º Ejército Panzer. Tras la guerra fue juzgado por la matanza de Malmedy y condenado a cadena perpetua. Fue liberado en 1955 pero reingresó en prisión acusado de ayudar a Hitler a llegar al poder.

Anthony Clement McAuliffe (1898 -1975). General norteamericano. Participó en las operaciones paracadistas sobre Normandía y en la Operación Market Garden. Fue el comandante encargado de dirigir la defensa de la 101ª División Aerotransportada en Bastogne. Se hizo célebre por su lacónica respuesta al ultimátum que le exigían los alemanes: *Nuts!* Por su defensa de Bastogne, fue condecorado con la Cruz por Servicio Distinguido de manos del general Patton. En 1956 se retiró del Ejército. Está enterrado en el Cementerio Nacional de Arlington.

FILMOGRAFÍA

* **Fuego en la nieve** (Battleground, William A. Wellman, 1949).
* **La batalla de las Ardenas** (*Battle of the Bulge*, Ken Annakin, 1965).
* **La Fortaleza** (*Castle Keep*, Sidney Pollack, 1969).
* **Cuando callan las trompetas** (*When trumpets fade*, John Irvin, 1999).

Capítulo 40
El Ejército Rojo en Varsovia

En julio de 1944, el Ejército Rojo había llegado hasta la orilla oriental del río Vístula, quedándose a las puertas de Varsovia. El hecho de que al llegar el otoño los soviéticos no continuaran su avance hizo que británicos y norteamericanos pusieran en cuarentena la potencia real de los soviéticos después de su apabullante exhibición del verano, con la exitosa Operación Bagration. Saliendo al paso de estas dudas, Stalin anunció a sus aliados que a mediados de enero lanzaría una ofensiva desde la línea del Vístula.

A finales de diciembre de 1944, el cuadro de los efectivos soviéticos presentaba un aspecto formidable. En la primera línea del frente, los rusos contaban con un número de divisiones nueve veces superior a las que disponían los alemanes. La proporción de fuerzas era abismal; de veinte a uno en artillería, de once a uno en infantería y de siete a uno en carros de combate.

Esta acumulación de fuerzas evidenciaba la inminencia de la ofensiva, pero Hitler dio nuevas muestras de su ceguera. Los informes que le entregaron, en los que se afirmaba que los rusos habían desplegado 225 divisiones de infantería y 22 Cuerpos de Ejército blindados entre el mar Báltico y los Cárpatos, fueron rechazados airadamente por el dictador alemán, convencido de que todo era falso. Pese a las continuas derrotas de su Ejército a manos de los rusos, el *Führer* los consideraba aún como una horda desorganizada, incapaz de plantear una batalla decisiva; no tenía reparos en afirmar que el potencial soviético era "el *bluff* más grande desde los tiempos de Gengis Khan". Pero el Ejército Rojo no tardaría en poner en entredicho estas grotescas palabras de Hitler.

Resistir en el Vístula

El general Heinz Guderian intentó que Hitler tomase alguna decisión que evitase la segura derrota de las fuerzas alemanas en el este. Propuso detener la ofensiva en las Ardenas y trasladar tropas a Polonia, pero Hitler rechazó esa opción. Guderian intentó que el *Führer* ordenase la evacuación de Curlandia, que había quedado aislada, y que cesase de enviar tropas a Hungría, además de retrasar la línea del frente hasta la Prusia Oriental y la Alta Silesia. Pero el dictador germano siguió inconmovible en su obstinada posición. La *Wehrmarcht* debería resistir el golpe soviético desde el Vístula y sin posibilidad de recibir los necesarios refuerzos.

Mientras tanto, los soviéticos no dejaban pasar un minuto en incrementar aún más su potencial. Gracias a la llegada masiva de camiones norteamericanos, el Ejército Rojo había aumentado notablemente su motorización. Además, se habían reparado a toda prisa las líneas de ferrocarril para que los suministros pudieran llegar al frente a tiempo para la ofensiva.

Antes de dar inicio a la campaña, Stalin había reorganizado el frente. Konev permanecería al mando del I Frente Ucraniano, al sur de Polonia; Zhukov fue puesto al mando del I Frente Bielorruso en el sector Central y Rokossovsky fue trasladado al norte de Polonia, a la cabeza del II Frente Bielorruso. Los flancos estarían cubiertos por las fuerzas de los mariscales Cherniajovsky y Petrov; el primero se desplegaría en Prusia Oriental y el segundo en Eslovaquia.

La ambición que demostraba esta reorganización de la fuerza de ataque rusa contrastaba con la ignorancia en la que estaba sumido el Cuartel General de Hitler. Tanto él como la mayoría de sus generales estaban convencidos de que la ofensiva soviética, de producirse, tendría como objetivo avanzar en dirección a Budapest-Viena-Munich. También creían que los soviéticos no avanzarían hasta haber reducido la bolsa de Curlandia, en donde habían quedado aisladas 27 divisiones al mando del general Schörner, jefe del Grupo de Ejércitos Norte.

En realidad, el plan de Stalin era mucho más ambicioso: la conquista de Silesia, que era la única zona industrial alemana que quedaba fuera del alcance de los bombardeos aliados, y después, en un segundo y definitivo impulso, avanzar en dirección a Berlín.

Comienza la ofensiva

A las diez de la mañana del 12 de enero de 1945, cientos de baterías soviéticas abrieron fuego. Ese día, el Frente dirigido por Konev se lanzó en

Barricada improvisada por los sublevados en una calle de Varsovia, utilizando incluso un tanque alemán.

tromba sobre la orilla occidental del alto Vístula, en donde disponía de una cabeza de puente conquistada en la fase final de la Operación Bagration. Tras la cortina de fuego de la artillería, la infantería rusa avanzaba rápidamente, precedida por las divisiones blindadas y los limpiadores de minas. Los tanques rusos se extendieron por la llanura polaca, sin que los defensores alemanes, que habían recibido la orden de fijarse al terreno y resistir en sus puestos a toda costa pudieran hacer nada por impedirlo.

El grueso de las fuerzas de Konev se dirigió hacia la Alta Silesia, quedando protegido su flanco sur por las tropas del general Petrov. Para facilitar el avance del Frente dirigo por Zhukov, y que todavía no se había puesto en marcha, el ala derecha del avance de Konev giró hacia el norte, para golpear la retaguardia de las divisiones alemanas que debían hacerle frente.

Dos días después entraron en liza los Frentes de Zhukov y Rokossovsky. Este último penetró en las defensas germanas que protegían el acceso sur al Prusia Oriental. Zhukov fue el encargado de tomar Varsovia, pero la batalla que se preveía no se produciría. El día 16 de enero, la mayor parte de la débil guarnición alemana, temiendo ser arrollada por el ataque incontenible de las fuerzas soviéticas acumuladas al otro lado del río, abandonó la ciudad. Al día siguiente, después de cruzar el río sin hallar oposición, el Ejército Rojo entró en una Varsovia en ruinas. Los que podían haber resistido ese avance, el IV Cuerpo Panzer, destinado en Varsovia, había sido retirado unas semanas antes con destino a Hungría. En pocas horas los soviéticos capturaron toda la ciudad; la única resistencia se concentró en el sector de lo que antes había sido la Universidad de Varsovia, pero bastó una hora para que los rusos la aplastasen. Varsovia, o lo poco que quedaba de ella, había sido liberada.

Al conocer la casi nula resistencia alemana en la capital polaca, Hitler montó en cólera y echó la culpa a sus generales, acusándoles de traición y cobardía. Las tropas germanas estaban siendo aniquiladas en toda la línea del Vístula, pero la máxima preocupación del dictador era entonces detener y juzgar a tres de los oficiales supuestamente responsables del desastre militar, en lugar de coordinar la defensa del frente.

Los soviéticos, en el Oder

En los días siguientes, las unidades rápidas se desplegaron en dirección a Danzig, el río Oder y Silesia. Mientras tanto, la población civil de Prusia Oriental huía despavorida ante el avance ruso; un total de ocho millones de personas se refugiarían al otro lado del río Oder, aterrorizados por los saqueos, asesinatos y violaciones cometidos por los soldados soviéticos, que vengaban de esta forma los excesos cometidos con anterioridad por los alemanes en suelo ruso.

Esta torrencial ofensiva del Ejército Rojo fue agotando su impulso debido al alargamiento de la cadena de suministros, estancándose definitivamente en el Oder, en donde los alemanes habían acumulado los efectivos suficientes para contener la marea soviética. En la tercera semana de febrero, el frente quedó estabilizado y a partir de entonces los rusos se dedicaron a operaciones de limpieza de los reductos alemanes que aún resistían, pero sobre todo a preparar el asalto definitivo a Berlín.

Escenarios

El **Museo Militar Polaco** (*Muzeum Wojska Polskiego*) se encuentra en la avenida Jerozolimskie de Varsovia. En él se exhibe armamento utilizado por los soviéticos en la liberación del país.

Es especialmente destacable la colección de aviones y vehículos terrestres que se halla en el exterior del museo. Allí se puede encontrar un semioruga alemán Sd.Kfz. 251/1 capturado por la resistencia polaca el 14 de agosto de 1944. También hay los restos de un Jagdpanzer 38 "Hetzer" alemán, que fue volado por la propia tripulación el 17 de enero de 1945.

Entre los aviones, destacan los aparatos con los que los soviéticos comenzaron a armar al nuevo ejército de Polonia, como un Iliushyn IL-2M3 Sturmovik, y otros muchos de la época del Pacto de Varsovia.

Protagonistas

Ivan Stepanovich Konev (1897-1973). Mariscal soviético. Durante la Operación Barbarroja libró varias batallas defensivas, primero en Smolensk y luego cerca de Moscú, destacando su mando en la defensa de la capital. En la Batalla de Kursk sobresalió al comandar con éxito la ofensiva del norte. Las fuerzas comandadas por él avanzaron liberando Odesa, Jarkov y Kiev. En la Operación Bagration sus tropas cruzaron Bielorrusia, llegando al río Vístula. En la ofensiva desde el Vístula de enero de 1945 estuvo al mando de I Frente Ucraniano. En abril de 1945, él y Zukov avanzaron hacia Berlín, pero tuvo que desviarse al suroeste, porque Stalin dio la orden de que fuera Zhukov el que tomase la capital. En 1956 fue designado jefe de las Fuerzas Armadas del Pacto de Varsovia.

Ivan Yefimovich Petrov (1896-1958). General soviético. Comenzó su carrera militar en el Ejército Rojo en 1918. Durante la Segunda Guerra Mundial participó en la batalla de Sebastopol. Fue un maestro de la guerra defensiva. Durante la ofensiva del Vístula de enero de 1945 protegió el flanco sur del I Frente Ucraniano. En abril de 1945 obtuvo el mando de ese mismo Frente. El 29 de mayo de 1945 fue condecorado como Héroe de la Unión Soviética.

FILMOGRAFÍA

* **El pianista** (*The pianist*, Roman Polanski, 2002)

Capítulo 41
La Conferencia de Yalta

Con las tropas germanas retrocediendo en todos los frentes, el recién estrenado 1945 se presentaba como el año de la victoria para los Aliados. Pero la inminente derrota de la Alemania nazi dejaba en el aire muchos interrogantes. Era necesario que las potencias vencedoras acordasen como sería el mundo después de la Segunda Guerra Mundial, por lo que era imprescindible la celebración de un encuentro entre sus máximos representantes.

La primera reunión ya se había celebrado en Teherán el 28 de noviembre de 1943, cuando se vieron las caras los "Tres Grandes" —Roosevelt, Churchill y Stalin— y en la que Estados Unidos intentó crear un clima de confianza con su aliado soviético, mientras que Churchill se mostró más reticente a hacer concesiones a los rusos.

En 1945, con el Tercer Reich contra las cuerdas, los Aliados occidentales propusieron una nueva reunión que podía tener como escenario Estambul, Jerusalén, Roma o Malta. Finalmente, Stalin logró que se celebrase en suelo soviético, esgrimiendo la imposibilidad de abandonar su país en el momento en el que se preparaba la ofensiva definitiva sobre Alemania. Yalta, en la península de Crimea, sería el lugar en el que se verían las caras.

Stalin, el más fuerte

Ante la convocatoria de la reunión, las tres potencias acudían en unas condiciones muy diferentes. Por un lado, Estados Unidos estaría representado por un presidente enfermo; pese a haber sido reelegido en noviembre de 1944,

Roosevelt no se hallaba en una posición cómoda, puesto que la campaña del Pacífico aún parecía lejos de resolverse.

Su aliado natural, la Gran Bretaña, no podía jugar más que un papel secundario, puesto que se hallaba inmersa en una clara decadencia; su Imperio había sido atacado desde muchos frentes y, aunque había conseguido sobrevivir, no parecía que en el futuro pudiera recuperar la hegemonía mundial.

En contraste, la Unión Soviética mostraba una solidez formidable. El Ejército Rojo había barrido a la *Wehrmacht* de su territorio y amenazaba con expandirse sin control por todo el continente europeo. Hay que tener presente que los soviéticos se habían enfrentado al ochenta por cien del Ejército alemán, mientras que los aliados occidentales lo habían hecho al veinte por cien restante. De aquí se desprendía que, en caso de que surgiese un conflicto con las potencias occidentales, los soviéticos no tendrían demasiados problemas para batir también a las fuerzas anglo-norteamericanas, y eso era una realidad que Stalin estaba dispuesto a explotar en su beneficio.

Reunión en Yalta

El domingo 4 de febrero dio comienzo la reunión. Roosevelt había llegado acompañado, entre otros colaboradores, del nuevo secretario de Estado, Edward Stetinius. Churchill llegó a Crimea con su ministro de Asuntos Exteriores, Anthony Eden. Stalin se presentó con Molotov, quien desde su puesto de ministro de Asuntos Exteriores había firmado en 1939 el pacto con la Alemania nazi.

Stalin fue muy hábil alojando a los norteamericanos en el palacio Lidaviya, mientras a los británicos los enviaba a la casa Vorontzov. La delegación soviética quedaba situada estratégicamente en medio de los otros dos edificios, en la mansión Koreis, lo que impedía los encuentros privados entre ingleses y norteamericanos. De este modo pretendía evitar que los aliados occidentales pudieran formar un frente común.

Desde el primer momento quedó claro que el líder soviético manejaría todos los hilos del encuentro. Durante las conversaciones entre las tres delegaciones, Molotov representaba el papel de negociador intransigente, lo que le haría ganarse el sobrenombre de *Mister Niet* ("No"). En cambio, Stalin no empleaba nunca una palabra de más, nunca montaba en cólera y era imposible verle irritado. Cuando su interlocutor se hallaba exasperado ante las malencaradas negativas de Molotov, el *zar rojo* utilizaba métodos más sutiles para conseguir lo que quería, sin parecer obstinado como su ministro.

Churchill, Roosevelt y Stalin, reunidos en Yalta. La Conferencia sería una gran victoria para Stalin, que lograría todos sus objetivos.

El dictador soviético agasajó a las delegaciones invitadas con opíparos banquetes en los que no había restricción de alcohol. Sin embargo, a la hora de los brindis, Stalin acostumbraba a llenar su vaso con una botella de vodka que en realidad contenía agua, mientras sus ilustres invitados debían apurar una copa tras otra. Eso demuestra el gran interés del dictador soviético en mantener el control de la situación en todo momento.

La Conferencia de Yalta dio lugar a varios ejemplos de la diferente visión que tenían los estadistas allí reunidos. En una reunión, Stalin propuso fusilar públicamente a diez mil oficiales alemanes una vez acabada la guerra. Roosevelt y Churchill se quedaron de piedra ante esta brutal propuesta e inmediatamente intentaron que su homólogo ruso recapacitase. Stalin reaccionó asegurando que su sugerencia no era más que una broma, aunque sus dos interlocutores no estaban tan seguros de ello.

En otro momento, Stalin propuso también desmontar y trasladar a la Unión Soviética todas las fábricas que se hallasen en su zona de ocupación. Churchill reconvino al autócrata ruso diciéndole que era necesario proporcionar a los alemanes los medios para asegurar una nación pacífica y estable. En este caso, Stalin no respondió diciendo que era una broma, sino que se mantuvo en su idea de saquear el tejido industrial germano en concepto de botín de guerra.

Stalin consigue sus objetivos

La Conferencia de Yalta finalizó el 11 de febrero, entre brindis y felicitaciones. Aparentemente, Roosevelt y Churchill estaban felices del resultado de la reunión. Pero quien de verdad tenía motivos para mostrarse satisfecho con los resultados era Stalin, ya que había conseguido prácticamente todos sus objetivos.

El acuerdo final estipulaba:

La declaración de la Europa liberada, permitiendo elecciones democráticas en todos los territorios liberados.

El compromiso de celebrar una conferencia en abril en San Francisco para organizar las Naciones Unidas, una propuesta en la que Roosevelt tenía depositadas muchas esperanzas para garantizar la paz futura. Se concibió la idea de un Consejo de Seguridad para la ONU con la presencia de las grandes potencias, que gozarían de derecho de veto. Para ganarse el apoyo de Stalin, Roosevelt transigió con que Ucrania y Bielorrusia tuvieran escaños independendientes en la ONU.

El desarme, desmilitarización y partición de Alemania, que fue vista por las tres potencias como un "requisito para la futura paz y seguridad". Así, el país se dividiría en cuatro zonas, una para cada aliado y una cuarta para Francia, desgajada de las que les correspondían a Gran Bretaña y Estados Unidos. Sin embargo, respecto a los detalles del futuro de Alemania, la conferencia fue extremadamente ambigua. Los aliados solo se comprometían a respetar esos principios generales, lo que dejaba la puerta abierta a futuros cambios, y permititiendo que cada una de las partes lo interpretara a su gusto.

Indemnizaciones a pagar por Alemania por las "pérdidas que ha causado a las naciones aliadas en el curso de la guerra". Estas indemnizaciones podían salir de la riqueza nacional germana en forma de maquinaria, participaciones en industrias o parte de su flota, o bien por el uso de la mano de obra. Los soviéticos obtuvieron una suma de 10.000 millones dólares.

Polonia tendría un "gobierno democrático extranjero provisional", con el fin de prepararla para celebrar una "elecciones libres tan pronto como sea posible, basándose en el sufragio universal y el voto secreto". Este compromiso, posteriormente incumplido, permitiría a los soviéticos establecer un control completo sobre Polonia.

En Yugoslavia se llevaría a cabo un acuerdo que uniera los gobiernos monárquico y comunista.

Un compromiso importante, que satisfizo especialmente a los norteamericanos, fue el adquirido por los soviéticos para intervenir en la guerra con Japón antes de los tres meses posteriores a la rendición germana. Pero este apoyo tendría sus contrapartidas, como era la entrega a la Unión Soviética de la isla de Sajalín y de las Kuriles, entre otras concesiones.

Stalin obtuvo también el compromiso de imponer un bloqueo a España por el apoyo, aunque limitado, que había proporcionado al Eje.

La cuestión de los crímenes de guerra quedó pospuesta, así como otras cuestiones menores, como la delimitación de las fronteras de Italia con Yugoslavia y Austria, o las relaciones entre Yugoslavia y Bulgaria.

En aquella semana, los Tres Grandes habían diseñado cómo sería el mundo de la posguerra. En principio, Roosevelt y Churchill habían obtenido garantías de que los países de Europa Oriental podrían elegir su propio destino, pero quizás ya sabían que al final se impondría el criterio de Stalin, sostenido por su incontestable respaldo militar.

De todos modos, lo importante era evitar que en el futuro Alemania pudiera atentar de nuevo contra la paz mundial y sentar las bases para una paz duradera en Europa y el mundo. A la luz de los acontecimientos posteriores, esos dos objetivos se conseguirían, aunque no se podría evitar que media Europa permaneciese bajo control soviético durante más de cuatro décadas.

Escenarios

En Yalta (Ucrania), una localidad de gran atractivo turístico, se puede visitar el **Palacio Livadia**, sede principal de la Conferencia, que se conserva en excelentes condiciones. De hecho, este palacio, que fue residencia de verano de los zares, es utilizado por las autoridades ucranianas como sede para sus conferencias internacionales.

El edificio data de 1860, aunque su aspecto exterior fue totalmente remodelado en 1911. El palacio está construido en granito blanco en estilo neorenacentista y posee 166 habitaciones. Después de la guerra entró en decadencia y albergó una institución mental. Tras la independencia de Ucrania, se abrió un **museo** que recuerda la Conferencia de Yalta. Aunque no se exponen piezas de relevancia, puesto que la mayoría de ellas desaparecieron, a cambio del pago de una entrada reducida se pueden contemplar algunos objetos de la época, que ayudan a imaginar el escenario en el que se celebró el encuentro entre los Tres Grandes.

También se puede visitar el cercano **Palacio Vorontsov**, que albergó a la delegación británica, con Churchill al frente. Este edificio se construyó en 1848, precisamente bajo la dirección de un arquitecto inglés, Edward Blore, en estilo neogótico e incluyendo trazos árabes. El palacio era propiedad de la familia Vorontsov, pero tras la Revolución Rusa se convirtió en un museo, que fue desmantelado en 1941. En 1956, el museo se reabrió, dedicando sus salas a la arquitectura y la pintura.

Protagonistas

Edward Stettinius (1900-1949). Secretario de Estado norteamericano. En 1940 recibió el cargo de miembro de la Comisión del Consejo de Defensa Nacional y en enero de 1941 el de director de la Oficina de Producción. Fue asistente de Roosevelt hasta que en 1943 fue nombrado secretario de Estado. Gran negociador, estuvo presente en la Conferencia de Yalta y al final de la guerra se convirtió en el primer delegado norteamericano en las Naciones Unidas.

Anthony Eden (1897-1977). Secretario del *Foreign Office* británico. Diputado por el Partido Conservador en 1923. Secretario de Estado de Asuntos Exteriores entre 1931 y 1933, y Secretario del *Foreign Office* entre 1935 y 1938. Su posición contraria al apaciguamiento frente a Alemania le llevó a dimitir de su cargo. Con la guerra, se convirtió en el segundo de

Churchill y desempeñó los cargos de ministro de Colonias, de la Guerra y Secretario del *Foreign Office* hasta 1945. Con la vuelta de Churchill al gobierno en 1951 regresó al ministerio de Asuntos Exteriores. En 1955 consiguió ser primer ministro, pero dimitió en 1957, después de la fracasada intervención franco-británica en Egipto, retirándose para escribir sus Memorias.

FILMOGRAFÍA

* **Yalta** (Yves-André Hubert, 1984)
* **World War II: When lions roared** (Joseph Sargent, 1994)

Capítulo 42
Alemania bajo las bombas

La gran novedad de la Segunda Guerra Mundial respecto a los conflictos armados anteriores fue la disolución de la frontera que separaba al frente de la retaguardia civil. Si en otras guerras los habitantes padecían solamente la penuria provocada por el desabastecimiento o la pérdida de los seres queridos en combate, en la guerra de 1939-45 se sintieron los efectos de la conflagración también en los hogares, situados en ocasiones a miles de kilómetros del frente.

Ya nadie pudo quedar a salvo de los horrores de la guerra. Los primeros en padecer los bombardeos indiscriminados fueron los habitantes de Varsovia, a los que seguirían los de Rotterdam o Belgrado, con la *Luftwaffe* como protagonista. De todos modos, en estos casos se trató de acciones puntuales, que se prolongaron unas horas o, a lo sumo, unos días.

Pero todo cambiaría con la Batalla de Inglaterra. Tal como se vio en el capítulo correspondiente, un ataque por error de la *Lufwaffe* a Londres el 24 de mayo de 1940 llevaría aparejado al día siguiente un ataque de represalia contra Berlín, y este a su vez provocaría una campaña de bombardeos sobre la capital británica y otras ciudades, como Conventry. De este modo comenzaba una carrera febril para perfeccionar los métodos de bombardeo, transformando así la fuerza aérea de ser un elemento táctico, complementario de las fuerzas terrestres o navales, a otro estratégico, de un poder devastador.

Aunque los alemanes habían tomado la delantera en ese nuevo uso de la aviación, los Aliados no tardarían en mostrarse muy superiores. Ya el 6 de septiembre de 1940 la RAF lanzaría un primer bombardeo pesado sobre Berlín, y el 8 de noviembre de ese año Munich sería objeto de un ataque coincidiendo con el aniversario del *putsch* nazi en esa ciudad.

Las represalias contra las ciudades alemanas se desatarían a lo largo de 1942. El 8 de marzo los Aliados emplearían sobre Essen un nuevo sistema, el del "avión-guía", por el que un aparato señalaba la zona de bombardeo con bengalas para que, tras él, una escuadrilla de bombarderos ligeros acabase de señalar con bombas incendiarias los objetivos que debían ser atacados por los bombarderos pesados.

Un millar de aviones

El 18 de mayo de 1942, el jefe del Mando de Bombardeo de la RAF, el mariscal del Aire Arthur Harris, apodado *Bomber*, presentó un plan detallado para el ataque aéreo de Alemania, basado en la posibilidad de enviar mil aviones diarios contra objetivos germanos. Dos días después, el plan de *Bomber* Harris fue aprobado por el gobierno de Londres y los jefes de Estado Mayor. Este plan preveía, por ejemplo, la destrucción de una gran ciudad industrial como Colonia o Hamburgo en una sola noche.

Las nuevas directrices tendrían su estreno el 30 de mayo de 1942. Colonia fue objeto de un ataque llevado a cabo por 1.046 bombarderos, que lanzaron cerca de 2.000 toneladas de bombas. El centro de la ciudad quedó destruido, y unas 13.000 casas quedaron reducidas a escombros. Las baterías antiaéreas alemanas solo derribaron 40 aparatos. Dusseldorf seguiría a Colonia el 9 de septiembre de ese año; en esta incursión los Aliados emplearon por primera vez bombas "revienta-manzanas", de enorme poder explosivo.

La ayuda norteamericana

Pese a estos éxitos de la RAF, el daño infligido a Alemania era en términos globales muy reducido. Además, un porcentaje de pérdidas de alrededor de un cuatro por ciento de aparatos en cada misión, como se estaba dando, era claramente insostenible. Por tanto, era necesario aumentar los medios destinados al bombardeo de Alemania, y eso solo se podía conseguir con la ayuda de Estados Unidos. Los norteamericanos tenían capacidad de sobra para ello, puesto que, desde que habían entrado en guerra, estaban construyendo una increíble fuerza aérea gracias a sus recursos industriales prácticamente inagotables.

Así pues, en enero de 1943, los Aliados decidieron, durante la Conferencia de Casablanca, unir sus esfuerzos para destruir los recursos económicos de Alemania y minar la moral del pueblo germano. El enorme coste de las formaciones de bombardeo estratégico aliadas, mandadas por el general norteamericano Carl A. Spaatz, sería asumido en buena parte por los estadounidenses. Sin embargo, los británicos intentaron imponer su punto de vista de cómo alcanzar los objetivos marcados en Casablanca. El gobierno de Londres era partidario de realizar bombardeos nocturnos selectivos para provocar el menor número de bajas civiles posible, debido a que ellos serían los únicos en sufrir la previsible respuesta germana, pero en cambio Washington prefería efectuar bombardeos diurnos masivos. Los objetivos también diferían; los británicos preferían atacar objetivos relacionados con el suministro de petróleo mientras que los norteamericanos eran partidarios de destruir las vías de comunicación.

Finalmente, se acordó un plan consensuado, en el que británicos y norteamericanos se repartirían el trabajo. Comenzaban así las ofensivas *Round the Clock*; la RAF se encargaría de los ataques nocturnos mientras la Fuerza Aérea estadounidense (USAAF) haría lo propio con los diurnos. El debut europeo de los bombarderos norteamericanos se produciría sobre una planta industrial de Wilhelmshaven el 27 de enero, el mismo día en el que comenzarían las incursiones de veinticuatro horas.

El 21 de junio de 1943, Wuppertal padeció un brutal bombardeo que destruyó totalmente la ciudad y causó más de cinco mil muertos. La actividad industrial quedó paralizada durante casi dos meses. En la última semana de julio de 1943, Hamburgo fue atacada a diario, seis veces a la luz del día y dos por la noche. La mitad de la ciudad hanseática quedó completamente arrasada. En estas terribles incursiones murieron unas 40.000 personas, incluyendo más de 5.000 niños, y unas 600.000 personas se quedaron sin hogar.

Hitler, ausente

Mientras las ciudades alemanas eran víctimas de estos ataques, Hitler permanecía aislado de esta terrible realidad. Probablemente, el temor a una reacción adversa de la población que había sufrido los bombardeos le disuadió de acudir a las zonas afectadas. Esta actitud llegó incluso a indignar a algunos ciudadanos, que se dirigieron por carta al ministerio de Propaganda preguntando la razón por la que el *Führer* no visitaba las zonas que habían sufrido bombardeos.

No obstante, si el dictador nazi hubiera visitado las ciudades arrasadas, es muy probable que hubiera recibido el apoyo de la población civil o, al menos, no hubiera escuchado ninguna reprobación. Por ejemplo, el jefe de la *Luftwaffe*, Hermann Göring, se atrevió a visitar una ciudad que había sido víctima de una incursión aérea, contando con una fuerte protección personal al temer un recibimiento hostil, pero le sorprendió que sucediese todo lo contrario, y más teniendo en cuenta que él era el responsable de la fuerza aérea que debía evitar que la aviación aliada penetrara en los cielos del Reich, por lo que sus precauciones se revelaron como totalmente innecesarias.

Si Hitler rehuyó el contacto con las víctimas de los bombardeos, eso no había ocurrido con Churchill. Durante la Batalla de Inglaterra, el *premier* británico no dudó en visitar las zonas bombardeadas siempre que tuvo ocasión, lo que sirvió para galvanizar a la población en torno a su figura y a mantener la moral en esos momentos de desazón.

Hitler recibía un parte diario de los bombardeos que se habían efectuado sobre territorio alemán en las últimas horas, así como un balance provisional del número de víctimas y los daños materiales, pero el dictador nunca mostró interés en conocer los detalles y no pedía informes adicionales, lo que demuestra que el dictador prefería ignorar la tragedia que estaban sufriendo en esos momentos sus compatriotas.

Al principio, el balance de los daños causados por los bombardeos aliados aparecían claramente manipulados en los informes de la *Luftwaffe* y, después, en las informaciones que aparecían en la prensa. Sin embargo, Hitler acabó impartiendo órdenes precisas para que se declararan las consecuencias de las incursiones ciñéndose a la realidad, puesto que era imposible ocultar los terribles daños que habían sufrido ciudades tan importantes como Colonia o Hamburgo. En una conferencia con sus generales, Hitler afirmó en relación a los bombardeos sobre Alemania que "la más brutal de las verdades, por cruel que resulte, es más soportable que una situación idílica, pero falsa e inexistente". Así pues, la población germana estuvo hasta cierto punto bien informada de los daños causados por los Aliados en sus ataques aéreos, un hecho insólito en la política informativa del Tercer Reich.

Una ola de destrucción

Por su parte, los Aliados no cejaron en su empeño de ver reducidas las ciudades germanas a escombros. El 1 de enero de 1944, la RAF inició una ola de bombardeos sobre Berlín, lanzando miles de toneladas de bombas sobre la capital. El 29 de enero, 800 aviones norteamericanos descargaron sus bombas sobre el centro industrial de Frankfurt.

La filosofía que inspiraba esta ola de destrucción venía resumida, de forma meridianamente clara, en una carta de *Bomber* Harris a sir Charles Portal, de octubre de 1943: "El objetivo es la destrucción de las ciudades alemanas, la muerte de los trabajadores alemanes y la desarticulación de la vida social civilizada en toda Alemania. La destrucción de edificios, instalaciones públicas, medios de transporte y vidas humanas, la creación de un problema de refugiados de unas proporciones hasta ahora desconocidas y el derrumbe de la moral tanto en el frente patrio como en el frente bélico por medio de unos bombardeos todavía más amplios y violentos, constituyen objetivos asumidos y deliberados de nuestra política de bombardeos. En ningún caso son efectos colaterales de los intentos de destruir fábricas".

Efectivamente, las matanzas aéreas causadas por los bombarderos aliados no eran el producto de las inevitables bajas civiles inherentes al ataque a un objetivo de valor militar, sino que constituían un fin en sí mismo. Churchill, quien aprobó esos ataques indiscriminados contra la población civil alemana, afirmó en sus Memorias, a modo de justificación: "Aquellos bombardeos saldaron con creces la deuda que habíamos contraído con el enemigo. Se pagó con intereses que la duplicaron y hasta la multiplicaron por veinte. Sí; el enemigo sufrió represalias a gran escala y fue torturado y acosado por nosotros hasta el extremo".

Los preparativos para el desembarco de Normandía supusieron un breve respiro para las ciudades alemanas, puesto que los bombardeos se concentraron sobre los nudos de comunicaciones en suelo francés, pero tras asegurar ese segundo frente, se reanudó la campaña de bombardeos sobre Alemania.

El 4 de noviembre de 1944, un millar de aviones atacó Hamburgo, Hannover y Saarbrücken, y el 11 de diciembre mil seiscientos aparatos norteamericanos arrasaron Frankfurt, Hanau y Giessen. En el mes de enero de 1945, la USAAF arrojó casi 40.000 toneladas de bombas sobre Berlín, Colonia y Hamm, mientras que la RAF se encargó de lanzar una cantidad de similar de bombas sobre Bochum, Munich y Stuttgart.

El bombardeo de Dresde

Pero Alemania no había asistido todavía a todo el horror del que era capaz de desplegar la fuerza aérea aliada. La gran mayoría de ciudades germanas habían resultado dañadas por los bombardeos, pero había una que aún no había sufrido ningún ataque. Se trataba de Dresde, la hermosa y culta capital de Sajonia, denominada la "Florencia del Elba" por sus bellos edificios.

A mediados de febrero, el frente se hallaba a solo 120 kilómetros de distancia, por lo que una masa de refugiados procedente del este, calculada en unas 800.000 personas, intentaban buscar cobijo en Dresde. En esos momentos, la ciudad no albergaba tropas, ni poseía industria de guerra, tan solo unas fábricas de aparatos ópticos y material de precisión que ya habían sido atacadas en octubre de 1944. Ni siquiera contaba con artillería antiaérea, pues había sido trasladada al frente.

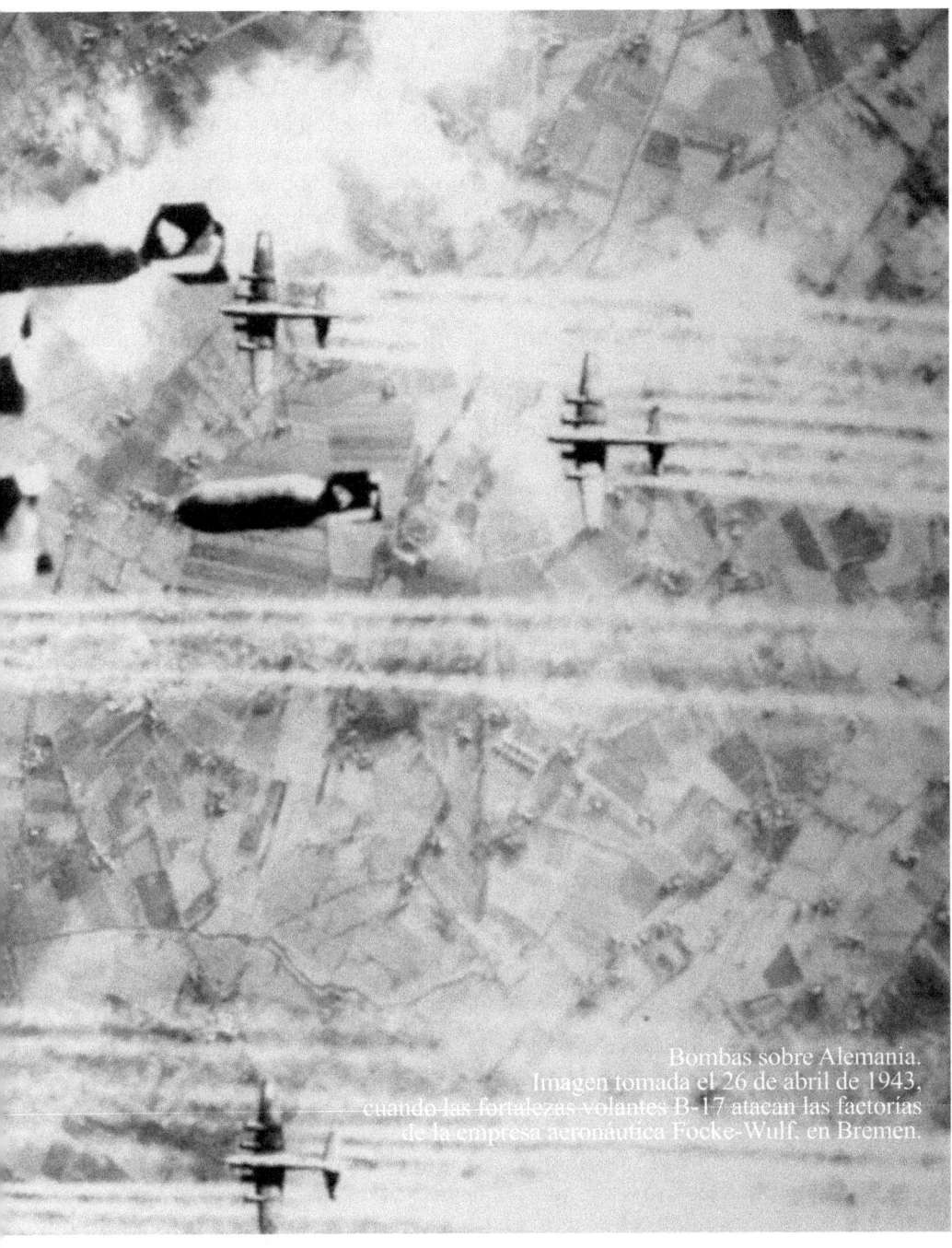

Bombas sobre Alemania. Imagen tomada el 26 de abril de 1943, cuando las fortalezas volantes B-17 atacan las factorías de la empresa aeronáutica Focke-Wulf, en Bremen.

Pese a no constituir un objetivo militar, los Aliados decidieron borrar a Dresde del mapa. A las diez y cuarto de la noche del 13 de febrero de 1945, 245 bombarderos pesados británicos Lancaster arrojaron 400.000 bombas incendiarias sobre la ciudad. Tres horas después, otros 550 aparatos de la RAF lanzaron 200.000 bombas incendiarias y 5.000 explosivas. Este segundo ataque alcanzó de lleno a las brigadas de bomberos que habían acudido desde las localidades próximas a apagar el fuego. Los aparatos aliados actuaron sin ningún tipo de oposición, pues no les salió al paso ningún caza ni sufrieron fuego antiaéreo.

Antes del amanecer del 14 de febrero, se produjo un tercer ataque, en este caso llevado a cabo por la aviación norteamericana, con casi 150.000 bombas incendiarias y bidones de fósforo, para alimentar la tormenta de fuego que ya estaba devastando la ciudad, y que estaba creando unos ciclones que se alimentaban a sí mismos mediante la depresión barométrica que provocaban. Los cazas que acompañaban a los bombarderos tenían la instrucción de descender al nivel de los tejados y barrer "blancos de oportunidad". Estos aviones abrieron fuego sobre masas de gente que atestaban las rutas de salida de Dresde. Un grupo de niños, del famoso coro de la Iglesia de Kreuzkirche, fue masacrado en la calle del zoológico. La matanza alcanzó también, paradójicamente, a unos prisioneros de guerra británicos, que habían sido puestos en libertad al arder los campos de internamiento, siendo ametrallados por sus compatriotas.

Según el diario de un prisionero británico que se hallaba allí, Dresde ardió durante siete días, y varios días después la ciudad se hallaba aún cubierta por una niebla de humo y hollín. La campiña circundante quedó cubierta de una fina lluvia de cenizas. Las escenas con las que se encontraron los supervivientes no podían resultar más terribles; hubo víctimas que tuvieron que ser despegadas del asfalto derretido, muchos cuerpos habían quedado reducidos por el fuego a menos de la mitad de su tamaño normal, mientras que por todas las calles se veían cubos y barreños con partes de cuerpos en el interior. Los cuerpos fueron amontonados en cinco grandes piras de varios metros de altura para evitar epidemias, y se recogieron 20.000 alianzas de matrimonio de los cadáveres. Se desconoce la cifra total de muertos causada por el bombardeo, pero se calcula que pudo estar entre 140.000 y 300.000.

La ofensiva aérea, ¿éxito o fracaso?

La matanza de civiles no se detendría con el bombardeo de Dresde. La campaña de bombardeos se prolongaría hasta abril de 1945, cuando el propio Churchill decidió que había que cancelarla, puesto que, tal como afirmó, "si cae en nuestras manos un país enteramente en ruinas, no encontraremos posibilidades para alojarnos nosotros ni nuestros aliados".

El balance de la ofensiva aérea sobre el Reich está sujeto muchos matices, y todavía hoy se debate sobre si sirvió realmente para acortar la guerra. Los resultados tácticos de los ataques fueron los deseados; ciudades como Colonia o Dortmund fueron arrasadas en un 70 por ciento, llegando al límite de Wesel, que resultó destruida en un 97 por ciento. Los avances técnicos permitieron conseguir con facilidad creciente el efecto buscado de la tormenta de fuego que, una vez desatada, devastaba todo lo que se encontraba a su paso.

Aunque es innegable que el sistema industrial germano se vio dañado por los bombardeos, la realidad es que la producción no solo no se vio resentida sino que aumentó en la última fase de la guerra, al trasladar la producción a instalaciones subterráneas y dispersarla por el campo. La moral de la población, cuyo resquebrajamiento era un objetivo primordial de los Aliados, no se vio afectada de forma significativa. Si se quería incitar a una revuelta popular contra las autoridades nazis para que estas suplicasen el fin de la guerra, el fracaso fue evidente.

En cuanto al precio pagado por los Aliados, no fue en absoluto desdeñable. Seis de cada diez aviadores británicos que participaron en esas misiones sobre Alemania perderían la vida, es decir, un total de 46.000 hombres. Las posibilidades de completar el ciclo de treinta misiones de combate sin ser derribado era de un escaso 24 por ciento. De entre los que se alistaron en la RAF en 1939, solo uno de cada diez llegó vivo al final de la guerra. Los norteamericanos, por su parte, perdieron 30.000 aviadores. Entre la RAF y la USAAF, un total de 11.000 bombarderos resultaron abatidos.

Con estas cifras, cuesta calificar de éxito la campaña de bombardeos sobre las ciudades alemanas. Si el fundamento ético de estas acciones indiscriminadas ya fue de por sí cuestionable, el resultado de las mismas no sería menos discutible.

Escenarios

En **Berlín** se puede visitar el refugio antiaéreo de **Anhalter**, con más de 38.000 metros cuadrados distribuidos en cinco pisos. Los dos primeros sirven de emplazamiento para una "casa del terror", pero el tercero se conserva según su finalidad original. Los dos últimos pisos no están abiertos al público. Aunque la capacidad del refugio era de 6.000 personas, normalmente se duplicaba esta cantidad.

Otro refugio de la capital germana que sirve para obtener una idea de la claustrofobia que se vivía en su interior durante los bombardeos es el búnker de **Gesundbrunnen**, junto a la estación de metro del mismo nombre. La visita guiada recorre las diversas secciones del refugio. Destacan los muros recubiertos de pintura fluorescente, para permitir orientarse en la oscuridad. Podía alojar a unas 4.000 personas.

Un símbolo de la devastación sufrida por la capital del Reich es la **iglesia Kaiser Wilhelm**, en la Breitscheidplatz. Tras la guerra no fue reconstruida; en 1950 acabó de derribarse la parte central y se construyó una nueva torre de estilo actual. En su interior está la "cruz de Coventry" en recuerdo del bombardeo sufrido por la ciudad inglesa.

En el número 22 de la Blumenstrasse de **Munich** permanece aún en pie un **búnker elevado**, una de las treinta instalaciones antiaéreas que se construyeron en la ciudad bávara para proteger a la población civil de los bombardeos. El exterior no le diferenciaba de los edificios vecinos, ya que incluso su tejado estaba cubierto de tejas, pero tras sus paredes de 1,30 metros de grosor y un techo de 2 metros podían encontrar refugio seguro unas 750 personas. Aunque Munich quedó reducida prácticamente a escombros, este búnker resultó intacto.

En **Dresde**, destruida totalmente por el bombardeo aliado del 13 de febrero de 1945, se puede admirar la **Frauenkirche**, la iglesia que era el símbolo de esta ciudad, y que fue reconstruida entre 1993 y 2005. Para ello se recuperaron 8.400 piezas que formaron parte de la fachada y unos 87.000 ladrillos —un tercio de la cantidad original—, y se procedió a ensamblarlos junto a piezas nuevas, como si de un gigantesco puzzle se tratase. Para conocer detalles sobre el bombardeo, se puede visitar el **Museo de Historia Militar**, en la Olbrichtplatz.

Protagonistas

Arthur Harris (1892-1984). Mariscal del Aire británico. Comandante en jefe de la Fuerza de bombarderos británica desde 1942. Fue conocido como *Bomber* (Bombardero) Harris, aunque sus detractores en la propia RAF le llamarían *Butcher* (Carnicero). Se mostró partidario del "bombardeo de áreas", de gran efecto destructivo y convirtiendo a los civiles en objetivo. Creó la flota de los "Mil Bombarderos", la bomba "revienta-manzanas", introdujo el radar aerotransportado y las "bombas-piloto". Sus ataques indiscriminados contra civiles le hizo acreedor tras la guerra a la repulsión de sus compatriotas. Ignorado en la Lista de Honores emitida en enero de 1946, Harris renunció ese año, aunque luego sería premiado con la distinción de Mariscal de la RAF. En 1992 se inauguró en Londres una estatua dedicada a su memoria, entre protestas de los que le consideraban indigno de ese honor.

Carl Spaatz (1891-1974). General norteamericano. Participó como aviador en la Primera Guerra Mundial. Fue enviado como observador durante la Batalla de Inglaterra. En junio de 1942 fue puesto al frente de la Fuerza Aérea de Combate, asumiendo el mando de las fuerzas estratégicas aéreas estadounidenses en Europa y Africa del Norte. Al acabar la guerra en Europa, fue designado jefe de las Fuerzas Aéreas en el Pacífico. Él fue quien escogió Hiroshima como objetivo de la primera bomba atómica. Al acabar el conflcito, Eisenhower afirmó que él y el general Bradley habían sido los dos oficiales que más habían contribuido a la victoria en Europa.

FILMOGRAFÍA

* **Almas en la hoguera** (*Twelve O'Clock High*, Henry King, 1949).
* **Matadero Cinco** (*Slaughterhouse-Five*, George Roy Hill, 1972).
* **El bombardero Memphis Belle** (*Memphis Belle*, Michael Caton-Jones, 1990).
* **Dresden** (Roland Suso Richter, 2006).

Capítulo 43
Tenaza sobre el Reich

El avance de las tropas anglo-norteamericanas por territorio alemán en marzo de 1945 fue relativamente rápido debido a la descomposición generalizada del Ejército germano. Estas facilidades fueron debidas al temor que inspiraban los soviéticos, lo que obligaba a resistir en el este el máximo de tiempo posible, esperando un milagro que ya no se produciría.

Para frenar la embestida invernal de los soviéticos de enero de 1945, Hitler había trasladado al este tropas destinadas en la frontera occidental, lo que fue aprovechado por los Aliados occidentales para organizar con tranquilidad el modo de penetrar en Alemania, pese a algunos intentos desesperados de romper el frente que no obtuvieron ninguna recompensa.

Las fuerzas en liza en el oeste eran ya bastante desproporcionadas; mientras que Eisenhower contaba con 87 divisiones, los alemanes podían enfrentar solo 37. Además, las divisiones germanas estaban formadas por menos hombres y no disponían de combustible para los blindados. Aun así, Hitler confiaba en que la defensa del territorio del Reich fuera un acicate para que esas tropas combatiesen con mayor ahínco que sus enemigos.

EL PUENTE DE REMAGEN

En el mes de febrero de 1945 estaba claro que la última línea de defensa en el oeste era el caudaloso Rin. Hitler era consciente de que, si los Aliados lograban franquear esa barrera natural, ya nada podría pararles en su camino hacia el corazón de Alemania. Pero, contrariamente a cualquier lógica militar,

Hitler dio órdenes de permanecer en la orilla occidental del Rin a cualquier precio, con el río a la espalda.

Como era de prever para cualquier analista militar, esa resistencia a ultranza en una posición tan precaria no iba a servir de nada. El 7 de marzo de 1945 los norteamericanos lograron pasar a la otra orilla gracias a que los zapadores germanos no habían logrado destruir el puente ferroviario Ludendorff, en la ciudad de Remagen. Aunque los alemanes consiguieron explotar las cargas de dinamita, el puente se elevó unos centímetros para, de forma increíble, volver a descansar sobre sus cimientos. En cuanto el puente de Remagen fue tomado, los ingenieros consolidaron momentáneamente su estabilidad.

Para frustración de los generales estadounidenses, el siempre prudente general Eisenhower no autorizó a irrumpir al otro lado en profundidad, puesto que era necesario esperar a Montgomery, que debía atravesar el río más al norte. El puente de Remagen se desplomaría el 17 de marzo, pero las tropas aliadas ya estaban aposentadas firmemente en la otra orilla.

El cruce del Rin

Mientras los Aliados ponían pie en la orilla oriental del Rin en Remagen, Patton, que se movía más al sur al frente del III Ejército, consiguió el 22 de marzo pasar a la otra orilla del Rin cerca de Oppenheim, entre unos acantilados que no estaban defendidos por los alemanes, al creer estos que ningún ejército podría cruzar por allí. De este modo, el general norteamericano volvió a imponerse en esa competición particular que mantenía con *Monty*, quien también deseaba pasar al otro lado del río para adentrarse en Alemania.

El mariscal británico atravesaría el Rin en Wessel al día siguiente empleando su táctica habitual, es decir, solo después de intensos bombardeos aéreos, una larga preparación artillera efectuada por más de tres mil cañones y un lanzamiento de paracaidistas en la retaguardia enemiga, mientras que Patton lo había hecho sin ningún tipo de apoyo y basándose solo en la rapidez de sus ingenieros para ensamblar los pontones. A *Monty*, que había quedado en evidencia una vez más, no le sentaron demasiado bien las declaraciones efectuadas por Patton la noche anterior: "El mundo entero debe saber que el III Ejército ha logrado pasar el Rin antes que Montgomery".

En los días posteriores, el Rin fue atravesado en una veintena de puntos más, por lo que las puertas de Alemania quedaban abiertas de par en par a los Aliados occidentales. El mantenimiento de la defensa del Rin había costado la vida a más de 60.000 soldados teutones, en un intento desesperado e inútil de evitar el desastre que se avecinaba.

A partir de ahí, los Aliados ya no encontrarían grandes bolsas de resistencia. Las tropas alemanas destinadas en la cuenca del Ruhr desaparecían de la noche a la mañana. Numerosos soldados abandonaban sus armas y se escondían en los bosques.

El único peligro eran las fanáticas tropas de las SS, integradas en buena parte por muchachos muy jóvenes, dispuestos a todo con tal de impedir el avance del enemigo. Su exaltada resolución les llevaba a fusilar de inmediato a cualquier soldado que se mostrara reticente a seguir combatiendo o incluso a disparar contra los civiles que colocaban sábanas blancas en sus ventanas. En algunas localidades se dio la terrible paradoja de que sus habitantes temiesen más a las tropas de las SS que a los soldados aliados, que eran acogidos prácticamente como libertadores. Además, la llegada de los Aliados llevada aparejado el final de los devastadores bombardeos, por lo que la derrota supuso en muchos casos un alivio más que una frustración.

Tragedia en el este

Mientras en el oeste las tropas aliadas eran bien acogidas por la población civil alemana, en el este las cosas eran muy distintas. En el avance de las tropas soviéticas por territorio alemán, las violaciones y el pillaje indiscriminados sembraron el terror entre la población germana, que huía despavorida.

Aunque esta actitud era absolutamente reprobable, no se pueden pasar por alto las ansias de venganza que albergaba el Ejército Rojo. Conforme iban recuperando el terreno que había sido invadido por los alemanes en 1941, los rusos comprobaban el rastro de destrucción que los nazis habían dejado en su tierra. Las cifras hablan de unos cinco millones de ciudadanos soviéticos deportados, 1.710 poblaciones destruidas, 7.000 aldeas arrasadas, más de seis millones de edificios afectados y unos 25 millones de personas sin hogar. El número de muertos provocados por la guerra de agresión de Hitler escapaba ya a cualquier cálculo.

Por lo tanto, la reacción de los soldados soviéticos cuando entraron en el territorio del Reich era previsible. El pillaje fue considerado un derecho y, desgraciadamente, las mujeres alemanas fueron incluidas.

La primera localidad germana en caer en manos de los soviéticos, Nemmensdorf, en el este de Prusia, ya sufrió un terrible anticipo de lo que ocurriría poco más tarde en el resto del territorio oriental del Reich. El 22 de octubre de 1944, como si de un descenso a las épocas más oscuras de la Edad Media se tratase, Nemmensdorf sufrió la violación, mutilación y asesinato de toda su población femenina, llegando algunas de ellas a ser abiertas en canal.

Jesús Hernández

Soldados norteamericanos combatiendo en una localidad alemana. La resistencia solo vendría de las tropas más fanatizadas.

Las mujeres alemanas padecieron un trato brutal por parte de las tropas rusas. Aunque la fría estadística es incapaz de describir el terror que sufrieron, es muy significativo que una de cada cinco berlinesas optase por quitarse la vida. No obstante, los abusos de las tropas soviéticas cometidos contra las mujeres alemanas son objeto de controversia histórica. El hecho de que una parte de las mujeres rusas prisioneras de los alemanes fueran objeto de un trato parecido inmediatamente después de ser liberadas por las tropas soviéticas hace que la motivación de la venganza contra los alemanes se vea cuestionada.

Aunque en un primer momento eran las mujeres las que atraían la atención de los soldados, más tarde los soldados fijaban su atención en los objetos que podían ser útiles en su casa. Muchos de ellos procedían de zonas rurales en los que las que no existían las comodidades de que disfrutaban los alemanes. Acostumbrados a sencillos bancos de madera, la visión de un mullido sillón les invitaba de inmediato a ingeniar el modo de poder regresar a casa con él. Los soldados se apropiaban de infinidad de objetos, por lo que era habitual contemplar el paso de tanques, camiones e incluso motocicletas que iban cargadas con todo tipo de artículos, como colchones, mesas, sillas, fregaderos u hornos de cocina.

Avance hasta el Elba

En esos momentos, Berlín se ofrecía como un objetivo asequible para los Aliados occidentales, pero Eisenhower, por criterios políticos, prefirió dirigir el grueso de sus tropas hacia el sur y reservar la capital alemana a los soviéticos, que ansiaban plantar su bandera en el edificio del Parlamento alemán, el *Reichstag*. Así pues, mientras los británicos se empleaban en despejar el norte de Alemania, los norteamericanos se dirigieron hacia el sur.

El objetivo de las fuerzas estadounidenses era eliminar la amenaza que representaba el Grupo de Ejércitos B, comandado por el mariscal Walther Model, que se hallaba en el Ruhr. Para ello, el general Omar Bradley, que contaba con 1.300.000 hombres, utilizó el 9º Ejército como pinza norte y el 1ª Ejército como pinza sur para atrapar a las fuerzas de Model en lo que se denominaría la Bolsa del Ruhr. La maniobra de embolsamiento se pudo completar, siendo capturados unos 300.000 soldados alemanes.

Las fuerzas de Bradley giraron entonces hacia el este, en dirección a Leipzig. El 11 de abril alcanzaron la orilla del Elba, en donde se debía esperar la llegada de los soviéticos. Aunque a Patton se le ordenó dirigirse a Checoslovaquia y Austria, se le prohibió entrar en Praga y Viena, que debían ser tomadas por el Ejército Rojo.

La tenaza alrededor de la Alemania nazi estaba ya cerrada, pero aún quedaba por escribirse el capítulo final de la guerra: la toma de Berlín.

Berlín, cercado por los soviéticos

Los Aliados occidentales ya habían terminado prácticamente con su cometido, pero para los soviéticos la guerra aún no había concluido. Tenían ante ellos la presa más codiciada: la capital del Reich. La defensa de la ciudad se comenzó a preparar a principios de febrero, mientras la *Wehrmacht* intentaba inútilmente contraatacar en Hungría. Esta infructuosa acometida costaría a los alemanes la pérdida de once divisiones Panzer y dejaría abiertas las puertas de Austria. Los rusos entrarían en Viena el 13 de abril de 1945.

En esa fecha, Berlín ya estaba protegida con tres cinturones defensivos, guarnecidos en buena parte por el *Volkssturm* (tempestad popular), una fuerza en la que debían alistarse todos los alemanes varones entre 16 y 60 años, con escasos uniformes y pobremente armados, que bien poco podían hacer contra las bregadas tropas soviéticas.

Stalin estaba dispuesto a tomar Berlín lo más pronto posible, quizás para evitar que sus aliados recapacitasen y se decidiesen a avanzar hacia la capital. Para garantizar un asalto demoledor, los soviéticos consiguieron reunir un descomunal contingente de dos millones y medio de soldados, más de seis mil tanques y cuarenta mil cañones. El ataque se efectuaría desde la línea formada por los ríos Oder y Neisse en tres frentes que convergerían en la capital; Stalin favorecería la competencia entre ellos para acelerar la carrera hacia Berlín.

En la madrugada del 16 de abril estalló la gran tormenta de fuego procedente de las líneas rusas. Las tropas soviéticas que debían atacar por el centro y por el sur embistieron contra las defensas alemanas, pero la del centro, dirigida por el mariscal Zhukov, solo obtuvo débiles penetraciones ante el IX Ejército alemán, dirigido por el general Gotthard Heinrici, pese a la extraordinaria violencia de su preparación artillera, probablemente la más intensa de la historia. En solo media hora se alcanzó una cadencia de fuego tal que muchos tiradores soviéticos ensordecieron temporalmente, las explosiones provocaron una masa de aire tan caliente que por sí sola incendió los árboles y pueblos enteros quedaron reducidos a polvo en minutos.

Tras esta batida infernal, los tanques rusos avanzaron provistos de grandes focos antiaéreos, dirigidos hacia los alemanes que tenían enfrente para deslumbrarlos. Pero los rusos se encontraron con la sorpresa de que su bombardeo no había servido de nada; durante la noche, los hombres de Heinrici habían abandonado las posiciones de vanguardia y se habían refugiado en unos montes cercanos, los altos de Seelow, protegiendo la carretera que conducía a Berlín. Además, los reflectores de los tanques tan solo habían servido para facilitar la labor a los artilleros alemanes.

En contraste con las dificultades que tenía Zhukov, el frente sur, dirigido por Konev, sí que consiguió imponer rápidamente su aplastante superioridad, atravesar las líneas germanas y comenzar a girar hacia el norte, rumbo a Berlín.

Hitler recibió entonces la súplica de Heinrici para retrasar su IX Ejército con el fin de reforzar la defensa de Berlín y evitar así quedar cercado, pero el dictador nazi cometió un nuevo error, obligándole a mantenerse frente a Zhukov, convencido de que el ataque a Berlín no era más que una finta para ocultar un avance hacia Praga.

El 20 de abril entró en acción el frente norte, comandado por Rokossovsy, y consiguió también romper la resistencia alemana, lo que facilitó por fin el avance de las tropas de Zhukov, que hasta ese momento continuaban detenidas ante el IX Ejército. Poco después, tal como había pronosticado Heinrici, este quedó cercado por los rusos.

La línea Oder-Neisse, de este modo, había quedado rebasada por el Ejército Rojo. Ya nada podía detenerles en su camino a Berlín. En vez de atacar frontalmente, los frentes norte y sur rodearon completamente la capital para dejarla aislada y, de paso, cerrar el camino a cualquier intento anglonorteamericano de llegar hasta ella. El temido cerco de Berlín se había consumado.

Encuentro en el Elba

Mientras los soviéticos cerraban el cerco de la capital del Reich, las fuerzas estadounidenses estaban detenidas a lo largo de los ríos Elba y Mulde, llevando a cabo algunas incursiones en la orilla oriental, a la espera de encontrarse con las avanzadillas del Ejército Rojo. Paradójicamente, en esos momentos no se sabía con certeza cuál iba a ser la actitud de los soldados rusos; pese a ser nominalmente aliados, la tensión entre la Unión Soviética y las potencias occidentales no permitía tener la seguridad de que el encuentro fuera a ser cordial. Además, no existían oficiales de enlace entre ambos ejércitos, ya que las únicas relaciones se habían dado al más alto nivel durante las conferencias aliadas, por lo que el resultado de ese inevitable encuentro era incierto.

El día 25 de abril de 1945, a las 13.30, una patrulla norteamericana al mando del teniente Albert Kotzebue se adentró 32 kilómetros más allá de su línea de frente asignada, atravesando el Elba en un bote, hasta llegar a Leckwitz. Allí se topó con una unidad soviética, cuyos sorprendidos hombres comenzaron a disparar, pero al final Kotzebue pudo entrar en contacto con el teniente coronel Alexander Gardiev.

Aunque en realidad este encuentro fue el primero entre ambos ejércitos, el que merecería el honor de ser reconocido como tal en los libros de historia sería el segundo, producido un par de horas más tarde, cuando el teniente William D. Robertson trataba de avistar a los rusos en el Elba, cerca de Torgau. Robertson utilizó un mantel para pintar en él una bandera de Estados Unidos, pero no contaba con que la mayoría de soldados soviéticos nunca habían visto la enseña de las barras y estrellas. Robertson se encaramó a una de las columnas de un puente semidestruido sobre el Elba e hizo ondear la improvisada enseña, pero lo único que obtuvo fue una salva de disparos procedentes de las líneas rusas.

La confusión inicial acabó cuando un prisionero ruso liberado por los norteamericanos pudo identificarse a gritos y pudo concertarse un encuentro a mitad del río. La cita tuvo lugar a las cuatro en punto de la tarde; William Roberston y el teniente Alexander Sylvashko se estrecharon la mano mientras los fotógrafos inmortalizaban el histórico momento. El encuentro entre ambos ejércitos enseguida se convirtió en un festejo. El idioma no fue ninguna barrera para aquellos hombres que celebraban que, con Alemania partida en dos, la guerra estaba próxima a finalizar.

Escenarios

El mítico puente de **Remagen**, localidad situada a treinta kilómetros al sur de Bonn, ya no existe en la actualidad. Las autoridades alemanas, una vez finalizada la guerra, consideraron que no era necesario reconstruir esa línea ferroviaria, por lo que no volvió a levantarse el puente.

Hoy día quedan en pie solamente los enormes pilares del puente, ennegrecidos todavía por el humo de las explosiones, que soportaban la impresionante estructura de 300 metros de longitud y 80 metros de altura. El tráfico de vehículos entre ambas orillas se realiza mediante un ferry.

En **Seelow**, el lugar en el que los soviéticos se abrieron paso en su camino a Berlín, se encuentra un **Museo** que ilustra sobre la conocida como batalla de los altos de Seelow.

En el fin de semana más cercano al 25 de abril, se celebra en la ciudad de **Torgau** el festival del **Día del Elba**, en el que se conmemora el encuentro entre las tropas norteamericanas y soviéticas. Este acontecimiento festivo atrae anualmente a un gran número de visitantes.

El **puente sobre el Elba** derruido en el que se produjo el encuentro no fue reconstruido y tan solo se conserva una sección de piedra en la orilla occidental. Aunque esa ribera del Elba estaba en aquel momento en manos norteamericanas, ambas orillas pasarían posteriormente a formar parte de la zona de ocupación soviética.

Tras la guerra, los soviéticos levantaron en ese punto un **monumento** rectangular de granito, coronado con dos banderas, una de la URSS y otra de Estados Unidos. La inscripción, grabada en ruso, dice: "En este punto del Elba, el 25 de abril de 1945, las fuerzas del I Frente Ucraniano del Ejército Rojo entraron en contacto con las fuerzas norteamericanas". En la base del monumento hay dos placas con la traducción al alemán y al inglés.

Protagonistas

Omar Nelson Bradley (1893-1981). General norteamericano. Gran amigo de Eisenhower y de Patton, mandó el 2º Cuerpo en Túnez y Sicilia. También estuvo al frente de las tropas estadounidenses en Normandía y penetró en Alemania a la cabeza del XII grupo de ejércitos, enlazando con los rusos. Le unía una gran amistad con Eisenhower. Modesto y poco dado al protagonismo, era estimado por sus hombres, que lo conocían como "el general-soldado".

Gotthard Heinrici (1889-1971). General alemán. Era primo del general Gerd von Rundstedt. Luchó en la Primera Guerra Mundial. En 1940 ascendió a general. Participó en las invasiones de Francia y Rusia. Se ganó una gran reputación al defender el frente oriental en 1943-44. El 20 de marzo de 1945 se le otorgó el mando del Grupo de Ejércitos del Vístula, encargado de la defensa de Berlín. Tras la guerra quedó internado en un campo de prisioneros inglés y fue liberado en 1948.

Filmografía

* **El puente** (*Die Brücke*, Bernard Wicki, 1959).
* **El puente de Remagen** (*The Bridge at Remagen*, John Guillermin, 1968).

Capítulo 44
El hundimiento

El escenario del último acto de la tragedia del Tercer Reich tendría lugar en el búnker de la Cancillería, el conocido como *Führerbunker*. En febrero de 1945, Berlín era una ciudad condenada. Los soviéticos estaban a punto de lanzar su gran ofensiva contra la capital y, mientras tanto, los bombarderos aliados no paraban de arrojar su mortífera carga sobre ella.

Hasta mediados de febrero, Hitler permanecería en sus estancias privadas de la Cancillería, pero finalmente se vería obligado a vivir en el interior del búnker, quizás consciente de que su ineludible cita con la muerte se produciría en aquel sarcófago de hormigón. La primera vez que se refugió allí fue el 6 de enero de 1945, para protegerse de los violentos bombardeos de que era objeto Berlín día y noche, pero un mes y medio más tarde no tuvo otra opción que hacer de ese edificio subterráneo su morada permanente.

Según los abundantes testimonios con que cuentan los historiadores, el ambiente en el búnker era claustrofóbico. Las minúsculas habitaciones, las estrechas escaleras, las vibraciones producidas por las explosiones, unido al olor de humedad y al omnipresente rumor de los motores diésel que alimentaban la ventilación, conformaban un conjunto opresivo, que afectaba al estado de ánimo de todos los que allí vivían. De nada servían las despensas llenas de los mejores manjares, así como de *cognac* y champán francés, en contraste con las míseras condiciones en la que la población civil debía sobrevivir a duras penas en el exterior. Pero el factor más sofocante era —según afirmaciones posteriores de la mayoría de los que sobrevivieron— la mera presencia de Hitler, del que emanaba un aura mefítica que impregnaba todo el refugio.

Como si por sus conductos de ventilación aquel búnker difundiese su aire rarefacto a toda la ciudad, Berlín cayó víctima de un estado febril que la sumió en una extraña atmósfera de irrealidad. Aunque los rusos estaban a las puertas de la ciudad, la población berlinesa aún confiaba en un milagro. Había quien hablaba todavía de las "armas fantásticas" del *Führer*, mientras se seguían por la radio las noticias que anunciaban la inminente llegada de dos columnas de socorro, una procedente del Oder y otra del frente occidental.

Hitler asume la derrota

Hitler ordenaba una y otra vez ataques y contraataques con unidades de las que solo se conservaba el nombre, pero los informes que recibía hablaban únicamente de derrotas. La última buena noticia llegó al búnker el 12 de abril, al conocerse el fallecimiento del presidente Roosevelt. Hitler, convencido de que ese acontecimiento iba a suponer la ruptura de los Aliados, lo celebró junto a los dirigentes nazis descorchando botellas de champán. Pero la euforia duró solo un día; la caída de Viena, la ciudad en la que él entró triunfante en 1938, le trajo de regreso a la trágica realidad.

El día 15 de abril, Eva Braun, la mujer con la que compartía su vida desde hacía una década, acudió al búnker dispuesta a acompañar a Hitler hasta el inminente final. El 20 de abril, el día en el que Hitler cumplió cincuenta y seis años, el *Führer* recibió las felicitaciones de todos los presentes en el búnker. Esa mañana, el dictador subió a la superficie para dar felicitar a un grupo de chicos de las Juventudes Hitlerianas que se habían distinguido en el combate; esa sería la última vez que vería la luz del día.

Al día siguiente, Hitler recibió una mala noticia nada más despertarse: Berlín ya estaba al alcance de la artillería soviética. A unos veinte kilómetros de Berlín, una batería pesada ya estaba disparando sus proyectiles sobre la ciudad. El Ejército Rojo ya había roto las líneas de defensa y avanzaba con rapidez hacia la capital, en donde todavía permanecían dos millones de civiles.

Pero el *Führer* aún no se daba por vencido. El 21 de abril ordenó una contraofensiva general para romper el cerco de Berlín. A la mañana siguiente se reunió con sus generales, impaciente por conocer el resultado del ataque. Uno tras otro, le dijeron que la operación había fracasado, confesando que en la mayor parte del frente ni tan siquiera se había intentado, ante la falta de efectivos. Hitler estalló en un terrible acceso de cólera; les insultó, les maldijo, vociferando que había sido traicionado por todos. Durante tres horas, los generales sufrieron la ira desatada del dictador, que golpeaba furiosamente la mesa. En el exterior de la sala, el resto de habitantes del búnker permaneció en silencio, mientras que tan solo se oían los apagados gritos de Hitler a través de la puerta.

Una vez desahogada toda su airada frustación, el *Führer* recobró inesperadamente el sosiego y anunció su intención de permanecer en Berlín. Aunque intentaron convencerle para que escapase de la capital, Hitler estaba decidido a perecer en la ciudad que vio su encumbramiento. En ese momento asumió que había perdido la guerra y en su mente se dibujó con claridad la idea del suicidio.

A partir de ese día, la figura de Hitler deambularía como un fantasma por el búnker, encorvado, arrastrando los pies y con los ojos inyectados en sangre. Pese a haber cumplido cincuenta y seis años, su aspecto era ya el de un anciano. Ante la conmiseración de sus secretarias, encontraba deleite engullendo chocolate y pasteles que le dejaban manchas y migajas en su raído uniforme. Hablar con él cara a cara no era muy agradable por culpa de la halitosis causada por el mal estado de la dentadura y la saliva que discurría por la comisura de los labios. Ahora era difícil ver en aquel espectro el líder que, gracias a sus inflamantes discursos, se había apoderado de la voluntad del pueblo alemán.

La visión del abismo que tenían ante sí hizo reaccionar a los jerarcas nazis, que temían ya por su vida. Göring, desde el sur de Alemania, envió un telegrama a Hitler tanteando la posibilidad de sucederle al frente del Reich, mientras que la BBC revelaba las conversaciones de paz iniciadas por Himmler. En la noche del 28 de abril, ambos fueron destituidos por Hitler. Tan solo Bormann y Goebbels le permanecerían leales hasta el último momento.

Pasadas las doce de esa misma noche, el búnker asistió a un episodio inesperado. Un funcionario municipal que estaba luchando en la trinchera de una calle próxima, Walter Wagner, fue reclamado en el refugio para oficiar la boda de Hitler con Eva Braun. Tras firmar en el registro, ambos contrayentes brindaron con champán. Todos sabían que la luna de miel de los nuevos esposos no sería muy larga, aunque en el búnker reinaba una irreal atmósfera de alegría. Pero como si todo lo que envolviese a Hitler estuviera contaminado de muerte, el funcionario que acababa de certificar el matrimonio moriría alcanzado por una bomba cuando regresaba a su posición.

En la madrugada del 29 de abril, mientras continuaba la fiesta posterior a la boda, Hitler se retiró con su secretaria para dictarle su testamento. En él se reafirmó en sus enfermizos planteamientos, responsabilizando a los judíos del estallido de la guerra, animando a las tropas alemanas a seguir combatiendo y expresando su deseo de morir en Berlín. En el documento nombraba al almirante Karl Dönitz como su sucesor al frente del Reich. En ese mismo día llegó al búnker la noticia de que Mussolini y su amante, Clara Petacci, habían muerto a manos de los partisanos.

El final de Mussolini

Dos días antes, el Duce y su amante habían sido **capturados por unos partisanos mientras intentaban huir a Suiza**. El dictador iba disfrazado de soldado alemán y estaba sentado al fondo de un camión que formaba parte de una columna de la *Wehrmacht* en retirada.

En la mañana de aquel 27 de abril, los vehículos cayeron en una emboscada. Los alemanes, confiados en el disfraz del Duce, llegaron al acuerdo de que podrían continuar su camino si se les permitía registrar la columna para evitar que escapase con ellos algún fascista italiano.

Los partisanos comenzaron a registrar los vehículos que integraban la columna. Para desgracia de Mussolini, la casualidad quiso que uno de los encargados de realizar la inspección fuera un guerrillero que, cuando formaba parte de la Marina, había conocido personalmente al dictador durante una revista naval. Al verle la cara, no dudó en identificarlo y llamó la atención del grupo de partisanos.

Mussolini, viéndose perdido, no opuso resistencia a ser detenido. Su amante también fue localizada en otro vehículo de la caravana y ambos fueron trasladados a una casa de campo de la zona.

Al día siguiente, 28 de abril, un hombre armado irrumpió en el caserío sobre las cuatro de la tarde. Se presentó ante Mussolini diciendo que había venido a liberarles. La pareja le acompañó y subió en un coche, en donde esperaban otros hombres armados. Pero todo era un engaño; tras recorrer medio kilómetro, el coche se detuvo y se les obligó a bajar. Los partisanos los pusieron contra una tapia y los ejecutaron.

Los escabrosos detalles de la posterior exhibición pública de los cadáveres de Mussolini y Petacci, colgados por los pies en una gasolinera de Milán, confirmaron a Hitler en su propósito de que su cuerpo y el de Eva fueran destruidos para evitar que los rusos pudiesen organizar un espectáculo semejante. Para ello, ordenó a su chófer que guardase doscientos litros de gasolina con el fin de quemar los cadáveres cuando llegase el momento.

Faltaba por decidir el método para quitarse la vida. Hitler consultó a su médico y este le recomendó que tomase una cápsula de cianuro e inmediatamente se disparase un tiro en la cabeza. El dictador ensayó el veneno con su perra *Blondi* y esta cayó fulminada. Sus cachorros también fueron sacrificados. Como en las grandes tragedias griegas, todo estaba preparado para que se representase el dramático desenlace.

El último acto

Al caer la noche del 29 de abril, todo parecía irremediablemente perdido. Sin embargo, todavía existía un destello de esperanza. El motivo era el desesperado intento que estaba llevando a cabo el general Wenck, al mando del 12º Ejército, para acudir en socorro de Berlín. Sus tropas estaban librando épicos combates contra las fuerzas soviéticas con el fin de abrirse paso en dirección a la capital del Reich.

Pero cerca de la medianoche llegó un telegrama al búnker en el que se informaba de que las tropas de Wenck no habían logrado proseguir su avance hacia Berlín y que se habían visto obligadas a replegarse hacia el Elba. Eso significaba que cualquier esperanza de auxilio quedaba definitivamente extinguida. Casi al mismo tiempo, el jefe de la defensa de Berlín, el general Weidling, llegaba al búnker para comunicar que ya se estaba combatiendo a los soviéticos en la estación de Postdam y que, ante la falta de armamento y munición, la lucha no podría prolongarse más allá de veinticuatro horas.

Quizás como reacción a estos negros augurios, la noche del 29 al 30 de abril discurriría en el piso superior del búnker entre vapores de alcohol y sudor; las botellas de vino y licor iban de mano en mano, se bailaba la estridente música que surgía de un gramófono, y hombres y mujeres se lanzaron a un goce desenfrenado antes de la inminente llegada de los rusos. Aunque un oficial de las SS fue enviado a imponer silencio, sus órdenes fueron ignoradas. Mientras se oían con claridad los gritos y la música, Hitler, ajeno a esta desconsideración, reunió a una docena de sirvientes y centinelas para despedirse de ellos. A las tres de la madrugada se retiró a descansar.

A las diez de la mañana del nuevo día, 30 de abril de 1945, se informó a Hitler de que ya había tiradores soviéticos a trescientos metros del búnker, por lo que su decisión no podía demorarse más, si no quería correr el riesgo de ser capturado. Los proyectiles procedentes de la cada vez más cercana artillería soviética estallaban sobre la superficie del búnker, haciéndolo temblar. A mediodía, Hitler se dispuso a tomar su último almuerzo; junto a sus secretarias, y ausente Eva Braun, comió un plato de pasta con salsa de tomate. Al terminar, les obsequió con varias cápsulas de veneno.

A las dos y media de la tarde convocó a todos los miembros de su séquito. Apareció en el corredor de conferencias con su habitual uniforme mientras su esposa lucía un elegante vestido azul. Ambos comenzaron a estrechar las manos de los presentes. Hitler murmuró en voz apenas audible unas palabras de despedida a cada uno. Al cabo de unos minutos, más pálido y encorvado que nunca, se retiró a su habitación. Eva Braun desapareció junto a la mujer de Goebbels, Magda, que no podía contener el llanto.

A cabo de unos minutos, ambas mujeres regresaron y Magda Goebbels, con el fin de disuadir a Hitler de su intención de suicidarse, consiguió que saliera de su habitación para pedirle que intentase escapar de Berlín. Su empeño fue inútil y al final el *Führer* volvió a entrar en sus aposentos, en este caso acompañado de Eva. La puerta se cerró. Los presentes sabían muy bien que acababan de verlos con vida por última vez.

Entonces pasaron diez interminables minutos. Alguien dijo haber oido un disparo ahogado, pero otros aseguraban no haber escuchado nada. Las bombas rusas seguían estallando en el exterior. El reducido grupo que permanecía impaciente a la puerta ya no podía soportar más la tensión y abrieron con cuidado la puerta.

Hitler se encontraba sentado en un pequeño sofá, reclinado, con la mandíbula colgando. A sus pies había una pequeña pistola. Le goteaba sangre de las sienes. La cabeza de Eva Braun descansaba en el hombro de su esposo. Su pistola se encontraba en una mesa baja que había delante de ellos. No la había disparado, pero tenía los labios contraídos por el efecto del veneno. Un jarrón con flores había caído al suelo.

El cuerpo de Hitler fue envuelto en una manta militar y subido al jardín de la Cancillería. Poco después llegó también el cadáver de Eva y ambos fueron colocados en el interior de un cráter de bomba, cerca de la salida de emergencia. Los obuses rusos explotaban en los alrededores, por lo que los escasos testigos que subieron a la superficie estaban más deseosos de regresar al interior que de oficiar las exequias por el *Führer*. Los cuerpos fueron cubiertos con gasolina y Goebbels arrojó un fósforo, pero el combustible no se encendía. Alguien hizo arder un trapo empapado de gasolina, lo arrojó a los cuerpos y estos quedaron envueltos en una gran llamarada. Los asistentes al improvisado funeral exclamaron un apresurado "¡Heil Hitler!" y entraron de nuevo en el refugio.

Huída del búnker

De repente, la atmósfera del búnker se volvió menos opresiva. Excepto Magda Goebbels, nadie derramaría lágrimas por la muerte del dictador. La primera señal de que Hitler ya no estaba presente fue que la mayoría de habitantes del búnker se encendieron un cigarrillo. En vida del *Führer* estaba completamente prohibido fumar en el refugio, por lo que todos respiraron ese humo que les sabía, en cierto modo, a libertad.

La ausencia de Hitler permitió que se hablase abiertamente de entrar en negociaciones con los rusos. Estas se intentaron entablar esa misma noche por medio del general Krebs, que se presentó ante las líneas enemigas con una bandera blanca. Al amanecer del 1 de mayo, Krebs regresó con la negativa

Todo lo que debe saber sobre la Segunda Guerra Mundial

La prensa norteamericana anuncia la muerte de Hitler. El dictador se había suicidado en su búnker de Berlín.

soviética; los rusos solo estaban dispuestos a aceptar la rendición incondicional.

Ya no había tiempo para más. Cada uno tenía que intentar salvarse por sí mismo. Fue entonces cuando se produjo un hecho trágico que denotaba la locura que acompañó a esos últimos días del Tercer Reich. Joseph Goebbels y su esposa se suicidaron en el exterior del búnker, pero no sin antes quitar la vida a cada uno de sus seis hijos. La señora Goebbels había sido la encargada de administrarles un somnífero y después una cápsula de veneno. Después de cometer tan horrendo crimen se hizo un café, encendió un cigarrillo y conversó con su marido sobre los "viejos tiempos", como si nada hubiera pasado. Tras quemar los cadáveres del matrimonio Goebbels, los habitantes del búnker abandonaron las instalaciones y huyeron en dirección a oeste.

Cuando a la mañana del 2 de mayo lleguen los rusos, tan solo encontrarán en él a un técnico que, en lugar de escapar, había preferido prepararse un abundante desayuno. El drama representado en el *Führerbunker* había llegado a su fin.

V-E: Victoria en Europa

El sucesor de Hitler al frente del Reich, Karl Dönitz, pese a contar aún con un importante contingente de tropas en Holanda, Dinamarca o Noruega, e incluso varios enclaves en Francia, no tenía ninguna intención de proseguir la lucha. En el frente italiano la rendición ya se había producido el 29 de abril, entrando en vigor tres días después.

El día 3 de mayo, Dönitz envió una delegación a ofrecer una rendición parcial a Montgomery, que este rechazó. Aunque los alemanes deseaban deponer las armas, las conversaciones de paz se retrasaron deliberadamente para dar tiempo a que miles de soldados y civiles germanos dispusieran de tiempo para llegar hasta el frente occidental, poniéndose así a salvo de los rusos.

Las negociaciones corrían peligro de romperse, por lo que finalmente Dönitz autorizó al general Jodl a aceptar la rendición incondicional definitiva en el cuartel general de Eisenhower, en la ciudad francesa de Reims. Cuando faltaban veinte minutos para las tres de la madrugada del lunes 7 de mayo, se firmó la rendición. En la ceremonia, con una escogida presencia de periodistas, participaron los representantes el Ejército alemán, por un lado, y los de Estados Unidos, Gran Bretaña, Francia y la Unión Soviética por el bando aliado.

Sin embargo, Stalin había expresado su firme deseo de que la rendición de la Alemania nazi se formalizase en Berlín, ante los ojos de todo el mundo.

La bandera soviética ondea en lo alto del Reichstag.
La capital del Reich ha sido tomada.

Los norteamericanos, para complacer a Stalin, ordenaron a los periodistas que habían asistido al acto de Reims que no transmitiesen la noticia, para no restar brillo al previsto en Berlín para el martes 8 de mayo.

De todos modos, el rumor de la rendición comenzó a extenderse, pese a que no existía confirmación oficial. Uno de los periodistas testigos se saltó la prohibición y envió la noticia a su agencia, que la difundió de inmediato. El 7 de mayo los periódicos de los países occidentales vocearon a los cuatro vientos la noticia; era el llamado V-E, "Victoria en Europa". Pero Stalin, que prohibió que el acto de Reims fuera conocido en la Unión Soviética, mantuvo su propósito de celebrar la ceremonia oficial en Berlín.

El 8 de mayo, los alemanes firmaron de nuevo la rendición ante los Aliados, esta vez en cuartel general del Ejército Rojo en la capital germana, con el mariscal Zhukov como representante ruso. La guerra en el continente europeo había terminado.

Escenarios

Los efectos de la batalla de **Berlín** aún se pueden advertir en algunos edificios de la parte oriental de la ciudad, en forma de agujeros producidos por balas o metralla. Sin embargo, el desarrollo urbanístico posterior a la reunificación hace que esos testimonios sean cada vez más difíciles de encontrar.

En donde si pueden contemplarse esos vestigios es en la azotea del **Reichstag**, el edificio que acoge el parlamento germano. La remodelación llevada a cabo en 1999 respetó los agujeros de bala y los grafitis dejados por los soldados soviéticos.

Los restos del búnker en el que Hitler se suicidó el 30 de abril de 1945, permanecen enterrados en el antiguo Berlín Oriental, entre las calles *Vostrasse* y *Wilhelmstrasse*. Tras la guerra, los rusos lo intentaron dinamitar, pero solo lograron destruir el búnker superior. El inferior, el **Führerbunker**, salió a la superficie durante unas obras a finales de los ochenta. Fue tapado con tierra y sobre él se construyó un pequeño aparcamiento de superficie para dar servicio a un bloque de apartamentos de ocho pisos que las autoridades de Berlín Oriental edificaron justo al lado.

En la actualidad, los científicos emplean sofisticados instrumentos para detectar el lugar en donde se encuentran los restos del búnker y su distribución, ante la prohibición de realizar excavaciones, lo que ha dado lugar a varias versiones sobre su emplazamiento exacto. Tan solo un panel informativo recuerda que allí, a quince metros de profundidad y bajo toneladas de tierra y hormigón, se escenificó el dramático último acto del Tercer Reich.

Protagonistas

Eva Braun (1912-1945). Nacida en el seno de una familia bávara de clase media. Conoció a Hitler en 1932, cuando trabajaba en el estudio de su fotógrafo oficial, Heinrich Hoffman. Era alegre y extrovertida, aficionada al cine y los deportes, y no estaba interesada en la política, manteniéndose al margen de cualquier intriga. Desde 1936 mantuvo una relación estable con el dictador, aunque esta solo era conocida por un reducido círculo. Se casó con Hitler en la noche del 27 al 28 de abril de 1945 y se suicidó junto a él el 30 de abril, ingiriendo una pastilla de cinauro.

Martin Bormann (1900-1945). Conocido como la "Eminencia Parda", fue secretario particular de Hitler tras su nombramiento como jefe de la Cancillería en 1941. Miembro del partido nazi desde sus comienzos. De personalidad oscura, intrigante y brutal, gestionaba con eficacia las finanzas del partido, pasando después a administrar las particulares de Hitler. Se convirtió en un auténtico "perro guardián" del *Führer*, llegando a decidir sobre quién podía verle, ganándose el odio del resto de jerarcas nazis. Murió al intentar atravesar las líneas rusas en Berlín, aunque no pudo confirmarse su fallecimiento hasta 1970, cuando se encontró su cadáver durante la realización de unas obras en la capital germana.

Alfred Jodl (1890-1946). General alemán. Jefe del Estado Mayor del general Keitel, desde ese puesto dirigió todas las campañas militares germanas. Era el encargado de informar diariamente a Hitler de la evolución de los distintos frentes. Fue uno de los mejores confidentes del *Führer* durante la guerra. Su nombre pasó a la historia al ser uno de los firmantes de la rendición alemana en Reims el 7 de mayo de 1945. Juzgado en Nuremberg, fue acusado de crímenes de guerra, siendo declarado culpable. Fue ahorcado el 16 de octubre de 1946.

Wilhelm Keitel (1882-1946). Mariscal de campo alemán. Oficial de Artillería durante la Primera Guerra Mundial. Jefe del Alto Mando de 1938 a 1945, se limitó a aceptar y transmitir sumisamente las órdenes militares de Hitler, lo que le valió los sobrenombres de *lakaitel* —lacayo— y *Der general Jawohl* —el general sí señor—. El propio Hitler lo humilló un día llamándole "portero de cine", pero aún así era de su entera confianza. Firmó la capitulación del Reich el 8 de mayo. Condenado a muerte en Nuremberg, fue ahorcado, pese a su petición de ser fusilado.

Filmografía

* **Los últimos diez días** (*Hitler, the last ten days*, Ennio de Concini, 1973).
* **El Búnker** (*The Bunker*, George Shaefer, 1981).
* **El hundimiento** (*Der Untergang*, Oliver Hirschbiegel, 2004).

Capítulo 45
La derrota japonesa

Mientras el mundo entero celebraba la derrota final de la Alemania nazi y la llegada de la paz a Europa, en el Pacífico la guerra continuaba. Aunque estaba claro que nada podría impedir la victoria aliada en Asia y el Pacífico, debido al previsible colapso de la maquinaria militar nipona, existía el temor a que Japón se empeñase en ofrecer una resistencia encarnizada, sacrificando a toda su población civil si era necesario.

Este temor estaba bien fundado, puesto que el régimen militarista de Tokio, decidido a luchar hasta el final, no contemplaba en absoluto la posibilidad de la rendición. Para resolver esta coyuntura, los norteamericanos habían previsto llevar a cabo un gran desembarco en Japón en noviembre de 1945 y proceder a la invasión de todo el territorio, pero el coste calculado por los expertos militares para esta colosal operación era de un millón de bajas.

Esas previsiones no eran exageradas. En 1945, los estadounidenses habían tenido ya tiempo de sobras de conocer hasta dónde eran capaces de resistir los soldados del emperador en la lucha por las islas. También habían asistido al insólito espéctaculo de los aviones que se estrellaban decididamente contra las cubiertas de los portaaviones. Eran los *kamikazes*, pilotos voluntarios que a bordo de un avión cargado de explosivos se lanzaban contra los buques enemigos.

Iwo Jima y Okinawa

Entre las islas Marianas y el archipiélago japonés se encuentra una minúscula isla volcánica de arena negra muy fina, que no sería más que un simple punto en el mapa de no ser por la terrible batalla que allí se dirimió en

Los marines plantan la bandera norteamericana en el monte Suribachi, en Iwo Jima. La instantánea se convertiría en la foto más reconocida de la Segunda Guerra Mundial.

febrero de 1945. Sus dos aeródromos y su proximidad al territorio metropolitano nipón hacían de esta isla de tan solo nueve por cinco kilómetros una base perfecta para los cazas que debían acompañar a los bombarderos norteamericanos que despegaban desde las Marianas, por lo que se decidió su conquista.

Las previsiones del Alto Mando pronosticaban la toma de la isla en diez días, pero la realidad sería muy diferente. El día del asalto, el 19 de febrero de 1945, los marines fueron recibidos con un intenso fuego procedente de los 21.000 defensores nipones que estaban decididos a morir en la isla. En ese primer día, los norteamericanos sufrieron 2.500 bajas. La lucha se prolongaría durante treinta y seis días, en los que 7.000 marines perdieron la vida, resultando heridos más de 21.000. Por su parte, la casi totalidad de los japoneses, bajo el mando del tenaz general Kuribayashi, acabarían muertos, excepto unos cuatrocientos que fueron hechos prisioneros.

Pero Iwo Jima pasaría a la historia por un hecho aparentemente sin importancia, pero que inmortalizaría y serviría de homenaje a los hombres que allí combatieron. En la mañana del 23 de febrero, un grupo de marines subió al monte Suribachi e izó en su cima la bandera de las barras y estrellas. Junto a ellos iba el fotógrafo Joe Rosenthal, que sin pensarlo dos veces disparó su cámara en ese momento y envió el carrete a su agencia esa misma tarde. Al día siguiente, todos los periódicos de Estados Unidos reproducían la instantánea en su portada, una fotografía que se convertiría, sin duda, en la más famosa de la Segunda Guerra Mundial.

Iwo Jima había sido el primer territorio japonés conquistado por los norteamericanos, aunque a un coste altísimo. El siguiente paso era la toma de Okinawa, otra isla japonesa situada a medio camino entre Formosa y el archipiélago nipón. Su posesión era vital para lanzar en el futuro un ataque contra el territorio metropolitano. Pero en este caso, la isla estaba defendida por más de 100.000 hombres, mandados por el general Ushijima.

El 23 de marzo comenzó el bombardeo naval de Okinawa y el 1 de abril se produjo el asalto anfibio, en el que participarían 170.000 hombres. El desembarco fue relativamente plácido, pero no era más que una estratagema de los japoneses. Estos se habían concentrado al sur de la isla en unas fortificaciones inexpugnables, para resistir desde allí la invasión.

El 9 de abril comenzó la lucha para desalojar a los nipones de sus puestos defensivos, comunicados a través de intrincados túneles, unos combates que se prolongarían a lo largo de tres meses. Mientras los marines estaban empantanados en esta operación de limpieza, los aviones *kamikaze* se precipitaban contra la flota norteamericana situada en las proximidades de la isla, hundiendo un total de 34 buques y averiando cerca de cuatrocientos.

La lucha por Okinawa fue una de las más sangrientas de toda la contienda. Aunque 7.000 japoneses se rindieron, el resto murió en combate o se suicidó. Los norteamericanos perdieron 12.500 hombres y contabilizaron cerca de 40.000 heridos. Aquí la realidad de la guerra se mostró en toda su crueldad; el lanzallamas era el único argumento para acabar con los japoneses que, sin comida ni agua, resistían en los túneles. Pero las escenas más impresionantes se producirían en los acantilados de la isla; las madres se arrojaban al vacío con sus hijos en brazos, para evitar caer en manos de los invasores. La propaganda nipona les había convencido de que los estadounidenses les causarían una muerte terrible, por lo que, víctimas del fanatismo, preferían ellas mismas quitarse la vida.

Las terribles experiencias vividas en Iwo Jima y Okinawa acabaron de convencer a los norteamericanos de que la campaña del Pacífico debía terminar lo más pronto posible. La opción de emplear el arma atómica para evitar nuevas masacres en el caso de una invasión a gran escala de Japón se abría paso inexorablemente.

Una decisión transcendental

El 17 de julio de 1945, durante la Conferencia de Potsdam —que será analizada en detalle en el siguiente capítulo— el presidente norteamericano, Harry Truman, recibió un telegrama en el que se le comunicaba el éxito de un ensayo nuclear llevado a cabo en el desierto de Nuevo México. En Alamo Gordo se hizo estallar una bomba atómica cuyo resplandor que se pudo vislumbrar a casi cuatrocientos kilómetros de distancia y produciendo un trueno que se oyó en todo el suroeste de Estados Unidos. La prensa publicó un comunicado oficial, confeccionado de antemano, en el que se aseguraba que había explotado un depósito de municiones. El informe remitido a Potsdam no dejaba dudas del éxito cosechado: "La experiencia ha superado a las esperanzas más optimistas". Así pues, Estados Unidos contaba desde ese momento con la bomba atómica, el "arma definitiva".

El exitoso ensayo de Alamo Gordo era la culminación del Proyecto Manhattan, un esfuerzo que se había prolongado a lo largo de cinco años, que había requerido el trabajo de 125.000 personas y cuyo coste había sido de dos mil millones de dólares.

Truman no dudó ni un momento en que debía utilizar la bomba contra Japón, aunque es justo señalar que algunos generales, entre ellos Eisenhower, mostraron sus reservas. La polémica histórica que ha rodeado esta transcendental decisión se basa en el hecho de que el Imperio nipón se encontraba al borde del colapso, y que la campaña aérea con la que estaba siendo castigado era suficiente para forzar su rendición, por lo que no era necesario recurrir a ese arma definitiva. No obstante, cabe la posibilidad de que el objetivo real de arrojar el artefacto nuclear fuera lanzar un aviso a la Unión Soviética para frenarla en la incipiente "guerra fría" y dejar patente así el incontestable poder militar de Estados Unidos.

El 5 de agosto de 1945, se envió un mensaje a la base aérea de Tinian firmada directamente por el presidente norteamericano: "Proceded con arreglo a lo previsto, para el 6 de agosto". Aquellas simples palabras encerraban un significado y unas consecuencias que seguramente ni Truman llegó a calcular.

En ese momento, la tripulación de una Fortaleza Volante B-29 se aprestó a cumplir la misión para la que se había estado preparando durante meses. Se trataba de arrojar una única bomba sobre una ciudad japonesa. Tan solo su comandante, Paul Tibbets, que había bautizado el avión con el nombre de soltera de su madre, *Enola Gay*, conocía la naturaleza del artefacto.

La preocupación inicial de Tibbets consistía en si el aparato se vería alcanzado por la explosión, pero los científicos le habían asegurado que en ese momento se hallaría lo suficientemente lejos como para que no se viese afectado por la onda expansiva. Aún existía otro motivo de desazón; la pista de Tinian era muy corta y dos B-29 se habían estrellado ya intentando levantar el vuelo. No es difícil imaginar lo que podia ocurrir si el *Enola Gay* tampoco era capaz de despegar en esa pista de escaso recorrido. Para evitar esa inquietante posibilidad, uno de los tripulantes encontró un medio artesanal de armar la bomba tras el despegue, por lo que en caso de accidente el artefacto no podría estallar.

El ingenio nuclear, que recibió el apodo de *Little Boy* (Muchachito), era una bomba de uranio 235 de cuatro toneladas de peso, con una potencia de explosión de 20.000 toneladas de TNT; es decir, su poder destructor era similar al de 2.000 Fortalezas Volantes soltando su carga de bombas a la vez (el mayor bombardeo sobre Tokio lo efectuaron 279 aviones de este tipo).

Poco antes de las 2.45 de la madrugada del día 6 de agosto, la hora prevista para el despegue, Tibbets explicó a sus hombres el carácter apocalíptico de la bomba que tenían la misión de lanzar, causando en sus compañeros una gran impresión. A esa hora, el *Enola Gay* despegó sin problemas rumbo a Japón, aunque el objetivo final dependía de los datos meteorológicos que proporcionaba un avión que le precedía. A las 7.09, este aparato comunicó que la visibilidad sobre Hiroshima era perfecta, lo que suponía firmar la sentencia de muerte de esta ciudad.

Una hora después, la jornada de ese 6 de agosto en Hiroshima dio comienzo según su rutina habitual. La presencia del avión meteorólogico había hecho sonar la alarma, pero esta finalizó a las 7.30. A las ocho de la mañana de ese soleado día, sus habitantes se dirigían a sus quehaceres diarios con normalidad. Todos ellos se sentían felices de vivir en Hiroshima; desde el comienzo de la guerra tan solo había caído una docena de bombas sobre esta ciudad de 300.000 habitantes.

Pero en esos momentos, el *Enola Gay* se encontraba ya en la vertical de Hiroshima. La portezuela de la bodega se abrió y exactamente a las 8 horas, 15 minutos y 17 segundos, Tibbets ordenó soltar la bomba. Desde una altura de 10.000 metros, *Little Boy* inició su caída sobre la ciudad y sus desprevenidos habitantes. Tibbets comenzó a contar mentalmente los 43 segundos que la bomba tardaría en hacer explosión.

Hecatombe nuclear

Justo en el momento en que Tibbets acabó de contar esos 43 segundos, un fogonazo inundó de luz el interior del avión. Aunque iban protegidos por gafas ahumadas, los tripulantes del *Enola Gay* quedaron deslumbrados. A los pocos segundos, una doble onda de choque golpeó el avión. Al mirar por las ventanillas pudieron ver la formación de un hongo que no paraba de crecer, hasta que, tres minutos después, quedó coronado por una densa nube de color blanco.

Uno de los tripulantes, el capitán Lewis, dejó escrito en su diario que en ese momento dijo: "¡Dios, qué hemos hecho!", aunque años más tarde reconocería que en realidad había exclamado: "¡Guau, vaya *pepinazo*!". Tibbets, manteniendo la serenidad, lanzó un mensaje en el que aseguró que "los resultados obtenidos superan todas las previsiones". Truman fue inmediatamente informado del éxito de la misión. Al regresar a la base de Tinian, los tripulantes del *Enola Gay* fueron recibidos como héroes.

En Hiroshima, lo primero que habían advertido sus habitantes había sido también esa cegadora luz, que sería descrita como la procedente de mil soles a la vez. Pero no les dio tiempo a preguntarse el origen de esa luz, puesto que casi al instante les inundó una ola de calor que les quemó la piel. Los que se encontraban en el epicentro, unos 17.000, simplemente se volatilizaron, al alcanzarse temperaturas de hasta cincuenta mil grados, capaces de fundir la arcilla.

Seguidamente se produjo una onda de choque expansiva que, al crear un inmenso vacío en el centro, provocó a su vez otra en sentido contrario a una velocidad superior a la del sonido. Los trenes y tranvías volaron como soplados por un gigante, los automóviles se derritieron y bloques enteros de casas desaparecieron. De algunas personas tan solo quedó su sombra grabada en una pared; la onda calórica dejó su silueta como testimonio de su desintegración, un fenómeno conocido como "fotografía atómica".

Las secuelas sufridas por los supervivientes harían a estos envidiar a los muertos. Muchos de ellos con la piel hecha jirones, experimentaron lo que se llamaría el "sol de la muerte"; era la temible radiación, cuyos efectos se prolongarían en estos individuos durante décadas. Otros, acuciados por una abrumadora sed, se habían arrojado al río Ota para poder beber, sin saber que el agua ya estaba contaminada por todo tipo de partículas radiactivas. Es preferible no describir el efecto que la ingestión de este líquido mortal produjo en aquellos desgraciados.

La hecatombe nuclear de Hiroshima había acabado con la vida de 80.000 personas y 50.000 sufrían horrorosas heridas. Los japoneses, al conocer los detalles de la destrucción de la ciudad, quedaron sumidos en un estado de *shock*. El régimen militarista de Tokio, presidido por Kantaro Suzuki -que había sustituido a Hideki Tojo-, aún no estaba decidido a rendirse, pero el propio primer ministro y el Emperador Hirohito ya maniobraban entre bastidores para imponerse al sector más duro del gabinete.

Sin embargo, los norteamericanos no estaban dispuestos a sentarse a esperar una respuesta del gobierno nipón. Convencidos de que era mejor golpear el hierro mientras aún estuviera caliente, decidieron lanzar un nuevo artefacto atómico para acabar de doblegar la voluntad nipona de resistir.

BOMBA SOBRE NAGASAKI

En la madrugada del 9 de agosto de 1945, un B-29 llamado *Bock's Car* (juego de palabras entre "el coche de Bock" y *Box Car*, vagón de mercancías), al mando del comandante Charles W. Sweeney, se dirigió a Japón para soltar su bomba de plutonio, apodada *Fat Man* (Hombre Gordo), por su abultado aspecto. El objetivo principal era la ciudad de Kokura, mientras que el secundario era Nagasaki, por si el primero se encontraba cubierto de nubes.

Los criterios para elegir Kokura eran su capacidad industrial y su localización geográfica. Esta ciudad, aunque solo tenía 51.600 habitantes, contaba con una potente industria de guerra. Además, Kokura se encontraba en el extremo sur de una estrecha faja de tierra que une las dos principales islas de que consta Japón: Houshu y Kyushu. Sin duda, una malsana curiosidad llevó a los norteamericanos a plantearse lo que podía ocurrir si una bomba atómica destruía la comunicación terrestre entre las dos islas. No se descartaba la posibilidad de que el agua del mar inundase la ciudad, separando de este modo los dos extremos del estrecho, con lo que el desastre geográfico ocasionado por la bomba sería de tal magnitud que podía obligar a modificar los mapas de Japón.

Hongo atómico sobre Nagasaki. Las dos bombas atómicas arrojadas sobre Japón aceleraron el final de la guerra.

Los partes meteorológicos llegados al B-29 durante el trayecto confirmaban que ambos objetivos se encontraban libres de nubosidad y que en ambas ciudades lucía un sol espléndido. Ese parte suponía la condena a muerte de Kokura; solo un milagro podía salvarla de la hecatombe atómica.

Pero ese milagro ocurrió. El punto de referencia para lanzar la bomba era un enorme arsenal situado junto al río, pero una columna de humo que ascendía desde la zona industrial impedía localizar ese edificio, por lo que se suspendió momentáneamente el lanzamiento. El B-29 efectuó una nueva pasada sobre la zona, pero al entrar desde un ángulo distinto no logró tampoco visualizar el objetivo. Aunque el *Bock's Car* llegó a pasar una tercera vez, el arsenal fue de nuevo ilocalizable. Finalmente, al advertir que se aproximaban unos cazas japoneses, el bombardeo sobre Kokura quedó definitivamente suspendido.

Tal como se había previsto para esa eventualidad, el *Bock's Car* debía volar seguidamente hacia el objetivo secundario: Nagasaki. A las once y dos minutos de ese 9 de agosto, *Fat Man* cayó sobre esa ciudad llevándose consigo la vida de unas 73.000 personas. En ella se repetirían las terroríficas escenas que se habían vivido tres días antes en Hiroshima.

La voz del Emperador

Pese a las trágicas noticias que llegaban a Tokio desde Hiroshima y Nagasaki, los militares nipones se negaban a aceptar la rendición. Se estudió la manera de reforzar las defensas antiaéreas para impedir otro ataque nuclear, pero el Emperador estaba resuelto a pedir la paz.

Superando un momento de incertidumbre, en el que estuvo a punto de triunfar un golpe de estado, el 14 de agosto de 1945 Hirohito se dirigió por radio a todos sus súbditos comunicándoles que Japón había perdido la guerra. Era la primera vez que los japoneses escuchaban la voz de su Emperador. La reacción de la población nipona fue, en un primer momento, de pasmo y desconcierto, pero poco a poco fue instalándose una sensación de sufrida resignación.

La respuesta en Estados Unidos, obviamente, sería muy distinta. En cuanto se conoció la noticia, las calles de todas las ciudades norteamericanas se llenaron de gente dispuesta a celebrar la victoria por todo lo alto. Las escenas de euforia popular en la neoyorquina *Time Square*, incluyendo el célebre beso entre un marinero y una joven, fueron portada en los diarios de todo el mundo. Pero en donde el anuncio de la victoria —que sería conocida como V-J (victoria en Japón)— se recibió con más alegría fue en los cuarteles y campamentos de la costa oeste; los soldados y marineros allí concentrados ya no tendrían que luchar contra los japoneses; muy pronto podrían regresar a casa.

Jesús Hernández

Rendición de Japón

La ceremonia de la rendición de Japón ante los Aliados se llevó a cabo en el acorazado norteamericano USS *Missouri*, en la bahía de Tokio, el 2 de septiembre de 1945. El acto no pudo ser más amargo para los representantes nipones; el rostro prepotente que había mostrado el país del sol naciente desde 1941 se había tornado ahora en una máscara patética que esa mañana conocería los límites de su humillación.

En esa mañana dominical, inesperadamente fría, la delegación japonesa llegó en coche al puerto de Yokohama. Al llegar a los muelles, fueron trasladados por los propios norteamericanos al *Missouri*, anclado a dieciséis millas de distancia, pues los japoneses no disponían de un solo barco para llegar hasta allí.

A las ocho en punto, el *Missouri* se convirtió en el centro de atención mundial. En su mástil ondeba la misma bandera que ondeaba en el Capitolio de Washington el día del ataque nipón a Pearl Harbor; aunque eso fue lo que se dijo a la prensa, en realidad procedía del cuarto de banderas del barco, pero alguien pensó en el efecto propagandístico que causaría esa supuesta procedencia.

La delegación japonesa llegó al acorazado. El ministro de Asuntos Exteriores, Mamoru Shigemitsu, se presentó con un deslucido chaqué, además de guantes y sombrero de copa, que contrastaba con la informal ropa militar que vestían los norteamericanos, sin corbata ni chaqueta.

El acto tuvo lugar en la cubierta del barco, con la presencia de un gran número de asistentes. La ceremonia de rendición dio comienzo con unas protocolarias palabras de MacArthur, en las que expresó su deseo de paz para toda la humanidad. Seguidamente invitó a los japoneses a acercarse a la mesa. El ministro japonés se sintió desorientado al contemplar todos los papeles que había sobre la mesa. MacArthur, sin muchas contemplaciones, dio una orden en voz alta a su Jefe de Estado Mayor: "¡Muéstrele dónde ha de firmar!".

El militar norteamericano señaló al japonés el lugar en donde debía estampar su firma y el ministro nipón obedeció. Pasaban cuatro minutos de las nueve de la mañana cuando se produjo ese momento histórico. Todos los miembros de la delegación japonesa fueron pasando disciplinadamente por la mesa, firmando sin ni tan siquiera detenerse a leer el papel. No se miraron entre ellos. Hubo varios que tenían los ojos llorosos, conscientes de la humillación que estaban sufriendo.

El Imperio japonés se había rendido; su caída ponía punto final a la guerra. Desde aquel ya lejano día en el que las tropas de Hitler habían atravesado la frontera polaca, dando inicio así al conflicto más mortífero de la historia de la humanidad, había pasado exactamente seis años y un día.

Escenarios

La ciudad de **Hiroshima** muestra aún las heridas de la bomba atómica que la arrasó el 6 de agosto de 1945. En el **Parque de la Paz**, destinado a rendir homenaje a las víctimas, se encuentra el Museo Conmemorativo de la Paz, en que se conservan objetos que fueron testigos de aquel trágico día.

En el lugar exacto del epicentro de la explosión se conservan los restos de un edificio, conocido como la **Cúpula** de la bomba atómica, que se ha convertido en el símbolo de la ciudad.

En **Nagasaki**, que sufrió el holocausto nuclear tres días después, es difícil advertir que allí hizo explosión una bomba atómica, al haber sido totalmente reconstruida. El principal monumento conmemorativo es el **Parque de la Paz**, similar al existente en Hiroshima. Pero el elemento que lo distingue es una placa de mármol negro situada sobre una fuente para recordar un trágico suceso. Poco después del ataque, unos niños, atormentados por la sed, bebieron de una fuente cercana a este lugar, sin sospechar que era altamente radiactiva; las tristes consecuencias sufridas al ingerir aquel líquido mortal son apenas imaginables. Los visitantes de la fuente suelen coger agua entre sus manos y la ofrecen al cielo, para homenajear así a aquellos desafortunados niños.

Otro lugar de peregrinación para los visitantes de Nagasaki es la catedral católica de **Urakami**, al ser el único edificio de la ciudad que logró mantener algunas de sus estructuras en pie. Su meticulosa reconstrucción finalizó en 1981.

El histórico **acorazado USS** *Missouri*, en el que Japón firmó la rendición el 2 de septiembre de 1945, está anclado desde 1992 en la base naval de Pearl Harbor, y puede ser visitado. El *Missouri* llegó a participar activamente en la primera Guerra del Golfo.

Protagonistas

Harry Truman (1884-1972). Presidente de Estados Unidos entre 1945 y 1952. Era conocido como "el camisero", por haber regentado un negocio de camisas en Kansas City. Elegido vicepresidente de Roosevelt en 1944, le sucedió tras su muerte en abril de 1945. Organizó la conferencia de San Francisco. Participó en la conferencia de Potsdam y ordenó lanzar la bomba atómica, una decisión de la que nunca se arrepentiría. Fue reelegido en 1948.

Paul Warfield Tibbets (1915-2007). Piloto norteamericano. En 1937 se alistó en la Fuerza Aérea como piloto de bombardero. Tras una meteórica carrera militar, en la que fue varias veces condecorado, fue nombrado comandante del *Enola Gay*, el avión que lanzó la bomba atómica sobre Hiroshima. En 1959 fue ascendido a general, retirándose del servicio activo en 1966. Después trabajó como piloto privado y llegó a ser ejecutivo de un servicio de aerotaxi. Pese a los trágicos efectos de su acción, nunca mostró arrepentimiento e incluso se mostró dispuesto a repetir la misión en caso necesario.

Hirohito (1901-1989). Emperador de Japón. Considerado una divinidad por sus súbditos, pese a ser de pequeña estatura, enclenque y miope. Proclamado emperador en 1926, permitió la política de expansión de su régimen militar. Después de la capitulación se convirtió en soberano constitucional, y en un gran experto en biología marina.

Filmografía

* **Arenas sangrientas** (*Sands of two Jima*, Allan Dwan, 1949).
* **El gran secreto** (Above and beyond, Melvin Frank, 1952).
* **Hiroshima** (Hideo Sekigawa, 1953).
* **Regreso del infierno** (*To hell and back*, Jesse Hibbs, 1955).
* **La casa de té de la luna de agosto** (*The Teahouse of the August Moon*, Daniel Mann, 1956).
* **La batalla de Okinawa** (*Gekido no showashi: Okinawa kessen*, Kihachi Okamoto, 1971).
* **El arpa birmana** (*Biruma to Tategoto*, Kon Ichiwaka, 1985).
* **Lluvia negra** (*Kuroi ame*, Shoei Imamura, 1989).
* **Hiroshima** (Kureyoshi Kurahara, 1995).
* **Yamato** (*Otoko-tachi no Yamato*, Junya Sato, 2005).
* **El gran rescate** (*The Great Raid*, John Dahl, 2005).
* **Banderas de nuestros padres** (*Flags of our fathers*, Clint Eastwood, 2006).
* **Cartas desde Iwo Jima** (*Letters from Iwo Jima*, Clint Eastwood, 2006).

Capítulo 46
Los retos de la posguerra

Con la rendicion de Japón, la Segunda Guerra Mundial había concluido. Habían sido seis años y un día en los que el mundo había sufrido una ola de muerte y destrucción sin precedentes. Ahora comenzaba una nueva era en la que el reto era mantener la paz.

Una de las herramientas que se crearían para que la humanidad no se viese de nuevo arrojada a una catástrofe similar fue la Organización de las Naciones Unidas. Su gran impulsor había sido el presidente Roosevelt, que había logrado en la Conferencia de Yalta el apoyo de la Unión Soviética a ese ambicioso proyecto, que debía sustituir a la fracasada Sociedad de Naciones.

La Carta de las Naciones Unidas

El 5 de marzo de 1945, el Departamento de Estado norteamericano cursó una invitación a cuarenta países para que acudieran a la conferencia internacional que iba a celebrarse en San Francisco el 25 de abril. Entre ellos, evidentemente, no se encontraban los países del Eje, puesto que la guerra aún continuaba. Según afirmó Roosevelt entonces, quizás debían pasar cincuenta años hasta que Alemania y Japón se hicieran acreedores a ingresar en el concierto internacional que representaban las Naciones Unidas.

Al final fueron cincuenta países los que se dieron cita ese día en la ciudad californiana. Algunas ausencias significativas fueron las de Polonia, al no haberse constituido todavía el gobierno de unidad nacional acordado en Yalta, o la de España, por el veto de Stalin expresado en esa misma conferencia por su colaboración con la Alemania nazi.

Los trabajos de la conferencia duraron dos meses, hasta que el 25 de junio se aprobó por unanimidad la Carta de las Naciones Unidas. El documento constaba de 19 capítulos y 111 artículos, en el que se exponen unos principios y se establecen unos mecanismos para su observancia. Algunos de esos principios son: el respeto a los derechos humanos fundamentales, la igualdad de derechos de hombres y mujeres, el progreso social, la tolerancia y la convivencia. Con el fin de salvaguardar la paz, la Carta defendía la igualdad entre las naciones, grandes o pequeñas, el respeto por las obligaciones derivadas del cumplimiento de los tratados o el principio de que la fuerza de las armas solo pueda emplearse por el interés de todos.

De todos modos, la unanimidad a la hora de aprobar esta declaración de principios universales no se correspondía con los graves momentos de tensión que se vivirían durante esas semanas. La cuestión más polémica era el establecimiento del derecho de veto de las grandes potencias, aunque el problema de fondo no era otro que la pugna entre la Unión Soviética y sus aliados occidentales, como preludio de la Guerra Fría. Al final se impuso una solución de compromiso, por la que Stalin se reservaba el derecho a vetar cualquier resolución que implicase la condena de alguno de los miembros del Consejo de Seguridad, integrado por los representantes de Estados Unidos, Gran Bretaña, China y la propia Unión Soviética. El 26 de junio nacía la Organización de las Naciones Unidas, con la firma de todos sus estados miembros.

Esta nueva organización debía garantizar la paz en el futuro, pero el presente, con Alemania derrotada y las tropas aliadas ocupando su territorio, obligaba a tomar decisiones concretas. Con el fin de sentar las bases que permitieran en el futuro que la nación alemana se incorporase a la comunidad internacional, y sobre todo para limar las asperezas que iban surgiendo entre los Aliados sobre el diseño de la Europa de la posguerra, en julio se reunieron los representantes de las tres grandes potencias, eligiendo como escenario la propia Alemania.

La Conferencia de Potsdam

La reunión entre los representantes de Estados Unidos, Gran Bretaña y la Unión Soviética tuvo lugar en Potsdam, una ciudad situada a veinte kilómetros de Berlín, entre el 17 de julio y el 2 de agosto de 1945. El lugar del encuentro fue el Palacio Cecilienhof.

Al comienzo de la conferencia acudieron Churchill, el presidente norteamericano Harry Truman —que había sucedido al fallecido Roosevelt—, y Stalin. Pero durante la conferencia Churchill tuvo que regresar a Londres para asistir a las elecciones generales que se celebraban en su país. El *premier* británico dejó en Potsdam su equipaje y sus efectos personales, confiado en una cómoda victoria en los comicios. Sin embargo, el pueblo británico le retiró inesperadamente su confianza al creer que la oposición laborista podría gestionar mejor la nueva etapa. Churchill ya no regresaría a Potsdam y su silla fue ocupada el 28 de julio por su sucesor, Clement Attlee.

El objetivo principal de la reunión era decidir cómo se administraría Alemania, entre otros asuntos relacionados con el diseño de la posguerra. Se decidió que Alemania devolviese todos los territorios europeos anexionados desde 1937, lo que suponía la separación de Austria. También se establecía la división de Alemania y Austria en cuatro zonas de ocupación, tal como se había decidido en la Conferencia de Yalta. Los objetivos de la ocupación eran la desmilitarización, la desnazificación y la democratización de Alemania.

Alemania vio alteradas sus fronteras. Los territorios al oeste de la línea Oder-Neisse (Pomerania, Silesia y Prusia Oriental) fueron entregados a Polonia, mientras que Konigsberg y la región circundante fue anexionada a la Unión Soviética. La ciudad de Memel pasó a Lituania.

Se decidió también que Alemania no pudiera disponer de un gobierno central propio, que su economía fuera descentralizada y que no pudiera fabricar más productos químicos o siderúrgicos. Al igual que tras la Primera Guerra Mundial, las potencias vencedoras estipularon el pago de indemnizaciones de guerra. En este caso, las sumas no serían tan desproporcionadas como entonces, y se limitaron a 20.000 millones de dólares en productos industriales y mano de obra, aunque la Guerra Fría evitaría a Alemania el pago de esta deuda. Finalmente, se acordó la llamada Declaración de Potsdam, en la cual se subrayaban los términos de la rendición de Japón.

El resto de los asuntos debían tratarse en una conferencia de paz final tan pronto como fuera posible, pero la tensión entre las potencias occidentales y la Unión Soviética impediría finalmente su celebración. Tampoco se acabarían aplicando las severas medidas tomadas para mantener la economía germana en los límites de la subsistencia; Alemania comenzó a ser considerada como una aliada contra el otro bloque, situada en primera línea del frente, a la que había que nutrir y cuidar, en vez de explotar y esquilmar.

Pero el hecho más destacable de la reunión, tal como se ha apuntado en el capítulo anterior, fue el telegrama que recibió el presidente Truman el mismo día que dio comienzo la conferencia, por el que se le comunicaba que el pirmer ensayo nuclear había sido un éxito. Este acontecimiento marcó el encuentro, puesto que el líder estadounidense se mostró más duro con Stalin de lo que Roosevelt había sido en Yalta. Estados Unidos poseía el "arma absoluta", lo que le situaba en una posición de fuerza ante el poderío militar convencional de los soviéticos. Esa actitud de Truman, tan poco dado a la condescendencia demostrada por su antecesor, unida a la intransigencia de Stalin, haría que en Potsdam se iniciase la Guerra Fría que hasta entonces se había encubado.

Churchill ya supo vislumbrar el futuro que le esperaba al continente que los allí reunidos acababan de liberar del totalitarismo nazi. El *premier* británico, antes de dejar Potsdam, pronunció por primera vez la célebre expresion "telón de acero". El veterano político no se equivocaba, pero Gran Bretaña poco podía hacer para tratar de reconducir la situación, pues estaba en la ruina económica y su Imperio se estaba deshaciendo. Después de Potsdam, el mundo ya solo sería cosa de dos: Estados Unidos y la Unión Soviética, cuya rivalidad marcaría la dinámica internacional durante casi medio siglo.

El problema de los desplazados

Los cambios en las fronteras acordados en Potsdam implicaron grandes desplazamientos de población, que afectaron sobre todo a la población alemana o la de origen alemán que vivía en otros países.

Antes de finalizar la contienda, ya se había producido un considerable éxodo de los alemanes refugiados de las zonas que están bajo amenaza de ocupación por el Ejército Rojo. Tras la guerra continuó este desplazamiento, que afectó a casi nueve de cada diez personas de origen alemán en Checoslovaquia, Polonia, Rusia, Hungría, Yugoslavia o Lituania. El número total de alemanes expulsados después de la guerra sigue siendo desconocido, pero se cree que pudo ascender a unos 14 millones. Aunque en la Conferencia de Potsdam se declaró que el reasentamiento de las minorías alemanas debía realizarse de "forma humana y ordenada", en realidad no fue así, ya que se efectuó en condiciones tan penosas que acarreó la muerte a muchos de ellos. La cifra de alemanes muertos a consecuencia de estos desplazamientos forzosos también está sujeto a controversia, pero podría rondar los dos millones de personas.

Pese al tiempo transcurrido, aquella expulsión masiva continúa generando polémica. Los descendientes de los expulsados reclaman periódicamente la devolución de las propiedades familiares, en su mayor parte situadas en Polonia, pero estas exigencias no son apoyadas por el gobierno alemán para evitar reabrir viejas heridas con el país vecino.

El problema de los desplazamientos masivos no afectó solo a los alemanes. Muchos otros grupos étnicos regresaron a sus lugares de origen. El caso más destacado fue el de los judíos. Estos intentaron regresar a sus lugares de procedencia, de los que habían sido expulsados por los nazis, pero se encontraron en la mayoría de casos con un recibimiento hostil. Sus casas y propiedades habían pasado a manos de otras personas, que pensaban que nunca más iban a regresar, lo que provocó dramáticas disputas. Esto hizo que buena parte de ellos optasen por emigrar a Palestina, entonces bajo dominio británico, lo que daría lugar a la fundación del Estado de Israel en 1948.

El Proceso de Nuremberg

Una vez derrotado el Tercer Reich, el descubrimiento de los crímenes cometidos por los nazis estremeció al mundo. Las potencias vencedoras coincidieron en que era necesario castigar con dureza estos abominables delitos para que nunca más volvieran a ocurrir.

Sin embargo, pese a la magnitud de aquella ola homicida, fueron muy pocos los que tuvieron que rendir cuentas ante un tribunal. Se produjo un caso singular de difusión de la culpa; cada uno de los participantes directos se escudaba en la obediencia a sus superiores, una cadena que terminaba en la cúspide de la organización criminal de las SS. Como su jefe, Heinrich Himmler, se había suicidado al ser apresado por los Aliados, teóricamente se evaporaba cualquier responsabilidad en el asesinato de catorce millones de personas.

Naturalmente, esta apelación a la obediencia debida no fue aceptada, pero es innegable que dificultó la atribución de responsabilidad penal a los ejecutores de aquellos crímenes. En el proceso de desnazificación llevado a cabo por los Aliados occidentales entre 1945 y 1950, fueron juzgados 60.000 alemanes acusados de crímenes de guerra; pese a que existían indicios de que todos ellos habían participado de una manera u otra en esas acciones, tan solo 806 fueron condenados a muerte, cumpliéndose la pena en 486 casos.

De todos estos procesos, el más importante fue el celebrado en Nuremberg entre el 20 de noviembre de 1945 y el 1 de octubre de 1946. Esta ciudad fue escogida por hallarse en ella uno de los pocos edificios apropiados para albergar el juicio y que no había resultado destruido por los bombardeos. Pero a nadie se le escapaba el valor simbólico de esta ciudad, ya que había sido la escogida por los nazis para celebrar sus congresos anuales.

Por primera vez en la historia, los vencedores juzgarían a los vencidos como criminales de guerra. Pese a este discutible planteamiento del juicio, y la controvertida elección de los encausados, se lograría que una parte de los jerarcas nazis rindiese cuentas ante un tribunal.

Los delitos imputados a los acusados serían los siguientes:

Crímenes de guerra, como los asesinatos, torturas, violaciones y demás hechos contrarios a las Leyes de la Guerra.

Crímenes contra la humanidad, relativos al exterminio y asesinatos masivos.

Genocidio, cuando se daba muerte a un grupo étnico concreto.

Guerra de agresión, como alteración premeditada de la paz para atentar contra la seguridad de un Estado soberano.

El tribunal estaba formado por un juez titular y otro suplente de cada una de las cuatro potencias vencedoras. El fiscal jefe del tribunal fue el norteamericano Robert H. Jackson.

Durante el juicio, la Fiscalía presentó acusación en contra de 24 líderes nazis: Martin Bormann (secretario del partido nazi), Hermann Göring (Jefe de la *Luftwaffe*), Rudolf Hess (Lugarteniente de Hitler), Joachim von Ribentropp (Ministro de Asuntos Exteriores), Albert Speer (arquitecto y Ministro de Armamento), Walter Funk (Ministro de Economía), Franz von Papen (Ministro y vicecanciller), Hans Frank (gobernador de Polonia), Wilhelm Frick (Ministro de Interior), Ernst Kaltenbrunner (Jefe de la Oficina de Seguridad del Reich), Wilhelm Keitel (Comandante de la *Wehrmacht*), Alfred Jodl (Jefe de Operaciones de la *Wehrmacht*), Karl Dönitz (Jefe de la Marina de Guerra y sucesor de Hitler como Jefe del Estado), Erich Raeder (Jefe de la Marina de Guerra), Alfred Rosenberg (Ideólogo nazi), Fritz Sauckel (Director del programa de trabajo esclavo), Arthur Seiss-Inquart (promotor del *Anschluss* y gobernador de Holanda), Julius Streicher (Jefe del periódico antisemita *Der Stürmer*), Baldur von Schirach (Líder de las Juventudes Hitlerianas), Konstantin von Neurath (Protector de Bohemia y Moravia), Hans Fritzche (ayudante de Goebbels en el Ministerio de Propaganda, Hjalmar Schacht (Expresidente del Reichbank), Robert Ley (Jefe del Cuerpo Alemán del trabajo) y Gustav Krupp (industrial colaborador de los nazis).

De Martin Bormann se desconocía el paradero —no sabían que había muerto durante la batalla de Berlín— y fue juzgado en ausencia. Al principio del juicio, los acusados, liderados por un brillante Göring, consiguieron socavar los argumentos de la Fiscalía, pero el transcurso del proceso sirvió para dar a conocer los crímenes nazis y la responsabilidad, ya fuera por acción o por omisión, de los que se sentaban en el banquillo. La proyección en la misma sala de unas películas filmadas por los Aliados a su llegada a los campos de concentración supuso un duro golpe psicológico a la mayoría de los acusados, aunque tan solo Albert Speer, Hans Frank y Baldur von Schirach expresarían su arrepentimiento por los crímenes cometidos.

El tribunal dictó 11 condenas a muerte (Bormann, Frank, Frick, Göring, Jodl, Kaltenbrunner, Keitel, Ribbentrop, Rosenberg, Sauckel, Seiss-Inquart y Streicher), tres condenas a cadena perpetua(Funk, Hess y Raeder), dos a veinte

Los jerarcas nazis, juzgados en Nuremberg. En primera fila, de arriba hacia abajo: Göring, Hess, Ribbentrop y Keitel. Detrás de ellos puede verse a Dönitz.

años (Speer y Von Schirach), una a 15 (Von Neurath) y otra a 10 años (Dönitz). Fritzsche, Von Papen y Schacht resultaron absueltos de sus cargos. Krupp fue declarado incapaz de soportar el juicio y Ley se ahorcó antes del veredicto.

Los condenados a muerte fueron ahorcados el 16 de octubre de 1946. Göring pudo escapar a ese destino al suicidarse la víspera con una cápsula de cianuro. Después de la ejecución, los cuerpos fueron incinerados y las cenizas fueron arrojadas al cercano río Isar.

La prisión de Spandau fue el lugar escogido para que los condenados a cadena perpetua cumplieran su pena, bajo un estricto régimen cuya administración corría a cargo de representantes de las cuatro potencias. Neurath, Raeder y Funk fueron liberados antes de cumplir su condena por motivos de salud. Desde la puesta en libertad de Speer en 1966, Hess sería el único ocupante de la prisión, hasta su suicidio en 1987.

Aunque las sentencias de muerte emitidas en el juicio de Nuremberg se cumplieron, muchos de los juzgados los procesos posteriores acabarían siendo puestos en libertad, debido a la política de amistad y colaboración de Estados Unidos y la República Federal de Alemania, con el agravante de que, legalmente, nunca más podrían volver a ser juzgados.

En 1958, las autoridades germanas crearon una agencia destinada a investigar los crímenes del nazismo, localizando a más de 100.000 sospechosos. De estos, solo 6.000 serían sometidos a juicio, dictándose la pena de muerte a 13 de ellos. Aunque a comienzos del siglo XXI aún permanecía abierta una cincuentena de investigaciones, la percepción generalizada es que buena parte de los crímenes nazis han quedado impunes.

Alemania, dividida

Tal como había quedado estipulado en la Conferencia de Yalta y posteriormente refrendado en Potsdam, Alemania fue dividida entre la Unión Soviética, Estados Unidos, Gran Bretaña y Francia. Originalmente, los franceses no iban a recibir una zona de ocupación, debido a la escasa aportación gala a la victoria y a las preocupaciones existentes por la gran rivalidad histórica entre Francia y Alemania. Pero, al final, británicos y estadounidenses acordaron ceder una porción pequeña de sus respectivas zonas a los franceses. Cada potencia ejercía autoridad de gobierno en su propia zona.

El plan original aliado para gobernar Alemania se basaba en la coordinación efectuada a través del Consejo de Control Aliado, pero este organismo se disolvió en 1946 debido a las crecientes tensiones entre las potencias occidentales y la Unión Soviética. La división administrativa en esas cuatro zonas debía durar indefinidamente, pero las potencias occidentales acabaron fusionando sus zonas para contraarrestar cualquier influencia política, económica o militar desde la zona de ocupación soviética. El resultado de esta fusión sería el Estado conocido como República Federal de Alemania, declarado en mayo de 1949. En respuesta, de la zona soviética surgiría la República Democrática Alemana en octubre de ese mismo año.

Tras la creación de la República Federal de Alemania, los gobernadores militares fueron reemplazados por altos comisionados civiles, aunque la ocupación continuaría oficialmente hasta 1955. A partir de entonces, con el reconocimiento de la RFA como un Estado soberano, las zonas occidentales de ocupación dejaron de existir y los altos comisionados fueron reemplazados por embajadores. La ciudad de Berlín, sin embargo, no fue parte de ni uno y otro estado y continuó estando oficialmente bajo ocupación aliada hasta 1990. Con la caída del Muro de Berlín desaparecía la última cicatriz visible dejada en Europa por la Segunda Guerra Mundial.

El Nuremberg japonés

En cuanto Japón fue derrotado, el país fue ocupado por las tropas norteamericanas, convirtiéndose el general MacArthur en el máximo responsable.

El que había sido primer ministro de Japón, el general Hideki Tojo, no fue detenido hasta el 11 de septiembre. Pero cuando iba a ser arrestado en su casa, Tojo se disparó en el corazón, aunque solo quedó herido.

El dirigente nipón acabaría compareciendo ante el Tribunal Penal Militar Internacional para el Lejano Oriente. Este tribunal, compuesto por jueces elegidos entre los países vencedores, se constituyó por primera vez el 3 de agosto de 1946, dando inicio el denominado Proceso de Tokio, y se disolvería después de cumplir su labor el 12 de noviembre de 1948. Causó polémica el hecho de que el emperador Hirohito quedase excluido del proceso, después de haber sido la cabeza visible del Imperio nipón y haber otorgado su consentimiento, tácito o expreso, a los crímenes cometidos en nombre de su país.

El primer ministro Tojo encontraría la muerte en la horca el 22 de noviembre de 1948, después de que el Tribunal Internacional dictase la máxima pena para él y seis acusados más, mientras que otros dieciséis eran condenados a cadena perpetua

Aunque la persecución de los delitos cometidos por el Eje no estuvo exenta de errores, el legado de los Tribunales Internacionales de Tokio y Nuremberg daría dus frutos. En 1998 se estableció la Corte Penal Internacional, que cuenta como base fundamental de sus reglas de procedimiento los estatutos de esos dos tribunales. Aunque el camino de la paz sigue siendo tortuoso, las lecciones que dejó la Segunda Guerra Mundial siguen siendo válidas para evitar que tragedias como las que se vivieron entonces puedan volver a repetirse.

Escenarios

En **Potsdam**, capital del nuevo *Land* de Brandeburgo, se puede visitar el **Palacio de Cecilienhof**, en donde se reunieron Churchill, Truman y Stalin en julio de 1945 para acordar el Tratado que lleva el nombre de esa ciudad situada a las afueras de Berlín. Construido en 1917 al estilo de una casa de campo inglesa, estaba destinado a ser residencia de verano del príncipe heredero.

La histórica sala en la que se celebró la conferencia alberga actualmente un **museo** y en el restaurante del hotel se puede degustar el menú que se cocinó para los tres estadistas el día de la firma del Tratado.

En **Nuremberg** se halla el **Palacio de Justicia** en el que se celebró el famoso proceso a los dirigentes nazis. El edificio, de grandes dimensiones, se utiliza hoy día como juzgado, pero el ala en el que se celebró el juicio se halla en un lateral. La histórica sala se encuentra en el primer piso y en la actualidad es utilizada únicamente para juzgar casos de asesinato. Sorprenden las reducidas dimensiones de la sala; aunque durante el juicio se derribó la pared posterior para agrandarla, no deja de resultar pequeña para la trascendencia de lo que sucedió en ese escenario. Después de los comentarios del guía, se proyectan las mismas imágenes de los campos de concentración que fueron proyectadas durante el juicio.

En la parte de atrás del Palacio se halla la **prisión** en donde estuvieron recluidos los acusados y donde finalmente fueron ahorcados. No se admiten visitas y es posible que sea derruida, debido al coste que supone mantener esas instalaciones, que se hallan en estado ruinoso. La sala en la que los condenados a muerte fueron ahorcados fue derruida durante unas reformas realizadas en la década de los ochenta.

Protagonistas

Clement Attlee (1883-1967). Jefe del Partido Laborista, fue miembro del gabinete de guerra entre 1940 y 1945. Primer ministro británico tras derrotar a Winston Churchill en las elecciones generales, sustituyó a este durante la celebración de la Conferencia de Potsdam. Permaneció en el cargo hasta 1951, siendo sustituido a su vez por Churchill.

Robert H. Jackson (1892-1952). Fiscal General de los Estados Unidos. Fue el Fiscal Jefe durante el juicio principal dentro del Proceso de Nuremberg. Su labor era demostrar la culpabilidad de los acusados. Su gran rival fue Göring, quien estuvo a punto de conseguir que Jackson se declarase incompetente al rebatir de manera eficaz sus acusaciones. Una nueva forma de exponer sus argumentos y su decisión de llamar a declarar a supervivientes de los campos de concentración consolidó su posición, logrando la condena de los principales inculpados, incluido Göring.

Albert Speer (1905-1982). Conocido como el "arquitecto de Hitler", fue nombrado ministro de Armamento en 1942. En largas reuniones, diseñó junto al *Führer* los megalómanos edificios que debían construirse en Berlín. Alcanzó altísimas cotas de producción pese a los bombardeos y la falta de materias primas. Fue condenado en Nuremberg a veinte años de prisión, admitiendo su responsabilidad, pero negando de forma poco convincente su conocimiento del Holocausto. Tras su liberación se dedicó a escribir e impartir conferencias.

Hideki Tojo (1884-1948). General japonés, ministro de la Guerra en 1940, consiguió ponerse al frente del Gobierno en octubre de 1941. Ordenó el ataque a Pearl Harbor. Dimitió en julio de 1944. En septiembre de 1945, después de un frustrado intento de suicidio, fue arrestado por los norteamericanos. Durante su encarcelamiento, un dentista norteamericano le grabó en los dientes en lenguaje morse la frase "Recuerda Pearl Harbor". Fue condenado a muerte y ejecutado.

FILMOGRAFÍA

* **Los mejores años de nuestra vida** (*The best years of our lives*, William Wyler, 1946).
* **Alemania, año cero** (*Germania, anno zero*, Roberto Rossellini, 1947).
* **Berlín Exprés** (*Berlin Express*, Jacques Tourneur, 1948).
* **El tercer hombre** (*The third man*, Carol Reed, 1949).
* **¿Vencedores o vencidos?** (*Judgment at Nuremberg*, Stanley Kramer, 1960).
* **Éxodo** (*Exodus*, Otto Preminger, 1960).
* **Nuremberg** (*Nuremberg*, Yves Simoneau, 2000).
* **Hasta donde los pies me lleven** (*So weit die füsse tragen*, Hardy Martins, 2001).
* **El buen alemán** (*The good german*, Steven Soderbergh, 2006).

Cronología

1939

- 23 de agosto: Alemania y la Unión Soviética firman en Moscú un pacto cuyas cláusulas secretas incluyen el reparto de Polonia.
- 1 de septiembre: A las 4.45 horas los alemanes atacan Polonia. Las fuerzas polacas dispuestas en la frontera no logran contener a las Divisiones motorizadas germanas.
- 3 de septiembre: Gran Bretaña declara la guerra a Alemania a las 11 horas. Francia la sigue seis horas después.
- 16 de septiembre: Los soviéticos entran en territorio polaco, de acuerdo con el pacto germano-soviético firmado el 23 de agosto de 1939.
- 27 de septiembre: Varsovia se rinde. Al día siguiente Polonia firma la capitulación.
- 30 de noviembre: La Unión Soviética ataca a Finlandia, que ofrece una tenaz resistencia.

1940

- 12 de marzo: Acuerdo de paz entre la Unión Soviética y Finlandia.
- 9 de abril: Los alemanes invaden Noruega, adelantándose a una acción aliada. Dinamarca también es atacada. El día 15, los británicos desembarcan en Narvik.

- 10 de mayo: Alemania invade Holanda, Bélgica y Luxemburgo. Churchill es nombrado primer ministro, sustituyendo a Chamberlain. Holanda capitula el día 15 y Bélgica el 28.
- 4 de junio: Los Aliados consiguen evacuar a más de 300.000 soldados en Dunkerque, después de que Hitler ordenase parar a los *panzer*.
- 10 de mayo: Italia declara la guerra a Francia y Gran Bretaña.
- 14 de mayo: Los alemanes entran en París y el día 22 de mayo Francia concerta un armisticio con Alemania.
- 24 de julio: Los británicos sufren los primeros ataques aéreos germanos. Ha comenzado la Batalla de Inglaterra.
- 26 de agosto: Aviones británicos bombardean Berlín en represalia por un ataque a Londres.
- 23 de octubre: Hitler se reúne con Franco en Hendaya.
- 15 de noviembre: La *Luftwaffe* ataca Coventry, causando un millar de muertos.
- 1 de noviembre: Mussolini se lanza a la invasión de Grecia desde la ocupada Albania, pero los griegos resisten e incluso pasan al ataque.
- 9 de noviembre: Italianos y británicos combaten en la frontera egipcia.

1941

- 20 de enero: Los británicos penetran en la colonia italiana de Africa oriental y avanzan hacia Abisinia.
- 6 de abril: Acudiendo en socorro de Mussolini, Alemania invade Yugoslavia y Grecia. Belgrado es sometida a un brutal bombardeo.
- 27 de abril: El *Afrika Korps* inicia su andadura a las órdenes de Rommel. Los británicos resisten en la fortificada Tobruk.
- 12 de mayo: Rudolf Hess se lanza en paracaídas sobre Escocia para negociar un acuerdo de paz, pero es hecho prisionero.
- 20 de mayo: Paracaidistas alemanes caen sobre Creta, que será conquistada, pese a sufrir fuertes pérdidas.
- 27 de mayo: El acorazado germano *Bismarck* es hundido por la *Royal Navy*, para gran disgusto de Hitler.
- 22 de junio: Se pone en marcha la Operación Barbarroja: Los alemanes invaden la Unión Soviética.
- 19 de septiembre: Avance germano arrollador. Los alemanes toman Kiev. El final ruso parece próximo.
- 7 de diciembre: Ataque de la aviación nipona a la base naval de Pearl Harbor. Al día siguiente, Estados Unidos declara la guerra a Japón.
- 11 de diciembre: Alemania e Italia declaran la guerra a Estados Unidos.

1942

- 15 de febrero: Singapur cae ante el avance nipón por la península malaya.
- 5 de mayo: Los británicos desembarcan en Madagascar, ante el riesgo de una acción nipona.
- 21 de junio: Tobruk se rinde a las fuerzas de Rommel. Se abre la puerta de Egipto.
- 1 de julio: Cae Sebastopol durante la ofensiva alemana de verano.
- 19 de agosto: Incursión aliada en Dieppe, que es repelida con facilidad por los alemanes.
- 25 de octubre: Operaciones contra los japoneses en Guadalcanal. Los ingleses atacan en El Alamein. Comienza la batalla por Stalingrado.
- 4 de noviembre: Las tropas de Rommel, derrotadas, se retiran de Egipto.
- 8 de noviembre: Operación Antorcha: Los Aliados desembarcan en Africa del Norte.

1943

- 2 de febrero: El mariscal Paulus se rinde en Stalingrado.
- 11 de febrero: Los norteamericanos controlan Guadalcanal.
- 12 de mayo: El *Afrika Korps* se rinde en Túnez. El Eje es expulsado de Africa de Norte.
- 9 de julio: Norteamericanos y británicos desembarcan en Sicilia.
- 25 de julio: Mussolini es depuesto. Le sustituye Badoglio, que acuerda un armisticio el 3 de septiembre.
- 1 de octubre: Los Aliados entran en Nápoles, tras un lento y costoso avance.
- 1 de diciembre: Roosevelt, Churchill y Stalin se reúnen en Teherán.

1944

- 22 de enero: Los Aliados desembarcan en Anzio para abrir el frente de Montecassino, pero no lo logran.
- 28 de febrero: Tropas británicas e indias rechazan una incursión japonesa en la India desde Birmania.
- 9 de mayo: Sebastopol es reconquistada por los soviéticos. Los alemanes retroceden en todo el frente ruso.
- 18 de mayo: Los Aliados se apoderan de Montecassino, tras cuatro meses de dura resistencia alemana.

- 4 de junio: El general norteamericano Mark Clark, al frente del V Ejército, entra en Roma, que había sido declarada "ciudad abierta".
- 6 de junio: Día-D: Los Aliados desembarcan en la costa de Normandía. Tan solo encuentran dificultades en la playa de Omaha, pero consiguen franquear el Muro Atlántico.
- 4 de julio: En su ofensiva de verano, los soviéticos reconquistan la capital bielorrusa, Minsk.
- 20 de julio: Atentado contra Hitler, del que sale ileso. Se desata una amplia represión, que costará la vida a Rommel.
- 25 de agosto: Los Aliados entran en París.
- 1 de septiembre: El Ejército Rojo alcanza la frontera búlgara en el Danubio.
- 17 de septiembre: Montgomery ordena la Operación *Market Garden*, con el fin de atravesar Holanda rápidamente en dirección a Alemania. El plan fracasa.
- 13 de noviembre: El acorazado alemán *Tirpitz* es hundido en un fiordo noruego, sin haber disparado un solo proyectil.
- 17 de diciembre: Los alemanes inician en las Ardenas su última ofensiva, pero la falta de combustible agota el avance, después de internarse 88 kilómetros.
- 25 de diciembre: MacArthur regresa a Filipinas, cumpliendo así su promesa ("Volveré").
- 28 de diciembre: El general Patton rompe el cerco de Bastogne. La ofensiva alemana fracasa definitivamente.

1945

- 17 de enero: Los soviéticos entran en Varsovia, después de que los alemanes ahogasen en sangre la rebelión de la población.
- 12 de febrero: Declaración de Yalta, acordada por Roosevelt, Churchill y Stalin, en la que el líder soviético consigue todas sus pretensiones.
- 19 de febrero: Los marines desembarcan en Iwo Jima. La lucha durará 26 días, en los que la resistencia nipona será desesperada.
- 7 de marzo: El I Ejército norteamericano cruza el Rin por el puente de Remagen. Patton lo atraviesa por el sur, adelantándose a Montgomery, que lo hace en el norte.
- 1 de abril: Los norteamericanos inician la conquista de la isla de Okinawa. La resistencia japonesa es también numantina.
- 16 de abril: Comienza la ofensiva soviética sobre Berlín.

- 26 de abril: En Riese, al sur de Torgau, las tropas norteamericanas y las soviéticas entran en contacto. El Reich ya está partido en dos.
- 28 de abril: Mussolini es fusilado por partisanos italianos y su cuerpo colgado en una gasolinera. El VII Ejército norteamericano entra en Munich.
- 30 de abril: Hitler se suicida junto a Eva Braun en su búnker de Berlín.
- 1 de mayo: El almirante Dönitz asume el poder, cumpliendo la última voluntad de Hitler.
- 7 de mayo: Los alemanes firman el acta de rendición en Reims ante los Aliados occidentales a las 2.41 de la madrugada.
- 8 de mayo: Por exigencias de Stalin, se firma la rendición incondicional en Berlín.
- 26 de junio: Se clausura la Conferencia de San Francisco, en la que se crea la Organización de las Naciones Unidas (ONU).
- 2 de agosto: Declaración de Potsdam, firmada por Attlee, Truman y Stalin.
- 6 de agosto: Se lanza sobre Hiroshima la primera bomba atómica. El día 9 Nagasaki sufre otro bombardeo nuclear.
- 2 de septiembre: Japón firma la rendición incondicional, en una ceremonia celebrada en el acorazado *Missouri*, anclado en la bahía de Tokio. La Segunda Guerra Mundial ha finalizado.

Bibliografía

ADAIR, Paul. *La gran derrota de Hitler*. Barcelona: Tempus, 2008.
ARNOLD-FORSTER, Mark. *El mundo en guerra*. Barcelona: Plaza y Janés, 1975.
BLANDFORD, Edmund. *Fatal decisions. Errors and blunders in World War II*. Edison: Castle Books, 1999.
BOURKE, Joana. *La Segunda Guerra Mundial. Una historia de las víctimas*. Barcelona: Paidós, 2002.
BOURLEIGH, Michael. *El Tercer Reich. Una nueva historia*. Madrid: Taurus, 2002.
CALVOCORESI, Peter y WINT, Guy. *Guerra total*, 2 Vols. Madrid: Alianza Editorial, 1979.
CRAIG, William. *La caída del Japón*. Barcelona: Luis de Caralt, 1974.
CHURCHILL, Winston. *Memorias. La Segunda Guerra Mundial*. Barcelona: Ediciones Orbis, 1985.
FEST, Joachim. *Hitler. Una biografía*. Barcelona: Editorial Planeta, 2005.
---. *Los dirigentes del III Reich*. Barcelona: Luis de Caralt, 1971.
FLAGEL, Thomas. *The History Buff's Guide to World War II*. Nashville: Cumberland House, 2005.
GILBERT, Martin. *La Segunda Guerra Mundial. 1939-1942*. Madrid: La Esfera de los Libros, 2005.
---. *La Segunda Guerra Mundial. 1943-1945*. Madrid: La Esfera de los Libros, 2006.
GOLDENSHON, Leon. *Las entrevistas de Nuremberg*. Barcelona: Taurus, 2004.

GUDERIAN, Heinz. *Recuerdos de un soldado*. Barcelona: Inédita Editores, 2007.
HAYWARD, James. *Mitos y leyendas de la Segunda Guerra Mundial*. Barcelona: Inédita Editores, 2004.
HEIBER, Helmut, ed. *Hitler y sus generales*. Barcelona: Editorial Crítica, 2004.
IRVING, David. *El camino de la guerra*. Barcelona: Editorial Planeta, 1990.
---. *La Guerra de Hitler*. Barcelona: Editorial Planeta, 1989.
JACKSON, Robert. *Commanders and Heroes of World War II*. Londres: Airlife Publishing, 2004.
JUNGE, Traudl. *Hasta el último momento. La secretaria de Hitler cuenta su vida*. Barcelona: Ediciones Península, 2003.
KERSHAW, Ian. *Hitler. 1936-1945*. Barcelona: Ediciones Península, 2000.
LIDDELL HART, Basil. *Historia de la Segunda Guerra Mundial*. Barcelona: Caralt, 2006.
LOZANO, Alvaro. *Kursk 1943. La batalla decisiva*. Barcelona: Malabar, 2007.
---. *Operación Barbarroja*. Barcelona: Inédita Editores, 2007.
McCOMBS, Don y WORTH, Fred. *World War II. 4,139 strange and fascinating facts*. Nueva York: Wings Books, 1996.
MACKSEY, Kenneth. *Guderian. General Panzer*. Barcelona: Tempus, 2008.
MANSTEIN, Erich Von. *Victorias frustradas*. Barcelona: Inédita, 2006.
MURRAY, Williamson y MILLETT, Allan. *La guerra que había que ganar*. Barcelona: Editorial Crítica, 2002.
NEITZEL, Sonke. *Los generales de Hitler*. Barcelona: Tempus, 2008.
OFER, Dalia. *Encyclopedia of the Holocaust*. Nueva York: Ed. Israel Gutman, 1990.
OVERY, Richard. *Interrogatorios. El Tercer Reich en el banquillo*. Barcelona: Editorial Tusquets, 2003.
---. *Por qué ganaron los Aliados*. Barcelona: Tusquets Editores, 2005.
PAZ, Fernando. *Europa bajo los escombros*. Barcelona: Áltera, 2008.
POPE, Stephen. *Dictionary of the Second World War*. Barnsley: Pen and Sword Books, 2003.
RHODES, Richard. *Amos de la muerte. Los SS Eisatzgruppen y el origen del Holocausto*. Barcelona: Editorial Seix Barral, 2005.
ROEBLING, Karl. *Great myths of World War II*. Ferna Park: Paragon Press, 1985.
SHOWALTER, Dennis E. *Patton y Rommel*. Barcelona: Tempus, 2008.
SCHROEDER, Christa. *Doce años al lado de Hitler*. Lérida: Editorial Milenio, 2005.

SCHMIDT, Paul. *Europa entre bastidores. Del Tratado de Versalles al juicio de Nuremberg*. Barcelona: Editorial Destino, 2005.
SPEER, Albert. *Memorias*. Barcelona: Editorial Círculo de Lectores, 1970.
THORWALD, Jurgen. *Comenzó en el Vístula y acabó en el Elba*. Barcelona: Editorial Luis de Caralt, 1967.
TOLAND, John. *Los últimos 100 días*. Barcelona: Bruguera, 1970.
TREVOR-ROPER, Hugh. *Los últimos días de Hitler*. Barcelona: Los libros de nuestro tiempo, 1947.
---. *Las conversaciones privadas de Hitler*. Barcelona: Editorial Crítica, 2004.
TOYNBEE, Arnold. *La Europa de Hitler*. Madrid: Sarpe, 1985.
TUNNEY, Christopher. *Biographical Dictionary of World War II*. Nueva York: St. Martin Press, 1972.
VANDIVER, Frank. *1001 things everyone should know about World War II*. Nueva York: Broadway Books, 2002.
VV.AA. *Dictionary Hutchinson of World War II*. London: Brockhampton Press, 1997.
---. *Gran crónica de la Segunda Guerra Mundial*. Madrid:Selecciones del Reader's Digest, 1965.
WARNER, Philip. *El Alamein*. Barcelona: Tempus, 2008.
WIEVIORKA, Olivier. *Historia del desembarco de Normandía*. Barcelona: Tempus, 2008.
WILLIAMS, Andrew. *La batalla del Atlántico*. Barcelona: Crítica, 2004.
YAHIL, Leni. *The Holocaust: The Fate of European Jewry*. Nueva York: Oxford University Press, 1990.

El autor agradecerá que se le haga llegar cualquier comentario, crítica o sugerencia a las siguientes direcciones de correo electrónico:

jhermar@hotmail.com
jesus.hernandez.martinez@gmail.com

www.ingramcontent.com/pod-product-compliance
Lightning Source LLC
Chambersburg PA
CBHW081207230426
43666CB00015B/2669